"把一个沉着自信的男人，时隔多年后寻求自我理解的经过刻画得令人折服……本书让我们认识了邦迪，如此具备卓越才能和声望的人却无法为两位总统提供合理建言。在众多关于越战的书中，我还不知道有哪一本像这本书一样独特。邦迪未完成的自我追问只会增加本书的分量，让它更具真实性和辛辣意味……在越南悲剧中，邦迪无疑是最耐人寻味的角色——并非因为他不幸地成为这场战争的策划者，而是因为三十年后，他对自我的痛苦探寻……邦迪在此过程中表现出令人动容的勇气和孜孜不倦的精神，这远比麦克纳马拉在回忆录中肤浅的分析更有说服力……一部为所有美国人书写的杰出警示寓言。"

——**理查德·霍尔布鲁克**，《纽约时报书评》

"绝佳的书……窥视那个决定性时刻的一扇窗，发人深省。"

——**亨利·基辛格**，《新闻周刊》

"作为一名杰出的政治家，邦迪无疑令人敬佩、引人同情，但同时，他也是一个容易犯错的普通人。尽管邦迪才智过人，但终究没能把握住历史的崭新挑战，没能合理应对民族主义和反殖民主义热情推动下的共产主义浪潮。在这种背景下，总统的决策越来越集中于局部战争的必要性上，而无法顾及对美国全球形象的伤害。"

——**兹比格涅夫·布热津斯基**，前国家安全顾问

"凡是经历过伊拉克战争的美国人，没有人会怀疑我们有多么希望去了解美国总统将国家带入战争的原因和过程。了解约翰·肯尼迪和林登·约翰逊介入越南事务的关键就是去读懂麦乔治·邦迪担任国家安

全顾问的经历。感谢他与邦迪进行了多次长时间的深入交流，感谢他对书面记录的刻苦研究，感谢他对人物性格、政治活动和国家安全战略相互作用的把握，戈登·戈德斯坦对曾身居要职的麦乔治·邦迪给出了一个冷静、有力并精彩的评价。戈德斯坦的书帮助我们了解美国人是如何一步步被带入了越战的深渊。同时，本书为未来的总统、国会成员和公民们提供了宝贵的教训，让我们思考如何将美国力量以合理方式运用于合适的时间和地点。"

——**迈克尔·比齐罗斯**，《总统的勇气》作者

"感谢戈登·戈德斯坦的杰作，我们有了崭新的证据去评价麦乔治·邦迪到底是头脑轻浮还是充满智慧，我们也能更准确地评判他在越南悲剧中的角色。"

——**A. J. 兰古思**，《我们的越南》的作者

"这本研究缜密的书籍给我们提供了一个非凡的视角，去认识美国历史上最重要的外交决策之一。任何一位希望在美国政治或公共政策方面有所建树的人都应该认真阅读这本入木三分的作品，了解其中宝贵的经验教训。"

——**沃伦·B.鲁德曼**，美国前参议员（新罕布什尔州的共和党人），
总统国外情报顾问委员会前主席

"戈登·戈德斯坦的《灾难六课》让我们近距离仔细审视肯尼迪在遭到暗杀前的想法……正如书名所写，这本快节奏、质量上乘的作品围绕着越南问题带来的永久教训。巴拉克·奥巴马和他的外交政策顾问应该好

好研读一番。"

"奥巴马必须阅读此书……此书从各个方面而言都非常出色，是总统的必读书目。"

"重要、深刻而令人忧虑……邦迪去世的十二年后，我们终于等来了戈德斯坦的这本书。值得等待。"

"戈德斯坦煞费苦心地描述了国家安全顾问这个人物，并对谜一样的'精神邦迪'做出缜密思考……令人惊艳的启示录。"

"已故的国家安全顾问邦迪从越南问题中获得的宝贵教训……本书对邦迪在越战期间的思想和活动做了忠实记录，并对其'看法、建议和行动'方面的错误进行了坦率公正的评价……一部对过去和现在都意义非凡的作品。"

献给安妮·阿什比·吉尔伯特。

在她的支持和鼓励下，此书得以完成。我对她的感谢无以言表。

灾 难 六 课

麦乔治·邦迪与越战的诞生

〔美〕戈登·M.戈德斯坦 著

柳青 译

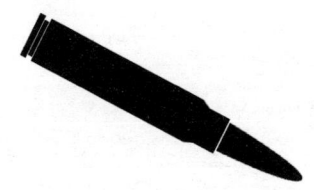

中国青年出版社

（京）新登字083号

图书在版编目（CIP）数据

灾难六课：麦乔治·邦迪与越战的诞生／（美）戈登·M.戈德斯坦著；
柳青译.—北京：中国青年出版社，2017.3
书名原文：LESSONS IN DISASTER: McGeorge Bundy and the Path to War in Vietnam
ISBN 978-7-5153-4694-6

Ⅰ.①灾… Ⅱ.①戈… ②柳… Ⅲ.①越南战争—研究… Ⅳ.①K333.52

中国版本图书馆CIP数据核字（2017）第072556号
版权登记号：01-2015-4440

LESSONS IN DISASTER: Mcgeorge Bundy and the Path to War in Vietnam
by Gordon M. Goldstein
Copyright 2008 by Gordon M. Goldstein
Published by arrangement with Henry Holt and Company, LLC, New York

责任编辑：李文华
书籍设计：罗胜友 中华

出版发行：中国青年出版社
社址：北京东四十二条21号
邮政编码：100708
网址：www.cyp.com.cn
编辑部电话：（010）57350504
门市部电话：（010）57350370
印刷：三河市君旺印务有限公司
经销：新华书店
开本：880×1230 1/32
印张：9
字数：170千字
版次：2017年10月北京第1版
印次：2017年10月河北第1次印刷
定价：39.00元

本图书如有印装质量问题，请凭购书发票与质检部联系调换
联系电话：（010）57350337

目录

1961-1965 肯尼迪、约翰逊政府人员

THE KENNEDY AND JOHNSON
ADMINISTRATIONS, 1961-65

白宫

约翰·F.肯尼迪，总统（1961–63）

林登·B.约翰逊，副总统（1961–63）；总统（1963–69）

麦乔治·邦迪，国家安全顾问（1961–66）

西奥多·索伦森，肯尼迪总统特别顾问（1961–63）

小阿瑟·M.施莱辛格，肯尼迪总统助理（1961–63）

比尔·莫耶斯，约翰逊总统助理兼新闻秘书（1963–67）

道格拉斯·凯特，约翰逊总统特别助理（1964–68）

沃尔特·罗斯托，副国家安全顾问（1961）

迈克尔·福里斯特尔，国家安全委员会工作人员（1962–64）

特尔切斯特·库珀，国家安全委员会工作人员（1964–66）

小詹姆斯·C.汤姆森，国家安全委员会工作人员（1964–66）

国务院

迪安·腊斯克，国务卿（1961-69）

乔治·鲍尔，副国务卿（1961-66）

埃夫里尔·哈里曼，巡回大使（1961）；远东事务助理国务卿（1961-63）；政治事务副国务卿（1963-65）

罗杰·希尔斯曼，国务院情报和研究局局长（1961-63）；远东事务助理国务卿（1963-64）

威廉·邦迪，远东事务助理国务卿（1964-69）

亚力克西斯·约翰逊，副助理国务卿（1961-64,1965-66）

沃尔特·罗斯托，政策计划委员会主席（1961-66）

托马斯·L.休斯，国务院情报和研究局局长（1963-69）

弗雷德里克·诺尔廷，美国驻南越大使（1961-63）

亨利·卡伯特·洛奇，美国驻南越大使（1963-64,1965-67）

马克斯韦尔·泰勒，美国驻南越大使（1964-65）

约翰·肯尼思·加尔布雷思，美国驻印度大使（1961-63）

国防部

罗伯特·麦克纳马拉，国防部长（1961-68）

罗斯韦尔·吉尔帕特里克，国防部副部长（1961-64）

赛勒斯·万斯，国防部副部长（1964-67）

威廉·邦迪，助理国防部长（1962-64）

约翰·麦克诺顿，助理国防部长（1964-67）

军方

莱曼·莱姆尼策，参谋长联席会议主席（1960-62）

马克斯韦尔·泰勒，总统军事代表（1961-62）；参谋长联席会议主席（1962-64）

厄尔·G.惠勒，参谋长联席会议主席（1964-70）

阿利·伯克，海军作战部长（1955-61）

保罗·哈金斯，美国军事援助越南司令部最高指挥官（1962-64）

威廉·威斯特摩兰，美国军事援助越南司令部最高指挥官（1964-68）

中央情报局

艾伦·杜勒斯，中央情报局局长（1953-61）

约翰·麦科恩，中央情报局局长（1961-65）

理查德·比斯尔，中央情报局副局长（1961-62）

雷·克莱因，中央情报局副局长（1962-66）

其他官员

罗伯特·F.肯尼迪，司法部长（1961-64）

迈克·曼斯菲尔德，来自蒙大拿州的参议员；参议院多数党领袖

詹姆斯·威廉·富布莱特，来自阿肯色州的参议员；参议院外交关系委员会主席

理查德·拉塞尔，来自佐治亚州的参议员；参议院军事委员会主席

导言 //
INTRODUCTION

导言
统治阶层的传奇

1996 年 9 月 11 日，星期三，是我最后一次见到麦乔治·邦迪。我们相约在纽约卡内基公司的一间会议室里共进午餐，邦迪当时担任公司的高级学者。"你好啊！"他一进门就热情地打招呼，胳膊下夹着一摞书和文件，看上去对我们的见面充满期待。

我在哥伦比亚大学攻读国际关系专业博士期间，曾有好几年与邦迪共事。他曾在一个由外交官和军控专家组成的国际委员会任主席，负责联合国安理会与大规模杀伤性武器扩散的研究；我担任办公室主任。与邦迪的第二次合作和历史有关，也更私人。

1995 年春天，邦迪邀请我配合完成一项回顾性研究，主题是他为约翰·肯尼迪和林登·约翰逊担任国家安全顾问期间，美国总统与越南战争的关系。我们设想这本书应该起到两方面的作用，一是回顾邦迪与肯尼迪、约翰逊两位总统打交道的经历，二是再现美国总统1961 至 1965 年间在越南问题上的重大决策。随着合作的深入，我们逐步在这本书的主题、内容和构架方面达成共识，最终我接受了邦迪的提议，正式成为本书的合著者，计划由耶鲁大学出版社出版。

接下来的一年半中，我们共同研究越南问题，取得了卓有成效的进展，梳理出了肯尼迪和约翰逊时代对越政策的关键转折点和举足轻重的人物。但是，这本书的正文还远未成形，大量珍贵的草稿由邦迪手写而成。这些"碎片"需要与我的研究备忘录、提纲和大事记相结合。另外，我对邦迪进行了大量与战争相关的访谈，涉及多个主题，从这些采访手记中摘录出有关评价也很重要。单独来看，上述材料和这样一部断代分析性史书并不相干，但是如果要写一部理念性的编年体史书，这些"碎片"及我们从事的研究将是不可或缺的基石，因为我们希望它能成为对越南战争的历史研究有所贡献的作品。

那天下午的会面，邦迪表现出一种不同往日的热忱。"我与哥哥有过激烈争论。"他说。他口中的哥哥威廉·邦迪在越战中曾担任国务院和五角大楼的高级官员。"现在，我认为自己是对的。"他补充道，脸上带有一丝恶作剧得逞的微笑。接下来的五个多小时里，邦迪精力充沛、滔滔不绝地就若干问题发表了看法。他一再强调，肯尼迪和约翰逊对待越南问题大不相同，"肯尼迪不愿无动于衷，而约翰逊不愿当懦夫"，这正好切中我们的研究重心。邦迪依然竭力为自己在 1965 年冬天主张的空袭战略的重要性进行申辩。它的意义何在？邦迪大声发问。它是否引发了一系列事件，最终加速了战争的美国化进程 *？他也重提了对越政策的失败问题，在他看来，这不过是战争反对者的主观臆断。邦迪想知道，为什么我们没有在谈判桌前解决这场战争？但他立刻回答了这个疑问：1965 年战争升级后，外交手段

---

* 越战的美国化指美国介入越南的程度；与之相对的是尼克松总统的"战争越南化"政策，指美国逐步撤军，由越南人打越南人的一种政策。——译者注

根本无济于事。在肯尼迪和越战的关系问题上，邦迪要求我重新整理并拟定一个大纲，主题是：如果肯尼迪能够活到他的第二个任期，他会如何处理越南问题。显然，我们还要从事大量研究，才能把这些丰富而庞杂的内容系统化。[1]

随着谈话的进行，我发觉邦迪的面颊上显出不同寻常的红色——或许是马萨诸塞海岸别墅夏日阳光的作用，或许是他的体力已严重不支。这一次也是唯一的一次，他中断了我们的工作，让那位深受信赖的助手乔吉娜·布朗安排自己见见心脏医师。会面结束后，邦迪礼貌而略显正式地跟我道别，一如既往地在握手时，把胳膊肘弯曲成90度，头也略向前倾。仅仅五天后，他就因心脏病发作去世了。

《纽约时报》头版的讣告称邦迪是"记者戴维·哈伯斯塔姆眼中'出类拔萃'*的代表：这些出身名门、自信满满的知识分子，把国家带入越南战争的沼泽中"。文章指出，邦迪在两任总统的众多外交决策中发挥了作用，"但他令人印象最深之处便是扩大了美国在越南的军事存在"。[2]

《时代周刊》也给出了相似的结论，其执行总编沃尔特·艾萨克森写道："他笑容冷峻，激光般犀利的智慧从清晰的边框眼镜中透露出来，威力无比。""如果只有一半聪明，他或许可以成为伟人。然而，麦乔治·邦迪把一个知识精英的傲慢自大具象化，带领一个冷静自信的辉煌国度走入越南战争的泥潭。"艾萨克森称，20世纪60

---

* "出类拔萃"（"The Best and the Brightest"）出自哈伯斯塔姆最为人所知的一部作品《出类拔萃之辈》，描写了邦迪等美国的精英一代是如何将美国拉入越战泥潭的，后文将详述。——译者注

年代初期是"英才教育与贵族精英主义大行其道的时候，邦迪见证了它的兴盛和衰落"。这个时代最终以越南问题和众多像邦迪一样的人出现而终结。在艾萨克森看来，邦迪是"蓄意表现傲慢的典范"，损害了冷战时期的外交共识。艾萨克森回忆，邦迪曾告诉他，根本没有什么外交政策的既有秩序。"假如真的存在，"艾萨克森指出，"那也正是邦迪等人终结了那个时代，外交政策不再交给一群意见一致、互相信任的高贵绅士去商讨。"[3]

《真理的颜色》（*The Color of Truth*）是关于邦迪兄弟内容详尽、有理有据的传记，作者是历史学家卡伊·伯德。他在书中批评麦乔治·邦迪没有在美国对越问题上表现出应有的态度。"为什么对总统的忠诚使得邦迪在 1966 年离开政府很长时间后还持续为战争辩护？而 1969 至 1970 年间基辛格和尼克松延续战争时，为何邦迪兄弟没有强有力地反对战争，没有反对延长战争的越南化政策？邦迪兄弟永远无法回答上述问题。"[4]伯德的尖锐批评并非针对邦迪担任国家安全顾问时的表现，而是他离任后的沉默态度："麦克没有对杀戮表现出抗议，而是默默离开白宫，继续公开支持战争……这是最恶劣的地方，也是最严重的错误，毫无勇气和智慧可言。"[5]

当然，围绕邦迪在越战期间担任国家安全顾问的经历，还有不胜枚举的观点和结论。邦迪对这场战争的大量史实做了深入研究，但没来得及处理许多关于自己的内容，这包括许多作者的评价，他们有戴维·包瑞德、拉里·伯曼、劳埃德·加德纳、莱斯利·盖尔布、多丽丝·卡恩斯·古德温、乔治·赫林、斯坦利·卡诺、尼尔·希恩、布莱恩·范德马克、玛里琳·扬。[6]至于新一代学者的激烈言辞，我们将永远无从得知邦迪的反应。安德鲁·普雷斯顿或许是唯一对越南政策中邦迪的角色做出全面分析的作者，他否认所谓的"'冷战环境下的'神话"，即全球的反共事业使得卷入越南战争成为必然。他认为，邦迪是在"面对巨大国内反对声浪、外部重重压力和持续战略失误的情形下，才支持战争的美国化。邦迪不是一个好战分子，但也不是一个悲剧英雄，他无法逃脱自己悲剧性缺陷的魔咒。他本人对此早就心知肚明，但却一错再错。"[7]

邦迪去世之后，他的支持者在竭力弱化种种抨击，承认但合理化其在越南问题中的作用。前白宫同事弗朗西斯·贝特在纽约圣詹姆斯教堂的追思礼拜上盛赞邦迪的功绩，称在邦迪的指导下也发生了许多善举。贝特说："当一件坏事发生的时候，他力所能及的远远少于越南问题本该具备的要求。"[8]小詹姆斯·C.汤姆森曾在白宫担任助理，在《纽约时报》的文中称邦迪并非是众多批评者眼中鲁莽的鹰派好战者，"他是一位熟练的裁决者，而不是代言者，在越南问题上尤其如此"，"他会包容甚至鼓励与传统思路不同的意见，只要表达方式简练并且言之有理。他对于由来已久的越南乱局并没有任何定见，他有的只是对总统、对国家安全的一片忠诚。"[9]

小阿瑟·M.施莱辛格是邦迪长达五十年的密友及同事，认为邦迪代表了"东北部当权派（Northeast Establishment）最后的宠儿……他是如同亨利·史汀生、迪安·艾奇逊、埃夫里尔·哈里曼、罗伯特·洛维特、约翰·J.麦克洛伊一样的优良传统的践行者，这些外交贵族把操纵的本能和权力的欲望，连同国际责任一同融入血液，在全球危机重重的20世纪为合众国的福祉尽职尽责"。谈到邦迪在越战中的作用，施莱辛格说："一次悲剧性的错误致使他无法实现一个政治家的全部誓言。"[10]

***

　　麦乔治·邦迪生于 1919 年 3 月 30 日。他的母亲本名凯瑟琳·劳伦斯·帕特南，是哈佛大学校长 A. 劳伦斯·洛厄尔和诗人埃米·洛厄尔的侄女。[11] 家族的波士顿血统可以追溯到 1639 年，与哈佛大学渊源颇深。邦迪的父亲哈维·霍利斯特·邦迪是密歇根人，早年移民来新英格兰求学，先是在耶鲁加入了秘密社团"骷髅会"，后来在哈佛法学院读书，曾做过联邦最高法院大法官小奥利弗·温德尔·霍姆斯的书记员。

　　麦乔治·邦迪在波士顿长大，童年时享有得天独厚的优越条件。他和兄弟们就读于德克斯特小学，由哈维·邦迪和几位朋友创立。麦克﹡入学之前还有一个出身优越的男孩在这里就读，他来自波士顿的显赫家族，那就是约翰·F. 肯尼迪。邦迪的夏天都是在马萨诸塞州的曼彻斯特度过的，帕特南家族在那里的海边拥有房产，仅卧室就有 19 间。凯瑟琳获得了其中一幢较小的住宅，为邦迪一家度假所用。[12]

　　麦克和哥哥比尔﹡﹡都继承了家族能言善辩的传统，长于政治辩论——这是他们家中的生活日常。姐姐哈丽雅特回忆道："我清晰地记得餐桌旁那些热烈的场面，妈妈有很强的正义感，麦克也一样。在妈妈眼里，事情非黑即白。这是渗透在清教徒血液中的东西，家人们都差不多，但麦克表现得最为突出。"[13]

﹡　麦乔治·邦迪的昵称。——译者注

﹡﹡　即前文的威廉·邦迪。——译者注

1931 年，麦乔治·邦迪加入了哥哥比尔和小哈维的行列，进入一所新英格兰寄宿制中学——格罗顿学校就读，校长是恩迪科特·皮博迪博士。这位狂热的亲英圣公会牧师梦想把英国的精英中学模式复制到美国。于是，皮博迪要求学生早饭前要洗冷水浴，每天要进行教堂礼拜式，他告诫学生："服从是人类最大的美德。"

格罗顿以注重公共服务而闻名，它的校训是：服务即为统治（Cui servire est regnare）。皮博迪在任期间，格罗顿的毕业生中涌现出一位总统、两位国务卿、一位国家安全顾问、一位财政部长、一位陆军部长、一位海军部长、六位将军、三位美国参议员。[14]迪安·艾奇逊后来当了国务卿，但当时因为无法认同格罗顿严格的校园文化，差点遭到除名。而后来的总统富兰克林·罗斯福虽然坚持了下来，但未曾在校史上留下能超越其余近两百个男孩的记录。[15]而麦乔治·邦迪却是格罗顿的明星。

格罗顿开启了麦乔治·邦迪的人生传奇：班级第一名、月报《格罗顿人》主编、戏剧社社长、辩论队队长。戴维·哈伯斯塔姆描述道："据说，老师曾要求几个优秀学生准备有关马尔博勒公爵的论文。第二天，老师点名邦迪当众朗读自己的文章。他刚一开始读，同学们就咯咯直笑。笑声一直贯穿了这篇精彩论文的始末。第二天，老师向其中一位同学询问原因。对方回答：'您不知道吗？他根本没有准备，一直在拿着张白纸朗读。'"[16]

邦迪只申请了一所大学。哈伯斯塔姆写道："耶鲁是他延续格罗顿传奇的地方。"新生报到后，耶鲁招生办公室主任介绍说，在850 名新生中，有一人在入学考试中获得了三个满分，这是开创历史的成绩。其中英语考试的满分邦迪是以非常规手段获得的。考生要从类似"你是如何度过暑假的？"这样的陈旧主题中选择一个撰写作文。邦迪拒绝这种题目。他写了一篇论文，抨击这种选题的老套过时，谴责学校理事会居然同意如此无趣的主题。审核者起初想惩罚邦迪的鲁莽行为，但最终还是决定对他的无礼给予最高分的褒奖。[17]

邦迪在耶鲁学习数学专业，是美国优秀大学生荣誉学会（Phi Beta Kappa）的成员，担任耶鲁政治联盟的部长及其自由党的领袖，还是班里的演说家、《耶鲁每日新闻》的专栏记者。他有时会借助这个媒体平台发表一些煽风点火的言论，比如建议取消足球队。据伯德说，他的同学们都称其为"圣雄邦迪"，"部分原因是他的波士顿贵族血统，还因为他经常就时事热点发表言论"。[18]邦迪在大四期间曾撰写文章支持美国介入欧洲反法西斯行动，并发表在名为《零时：自由的呼唤》的集子里。邦迪写道："让我用一句话来概括全部主题：我相信个人的尊严、法治的政府、对真理的尊重以及万能的上帝；这些信仰值得我付出生命或更多，但阿道夫·希特勒并不相信这些。"[19]

与父亲一样，邦迪也加入了"骷髅会"。这个耶鲁大学的秘密社团拥有许多知名会员：总统威廉·霍华德·塔夫脱、国务卿亨利·L.史汀生、国防部副部长罗伯特·洛维特、最高法院大法官波特·斯图尔特、总统乔治·H. W. 布什和儿子乔治·W. 布什（还有其在2004年总统大选的竞争对手约翰·F. 克里）。在曼彻斯特的书房里，邦迪的写字台上一直放着一只陶瓷的骷髅和两根交叉的骨头，象征着其一生与这个秘密社团关系紧密，他入会时选择北欧的战神、诗神、冥神和智慧象征——"奥丁"为名，五十年来一直用这个名字与骷髅会其他会员保持书信往来。[20]

1941年，从耶鲁毕业一年后，他曾短暂地涉足政坛，但过程并不顺利。当时，他作为共和党人竞选波士顿市议会一个十拿九稳的议席，却铩羽而归，从此他再也没有谋求过任何需由选举而产生的职位。他转而把精力投入到学术方面，申请到一个独特的研究生项目——哈佛研究员学会（Harvard's Society of Fellows）。凡是进入学会的成员无须上课，无须参加考试，也无须提交博士论文。在三年学习中，只需要依照个人兴趣完成一个学术项目即可。

第二次世界大战打断了邦迪的学业，也扰乱了邦迪其他家庭成员的生活。麦克的哥哥比尔去了英格兰，作为密码破译专家与一个杰出的团队在布莱切利公园的秘密地点工作。而一家之主老哈维·邦迪与自己的导师亨利·史汀生重新合作，后者是罗斯福总统的战争部长。老邦迪作为史汀生的副手，是少数几位了解美国原子弹秘密研发进展的圈内人。

麦克·邦迪入伍了，凭借熟背视力表而逃过了部队对视力的要求，进入陆军通信兵团。1943 年，他担任海军少将艾伦·G. 柯克的参谋，帮助其处理了截获的德国空军打击计划，并进行盟军登录法国的"霸王行动"的军事筹备工作。在诺曼底海岸，他站在美国军舰"奥古斯塔"号的舰桥上目睹了登陆的壮举。[21]

战后，麦克·邦迪继续他的哈佛研究项目，而且遇到一个新机会，还是与亨利·史汀生有关。1945 年秋，史汀生心脏病发作，撰写回忆录的计划恐怕要泡汤。他急需一位富有才华而精力充沛的合作者。适合的人选就在身边，哈维·邦迪 27 岁的儿子正是最理想的执笔者——可靠、谨慎、能干，拥有干练而自信的文风。其实，邦迪研究员学会的背景让他几乎可以获得任何向往的差事。1948 年，这本名为《供职于和平与战争年代》（*On Active Service in Peace and War*）

的书一经出版便受到好评。《新共和》赞扬它是"我们这个时代的核心文献",《外交》称颂它是"我们这个时代最重要的传记作品之一"。[22]

史汀生的回忆录和自己的研究项目完成后,邦迪对职业生涯的下一步计划做了认真思考。最高法院大法官费利克斯·法兰克福特尽力劝说这个非法学院的毕业生来做书记员,邦迪慎重考虑后拒绝了。最具影响力的专栏作家沃尔特·李普曼用一本书合著者的身份来诱惑他,邦迪并未放在心上,最终放过了这个机会。[23]他选择一头扎进政治游戏当中,为1948年总统大选中深受倚重的共和党候选人——纽约州长托马斯·E.杜威当起了对外政策顾问和演讲稿撰写人。

近四十年后,邦迪回忆起从坎布里奇转移至曼哈顿的情景。"我们当时在罗斯福酒店,许多富裕的共和党人都来要求去使馆工作。我们太有政治家的风范(statesmen-like),而无法融入庸俗的政治活动。"邦迪负责起草候选人有关外交事务的演讲稿。邦迪说,这份差事并不费力,因为杜威的大部分观点都是从其担任州长时期的发言中提取的。[24]邦迪的上司是艾伦·杜勒斯,后来的中央情报局局长。邦迪在长岛与史汀生一起工作时就对他很熟悉,记得杜勒斯"总是在找网球搭档"。[25]

那年11月,哈里·S.杜鲁门对杜威的绝杀中断了邦迪进军华盛顿的梦想。因此,他只得受雇于外交关系委员会,领导一个特别小组,负责援助欧洲的马歇尔计划。这个委员会的成员包括杜勒斯和德怀特·艾森豪威尔将军,后者当时担任哥伦比亚大学的校长。邦迪回忆说:"他读了我写的几页稿子,用铅笔在上面勾勾画画,竭力表明他才是我合作过的最棒的编辑。"[26]1949年,邦迪返回哈佛,在政府系担任教职,这要得益于大法官法兰克福特的帮助。[27]

邦迪在坎布里奇的岁月收获颇丰。他教授的美国外交政策史在校园中有大批拥趸，他所作主题为"1938年慕尼黑绥靖政策"的讲座常常使得教室水泄不通。邦迪回忆说，"我最棒的讲座"应该是讲朝鲜战争期间杜鲁门总统"解除上将麦克阿瑟的职务"。"这个穿着皱皱巴巴的灰西装、来自密苏里的小个子*，一下子就搞定了这个大骗子！……完美的英雄，完美的坏蛋"。[28]邦迪在追求玛丽·巴克敏斯特·洛斯罗普，女方的家庭社交很广，财富可观，在波士顿上流社会有一定地位。[29]夫妻俩婚后陆续有了四个儿子。在哈佛任教两年后，他受到政府系的推荐获得终身职位。"尽管邦迪是位不错的教师，他不是传统意义上的外交事务专家，他对这个学科并不精通，"哈伯斯塔姆说，"与博士生相处起来，他尤其感到不自在，因为那些人在专业上更胜于他。"但因为邦迪是政府系一颗冉冉升起的新星，同事们赞同授予他终身职位的荣誉。据哈伯斯塔姆叙述，当时的哈佛校长詹姆斯·布赖恩特·科南特曾是化学系的出色教师，在看到邦迪的材料后问道，邦迪从来没有带过一届政府系的本科或研究生，这是真的吗？

"没错。"政府系的教授回答说。

科南特大为迷惑地追问："你确定吗？"

"我确定。"那位教授回应道。

"好吧，"科南特叹息了一声说，"我只能说，这一切根本不可能发生在化学系。"[30]

1951年末，邦迪出版了第二本书——《责任的模式》（*The Pattern of Responsibility*），这是一本自选文集，包含了对国务卿迪安·艾

---

* 指杜鲁门总统。——译者注

奇逊公开讲话的评论。国务卿当时正遭到参议员约瑟夫·麦卡锡的猛烈攻击，称其对待共产主义的态度过于软弱。艾奇逊是邦迪家族的老朋友，也是哥哥比尔的岳父。"我出版这本书并不是因为这层关系，应该反过来说，尽管有这层渊源，我还是出版了这本书。我之所以这么做是因为我不认为友谊或远亲关系会阻碍我们维护公正和诚实，尤其是涉及一个人表达自己观点的时候。"[31] 尽管这本书是基于艾奇逊发表的公开演说，但却带有典型的邦迪色彩，比如里面有这样的话："要让一个理智的学生相信国务院确实有警惕共产主义的思潮，这不是难事；而向众人证明麦卡锡是个江湖骗子则更为容易。"1951 年与艾奇逊的合作也预示着邦迪职业生涯的主旋律，这是他未来数年担任总统顾问不可或缺的部分。他断言："外交事务的核心就是政策与军力的关系。"[32] 无论怎样，邦迪对越南泥潭中这种关系的理解与诠释将最终界定他在历史中的作用。

1953 年，邦迪在哈佛的职业生涯登上了新的高峰。内森·普西成为哈佛新任校长，指派邦迪担任教务长，而他仅仅 34 岁。一位耶鲁的同行写了一首打油诗描述了当时平步青云的邦迪：

> 自命不凡的年轻人麦乔治·邦迪，
>
> 从耶鲁毕业是周一，
>
> 但摇身一变成为哈佛教务长，
>
> 也不过就是周日的事情。[33]

哈伯斯塔姆总结说，"邦迪是位了不起的教务长"，他简直是个天生的谋略家，拥有非凡的自信，并谙熟学术界的政治手段，"把哈佛复杂的教师——性格迥异也罢，极端利己也罢——都管理得井井有条并控制在股掌之间。用一位批评家的话说，简直就是玩老鼠的猫"。[34] 在邦迪的领导下，机构运行平稳，决策迅速，还招入了一些富于活力的新教师，其中包括社会科学家埃里克·埃里克森和戴维·里斯曼，政治学家斯坦利·霍夫曼，以及剧作家莉莲·赫尔曼。政府系在20世纪50年代更是诞生了一批精英，输送了三位国家安全顾问：邦迪、兹比格纽·布热津斯基和亨利·基辛格。正是邦迪帮助基辛格确立了教职身份，把两个兼职工作合二为一，变成一个永久职位。即便如此，邦迪和基辛格的关系也不很和谐。基辛格这样评价邦迪："我认为，与他偶尔表现出的鲁莽行为相比，他本人要更敏感，更温和。他在我面前表现得彬彬有礼，但潜在的傲慢还是隐藏不住，按照新英格兰的标准看，简直就是波士顿上流社会为外来背景的人士所特意保留的。总体而言，他带有一种强烈的个人风格。"[35] 里斯曼是哈佛从芝加哥大学挖过来的杰出社会学家，称邦迪对教师的管理就是一种"贵族化的精英统治"。[36]

担任教务长的这些年，邦迪与约翰·F.肯尼迪建立了不错的关系，后者当时是来自马萨诸塞州的新任参议员，也是哈佛监察委员会（Harvard board of overseers）的成员。他们的联系要部分归功于两位高调的哈佛名人：一位是约翰·肯尼思·加尔布雷思，这位经济学家在20世纪30年代末是肯尼迪的大学导师，也是他的顾问和朋友；另一位是小阿瑟·M.施莱辛格，这位历史学家主持一个各行业人士参加的沙龙，曾为肯尼迪引见了许多坎布里奇的精英。

1960年肯尼迪当选为总统，选择邦迪作为国家安全事务的特别助理，这个职位后来被称作国家安全顾问。邦迪从艾森豪威尔时代的一个无足轻重的边缘角色转型为管理美国全球战略的核心人物。相关新闻报道也毫无例外地强调了他手握重权的事实。"红润的双颊，沙色的头发，有弹性的步伐以及平光镜后略显嘲弄的神情，仅凭外表，邦迪很容易被当作一位华盛顿的资浅公务员。"《新闻周刊》的封面报道如是说，"然而，他正是美国政府最有影响力的人物之一。"[37] 根据《纽约时报》的说法，国家安全顾问是"美国对外政策最重要的监管人之一，其日常判断就能直接影响世界政治格局的少数美国人之一"。[38] 正如戴维·哈伯斯塔姆后来所阐述的那样，认识邦迪的人都"认为他是这个国家最合适的人选，波士顿的麦乔治·邦迪，他那个时代的传奇"。[39]

接下来的 5 年中，邦迪一直担任国家安全顾问，服务于肯尼迪总统及其继任者林登·约翰逊。专栏作家约瑟夫·克拉夫特捕捉到邦迪志得意满的状态，他在 1965 年曾说：

> 邦迪是政治家候选人中的翘楚，或许是唯一的候选人。这一代政治家正逐渐掌握权力，这是经过战争和战后洗礼而日臻成熟的一代。他拥有解读多重迷局的能力，考虑众多选择的能力，制订行动方针的能力，表达和实现公共意图的能力，给人鼓舞的能力，在我看来无人可及。无论如何，他在同辈人中间几乎是一枝独秀，精确地诠释了弥尔顿的描述：
>
> 社稷之柱石——深深刻在他的墓碑正面。
> 他深思熟虑，为大众所想，
> 脸上写满审慎的忠告。[40]

即使邦迪身上不太受欢迎的特征也被用来证明他的卓尔不群。1965年6月《时代周刊》的一篇有关邦迪的封面报道这样写道："他自信到咄咄逼人，机智到给人威胁。"[41] 事实上，邦迪愿意去代言那些在他人眼中不理智甚至是自大的理念。他在1965年声称："归根到底，美国是行驶在人类发展进程最前面的机车头，而其他所有国家不过是列车末尾的守车而已。"[42] 邦迪的高姿态让他做出的逻辑选择就是让约翰逊政府在越南问题上坚持到底。"他是政府驻在学术界的大使，对于这个身份，邦迪简直是手握纯金证书。"《时代周刊》用这样的语句来描述邦迪重回哈佛的情景。当时他正面对罗威尔演讲大厅的一千名师生宣讲政府的外交政策。邦迪当年正是在这个讲堂教授他最受欢迎的课程——"世界政治格局中的美国"。重返讲台后，他提醒听众注意，南越的垮台将会"对自由社会抵御共产主义的能力造成极大削弱"。[43]

邦迪决心回击对政府的批评之声，并据此来捍卫美国对外政策的宏观目标。"我们不能把一次局限在单一目标之上，我们必须像恺撒那样，让所有的事情同时齐头并进。"1965年5月，邦迪在富兰克林·罗斯福的墓地前发表了这样的悼词，"这会很艰难。我们必须参与到目前的越南战事当中，我们必须引领追寻和平的道路，我们必须尽己所能地回应越南人民的真正需求和渴望。"[44]

1966年初，对越政策已经出台，但要付出的真正代价还未显现，邦迪离开了政府公职，担任福特基金会主席。在邦迪的带领下，基金会发起了众多慈善项目，促进了公共广播、能源保护、公共利益法等事业，扩展了公民权和选举权。[45] 然而，他的功绩无法掩盖越南问题的阴影。曾任耶鲁大学校长的朋友金曼·布鲁斯特说："麦克将用余生为自己在越南问题上犯的错误正名。"[46]

卸任后，邦迪个人拒绝批评约翰逊政府，也无法容忍前政府同事发表类似言论。1968年3月，他在哈佛参加了一场辩论，清晰地阐明了自己的主张，与斯坦利·霍夫曼针锋相对，而这位政治学家正是自己十年前招入哈佛的。"助理的工作尤其需要忠诚，并随着时间的推移与日俱增，"邦迪对下面躁动的师生解释道，"我不赞同那些人顶着'前白宫助理'的头衔写批评文章。"邦迪把这种异议看作是对总统的政治暗杀。"这样做的人，好似手里拿着一把他人提供的枪，却瞄准了提供枪的人，我反对这种行为。"当晚的听众里就坐着亚洲问题专家詹姆斯·汤姆森，他曾作为白宫幕僚为邦迪工作，之后很快在杂志上发表了一篇批评文章，剖析越南决策的始末。邦迪对他的泄密行为感到非常愤怒，后来很多年都不与这位前同事说话。发言中，邦迪提到了自己与亨利·史汀生的合作经历："他是一位伟大的内阁成员，先后以不同形式为七位总统工作过。他恪守一条准则，即只要这个人还活跃在公共视线中，他就绝不参与对七位总统的任何批评。这也是我坚持的立场。"[47]

尽管邦迪时刻准备捍卫扩大战争的决策，但他拒绝为自己辩护——也拒绝他人为自己这么做。1971年，当《纽约时报》公布了《五角大楼文件》（Pentagon Paper）*，有传言说还有其他一些未解密的文件，能够表明邦迪在越南问题上有所顾虑。弗朗西斯·贝特和卡尔·凯

---

* 1971年《纽约时报》公开了美国国防部一份保密的研究报告——《美越关系：1945－1967》，披露了美国在发动、扩大越南战争中的作为，引起轩然大波。——译者注

森都曾在白宫为邦迪工作过,他们催促他去披露这些信息。"麦克没有采纳他们的建议,"卡伊·伯德写道,"然后他们又去找玛丽·邦迪说'你应该让麦克公开这些备忘录'。玛丽听后询问了丈夫的意见,但他不愿去做任何事情为自己开脱。"[48]

同年春天,邦迪在纽约的外交关系委员会做了三场有关越南战争的演讲,备受关注。[49]邦迪说,他发表演讲的目的是要从越南战事当中"寻找启示",而"不涉及任攻击或辩护"。[50]但他的演讲激怒了许多委员会的成员,因为这些人代表着当时政府的立场,对战争持激烈的反对态度。

对于战争合理性这个基本问题,邦迪表达了他的看法:"1965年在越南采取的武力行动在某种程度上避免了共产主义的胜利,战争很有必要,决定是正确的。我想,这不是当今大多数人赞同的观点,但这是我的观点。而且,我必须基于自己的认识来处理这些问题。"[51]邦迪认可"约翰逊在竞选时反对大规模战争,继而却迅速扩大战争"的指责,从而导致有些人认为"这纯粹是口是心非。但事实并非如此。1964年的政府并不清楚1965年的越南是什么状况,所以政府倾向于不做决定"。[52]

邦迪说,当1965年的转折点终于来,美国公众本应该早有准备:"轰炸北方及向越南派遣地面部队是1965年的两个重大决定,公众在事件没发生前都已知晓,因为媒体进行了铺天盖地的报道。如果国会没有让自己卷入这些议题当中——而且它也的确没有涉入——那这一定是他们清晰而有意的选择。"[53]谈到1964年的《东京湾决议》,即授权约翰逊动用武力打击北越的决议,邦迪说:"政府不得不依赖这个决议,这个决议也被迫发挥了其制订时意料之外的作用。"他称此决议"不是故意欺骗之罪,而是民主决策之误"。[54] 最后,邦迪只用了一句话简略地交代了对战争的遗憾。"这些巨大的损失和痛苦,"他说,"远超出我们大多数人在 1965 年认为合理的程度。"[55]

接下来的几年中,邦迪尽量避免在公开场合发表有关越战的言论。但他在战争中所扮演的角色依然无法回避。1976 年,他应邀在哈佛尼曼学者项目的会议上发言,这个项目由他以前的助理詹姆斯·汤姆森管理,二人在此之前已经和好。发言结束后,一位名叫罗恩·贾维斯的年轻记者挑起了越南问题。邦迪中断了交流说:"年轻人,你的问题不在智力上,而在意识形态上。"贾维斯并未罢休,他在鸡尾酒会上把这位前国家安全顾问逼到了墙角。

"越南问题怎么了?"贾维斯问。

"我不懂你要问什么。"邦迪答道。

"麦克,你和越南怎么了?"

"我还是不理解。"邦迪说。

"但是麦克,你把事情搞砸了,不是吗?"

接下来是一阵可怕的沉默。邦迪突然笑着答道:"没错,是我。但我不会把余生都浪费在负罪感之中。"晚些时候,邦迪跟汤姆森提到了这次交锋。"我永远都无法担任国务卿,"他用一种放弃的口吻说,"甚至连大学校长都不行。"[56]

1979 年从福特基金会卸任后,邦迪在纽约大学担任历史教授。当时有 24 位未来的同事抗议让他入职,最终没能改变结果。但许多反对者后来发现,在系里投票决定学术或行政方面的众多事宜上,邦迪都是一个可靠的盟友。

邦迪在纽约大学的日子里,研究了核武器的历史和战略理论,

1988 年出版了广受赞誉的作品《危险与生存：第一个五十年中对于炸弹的选择》（*Danger and Survival: Choice About the Bomb in the First Fifty Years*）。邦迪撰写此书的过程中，记者戴维·塔尔伯特曾问起他越南问题。说到他对升级战争的支持，邦迪回答，"我当时的确有顾虑"，"而且可以说，我没有全力去坚持。但我们在 1965 年时无法对越南的状况置之不理，一走了之"。他又补充说："是的，我一直对这个问题感到烦扰，但还没准备好该如何厘清它，或许多年后会有所论断吧。"[57]

＊＊＊

1995 年，麦乔治·邦迪终于决心重提越南问题。促使他做出决定的是当年 4 月历史回忆录《回顾：越战中的悲剧与反思》（In Retrospect: The Tragedy and Lessons of Vietnam）的出版，作者正是邦迪多年的朋友和同事，前国防部长罗伯特·S.麦克纳马拉。其在书中承认在越南问题上："我们错了，犯了严重错误。"他还说，1967 年，自己虽然在任，而且认为战争不可能取得胜利，但却保持沉默，没有公开表达疑虑。[58] 他的这番话在某些领域引发了轩然大波，媒体更是掀起了激烈的论战。

《纽约时报》专栏文章严厉斥责麦克纳马拉"明知这场每周死亡数百人的战争根本无用，却没有加入到声讨的大军中"。《时代周刊》认为，麦克纳马拉会因自己的行为寝食难安。编辑们这样写道："在每个宁静祥和的时刻，他一定会听到那些年轻战上无休止的低语，他们倒在高密的草丛中可怜地死去，但却毫无价值。""他从他们身上夺走的东西无法用黄金时段节目中的道歉和苍白的泪水所补偿，而且事情已经过去三十年了。"[59]

许多战功卓越的参战老兵也向这位前国防部长发起了强烈的斥责。马克斯·克莱兰说："1967年5月，我自愿前往越南，如果他当时表明这场战争不可能取胜，应该会对我产生影响。"他曾在越南战场失去双腿和一只胳膊，后来担任美国退伍军人管理局的局长。（1996年他当选为美国参议院的议员。）"麦克纳马拉后来去了世界银行，而许多人却走向了坟墓。"[60]

批评者认为，如果麦克纳马拉能在1967年发出不同的声音，有可能终结美国继续参战的行为。《华盛顿邮报》的玛丽·麦格罗里说："他是约翰逊政府的高官之一，他有可能改变局势。""根本不做任何努力，这才是不可原谅的行为。"[61]根据越战中美国空军副司令汤森·胡普斯的观点，"如果麦克纳马拉在1967年或1968年初辞职，历史将有可能改写"。[62]

一些评论员对麦克纳马拉的态度表示认可。《华盛顿邮报》的理查德·科恩写道："谴责罗伯特·麦克纳马拉在越战问题上的傲慢谎言可以理解，但因为最终说了实话——不管有多迟——而饱受责难却没有任何道理。"[63]乔纳森·奥尔特在《新闻周刊》上也发表了相似态度："一位政府要员承认自己的重大错误是非常罕见的事，在美国历史上可能没有先例。""1961年，如果谁能预见麦克纳马拉终有一天会痛哭流涕地公开承认自己的严重过失，他人会哄笑着将他赶出华盛顿。"[64]

麦克纳马拉曾邀请邦迪对《回顾：越战中的悲剧与反思》的初稿提出建议，邦迪一方面给出了坦率的批评，同时报以热情的鼓励。

邦迪认为第一稿并不理想，但并未详细解释原因。他暗示说，也许麦克纳马拉专注于越南问题的海量文献资料，而忽略了美国在战争不同阶段面临的根本问题。邦迪建议麦克纳马拉耐下性子，因为一本伟大的书是需要时间来打磨的，而麦克纳马拉有能力完成这样一本书。[65]在另一封信件中，邦迪理解麦克纳马拉不去指责依然健在而持不同意见的同事，但他不理解，为何麦克纳马拉还对他们抱以溢美之词。[66]邦迪似乎预见到公众对于回忆录中麦克纳马拉对战争的放任态度可能会有的激烈反应，在书籍出版数月前，就给老朋友列出了一串媒体可能提出的问题及相应的答案，其中包括对麦克纳马拉在美国军事战略中过分倚重定量数据并存在种种缺陷的质疑。[67]

1995 年 4 月 17 日，邦迪在电视节目《麦尼与莱勒新闻时间》中亮相，作为评论嘉宾之一，讨论麦克纳马拉的新书在全国引发的激烈争论。邦迪说："我认为，鲍勃·麦克纳马拉已经尽他可能地说出了他目前的观点，这是本诚意之作，很有价值。"

节目主持人吉姆·莱勒提及麦克纳马拉那句回顾性的总结——"我们错了，犯了严重错误"，问邦迪："你是否也有同感？"

"当然。"邦迪答道，随意地耸耸肩。一阵略显尴尬的间隔过后，他接着说："我认为，当年的我们不可能像今天一样看清种种迹象。"

《洛杉矶时报》的专栏记者罗伯特·希尔也在现场参与讨论，他立刻捕捉到邦迪话中的深意，对莱勒说："你请来的嘉宾麦乔治·邦迪，显然与麦克纳马拉一样都是当年的谋事人。我不懂为何麦克纳马拉要独自面对所有的问题。"[68]

摄像机捕捉到一个特写镜头：希尔的攻击似乎让 76 岁的邦迪显出一丝慌乱。他犀利的蓝眼睛从厚厚的镜片下透射出摇摆不定的眼神，但标签式的气质与当年在肯尼迪和约翰逊政府时一模一样。目光最终淡定了下来，邦迪似乎表现出与越战时期的冷静自信不同的神情。确切地说，这并不是畏惧的表情，但与之有些许关联：一种由于突然受惊而刻意压抑的情绪。原本针对麦克纳马拉的愤怒突然间聚集在邦迪身上，他表现出一种出乎寻常的脆弱。然而，电视节目播出后没几天，我就收到了邦迪的电话，邀请我帮助他撰写回忆录，分析美国走向越战之路的种种过往。尽管围绕着麦克纳马拉新书的喧嚣还未过去，尽管自己会面临相似指摘，但邦迪还是想尽快开始撰写本书。

邦迪的离世让这本书最初的构想无法实现。收集的资料中许多叙述和史实相矛盾，不足以完成一本忠实反映邦迪初衷的书稿，而他最初的计划到底是什么，重建工作在他去世前还未成形。不过，我们的合作已经产出了大量关键信息，足以写出一本包含他回忆和评价的精华。

在玛丽·邦迪的鼓励下，在卡内基公司的慷慨资助下，我在1997年根据我和邦迪合作的内容着手编校一份大规模的档案材料，融合了涉及邦迪的多种史料和我个人对美国1961年至1965年间越南战略演进的详细叙述。邦迪夫人委派了两位顾问，定期审阅书稿并给出意见。撰写过程有一些拖延，还有其他工作安排掺杂进来。2001年末，材料的编校稿全部完成。2002年，正式交由出版商耶鲁大学出版社评估。一些历史学家和前政策制定者组成了独立的专家委员会，审阅书稿后一致同意出版。然而，接下来出版商花了不少时间与邦迪夫人商讨手稿的改编权及其他一些她所关心的问题，最终她决定不在丈夫去世后出版这样一本书。2004年，邦迪夫人把丈夫的档案捐给了位于波士顿的约翰·F.肯尼迪图书馆。

而接下来的这本书就不是耶鲁大学出版社评估的那一本了——它既不是邦迪档案的评注本，也不是有关对越决策的详实史书。它是一本没有任何邦迪家庭成员或顾问参与撰写的书籍。这本书从我与邦迪接触的体验出发，评价都是我个人做出的。在接下来的章节中，我试图提炼出邦迪作为国家安全顾问在美国对越战略方面应该得出的重要教训。有些教训与我和邦迪之前所作的回顾性分析相一致。还有一些基于我的个人判断，选择了邦迪任期中发人深思的行为——尤其是他的错误——然后得出了一些他本人或许并不认同的结论。自始至终，我都一直认真地区分哪些属于邦迪反思性的结论，哪些属于我自己的评价和判断。而且，我尽力不去做一个邦迪的拥护者或批评者。因为我的目标有所变化，希望既能够传达出与邦迪合作时所得出的重要见解，同时提供一种独立视角，通过梳理美国参与越战的复杂历程来分析邦迪在其间扮演的角色。因此，读者需要明确这样一点：这本书的作者不是麦乔治·邦迪，他是文中的主人公。

那么，为何邦迪要对越南问题做一些回顾性的研究，从而不可避免地重燃公众对越战的热情呢？我认为，在他生命的最后几年中，强烈的历史使命感驱使他努力工作。我敢肯定，如果邦迪能活着完成他的作品，他将坦陈自己作为对越战略核心人物所犯下的错误。邦迪在他的手稿中曾写下这样的片段："我是这场完败中的一分子。我在认知、建议和实践中都犯有错误。我愿意分享我的所有体会。"[69] 他的另外一段文字强调："你欠很多人一个解释。因为它会伤害到他们及家人，因为它关乎我们所获得的教训……在认识的道路上充满了错误。"[70]

邦迪解释说，他之所以撰写书籍去解读这场战争，是受到"他有意搁置了几十年"的两个问题的"推动"：越南战争的"悲剧"是如何发生的？它为后世提供什么借鉴？[71]

邦迪承认自己在对越问题的理解上发生了巨大转变。"我同许多人一样，最开始都认为从整体而言我们不应该参与这场战争，然后以个人经验来推测：为何不同的判断却在当时大行其道。"不同于1965年公开支持越南战争美国化的态度，邦迪承认，无论在当年还是接下来的许多年，"鸽派都是正确的"。因此，他力图去解释"政府为何一直坚持着错误的选择"。[72] 最后，他认为，自己对越南问题的解读受到一定制约，受历史宽度的局限，也远不及对核问题的研究那样富有野心，因为自己"距离有些问题太近，距离另外一些问题又太远，年龄太大而无法付出艰辛努力"。[73]

邦迪之所以决定撰写越南问题的书籍"在很大程度上追随了"同事兼老友罗伯特·麦克纳马拉的先例。邦迪写道："他的《回顾：越战中的悲剧与反思》是一本非常坦诚的作品"，"我认为，从长远看，它的价值远非目前所经受的质疑所能相比，读者在短期内一定会把自己对越战的强烈情绪发泄在这本书上。"[74] 邦迪没有承认——但应该心知肚明——如果他最终对这场毁灭性的战争有了新认识，拖延了三十年才为自己谋划并积极参与其中而深感愧疚，那么，像麦卡纳马拉一样，他一定会受到公众的咒骂。

邦迪回顾越战的决定带有深刻的历史意义。与越战相关的其他重要人物的叙述——从美国采取军事行动开始直到战争惨痛收场——都已载入史册。这些文章的作者包括林登·约翰逊、威廉·威斯特摩兰、马克斯韦尔·泰勒、亨利·卡伯特·洛奇、迪安·腊斯克、乔治·博尔、沃尔特·罗斯托、克拉克·克利福德、理查德·尼克松、亨利·基辛格以及麦克纳马拉。[75]

"我一直努力地向死难者及家人表现出尊重。"邦迪写道，他认为美国"已经从这些伤痛中吸取了很多教训"，由此确保在今后的战争中能获得胜利。[76]邦迪曾对我说，越战"在美国历史上是一个重要而惨痛的经历，我为获得这个认识做出了自己的贡献"。[77]

"我现在真的希望当时能（在越南）少采取一些行动。"邦迪在一次访谈中坦陈，"我希望自己当时能够有更清晰的认识。为什么我没能做到呢？……我们能从这个事件中学到什么，来帮助我们在未来的世界做得更好呢？"[78]

教训一 //
LESSON ONE

教训一
顾问建议，总统抉择

　　我与麦乔治·邦迪见面的那些日子，时光似乎凝固甚至倒流，流向了肯尼迪和约翰逊总统的时代。邦迪总是回忆起三十年前与之共事的那些人物——比如前福特公司老板罗伯特·麦卡纳马拉，由肯尼迪推举担任了国防部长；前罗兹学者、著名基金会的主席迪安·腊斯克，后担任美国国务卿；邦迪的老朋友、耶鲁大学经济学系的理查德·比斯尔，后领导中央情报局所谓的"黑色行动"，意在颠覆中美洲、非洲和东南亚一些国家的政权。

　　邦迪反复思忖，重新考量了两届政府的权力架构和核心人物，回顾了官僚机构的政策博弈，道出了赢得总统支持和争取对手的策略。他还把有关冷战和美国政治的种种历史命题加以验证，试图委婉地将自己对越战的看法囊括进去。他坚持自己对性格这个问题的解读，因为在他眼里，这是一个在决策过程中难以预测的变量。邦迪经常提醒我，政坛的真正较量绝不能只通过史料记载来解读，建议我要当心"错失了政治重点的文件检索法"。[1] 在这些形形色色的讨论中，邦迪似乎更愿意按照兴趣来研究，或许能产生一些有价值的观点，或许一无所获。在此过程中，他不接电话，不允许被打断。屋外，曼哈顿的喧嚣不绝于耳，麦迪逊大道的车辆川流不息。室内，我们二人不受任何事务的干扰，时间在交谈中一点点逝去。

这些启动会议虽然没有一个正式的日程安排，但却很有意义，产生了一份清单，列出我们合作所涉及的问题、主题、事件和人物。而且这些讨论还有更深层的价值，即捕捉到某种难以言表和提炼的东西——一种只属于邦迪的敏感、一个有价值的视角、一个基本的定位，从而去解读邦迪眼中作为历史课题的越南问题。

尽管麦乔治·邦迪作为一位政界的传奇人物，给人留下的印象是锐利、机敏、深谋远虑、过度自信，但三十年后回顾往昔的邦迪却在很多方面与旧日截然相反：耐心、沉静、好奇、谦逊。事实上，邦迪在越南问题上表现出踌躇和不安——或许在某种程度上有些困惑。尽管他从不明说，但似乎对这场亲历的灾难迷惑不解的程度并不亚于许多致力于此的史学家。邦迪，这位同辈中的佼佼者，肯尼迪和约翰逊政府的杰出人才，到底是如何令越南变成了可怕的梦魇？他本人在三十年后如何解释自己的判断失误呢？

显然，邦迪从一开始就没有兴趣去谈论越南的民族主义和共产主义暴动的原因等等问题。在我们合作之初，邦迪在布朗大学的朋友兼同事詹姆斯·布莱特和珍妮特·兰，苦口婆心地劝他与麦克纳马拉率领美国代表团 1997 年前往河内，参加一个具有历史意义的会议。与会人员是健在的越南政治和军事领袖。这个活动的目的是从美方和越方各自立场出发回顾战争根源，对造成 20 世纪 60 年代中期战争升级的关键点进行梳理，以填补历史记录的空白。尽管麦克纳马拉希望抓住这次历史机会，与美国曾经的敌人展开一次史无前例的对话，但邦迪却没有兴趣去审视越方在这场战争中的攸关利益。邦迪告诉我，越南战争美国化的决定是在华盛顿做出的，而不是在河内。从本质上说，它是一个总统决策，应该对两位当权者进行研究，他们是要战争还是和平——这两人正是肯尼迪总统和约翰逊总统。

为了解读自己如何影响到美国在越南的命运，邦迪应该从他服务过的两位总统那里得到启示。因此，我们在梳理这个问题时也要遵循严谨的逻辑，系统考察肯尼迪是如何在他总统任期第一年的时候就遭遇越南问题，他在任期内做了哪些对越的军事部署。

当然，邦迪之前曾阅读过无数关于肯尼迪政府的史料。但离开政府后的这几十年，他没有去触碰大量涉及肯尼迪和越南的解密文件，其中许多由国务院编纂。这些深红封面的卷宗出版后的名字叫作《美国的对外关系》。这些围绕越南政策的文件汇编包括备忘录、会议纪要、电报、信件、情报评估、防务分析和任务报告，它们对邦迪而言都是尚未研读的史料。这几千页的政府文档远比河内的一个会议能给邦迪带来更多的思索。而且这是一个正确的路径，他清楚，历史上的关键小插曲有时候就隐藏在普通的场景中。

我为邦迪整理了肯尼迪任期第一年间各种研究备忘录和提纲，清晰地发现是否对越南进行军事干预是他面临的重大挑战之一。事实上，1961年秋，肯尼迪的众多高级顾问几乎毫无异议地提醒他说，除非总统将地面部队增加至6个师的力量，或者超过20万人，否则很难避免在越南受到毁灭性的打击。这些顾问中就包括麦乔治·邦迪。当我把这个1961年的建议书拿给他看的时候，他告诉我说："太神奇了，我不记得有这种东西啊！"其实它就在邦迪要看的文件当中——记录了西贡所面临的危机，以及肯尼迪与顾问们商讨对策的情形，当时国家安全顾问就在其中。

1961 年肯尼迪对越南问题的处理成为邦迪眼中的焦点事件，也成为他对战争做回顾性总结时的转折点。尽管他没有写完肯尼迪做相关决策的部分，但他无疑给这些决定赋予了重要意义。"我想考虑的是 1961 年末肯尼迪总统实行的政策，此政策一直贯穿于他的整个总统任期，虽然他并没有解释其中原因。"邦迪在一份手稿中写道，"政策延续到林登·约翰逊赢得大选的 1964 年，但 1965 年遭到悄无声息的遗弃。在此过程中，美国地面部队还没有参战。"[2]

***

谈及肯尼迪新政府的时候，邦迪说："我们不应该称自己是'冷战分子'（cold warriors）。"但肯尼迪的班子成员潜意识里都有这样的共识，即冷战是一场全球性的竞争，美国"应该担负起必要的责任"。邦迪认为，新边疆的理念就意味着对外政策以国家利益为指导，是对"环境和能力"的综合考量。由此观念出发，可能会形成正式同盟、对外援助或者——在适当情况下——脱钩。[3] 他补充道："若想理解美国在越南的战争，还必须了解一种强烈的政治情绪的蔓延，即反对苏联共产党和其盟友在世界范围内的扩张主义行为。"[4]

冷战的紧张局势为肯尼迪参议员和尼克松副总统在 1960 年的总统竞选营造了一种焦虑的政治氛围。选举出现了 20 世纪最为势均力敌的结局。在超过 6400 万张选票当中，肯尼迪只多出了大约 10 万张，也就是千分之一。肯尼迪取胜的关键在于他熟练与投机地诉诸了国家安全问题。虽然右派发动了无情的攻击——强烈地反对艾森豪威尔外交政策，并在某种程度上反对神秘的"导弹差距"*——这位民主党的候选人却传递出强硬的信号。1961年1月的就职典礼上，肯尼迪高亢的演讲也表现出同样的决心，他向世界承诺"我们不惜任何代价，承受任何压力，克服任何困难，都要支持朋友，反抗敌人，因为我们要确保自由永存"。

麦乔治·邦迪终身都是一位共和党人，他却在1960年竞选中抛弃了尼克松，转而支持肯尼迪。据邦迪说，这位候选人非常高兴，"尽管马萨诸塞州并不是他最迫切的需要"。[5]肯尼迪以微弱优势获胜后的几周内，新政府组阁——这个人才库主要从华盛顿和波士顿的政府机构选拨——大家都在等待新总统的召唤，邦迪也不例外。萨金特·施莱弗是肯尼迪的妹夫，对邦迪加入新政府的目的提出质疑。邦迪告诉对方："对于这样一份有意思的工作，我当然很有兴趣。"大概一周后，肯尼迪与邦迪在纽约见面了。肯尼迪给邦迪开出了与新任国务卿迪安·腊斯克共事的条件，担任负责政治事务的副国务卿，是国务院中的第三把手。邦迪在此之前就向肯尼迪表达了自己对腊斯克的高度赞赏，并说一个不认识洛克菲勒基金会主席的哈佛教务长"不称职"。邦迪称腊斯克"聪明、有经验、直率——我认为他会是一个好上司"。邦迪"满怀期待"地返回坎布里奇，但很快从肯尼迪那里得知，他们之前商定的职位根本不存在。[6]

这个混乱是由肯尼迪政府的机构设置引发的。按照原计划，国

* "导弹差距"是肯尼迪在1958年的竞选时提出的，指苏联在弹道导弹的威力和数量上都远远领先美国，但真实情况正好相反。大量学者认为这是肯尼迪为竞选造势而捏造的一个概念。——译者注

务院保持与艾森豪威尔政府一致，那么二号人物就是负责经济事务的C. 道格拉斯·狄龙。肯尼迪解释说，他提名的国务院二号人物是负责政治事务的切斯特·鲍尔斯，那么三号人物自然就是负责经济事务的副国务卿。"这是你我都没办法的事。"肯尼迪说，但他在挂断电话之前承诺过些日子会再找邦迪。[7]

据邦迪回忆，通话后那段等待的时间异常难耐，其实不过只有一周多。其间，认真的接线员终于打来了令人宽慰的电话，说肯尼迪一直询问如何能尽快联系到哈佛教务长。他们最终追踪到邦迪的下落，当时他与妻子正和朋友金曼·布鲁斯特、玛丽·路易丝·布鲁斯特在曼哈顿的一家餐厅吃饭。肯尼迪给出了一个新建议。不幸的是，这个职位似乎缺乏吸引力：这是一个国务院的四把手，负责行政的副助理国务卿。邦迪回忆说，这是个极端无聊的职位，"负责监督官员提拔，涉外服务，去国会解释国务院的花销为何与预算有差异等等——是份糟糕的工作"。他必须找到一个合理的借口推辞。于是，他要求肯尼迪给他 10 分钟时间考虑，自己回到餐桌旁。

"我究竟该怎么办？"邦迪问布鲁斯特。后者是他的大学同学，当时担任耶鲁大学的教务长。

"你不想做这份工作？"布鲁斯特问道。

"不想。"邦迪答道。

"你宁愿什么都不干，也不愿接受这份工作？"布鲁斯特问道。

"正确，但我需要一个充分的理由，总不能说'这个工作不重要'吧。"邦迪说。

"我告诉你该怎么说。"布鲁斯特说，"你给他打电话说，你在管理岗位做了很多年。"

邦迪给肯尼迪打电话说："我无法接受这个工作，我已经做了很多年了。"

"哦，我能充分理解你。"肯尼迪回答说，"我们再想想其他岗位。"

两天后，肯尼迪又打来电话，这次邀请他担任国家安全事务的特别助理。[8]尽管邦迪当时并不知情，但肯尼迪的首选并不是他。即将就任的总统的第一人选是保罗·尼采。这位政府的元老级人物正是NSC-68战略的发起人——1950年起草的这份文件为杜鲁门总统的冷战遏制战略奠定了基础。尼采本人不确定在白宫是否能有用武之地，于是拒绝了肯尼迪的提议，而接受了五角大楼的一个高级职位。肯尼迪向约翰·肯尼思·加尔布雷思承认，自己还曾考虑过由小阿瑟·M.施莱辛格担任国家安全顾问。[9]邦迪回忆说，他当时的确算幸运，肯尼迪开始提供给他的国务院的岗位不存在，尼采又拒绝了这个白宫的职位。"保罗肯定认为特别助理是个官僚机构的摆设，"邦迪说，"而且只有垂直领导部门才是要害所在。"[10]邦迪最终独具慧眼地为自己铺就了一条权力之路。他说："我希望加入肯尼迪政府，我也得到了能力所及的最好职位。"[11]

当时，或许在后来的很多年，邦迪可能都怀有一个野心，希望有朝一日成为国务卿，据说他一直觊觎这个角色。在过渡期，曾有消息说邦迪有望成为首席外交官（premier diplomat），这个细节得到了著名专栏作家沃尔特·李普曼的认可。而肯尼迪最亲近的顾问之一西奥多·索伦森说，肯尼迪公开表示会考虑邦迪，并说相较于另外两个候选人——J.威廉·富布赖特和迪安·腊斯克，邦迪更有活力。[12]邦迪本人并不认可这个说法，并说它"极其愚蠢"，因为"一个43岁来自马萨诸塞州的总统在他的内阁高级官员中不会需要一个41岁的来自学术界的波士顿共和党人，况且这个人从未担任过什么政府要职"。他曾说过一句诙谐的话，似乎道出了自己经历的局限性："我的耶鲁生涯可能暗示了我会去坎布里奇，绝不是去华盛顿或中央政府。"[13]

当然，邦迪对肯尼迪来说是一个理想的人选。这位当选总统所物色的顾问应该是既让自己感到舒服，又可以"为当时的权力机构所接受"，邦迪说。（他补充说，自己的经历与新一届领导层并无多大关联，对这些人而言，他"没有什么旧有的东西留下来"。）有抱负的外交专家都"应该有（在政府或政界）奋斗后留下的印记"，他说，"我也是这样认为的"。邦迪猜测，在肯尼迪眼中，未来的国家安全顾问既是一位哈佛的教务长，又与亨利·史汀生和迪安·艾奇逊有密切关系，这无疑是他的优势所在。[14]

在提名邦迪引发一片溢美之词的同时，依照传统，必然有人对其进入白宫并不看好。戴维·哈伯斯塔姆写道："他的聪明与机敏甚至会令周围的人感到烦恼。""他们似乎认为他缺乏思考，缺乏深度，从战术的、功能的或操作的层面去看待事物，因而缺乏理性；他们认为，在邦迪眼中，两点之间只有一条直线存在。"[15]戴维·里斯曼是邦迪亲自招入哈佛的社会学家，被邦迪视为朋友，但谈起邦迪的这次升迁，他也带着些许担忧。里斯曼在邦迪离开坎布里奇时说："我为哈佛感到悲哀，也为国家感到悲哀；对哈佛而言，他是一位出色的教务长。但对国家而言，他身上的傲慢和狂妄可能就是危险的。"[16]

***

邦迪参与的第一个重大外交决定就成为了肯尼迪政府的标志性失败。

新政府延续了推翻古巴领导人菲德尔·卡斯特罗的秘密计划，在危地马拉培训了 1300 名流亡人士，组成了入侵的军队。这是艾森豪威尔政府指派中央情报局酝酿的计划——政府已经中断了与古巴的外交关系——计划留给新政府在其成立的头几个月实施。行动代号叫作"萨帕塔计划"（Operation Zapata）。

1961 年 2 月，正是总统宣誓就职的几周后，邦迪给肯尼迪呈递了入侵行动的两份文件。第一份来自中央情报局的副局长理查德·比斯尔，这位格罗顿的毕业生是邦迪的老相识，曾任耶鲁大学经济学教授。比斯尔参与了 1954 年推翻危地马拉总统哈科沃·阿本斯·古斯曼的计划，这场政变由联合水果公司游说发起。当他制定了流亡军入侵猪湾的计划后，比斯尔再次集结了危地马拉政变的班子，其中包括后来水门事件的窃贼之一：E. 霍华德·亨特。[17]

第二份文件来自托马斯·C. 曼，这位新任的助理国务卿负责美国对内事务，兼任美国驻墨西哥大使。在给总统的备忘录附言中，邦迪称比斯尔和曼是入侵问题上的"真正对抗者"。比斯尔希望接任艾伦·杜勒斯成为中央情报局局长，是"猪湾事件"中情报界的支持者，并掌握着整个计划。曼不属于情报机构，对这个计划深表疑虑。他质疑政权更迭的因果逻辑，认为这一小撮流亡者的入侵可能无法掀起古巴境内的大规模起义浪潮。[18]

邦迪倾向于支持比斯尔的激进举措，他在 2 月初曾向肯尼迪总统汇报："国防部和中情局目前对入侵计划很有热情。最坏的情况是这些流亡者会陷入山区，如果乐观的话，他们有可能会发起一场全面内战，我们就可以借机公开支持反卡斯特罗的势力了。"但是，华盛顿对流亡者的支持已经是世人皆知的事情，有关猪湾入侵的传言演化成了热闹的媒体报道。1961年1月10日，《纽约时报》封面文章的标题就很直白："美国在危地马拉秘密基地训练反卡斯特罗部队。"[19]纽约的《每日新闻》也报道说："3.5万名破坏者从内部发起进攻，6000名古巴爱国者从海上发起袭击。"[20]

邦迪的同事对"萨帕塔计划"报以谨慎的态度。年轻的总统助理理查德·古德温预测美国将会落入一个无法摆脱的陷阱中。"即使能够成功登陆，建立了新的革命政府，"他对邦迪说，"他们也一定会向我们求助。如果我们答应了，将会是一场屠杀……我们不得不在哈瓦那进行巷战。"小阿瑟·施莱辛格也是从坎布里奇来的总统助理，他送给邦迪两本简报。"我坚决反对入侵。"他坦率地表示。[21]

尽管内部存在种种分歧，尤其是古德温耸人听闻的说法令国家安全顾问非常懊恼，剥夺了这位年轻的撰稿人参加白宫古巴问题会议的资格，邦迪还是继续支持中央情报局的计划。[22]3月中旬，他告诉肯尼迪总统，情报局已经"制订出一个完美的登陆计划，这次悄无声息的行动在所有方面都符合古巴特色。我一直对比斯尔的行动有所怀疑，但现在我认为，这个计划堪称完美"。[23]然而，核心问题还是没有解决。这一伙流亡分子的举动如何能引发全国性的叛乱呢？究竟一场多大规模的暴动才足以击垮卡斯特罗的国家安全部队呢？如果这次入侵无法挑起一场全国暴动，1300名古巴流亡士兵能与卡斯特罗强大的武装抗衡多久？会有什么成果吗？比斯尔声称流亡部队具备强大的供给能力，这话可靠吗？这次入侵是否会引发其他军事冒险行动和潜在危机，是否需要动用美国空军的援助？就目前外界传闻和媒体报道来看，行动的安全性会不会毫无保障？根据文献记载，邦迪并未对上述问题做出评估，或采取行动予以缓解。

1961 年 4 月 7 日，施莱辛格向国家安全顾问做了最后一次请求。"我约迪克·古德温共进早餐，商议是否应该再做努力去扭转这个决定。"施莱辛格在日志中这样写道，"但是，邦迪和罗斯托加入了我们的谈话，劝我们放弃这个想法。"[24] 沃尔特·罗斯托也是进入肯尼迪政府的一个学界精英，被指定为邦迪的副手。这位耶鲁大学的博士是前罗兹学者，曾先后在剑桥大学、牛津大学、哥伦比亚大学和麻省理工学院教授经济史，以强悍的反共态度闻名。[25] 邦迪在谈起罗斯托冷酷无情的鹰派作风时说："他谈起这个话题时绝对滔滔不绝。他对世界的看法总是那么全面、立体而清晰，但往往是错误的。"[26]

1961 年 4 月 17 日早上，1300 名古巴流亡军在古巴西南部的猪湾登岸。由于他们背对大洋作战，加之卡斯特罗的特工之前的渗透工作，这些流亡士兵在数量和战术上都无法与卡斯特罗抗衡。不到一天时间，2 万名古巴士兵就把他们团团包围，这次行动根本没有激起任何平民暴动，更不用说还要横扫古巴全国了。流亡军很快意识到计划中的另一个败笔：80 英里的沼泽地阻断了他们逃往大山的道路。[27] 一场完败在所难免。

噩耗传到白宫，罗斯托驱车赶往中央情报局总部，与自己从前的老师比斯尔碰面。后者看上去很憔悴，胡子都没有刮，神情中还透露出一丝惶恐。记者、历史学家塔尔伯特指出，肯尼迪总统在入侵计划过程中曾坚称，他不会动用武力支援这次行动，还曾委派一位军事助理去流亡分子位于中美地区的训练营，重申了美国海军不会采取援救行动的立场。[28] 当罗斯托见到比斯尔及下属时，他立刻意识到，中央情报局这些计划拟订者认为，如果行动受阻，肯尼迪总统不会不采取军事援助。罗斯托后来写道："这样的后果对他们而言简直难以想象。"[29]

罗斯托敦促比斯尔向总统发出最后的求救信号。于是，在午夜前召开了一个紧急会议。据塔尔伯特叙述，总统肯尼迪、副总统约翰逊、国务卿腊斯克及国防部长麦克纳马拉全部从东厅的一个正式招待会返回，还都身穿燕尾服，打着白色领结。与会的还有参谋长联席会议主席莱曼·莱姆尼策将军，海军作战部长阿利·伯克司令。据比斯尔后来回忆说，自己"强烈意识到那些命悬一线的人所处的境地"，于是慷慨陈词，请求军事干预。

"给我派两架飞机，就能击落敌机。"他向总统恳求道。

肯尼迪拒绝了，提醒比斯尔和伯克说，自己绝不会向这次入侵行动派遣军力。接下来是一阵激烈的辩论。伯克生气了，他要求总统就派一艘驱逐舰，就一艘就足以"痛击卡斯特罗的坦克部队"。

"如果卡斯特罗还击，向驱逐舰开火怎么办？"肯尼迪反问道。

"那么我们就让他们全都去见上帝！"司令信誓旦旦。

"伯克，我不愿美国人卷进去。"总统说。

"天哪，总统先生！"伯克反驳道，"可是我们已经卷进去了。"[30]

邦迪把 4 月 18 日下午的严峻战况向总统做了汇报："古巴的武装力量更为强大，而民意反响平平，我们目前的战术情形比预想的要糟糕。一个滩头堡的坦克已经被剿灭了，其余的形势也岌岌可危……目前的关键问题在于是进一步给予支持，还是任由我方被逼入大山而接受溃败。"[31] 肯尼迪听了之后不为所动。他拒绝了邦迪在备忘录中所提出的"进一步干预行动"。于是，这次行动注定失败。邦迪事后承认，"中央情报局的领导们暗自希望"给总统施压以挽救战局，这一点比斯尔在自己的回忆录里承认了。[32] "比斯尔并不认为自己在欺骗总统，"邦迪对我说，"他认为自己所秉承的信念合理合法，这事关国家利益，任何总统在面临如此棘手的局面时都应该明白如何选择。"[33]

肯尼迪早就猜到比斯尔的想法。"他们笃定我会屈从，下令派'埃塞克斯'号航母前往支援。"肯尼迪对密友戴夫·鲍尔斯说，"他们不相信，像我这样的新任总统会不惊慌，不去尽力挽回颜面。好吧，他们都看错我了。"[34] 在 2005 年曝光的一份政府文件中，证实了中央情报局的设想：如果没有美军的直接支援，猪湾入侵行动必然失败。一份 1960 年 11 月 15 日的情报备忘录上给出结论说，入侵行动将"无法成功，除非中央情报局和国防部联合行动"——换句话说，必须是一场两个部门联手的入侵行动。[35] 但是白宫却不知道这个结论。

截至那个周末，114 名古巴流亡士兵战死，1189 名被俘。美国在这次行动中的作用很快就被曝光，这对肯尼迪政府是一次极大的羞辱，也引来了世界范围内的强烈谴责。[36] 土崩瓦解的还有肯尼迪与他的高级军事顾问之间的信任。莱姆尼策将军事后说："拆台这个事情简直令人难以置信……绝对无法容忍，简直就是犯罪。"

对肯尼迪总统而言，他决心不再重蹈覆辙。他向小阿瑟·施莱辛格保证，自己不会再"被专业的军事建议唬住"。他曾对朋友、海军部长特别助理雷德·费伊说："没有人能强迫我做任何违背最高国家利益的事情。"接着补充道，"我们不会再盲目投入到一场不负责任的行动中，仅仅因为一小撮狂热分子用所谓的国家荣耀绑架国家理性。"[37] 肯尼迪向施莱辛格也表达了相似的态度，他并不认为，不支持古巴叛军的行动会损害美国的声望。"声望是什么？"总统问道，"是权力的阴影还是权力的实质？我们要经营的是权力的实质。毫无疑问，接下来的几周内，我们会遭受一些谩骂，但这并不会影响我们的主业。"[38]

随着猪湾入侵行动落幕，邦迪提出了辞职。"你知道，我希望能在古巴事件中帮到你，我也希望你明白，你因这个事件而备受攻击，但你表现出的勇敢令我深感钦佩。"他对肯尼迪写道，"如果我的离开能以某种方式帮到你，那么请批准我辞职——如果这次你做了不同的选择，你可以在以后任何需要的时候使用这封辞呈。"[39]邦迪并没有遭到解雇，反而与肯尼迪走得更近了。后者为他在西厅的地下室安排了一个办公室，这样更方便见面，当然也能发挥更大的作用。肯尼迪还批准建立了白宫特情室（White House Situation Room），作为协调政府各个国家级安全部门的信息中枢。邦迪认真思考了猪湾事件的教训。在4月24日的备忘录中，他写下了心得，这份简洁的综述公正地反省了年轻的政府所遭遇的失败，预见性地提出了在越南问题上可能会面临的战略挑战。"从道德层面上看，失败的教训很容易归纳……"邦迪建议说，"总统的顾问必须在会议室中畅所欲言……总统和顾问们必须对军事计划做出预判……我们必须客观评估敌人，而不带任何期冀或恐惧的情感……那些对重大事件提供建议的人必须自己在其中承担必要的工作……总统的预期要彻底予以实现，而总统本人必须了解身边这些朋友的心态，因为自己所做的决定会影响到他们的生活……尽量不要勉强做出任何选择……在做出某个具体决定前，都要想清楚这个决定可能会带来的种种后果。"[40]

入侵行动失败后，肯尼迪把准军事秘密行动的权力从中央情报局转移到国防部，解雇了杜勒斯和比斯尔。[41]邦迪在回顾猪湾入侵事件的败绩时，对比斯尔充满了同情，认为他的"错误尽管很大，但与其功绩比，根本算不了什么"，这些功绩包括实施马歇尔计划和创立中央情报局的U-2空中侦察体系。[42]但邦迪也承认，"自己的工作不够高效的原因之一正是钟爱的大学老师迪基·比斯尔是中央情报局的负责人"。[43]邦迪与比斯尔的私交可能会影响他的判断力，影响他对总统的建议。他解释说，"我从未想到，比斯尔是如此痴迷于这这该死的入侵行动，到了罔顾种种不利条件的地步，因为他对政治的判断是当你真正开始做一件事的时候，你要么需要别人救你脱困，要么自己主动投降。总统肯定会采取行动。所以，这就是个圈套。"[44]

邦迪重点回顾了军方对这次失败的责任。他认为："一支军队应该依靠实力取胜，怎么敢把这样一场赌博押在一位新上任的总统身上？"肯尼迪总统把这次失败归咎于参谋长联席会议成员，他们本应该拥有丰富的经验来判断这次行动的成功概率，但他们却没有异议。"他忽略的一件事，我也因为缺乏经验而没有认识到的一件事"，就是五角大楼无法去挑战中央情报局的计划。而参谋长联席会议的成员"出于官僚作风，对另一个部门异常重视的计划不好意思认真评估"。[45]

邦迪推断，猪湾事件不过是"对政府考验的开端"，"因为它就在那里，像一只满负荷的船，随时整装待发，不会滞留，必须要做出决断"。[46]同时，它又保有几分神秘感。邦迪曾问我："是否还有一些不为人知的猪湾事件的内幕？你认为艾森豪威尔会怎么做？他从没告诉任何人。"[47]

尽管付出了高昂的政治代价，但邦迪认为，猪湾事件最终强化了肯尼迪的权力。"他是一个镇定自若的人，就我观察，他有着强大的自信心。"1964年，邦迪曾这样向政治学者理查德·诺伊施塔特谈起肯尼迪。邦迪注意到，"肯尼迪曾数次完成了在他人看来不可能完成的事情。因此，'不'这个字眼他经常听，也经常予以反驳……猪湾事件的最大打击便是粉碎了他绝无过失的神话，这也是对他本人最大的意义"。[48]

在绝无过失的光环散去之前，肯尼迪总统面见了邦迪和其他四位顾问：小阿瑟·施莱辛格、迪安·腊斯克、理查德·比斯尔，以及受雇于国务院的哥伦比亚大学法学院教授阿道夫·伯利。那天是4月15日，星期六，用施莱辛格的话说，"正是古巴行动的节奏越来越紧张的时候"。据他回忆，几位"正与总统讨论下一步的方案，突然邦迪说：'总统先生，你是否发现，我们五个都是教授？'这话引来了满堂喝彩，总统尤其赞赏"。[49]邦迪回忆道，"我轻松地告诉肯尼迪，这个行动一定没问题"，因为他的顾问具备很高的学术素养，"我常常希望他忘了我的这番话。他的确经历了一段难耐的时光，才能说出了永远不要出现下一个古巴这种话。我记得他曾对我说，在其他任何一个民主政府中，他都会因为猪湾事件下台。没有一个英国首相可以幸存……他常说，'好吧，至少我还有三年——没有人能从我这里夺走'"。[50]

猪湾事件至少还提供了一个教训。肯尼迪尽管受到来自中央情报局和参谋长联席会议的压力，但他没有在一个基本问题上让步，那就是总统牢牢掌控着部署军事力量的权威。"肯尼迪拒绝了军事援助，因为一个经验深深印刻在他的脑海中：总司令最好能确保自己对美国作战力量的掌控。他必然是那个要为成败担负责任的人。"邦迪补充说，尽管顾问们可能会谋求"听上去体面，不一定正确"的计划，但这些顾问"不一定会想到总统的责任"。[51]

* * *

如同肯尼迪拒绝了顾问们提出的支援猪湾行动的建议，他还要下定决心否决对老挝进行军事干预的意见。这个亚洲国家距离美国1万多英里，位于越南和泰国之间。

肯尼迪上台之前，老挝的局势就令人担忧。艾森豪威尔总统在任的最后一天，召集了肯尼迪和其他几位核心顾问，对他们做了一次具有警示意义的国家安全讲话，不可思议地把重点放在了老挝的命运之上。克拉克·克利福德是华盛顿一位杰出的律师，与民主党来往甚密，当时作为肯尼迪的私人律师也参加了会议。他写道："回想起来简直难以置信，这位即将离任的总统居然认为那个不起眼的东南亚内陆小国是美国面临的最重要的问题。"艾森豪威尔发出警告说，如果老挝落入共产党之手，接下来便是南越、柬埔寨、泰国和缅甸。[52]艾森豪威尔对于老挝的定位基于他宏大的世界观。其在任期间，曾沉迷于"多米诺理论"，认为这些岌岌可危的小国接踵进入共产党的势力范围，就如同接连倒下的多米诺骨牌。

等到肯尼迪上任时，老挝正处于动荡混乱之中。国内有三派势力交战：苏发努冯亲王领导的共产主义势力巴特寮；梭发那·富马亲王领导的中立集团，富米·诺萨万将军领导的政府军。第三股势力成为美国政策的重点。邦迪说："约翰·肯尼迪对国际政治人物进行了分类，其中有个特殊的群体——弱小的强硬派，他们执着于自己无法完成的事情，而美国对这个事情也没什么兴趣——富米·诺萨万将军就属这一类。"结果，"你几乎别无选择，只得为老挝谋求中立状态而努力"，因为要确保富米·诺萨万控制国家需要"难以想象的军事投入"。[53]

1961 年 3 月 23 日，肯尼迪总统舍弃了艾森豪威尔的强硬建议，选择了自己想要的"中立和独立的老挝"。和平对话在日内瓦举行，代表美方出席会议的是实业家、前纽约州长埃夫里尔·哈里曼，他在白宫以"大鳄"闻名（据邦迪解释，"他一般只是躺在河岸上，眼睛半睁着，看上去昏昏欲睡的样子。但猛的一下，就会咬住猎物"）。[54]

正当哈里曼采取外交手段解决问题的时候，国防部发出警告，有必要在东南亚采取军事行动。4 月 26 日，猪湾行动失败后没过几天，参谋长联席会议向美国在世界范围内的重要军事基地发出了一项公告。内容是为了应对老挝巴特寮的新攻势，太平洋司令部接到命令，为即将开始的空袭做准备，目标是北越，或许还有中国南部。[55]

第二天，国家安全委员会仓促召集会议，伯克司令接替了参谋长联席会议主席的职位。这位海军司令建议从东南亚条约组织成员国中调配军力来保卫老挝首都万象不落入共产党之手。根据会议记录，当时伯克"多次并强硬"坚持说，如果没有美国介入，"整个东南亚将会沦陷"。[56]邦迪回忆，肯尼迪曾在海军服役，因此"不会忘记一个具有讽刺意味的事实，即所有高级军事顾问中，积极支持在老挝（这个内陆国）动用兵力的人就是海军作战部部长，因为他根本不怕什么老挝海军"。[57]

局面越发混乱起来了。"参会者很难弄懂参谋长联席会议的成员们都在想些什么。"施莱辛格回忆说。大家提出了形形色色的建议，以至于约翰逊副总统要他们把具体内容写下来。"据说，总统后来一共收到七份不同的备忘录，执笔者分别是四位参谋长联席会议成员和三位会议秘书。当时，正逢一群外国学生参观白宫，总统见到一位老挝来的年轻姑娘，于是调侃道：'有没有人向你征求过意见？'" [58]

鉴于这次会议的混乱，肯尼迪5月1日又召集国家安全委员会重新商议。猪湾行动曾给他带来深重的耻辱。"而行动的顾问们正是这些力主介入老挝事务的人，"西奥多·索伦森回忆，"但现在总统对这些专家的声名、提出的建议、做出的承诺和假设、陈述的事实都抱有很大怀疑。此时，他更相信白宫幕僚及自己的判断。于是，他要求司法部长（他的弟弟罗伯特·F. 肯尼迪）和我参加所有国家安全委员会的会议。"大部分顾问都倾向于派遣作战部队前往南越、泰国及其政府军控制的老挝地区。如果这样还不能实现停火，他们建议肯尼迪使用战术核武器，并对巴特寮实行空袭。如果中国和北越插手，他们也将遭受打击，必要时可以动用核武器。

面对军事顾问勾勒的种种灾难场景，肯尼迪提出了一连串相当尖锐的问题：如果美国动用了核武器，它该在哪里收手？是否对其他共产主义势力也要进行打击？如果没有核武器，美国就得撤退吗？面对中国的大规模介入华盛顿应该屈服吗？美国选择与中国对抗，与其邻国陷入群山和丛林的缠斗是明智的吗？向老挝部署兵力会不会削弱对付柏林的力量？在越南和泰国登陆的部队是否也要担负起保卫这两个国家政权的责任？ [59]

因为对军事顾问的意见心存疑虑，肯尼迪决定用武力作为威胁，以促进外交途径解决危机。他高调地让部署在冲绳的1万名海军陆战队员提高警戒级别，之后，共产党和非共产党的势力同意停火。"如果不是因为古巴事件，"肯尼迪5月3日对施莱辛格说，"我们很有可能会干预老挝局势。"他在莱姆尼策将军面前挥舞着一摞备忘录，不屑地说："我原本有可能认真考虑这些建议。"[60] 那年夏天，哈里曼在日内瓦会议上达成了中立条约，避免了美军介入老挝的军事行动。

邦迪总结，肯尼迪总统在东南亚的第一个重要决定"在操作层面否定了多米诺理论"。他还注意到，艾森豪威尔在任期间曾拒绝"进一步介入，这与他给年轻的接任者的忠告不同。而肯尼迪以艾森豪威尔作为行动榜样，但不接纳他的建议"。[61] 他补充说，"我听到总统说——而且我确信他是认真的——如果不是猪湾事件，我会很难决定要不要进一步干预老挝局势。"肯尼迪总统"尽量冷静地看待这类问题，我断定，因为有了猪湾事件，老挝的行动方案才会与众不同"。[62]

***

美国和苏联的冷战竞争导致分裂状态成为了地缘政治秩序的一个显著特点——德国一分为二，朝鲜和越南也是如此。因此，肯尼迪身边的大部分人都认为，越南问题从更大意义上而言就是与国际共产主义运动斗争。而两个越南的局面也掩盖了一段耐人寻味的历史。从历史上看，越南一直重复着一个典型的范式，即这个弱小的国家不断受到威胁，继而与入侵的大国进行着激烈的斗争。

在中国统治近一千年后，越南人于公元39年发起由征氏姐妹率领的第一次反抗，两姐妹至今依然是受越南人民拥戴的民族英雄。她们骑着大象，率兵与强大的中国军队做着徒劳的反抗。即将溃败之际，她们没有投降，而是投入河内的一个湖里自尽身亡。两个世纪之后，另外一位女战士赵妪也领导了对中国的抗争，最后还是以战败告终。

越南终于在公元 10 世纪获得了独立。在决胜之战中，他们在河道中布下铁头钉，引诱中国船队进入，取得了胜利。13 世纪，越南人粉碎了三次蒙古人的入侵，1426 年，他们又瓦解了中国人的一次攻击。19 世纪末、20 世纪初，法国人开始对其实行殖民统治，越南人在意识形态方面做出了艰苦的抵抗。1930 年，法国人镇压了北部城市知识分子发起的抗议，平息了中部的工人、农民组织的多次起义行动。1945 年 8 月和 9 月，第二次世界大战接近尾声，越南独立同盟——也就是越盟（Vietminh），经过长达数月的对日斗争，进而掌权，宣布国家独立。[63]

胡志明是越盟的领导人，希望得到美国的承认，但遭到断然拒绝。杜鲁门政府很希望获得法国的支持，一起对抗逐渐崛起的苏联，默许法国人维持越南殖民地的地位。因此，美国在印度支那为法国军队提供舰船、飞机和武器，到 1952 年，它支付了战争超过 40% 的费用。1953 年，美国把对法国的援助提高到 8 亿美金。[64]

尽管有着美国的强大支持，法国占领军还是陷入了越盟军队的重重围困。后者讲究战术，训练有素，意志顽强。战争的尾声在奠边府上演，这是首都河内以西 300 英里的一片广袤的山谷。一千多英尺高的小山将其环绕，炮兵很难进入，驻扎在奠边府大约 1.6 万名法国精锐空降兵自认为安然无忧。法国将军纳瓦尔信誓旦旦地表示，他能依仗有利地势将装备简陋的越南独立同盟军一举击溃，他保证在 1955 年底，平定叛乱的战争就会取得胜利。

1954 年初，越盟派遣三个师兵力静悄悄地上山，包围了法国驻军，并在其后方部署了大炮和火箭发射器。就这样，法国人被 5 万士兵悄无声息地团团围困。越盟的带兵将领是武元甲，其非常擅长游击战的新理念，并强调持久战和多样化打击手段。他曾写道："一千次小胜利最终可以转化成一次大捷。"[65] 在中国共产党领袖毛泽东总结的游击战七原则之上，武元甲归纳出自己的四原则："敌进我退、敌驻我扰、敌疲我打、敌退我追。"[66]

艾森豪威尔总统回到华盛顿后，称自己反对派遣美军支援法国。1954 年 1 月 8 日召开的国家安全委员会会议上，艾森豪威尔称美国的介入"简直出乎意料"。他的话很有先见之明："美军在印度支那替代法军的说法简直没有道理。如果这么做了，越南人会把对法国人的憎恶转移到美国人身上。"他还补充说（根据官方记载，情绪很激动），"我简直用言语无法表达……我对这样的行动是多么反感。印度支那的这场战争会吞噬掉我们的部队！"[67] 总统也拒绝了其他几位鹰派顾问的要求。"谈到奠边府，我想告诉你，"后来，他向一位名叫罗伊·霍华德的报纸出版商坦陈，"我是唯一反对美军参战的人，周围的这些家伙给我施加了很大压力。"这次谈话被秘密录音了。[68]1954 年 5 月 7 日，经过越盟多次"人海战术"的袭击，近 1500 吨弹药连续 55 天的轰炸，法国驻军全军覆没。[69]

1954 年 7 月，法国签署了停火协议，结束了在东南亚的殖民统治，由此诞生了独立的越南、老挝和柬埔寨。越南暂时按照 17 度线分割成两个势力范围——越盟掌握的北越和西方势力控制的南越。这个协议号召 1956 年举行全国大选，禁止外国军队介入和建立外国军事基地。

南越的新总统是吴廷琰。一个天主教徒居然掌控了一个佛教盛行的国家，他依靠操纵选举上台，称自己获得了 99% 的选票，继而废黜了法国人扶植的傀儡皇帝保大。吴廷琰是个现实的政客，他以国家未统一为由拒绝全国普选，因为他明白自己无法与胡志明及越盟的势力一争高下。

艾森豪威尔政府支持取消普选的决定。当时还是参议员的约翰·F. 肯尼迪持相同意见，他也认为南越在亚洲地区安全构架中的地位很重要。[70] 他说："越南是东南亚'自由世界'的基石，如同拱门的楔石，必须防微杜渐。"[71] 但肯尼迪也竭力反对美国走法国人的老路，不对西贡的南越政府提供任何军事承诺。1952 年，他还在众议院任职时，曾出访越南，与纳瓦尔将军的前任拉特尔·德·塔西尼将军进行了会晤。回国后，他在众议院发言说："法国人现在已经是孤注一掷了，我们却与他联手想要挽留一个残破的烂摊子。坦率地说，我认为，无论美军对印度支那投入多大的军力支持，都无法战胜无处不在的隐形敌人……民族主义的力量会改写世界地缘政治的版图。"[72]

越盟的影响力逐步扩大，吴廷琰的安保措施也更为凶残。越盟嫌疑分子有时会遭到毒打、截肢或强奸。1959 年，吴廷琰通过法律，恢复用断头台实施极刑，他还授权机动的军事法庭在乡村对共产党人进行斩首。[73]1961 年，肯尼迪上任时，南越的民族主义和共产主义运动势头很猛，这个残暴的政权逐渐失去了人民的信任和对国家的控制。

肯尼迪政府收到的第一批官方报告来自国防部特别行动副助理爱德华·兰斯代尔将军。兰斯代尔是一名空军将领，在平息暴乱方面有着丰富经验。[74]1961 年 1 月，他前往南越评估共产党的游击战。他在报告中写道："美国应该意识到越南的情况很紧迫，需要把它当作冷战中的一个作战区域，当作一个需要采取紧急行动的区域。"[75] 兰斯代尔发出的这个警告受到西贡的跨部门行动小组重视，这个小组的全称是美国国家工作组委员会。报告得出结论：如果不采取有效措施，南越政权不出数月便会倒台。[76]

1961 年 1 月 28 日清晨，总统召集高级顾问就越南问题进行第一次正式会议。在这个塑造美国越南战略的会上，肯尼迪抛出了一个又一个的怀疑。"总统说，如果越南的形势如此严重，他想知道能否新征军队和培训警察，他们只需一两年即可具备战斗力。"会议纪要上这样写道，"他还想知道，如果游击队员有 1 万人，是否有必要把兵力从 150 人增加到 17 万。"[77]总统问，是否"这个增长幅度可以让他们由守转攻。他还问这个局势从根本而言是不是超出了政治和士气问题"。[78]2 月 6 日，肯尼迪要求莱姆尼策将军确保南越兵力部署得更为合理。他说："我想，立即对现有兵力进行重新调配会使他们发挥更为有效的作用。"[79]

邦迪回忆说，1961 年东南亚的核心威胁就是共产党势力可能控制越南全境。"他们发展的手段既有政治的，也有军事的，"他写道，华盛顿此前对南越提供了有限的经济和政治支持，偶尔承担军事顾问的工作。"现行政策不可能阻止共产党获得最终胜利，"邦迪认为，"新政府该做些什么呢？"

据邦迪回顾，总统从一开始就把帮助西贡的前提设定在"美军地面部队不参与各个级别的冲突"之上。对肯尼迪而言，"愿意就非常规战争给出建议和支持"，而且他"倾向选择多样、创新的方法"来增强南越的作战能力，由此遏制不断高涨的暴乱行动。接下来便是增加对南越的资金和人力的投入问题。邦迪评论："这两项投入比以往要多，但与之后的情况相比，简直不值一提。"[80]

4 月，肯尼迪任命国防部副部长罗斯韦尔·L.吉尔帕特里克为越南问题总统特别行动组组长。在给总统的一份备忘录中，罗伯特·麦克纳马拉承诺，国防部会制订"一份行动计划，防止共产党占领南越"。[81]这份计划的初稿是一些建议的堆砌，旨在回应"共产党控制整个东南亚的'总体规划'"。[82]4月27日，一份含有附件的报告提交给总统。附件中提出部署少量作战部队以示美国在南越的军事存在。在邦迪的构想当中，"作战部队"一词传递了一个特殊的概念和功能："美国陆军或海军陆战队——步兵、炮兵、装甲兵或空降兵——以连、营、团或师来划分。这种编制不同于供给和后勤部队，不同于空军，与那些给南越部队提供咨询、辅助和支持的人员也有很大区别。"[83]

第二天，附件的另一个版本出炉了，这次建议派遣3600名地面作战士兵为南越训练两个师，以及一个美军特种部队来加强反暴训练。[84]肯尼迪同意初稿中提出的建议，但否决了附件中派遣作战部队的计划。[85]

拒绝派出作战部队是肯尼迪与顾问一连串争锋相对的开始。高级军官及安全顾问屡次直接向他提出在越南部署地面作战部队，肯尼迪或转移话题，或采取拖延策略，或者直接否决。1961年，总统和他周围的人之间就这样周旋了好多回合。但这种呼声愈演愈烈。

5月8日，吉尔帕特里克对参谋长联席会主席说："关于向越南派兵的准备工作，最好由你对行动的可行性及部队的规模和组成做出深入评估和研究。"主席答道："假如我们的政治决策是共产党的势力范围不能染指东南亚，参谋长联席会议认为，必须立刻向南越派遣美军。"[86]

肯尼迪总统没有接受联席会议的建议。但在5月11日国家安全委员会的会议上，他允许大家深入讨论这个问题。[87]5月18日，联席会议重申了他们的建议。莱昂内尔·麦加尔中将是设在西贡的美国军事援助顾问团团长，他建议派遣一支 1.6 万人的作战部队。如果吴廷琰反对的话，他认为可以派 1 万人建立越南军事训练中心。[88]麦加尔的提议受到兰斯代尔将军的支持。据美国国防部关于越南政策的秘密文件《五角大楼文件》记载，高级官员"对美国作战部队进入越南很感兴趣，他们把训练任务当作让吴廷琰接受他们的策略"。[89]

在南越部署美国作战部队的建议——无论是当作遏制手段，还是表明决心的策略，抑或为了训练西贡的军队——已经先后五次被提及：吉尔帕特里克提交过两次报告，参谋长联席会议提出了三次，具体由麦加尔和兰斯代尔代言。不久，参谋长联席会议找到了派兵的第四个理由。在 7 月 12 日给麦克纳马拉的备忘录中，联席会议要求一份正式决议，如果停火协议再被违反，美国将退出老挝谈判。他们建议利用军事干预——带上或不带东南亚条约组织的盟国——来强化美国的谈判地位。[90]沃尔特·罗斯托支持参联会的主张，向迪安·腊斯克建议说，美国应该把对北越发动空袭和海上打击作为巩固自己在老挝影响力的手段。[91]

马克斯韦尔·泰勒也倾向于在东南亚保持更加积极的军事姿态。泰勒是一位颇具传奇色彩的军人，曾任西点军校校长、二战时期盟军柏林指挥官、艾森豪威尔时期美国陆军参谋长。猪湾入侵失败后，肯尼迪要求泰勒领导一个特别小组调查行动失败的原因。之后，泰勒担任总统的军事代表一职——事实上，就是肯尼迪的私人军事顾问。7月 15 日，泰勒将军指导参联会为东南亚的军事行动"制订一份框架计划"。[92]

12 天后，泰勒和罗斯托向肯尼迪递交了备忘录，提出了三套针对越南问题的行动计划。依照华盛顿官场的传统，他们提供了两个总统会立即拒绝的极端选项，以及一条中间路线，引导肯尼迪沿着他们所希望的路径前行。方案一是要求美国"以尽可能优雅的方式脱离这个区域"，这样会招致严重的战略损失，用泰勒和罗斯托的话说：简直无法承受。方案二建议华盛顿"寻找合适的政治借口，袭击……河内重要的攻击目标"，但风险是可能扩大在越南冲突的范围，或者引发与中国的战争。相较之下，他们提出的中间路线既对美国的战略利益影响较小，承受的风险也没有那么突出。它要求美国"尽可能加强此地区的军事、政治和经济力量，一旦中国干预，河内可能出现新动向，美军要做好介入准备才不至于让局面失控。我们认为第三个方案是政府所谋求的策略，"泰勒和罗斯托这样写道，并建设性地提出，"但对于其他方案进行充分讨论也很有必要。"[93]

肯尼迪毫不掩饰自己的疑虑。根据邦迪对 7 月 28 日会议的记录："总统的疑问主要围绕军事计划的细节……总统表现出对军事计划的现实性和准确性的深切关注。"肯尼迪强调说，五角大楼在老挝事件中的恶劣表现磨光了自己的信心。"他在早期涉及老挝的军事计划中发现，一些乐观的估计最终证明都是盲目的……他强调，美国人和许多杰出的军事领袖对美军在这个区域进行军事干预态度都不积极。"

根据邦迪的记载，肯尼迪的顾问们进行了反驳，"如果有适合的计划，加上外界支持，尤其是一个公开而明确的承诺，结局将会与之前大不相同。总统不为所动，称戴高乐将军曾根据法国人的惨痛教训，说起过在这个区域作战的艰苦性"。[94] 副总统约翰逊呼吁对这个地区，包括老挝，做出更为明确的军事承诺；如果有必要的话，总统需要做出介入的决定。[95] "总统没有做出任何决议，"邦迪继续写道，"但他明确表示，目前自己对是否该进入老挝感到踌躇……如果干预失败,后果无法估量,而且他对提出的军事计划的可行性深表怀疑。"[96]

尽管肯尼迪对派遣作战部队的计划迟迟没有应允,但顾问们依旧不断炮制新的军事部署意见。在借鉴了罗斯托、泰勒、参联会和东南亚特别行动组的计划后,副助理国务卿 U. 亚历克西斯·约翰逊在 10 月 11 日的白宫会议中详细阐释了"对越干预的概念"。他坚持派遣地面部队,建议从东南亚条约组织的 22800 名士兵中调遣 11000 名。肯尼迪再次否定了派兵的想法,但同意继续讨论。他同时派遣泰勒和罗斯托出访这一地区。[97]

美国作战部队可能部署到南越的消息立即让媒体获悉。"泰勒出访引发广泛关注对于向南越派遣美军非常有利。"《纽约时报》的记者 10 月 13 日在西贡报道说。[98]肯尼迪对于未经授权的披露非常愤怒,迅速自编自导了一次消息"泄露"。"五角大楼的军方领导人,以及泰勒将军并不情愿向东南亚派驻美国作战部队。"《纽约时报》在 10 月 14 日时澄清,"五角大楼的计划重点放在从相关国家调遣部队对抗共产党的游击队,或许这些部队由美国来训练和装备,但不是由美军来替代他们完成作战任务。"[99]

10 月 16 日,美国驻越大使弗雷德里克·诺尔廷报告说,吴廷琰总统要求与美国签订双边安全条约,"或者退而求其次,美国能派遣作战部队"。[100]但 10 月 18 日,吴廷琰又改口说,他根本没有要求美国派兵。[101]

诺尔廷无视吴廷琰心意的改变,10 月 20 日给华盛顿发电报说,湄公河三角洲地区的严重洪灾是一次难得的机会,可以"迅速将目的和行动密切结合"。他建议,把这次洪灾当作借口,"以人道主义援助为目的引入必要的美军力量"。[102]泰勒十分赞同这个计划。

"我认为，把部署军力与救灾需要相结合很有裨益。"他在 10 月 25 日从西贡发来的电报中说。泰勒建议，最初可以派遣 6000 至 8000 人的作战部队。[103]

于是，报纸上再次提到美国可能向南越派遣第一支作战力量。肯尼迪授意邦迪，让他向泰勒将军转达命令，赶紧封锁消息。"根据总统要求，你有关越南的决定，特别是和派兵相关的，除了和你身边的亲信，和其他人不得讨论，因为它可能会表明你最后的抉择。"邦迪 10 月 28 日给泰勒写信说，"他最为关切的是，在即将做出最终决定时，你和他应该是有共同立场的；而那些关于你决定的传言可能会破坏这个共同的立场。"[104]

而这个勇敢的泰勒继续坚持己见。10 月 31 日，他报告说，针对南越问题进行了 10 天讨论，结果是"几乎毫无异议的希望"派遣美军。他的决定"基于的是内阁部长、国民大会代表、大学教授、学生、私营店主及反对党派等诸多人士的自发意见"。西贡以外的其他地方也有相似的诉求。据泰勒介绍，在顺化，"知识分子和政府官员的态度也是一致支持美国作战部队介入"。[105]

参议员迈克·曼斯菲尔德是民主党多数派领袖，写信给肯尼迪总统，表达了对新闻报道中表述的美国政策重大改变的担忧。他提醒说，美国派军保卫南越"对我们而言可能是件危险的事情。即使我们能获得成功，这种军事参与该如何收场"？[106]

11 月 3 日，泰勒一行返回华盛顿，向肯尼迪提交了报告，建议总统"向南越派遣一支军事行动小组，在美国的掌控下开始工作"。其中一个任务便是："如有必要，因自卫需要或驻扎地区的安全考虑可以采取军事行动。"另外，美军还将组建"一支紧急预备力量，来支援南越的武装部队以防严重军事危机的发生"。[107]泰勒将军再次提议，抗洪救援可以作为军事部署的幌子。[108]

国防部长麦克纳马拉加入了支持泰勒计划的行列。11月4日的会议上，他声称"要告诉全世界和美国人民我们的承诺。'8000人'的部队根本不能表现我们的决心"。他把筹码押得更大，宣布需要6至8个师才能抵御共产党在东南亚的力量。[109]麦克纳马拉还把争论的焦点转换为是派遣少数兵力还是派出超过20万人的作战部队的问题。

虽然国防部长和私人军事顾问都倾向于向南越部署兵力，肯尼迪依旧采取攻势，向媒体透露消息，自己质疑计划的可行性。一篇文章说，总统"强烈反对向南越派遣作战部队"并暗示泰勒将军没有推荐这样的行动方案。[110]

麦克纳马拉无视肯尼迪模棱两可的态度和公众高涨的反对声浪，继续推进。在11月5日的备忘录中，他再次强调，美国可能被迫至少部署6个师的力量来阻止南越沦陷，落入共产主义的轨道上。[111]"如果没有相当规模的美军介入，极有可能无法阻止它的颓势。"麦克纳马拉警告。[112]参联会对国防部长发出的严肃警告表示赞同，做出让步说：首批派遣的8000人只是作战部队的一小部分。[113]泰勒提出利用灾害援助派遣少量兵力的计划，现在成为美国防止南越发动共产党叛乱而大规模军事部署的序幕。从本质上来说，麦克纳马拉引导了越南战争美国化。

11月7日，肯尼迪总统的高级顾问们准备了一份明晰的意见概要。"国务卿、国防部长和参联会达成共识：南越落入共产党之手将会导致共产主义快速蔓延，更有甚者，东南亚大部分区域及印度尼西亚将会全面倒向共产主义。由此在世界范围内带来的战略影响，尤其是亚洲地区，将极其严重……如果没有相当规模的美军介入，极有可能无法阻止南越的沦陷。"备忘录预测这场战争将会持续一段时间，北越或中国也有可能介入，需要投入6个师，共计205000人。腊斯克、麦克纳马拉和参联会都建议美国需要对东南亚安全战略做出革命性的转变。他们认为，目前是"阻止南越落入共产主义的手中，下决心派遣美军达成必要的军事目标"的时候了。[114] 第二天，他们又递交了一份备忘录，重申了这骇人听闻的警告。麦克纳马拉、腊斯克和参联会主张沿着北越边境部署首批美国作战部队。[115]

国务院、国防部和参联会现在一致支持向南越大规模驻军，肯尼迪转而求助于他信任的部下——约翰·肯尼思·加尔布雷思。后者是哈佛大学的经济学家，总统大学期间的导师和朋友，目前担任美国驻印度大使。11月8日晚，总统夫妇为加尔布雷思和驻英国大使戴维·奥姆斯比-戈尔举办了一个小型宴会。这个时机选择得不错。加尔布雷思之前已经连续数月与肯尼迪保持私人书信往来，探讨越南问题。他与总统态度相似，对美国向越南大规模派兵持保留意见。[116] 他在日记中写道，罗斯托和泰勒"正在积极推进一场很不成熟的军事干预"。宴会中，他与邦迪展开"非常坦率，时而激烈的"辩论。[117] 他了解肯尼迪的想法，后者需要对形势有一个独立的分析。于是，加尔布雷思提出，在返回印度的途中自己在西贡短暂停留。肯尼迪立刻接受了他的建议。[118] 加尔布雷思在肯尼迪的总统任期内，都担任着他的越南问题私人顾问。

副国务卿乔治·鲍尔是另一个与政府主流意见相左的高级官员。他回忆说："我告诉他我强烈反对派兵的计划。依我之见，这将是一个悲剧性的错误。我说，一旦这个计划开始实施，将永无尽头。"鲍尔请求肯尼迪吸取法国人20世纪50年代在越南的教训，他们最终于在1954年5月以奠边府战役的惨败收官。"5年中，我们将会有30万士兵在稻田和丛林中丧生。这就是法国人的经历……而令我吃惊的是，总统看似不愿讨论这个问题，以一种听上去很严肃的口吻说：'乔治，你的想法简直疯狂之极，这一切都不会发生。'" [119]

鲍尔对肯尼迪的反应大惑不解。"他的话可以有两种方式来解读：或许他坚信事态不会升级到那么严重的程度，或许他下定决心不允许事态升级。" [120] 麦乔治·邦迪非常清楚该如何理解总统的话。他认为，鲍尔之所以在肯尼迪眼里"'疯狂之极'，是因为肯尼迪不会这样做（而且他也没有这样做）"。[121]

11月15日，邦迪向总统提出了自己的方案，加入了这场关于派兵的辩论。"已经有许多人在南越问题上发表了看法，再多也无济于事。"他在给肯尼迪的一份备忘录中写道，"但是那天你在游泳池边问起了我的看法。我认为，当越南国内军事行动有需要的情况下，可以同意派遣大约一个师的兵力……这么做不是考虑到士气，而是作战需要。"

当他在三十多年后第一次仔细研读这份文件时，邦迪发现自己在1961年给了肯尼迪一个现在看来非常值得注意的建议，他自己对此完全没有印象了。"1954年后，老挝就不再属于我们。"邦迪当时对肯尼迪说，"南越目前是我们的，也希望成为我们的。"如果肯尼迪向南越派了兵，邦迪预测说："实力将达到平衡，很可能这个承诺不必兑现。"他提醒肯尼迪，"你的副总统、国务卿、国防部长以及担负此项任务的两位高官"都拥有"共同的决心"。他责怪总统不愿派兵保卫南越。"你现在本能地希望按照其他方案行事，不考虑派兵，我对此不甚理解。"邦迪责难道，继而补充，"无论你出于何种考虑，这件事现在是考验我们意志的试金石。"他用这种隐晦的方式挑战肯尼迪的勇气。[122]

邦迪的想法，连同之前那些派兵建议统统不受总统欢迎。"他们想要一支美国军队，"总统向小阿瑟·施莱辛格透露，"他们说，这么做是为了恢复信心和保持士气。但有可能重蹈柏林的覆辙。部队挺进，鼓乐齐鸣，人群欢腾，但四天之内大家可能就会遗忘。于是，我们将获悉需要派遣更多的士兵。这如同饮酒一样，等酒劲散了，你就会重来一次……这场战争只有他们自己来打赢，才算赢了。如果转化成一场白人参与的战争，我们就会与十年前的法国人一样，惨遭失败。"[123]

除了少数几次，战争顾问团通常都会把总统团团围住，完全无视总统对派兵建议的否定态度。无论他表现出对作战计划的深深疑虑，还是他多次拒绝接受行动计划，亦或是他在会议中反驳和阻挠计划的实施——所有的举动都无济于事。麦克纳马拉、腊斯克、泰勒、罗斯托、参联会、各种跨部门的行动小组，还有他的国家安全顾问麦乔治·邦迪，都联合起来表明同一个立场：肯尼迪总统必须做好准备来应对南越的暴动，可能要大规模动用地面作战部队参与行动。

考虑到这个联合力量的广度、规格和资历，肯尼迪总统如何能不为所动，坚持不向南越派兵呢？[124] 总统的办法是动用强有力的行政手段，拿下支持这个计划的最有影响力的人物。就在这个时刻，国防部长麦克纳马拉突然诡异地改变了立场，加入了腊斯克的行列——后者在此之前曾在一封发自日本的电报中对五角大楼的计划提出一些疑虑——他赞同修改计划，对南越加强军事援助，而不是直接派遣作战部队。[125] 在他的回忆录《回顾：越战中的悲剧与反思》中，麦克纳马拉声称自己只是在三思后做出了改变。[126] 而研究越战的几位学者推测，国防部长是接到肯尼迪总统的亲自授意才改变了心意。[127] 邦迪在研究了文献资料后，也注意到肯尼迪总统在麦克纳马拉 11 小时内的转变中起到的作用。"谁能让国防部长改变主意？这个建议可是他自己提出的。"邦迪问道，"虽然存在很多可能性，但最可能的人物显然来自椭圆形办公室。"[128] 肯尼迪不习惯接受他不想听的意见，邦迪回忆说。在 1964 年的口述历史材料中，邦迪表示，"如果你是他的朋友，而且担任他的顾问"，那么这个要求就是不言而喻的。他认为：如果某个人属于你的阵营，你征求他的意见，他不会给出一个你不想要的答案。"[129]

于是情况发生逆转，1961 年越南作战计划的最关键人物改变了立场。虽然麦克纳马拉和腊斯克在备忘录的最后一稿中依旧断言，"如果没有相当规模的美军介入，极有可能无法阻止南越的沦陷"。[130] 但是，在记录着总统最终决定的国家安全指导性文件中，这个表述消失了，连同保卫南越不落入共产党掌控的正式承诺也不见了踪影。

沃尔特·罗斯托做了最后一搏，建议派驻 5000 兵力驻扎于北越边境。"如果我们能齐心协力——不像在古巴和老挝问题上那样表现乏力——我认为我们能将这个国家乃至整个自由世界团结在一起。"他以典型的夸张语气说道，"那么形势也会更有利于我们，共产主义者只能放弃进攻，等待时机了。"[131]

肯尼迪的态度还是很坚决。"派兵是最后一招。"他在 11 月 11 日召集的白宫紧急会议上说，并借此会议为这个事件画上句号。司法部长罗伯特·F. 肯尼迪更明确地阐释了总统的立场："我们不会派遣作战部队。（我们）也不会承诺派遣作战部队。"[132]

　　1961 年 11 月 15 日，国家安全委员会再次召开会议，肯尼迪用更强有力的态度终结了这场有关派兵的争论。[133] 首先，他不赞同反复用朝鲜战争来比较。"越南的冲突更为模糊与隐蔽，"肯尼迪说，"像越南这类问题，美国更需要获得盟友的支持，以免引起国内其他党派的批评，和世界上其他国家的强烈反对。"肯尼迪对顾问们说，自己"强烈反对这个行动计划：向这个距离 1 万英里远的地区派遣 20 万美国士兵，对抗 1.6 万名游击队员。而美国已经在过去这些年中投入了数百万美元，却毫无建树。"[134]

　　第二天，总统在位于西雅图的华盛顿大学发表了一场有关外交政策的重要演讲。他巧妙地改变了自己在就职演说中明确提出的激进主义，而代之以新现实主义，这毫无疑问是吸取了在任一年的经验教训。"我们必须面对现实：美国既不是无所不能的，也不是无所不知的，"肯尼迪宣称，"我们只占世界人口的 6%，无法把我们的意志强加给剩余 94% 的人口，我们无法与每一次不公做斗争或者扭转每一次灾难，因此我们无法为每个世界问题找到对应的美国解决方式。"特德·索伦森回忆起这次西雅图演讲时指出，它强调了务实的现实主义并承认美国实力的局限，这是肯尼迪外交思想的精粹所在。[135]

***

　　总统 * 对南越危机的处理——这是邦迪在生命最后两年中的历史

---

　　* 此处不特指某个总统，而是泛指美国总统。——译者注

研究与分析的兴趣点。从本质上来看，邦迪对肯尼迪和约翰逊的关注弱化了对自己在这场战争中所起作用的反省。谈及1961年末给出的模糊建议——"越南国内军事行动有需要的情况下，可以同意派遣大约一个师的兵力"，邦迪温和地表达了对自己当年建议的不以为然，称回看这句话，他认为不太有说服力。然而，他对于给总统的其他建议没有做出评论，比如，"1954年后，老挝就不再属于我们"，"南越目前是我们的，也希望成为我们的"。几十年后，当邦迪读到这些话，他会做何感想呢？他害怕承认自己之前的傲慢吗？这些无意的狂言是否会让他沉思片刻？即使邦迪曾努力地与这些情绪做过斗争，但他永远不会承认。

　　有人肯定会好奇，肯尼迪是否曾因邦迪的夸大其词而感到不安。其实，如果他的建议能给肯尼迪带来困扰的话，其他人也会给他带来相似的感受，比如国防部长麦克纳马拉、国务卿腊斯克、特别军事顾问泰勒将军和沃尔特·罗斯托、参谋长联席会议，以及其他国家安全专家。尽管饱受压力，但肯尼迪无所畏惧，而且不为所动。他从1961年的重重危机——猪湾事件、老挝危机、越南问题中吸取到一个教训：顾问建议，总统抉择。这一点让麦乔治·邦迪三十年后回顾这段历史时记忆深刻。在战争与和平的问题上，最终要仰仗最高统治者的个人决定。邦迪这样写道："作为总司令，总统拥有无可挑战的权威来做出不派兵的决定。肯尼迪总统于1961年清醒而安静地行使了这个权力。"[136]

　　当邦迪评价1961年这个决定的重要性之时，他反复说，肯尼迪拒绝顾问们的建议，不向南越派遣美国地面部队的态度，清晰地表明了他向西贡政权提供军事支持和援助的限度。"肯尼迪坚决不做出派遣作战部队的承诺——这具有决定性的意义，总统从不希望把越南问题变成一场美国战争。"邦迪在手稿中写道。[137] 在另一份手稿中他还说"肯尼迪的决断相当有远见"。[138]

邦迪把肯尼迪不派兵的策略归结于他固有的悲观态度，即总统对美军是否能平息越南叛乱抱有怀疑。"1961年的某一天，肯尼迪决意不派兵去南越。"邦迪告诉布朗大学的詹姆斯·布莱特，"这么做的原因是这个举动不会奏效。"[139] 邦迪的这份笃定一半出自于总统的一个理念，他也曾告诉过一些顾问：镇压叛乱不能靠常规的干涉方法。"肯尼迪不把南越问题当成一场传统意义的战争，"邦迪说，"他认为这是一种新型的共产主义起义。他不相信这是一场我们能取胜的战争。"[140] 然而，邦迪也注意到，肯尼迪为了不引起政府中鹰派人物的批评，并没有公开宣称不派兵的策略。"政策没有公开承认，"邦迪常在我们讨论时这么说，"就能轻易掉头。"肯尼迪不愿把自己的这个决定向大众公开，由此导致了后来在南越问题上对于他的种种猜测。正如莱斯利·盖尔布和理查德·贝茨谈到1961年肯尼迪所做决定时所说："既然他还不了解柏林的情况，核战争的危险在那里已经步步逼近，既然他也准备接受老挝的现状，因此越南似乎也可以保持现状。"[141] 邦迪不赞同这种说法，称其是一个"由来已久的传说……根本没道理"。[142] 邦迪同样清楚，肯尼迪批准的顾问团常常将美国士兵置于南越军队的险境。[143] 他强调，顾问团与作战部队根本不同，前者的伤亡数目比起后者不值一提。

归根到底，尽管肯尼迪承受了来自高级顾问的重重压力，但就其在1961年11月做出的战略决定而言，给人印象最为深刻的当属总统毫不动摇的决心。邦迪常常称肯尼迪的意志坚决而不可逆转。由此，这位前国家安全顾问在三十年后得出结论，美国在越战中的角色本来是能够改变的。他认为，不派兵的策略可以防止越战成为一场美国战争，当然也可以避免美国大规模驻军的最终失败。"我们在 1961 年采用了这个政策，我们本应该在后几年也坚持它，但我们没有，为此付出了巨大的代价。"[144]

教训二 //
LESSON TWO

教训二
永远不要相信官僚机构会把事办好

LESSON TWO
NEVER TRUST THE BUREAUCRACY TO GET IT RIGHT

这是麦乔治·邦迪撰写的大量零碎手稿中的内容，获得本人许可才得到披露，否则可能永远不会有机会讨论。"我定期会去华盛顿参观越战纪念碑。"他写道，"我认为，凡是参与过越南战争战略决策的人，都有义务向名字被刻在墙上的牺牲者献上最后的敬意。"[1]景象十分震撼。邦迪是战争的策划者之一，也是支持美军轰炸和派兵的积极倡导者之一，纪念碑黑色大理石的正面镌刻的数万名死难者的名字让他陷入沉思。当他审视这长长的名单，当他目睹死者的亲人朋友为其献上花束和信件，邦迪做何感想？在三十年后回顾这段历史并思考为越战而付出的巨大伤亡，他会有何感受？

邦迪留下的手稿提供了些许线索，反映出对战争的懊悔之情，远比他之前公开承认的要深刻。当他写到自己有责任重新思考战争带来的教训时说："因为你对很多人有所亏欠。"但在谈话中，他却常常流露出一种轻松的状态，这似乎与面临的艰巨任务不符——探究越南战争美国化的决策中自己所扮演的角色。"你好吗？"邦迪每次见面时都会愉快地问候，"今天我们要聊些什么？"他的好心情当然很受欢迎，但同时也令人大惑不解。像他这样直面自己酿下的惨痛历史，怎能保持如此的平和？这种超然是真的吗？还是经受了多年尖锐的批评之后，他的理性已经达到相当高的水准？还是因为在决策过程中有更重要的因素，从而使得他自己的责任感变得不那么沉重了？

尽管我们围绕战争问题进行了多方面的探讨，但邦迪内心的真正想法还是难以捉摸。因此，我只能对直接观察到的内容做一些结论，如此一来，他精彩的见解也就在我的观察下变得清晰可见。尽管他在情感上有所克制，但我发现他在努力探究越南战争爆发的始末。虽然他一直是美国战略决策的核心人物，但邦迪本人依然没有充分理解自己在种种决断中起到的特殊作用，最终让美国走向战争的道路。

困扰邦迪的问题之一是：总统对越南的决策过程为何会变得混乱不堪，这一点在肯尼迪和约翰逊当总统时都是一样。邦迪当年来白宫工作时，以政府的杰出管理者而闻名，这位年轻的教务长曾把哈佛桀骜不驯、自以为是的精英管理得服服帖帖。按照传统观点，邦迪行事果断、具有权威性而且风格干练，他会清理掉所有不和谐的声音，最终做出正确决断，协调肯尼迪的全球计划以满足于总统的最终目标，而不会考虑政府内其他特殊群体的利益。上述说法在肯尼迪任期的最后几个月受到了考验，当时负责实施总统越南政策的官僚机构处在了失调的峰值。

1963 年秋天，西贡附庸政府发生了强烈内讧，这可是美国长期以来投入大量武器和军事顾问予以援助的政府。事实上，这次内讧不过是政变前的演习，挑唆者正是国家安全机构的高层领导。局面很快失控，超出了白宫的邦迪、国务院的腊斯克和五角大楼的麦克纳马拉的掌握，肯尼迪总统本人也一样。颠覆吴廷琰政权的计划表明了难以驾驭的官僚机构有着制造意外后果的威力，不论好坏，他们有能力改变对外政策的大环境。

***

1962 年 1 月 3 日，肯尼迪总统在佛罗里达的棕榈滩召集高级顾问开会，他本人刚刚在这里度过了圣诞节和新年的假期。"提到南越问题时，总统再次强调美国在此地区不派兵的重要性。"国防部副部长罗斯韦尔·吉尔帕特里克说，"总统还强调，要减少美国军方参与越南事务的人员数量，美国军方主要的任务是为越南武装部队提供建议、训练和支持，而不是参战。"[2] 归根结底，这就是肯尼迪的对越策略：支持西贡政权对抗共产党的叛乱，但美国绝不承诺参战。

1962 年末，南越大约有 9000 多名美国军事顾问和保障人员，这是前一年的三倍。[3] 而武器装备的总量在 1961 至 1962 年间也增加了一倍，这包括新的装甲运兵车和三百多架军用飞机。[4]

尽管美国军事援助增加，但叛乱者——也就是越共 * 分子的力量也在逐步聚集。越共的强劲势力在 1963 年年初的北邑战役中表露无遗。350 名游击队员惊人地扭转了战局，极大地折辱了规模四倍于己的南越军队。后者配备着先进的装甲车和大炮，并有直升机和轰炸机支援。[5] 他们从地面进行了几千发炮弹的攻击，从空中发动 8400 次射击和 100 枚火箭弹，但仅有 18 名叛乱分子死亡。相较之下，西贡

---

* 越共（Viet Cong）指在南越活动的、受北越支持的游击组织，区别于胡志明的越南劳动党。——译者注

军队的死亡人数却达到 80 人。[6]

在政治层面，政府对国家的控制正在慢慢松绑。总统和他的弟弟吴廷琛被普遍认为腐败独裁，他们对国民大会、特种部队、警察和新闻机构都进行了严密管控。一切公众集会，甚至葬礼活动，都需要官方批准。吴廷琰还反对美军在镇压叛乱的行动中担任领导角色。"所有的士兵，"他曾向法国大使抱怨，"都不是应我们之邀前来，他们连护照都没有。"[7]

对于邦迪和所有肯尼迪政府的工作人员而言，1962 年面临的最大外交挑战不是来自越南，而是古巴。古巴导弹危机对邦迪而言来得太过突然。1962 年 10 月 15 日，星期一，他正与妻子玛丽举行家庭晚宴，却突然得知了这场核时代意义最为深远的"大考"。中央情报局副局长雷·克莱因打电话告诉邦迪，根据侦察机拍摄的照片可以断定，苏联正在古巴部署中程导弹。从几十年后的今天来看，邦迪的反应很值得注意，也很费解。他回到客人中间，继续着自己的晚宴。他避免去"仓促地召集会议"（他之后用这样的字眼向肯尼迪解释）。"我认为，一个安静的傍晚和一夜踏实的睡眠对接下来您要面对的状况是最佳的准备工作。"第二天早上 8 点，邦迪把此事汇报给总统。当时，他看到肯尼迪穿着睡衣，坐在床上读早报。[8]

接下来危机四伏的日子里，肯尼迪多次召集国家安全委员会执行委员会会议，成员包括前任和现任的政府和军方高官，旨在应对美国面临的危机并形成战略决策。执行委员会最终拿出两套方案：发起空袭或入侵以毁灭导弹设施，或者实行海上封锁以阻碍部署的完成。

在危机的初始阶段，邦迪主张进行有限的先发制人的军事打击，目的是摧毁导弹。10 月 16 日傍晚，他表示："在我看来，小规模打击在政治上完全站得住脚……从政治层面看，惩戒适用于犯罪……现在采取的行动正符合我们多次公开阐明的立场。"[9]前国务卿迪安·艾奇逊支持邦迪的空袭建议。司法部长罗伯特·F.肯尼迪强烈反对。国防部长麦克纳马拉提醒总统，一场旨在摧毁导弹的外科手术式的空中打击根本不现实，这样极有可能会引发一场全面的美国入侵行动。

商议进入第三天，执行委员会的议题主要围绕封锁计划展开，这既能切断导弹设施的运输，又有可能与苏联展开谈判。邦迪作为国家安全顾问，表面上担任的是执行委员会的幕后协调工作，他认为目前就锁定这个方案还为时过早。当晚，在返回白宫参加执委会的又一次会议前，他与妻子参加了一个鸡尾酒会。"我希望你们能尽量选择一个较为温和的途径。"玛丽对他说。据特德·索伦森回忆，会议中，"有些出乎大家意料，麦乔治·邦迪竟要迫使我们相信不采取任何行动也有其合理性"。邦迪已经抛弃了他自己提出的先发制人的空袭计划，而建议大家要接受苏联导弹部署这个既成事实。执委会立刻否决了他的提议。当天晚些时候举行的投票中，邦迪遵从大多数人的意见，赞同封锁计划而放弃了空中打击，票数是 11 比 6。[10]

第二天一早，也就是 10 月 19 日星期五，肯尼迪总统发现他的高级军事顾问们在椭圆形办公室整齐集结，包括参谋长联席会议成员和他们的新任主席马克斯韦尔·泰勒将军，以及艾奇逊和邦迪。这群人来游说肯尼迪选择军事打击，他们希望出动 800 架次的飞机实施空袭。虽然邦迪在前一天晚上才刚刚支持封锁，现在却又转而回到轰炸的老路上。据索伦森说，总统对国家安全顾问的这个举动表示出"一丝厌恶"。[11]等到执行委员会再次开会时，邦迪重申了他的立场，敦促采取"果断行动"，以"外科手术般"的方式摧毁导弹——这正是之前麦克纳马拉眼中不可能的方案。"空袭行动会很迅速，"邦迪向执行委员会成员保证，"给世界一个既成事实。"[12]

邦迪后来声称，他私下里鼓励总统采取空袭计划，进而得到支持，让他不要急于否决空袭。"周四晚上我无法安睡，"邦迪在1964年3月撰写的一份备忘录中写道，"周五早上见到总统时，他还在更衣。我对他说，我真的认为轰炸很危险，存在不确定性，而且这样做不知道会不会有效果。总统说：'我也有相同的担心，你知道，我的第一反应就是空袭。换个思路，先别否决它。'"[13]邦迪记得肯尼迪曾对他表现出的不快，但他认为，那只是出于建设性的目的。"在古巴导弹危机的紧急情况下，我想再研究研究军事计划，他就对我不耐烦了。"他说，"但是，当他发觉军事选择无法奏效时，态度就变得温和起来。这大约花了额外24小时的时间。我们花了时间，得出了结果。"因为肯尼迪的军事顾问们无法向他保证，一次先发制人的空袭能摧毁所有苏联人的导弹发射场，于是结果就定了。"空袭计划终结了。"邦迪说。[14]

肯尼迪最终放弃了军事打击，而选择了封锁计划，并辅之以外交手段，即达成秘密交易——苏联从古巴撤出导弹，而美国从土耳其撤出丘比特导弹。根据导弹危机的基本常识，我们今天知道，如果肯尼迪接受了邦迪的建议，那将会引发一场核战争。事实上，苏联在古巴拥有共计162枚核弹头，其中至少90枚战术核弹头可以用以击溃美军的入侵或攻击。[15]

随着古巴导弹危机的解决，肯尼迪时代面临的最严重国家安全挑战落下帷幕。但是美国在南越地位受制于重重不确定因素。1963年春天爆发的佛教徒危机使得紧张氛围陡升。在南越的宗教中心顺化，抗议者举行集会，反对政府禁止悬挂佛教旗帜。政府军队动用装甲运输车向平民开火，打死 9 人，打伤 14 人。[16] 接踵而至的是新的抗议浪潮，佛教领袖发起了绝食行动。1963 年 6 月 11 日，佛教僧人释广德在顺化中心的十字街口静坐，在三位僧人的帮助下用汽油自焚。他在火海中保持莲花坐式的形象随即登上了世界各大报纸的封面。[17] 吴廷琰的弟媳陈丽春在政治上很激进，嘲讽这个自杀行为很"野蛮"，并希望民众不要效仿。她大声疾呼："让他们烧吧，我们会拍手称快。"[18]在这次佛教徒危机中，还有 7 名僧人殉难。

随着危机事件不断发展，吴廷琰试图与佛教徒达成协议，但他的努力受到陈丽春的破坏。大规模的抗议行动接踵而至，大批学生被捕入狱。8 月 21 日，吴廷琰宣布戒严令，其弟率领的特种部队在全国几个城市展开联合袭击，摧毁了很多佛塔，关押了 1400 名佛教徒。

邦迪在一份私人备忘录中写道："这是一个非常重要的事件，当时，不仅我们与吴廷琰家族存在严重分歧，华盛顿政府和驻西贡高官也不和谐。"邦迪承认，"吴廷琰政府是否能有助于我们实现在东南亚的目标，这是个关键问题，也是美国政府多年面临的难题。"5月份的佛教徒危机爆发之前，"华盛顿和驻西贡的高级官员都认为，我们应该与吴廷琰合作，说服和施压让他做出改变。"然而，夏天的骚乱过后，"华盛顿的主要机构都认为，对待吴廷琰政府的态度必须做出重要改变"——这包括国务院、美国新闻总署以及美国国际开发署。8 月初，邦迪的越南事务专家迈克尔·福里斯特尔表示"现在需要做出重大调整，希尔斯曼和哈里曼也是这个观点"。[19]

罗杰·希尔斯曼、埃夫里尔·哈里曼和迈克尔·福里斯特尔三人对吴廷琰政府憎恶很深。希尔斯曼刚刚被任命为负责远东事务的助理国务卿，他毕业于西点军校，获得耶鲁大学国际关系专业的博士学位，"二战"中在缅甸参加过游击战，对于镇压叛乱颇有心得。埃夫里尔·哈里曼是铁路大亨哈里曼家族的后代，曾任纽约州长，是希尔斯曼在国务院的前任，后来任负责政治事务的副国务卿，也是平叛特别小组（Special Group for Counterinsurgency）的主席。福里斯特尔年仅 36 岁，时任邦迪的国家安全委员会的越南事务专家。他的父亲詹姆斯·福里斯特尔在杜鲁门政府担任海军部长及首任国防部长。1949年，詹姆斯·福里斯特尔自杀，其密友哈里曼及妻子玛丽收养了他的儿子。福里斯特尔进入白宫工作后，肯尼迪曾开玩笑说："你可以做我的内线，刺探哈里曼家族的事情。"

福里斯特尔毕业于哈佛法学院，曾在华尔街担任律师，在肯尼迪政府扮演着非常重要的角色。总统允许他进入椭圆形办公室，鼓励他畅所欲言，发表对越南问题的看法。但是，在福里斯特尔看来，通过邦迪面见总统无异经历了一次过滤消毒的过程。"邦迪先确切了解福里斯特尔要说什么，然后对其进行威吓，主要意思围绕一句话：'你真的想清楚了吗？'"历史学家 A.J. 兰古思写道，"福里斯特尔发现，邦迪在国家安全委员会中最缺乏创见，常常跟着大家的讨论小心翼翼地说上两句。他怀疑，肯尼迪也有同感，所以在做政治决策的时候把邦迪排除在外。"[20]

1963 年夏末，福里斯特尔已经进入肯尼迪政府的决策圈。他帮助起草和发送的一份周末电报影响了战争进程。"当时，政府的决策人物分散在各处。"邦迪在 1963 年 8 月 24 日至 25 日的周末备忘录中写道。肯尼迪总统在马萨诸塞州的海恩尼斯；国防部长麦克纳马拉在遥远的西部登山；中央情报局局长麦科恩在华盛顿州；国务卿腊斯克去了乡下；而邦迪在马萨诸塞州曼彻斯特度假。邦迪写道："仅仅征求了总统的意见，再与国防部的克鲁拉克将军进行了协调——这位将军只是一位忠诚的军官，而不是资深的政策制定者——迈克尔和他的朋友们就做出决定，发出了 8 月 24 日那份著名的电报。"[21] 这份电报由希尔斯曼起草，没有经过常规审核和批准就发给了西贡的美国大使亨利·卡伯特·洛奇。"美国政府不能容忍政权落在吴廷瑈手中，"电文中这样写道，"应该给吴廷琰机会，让他摆脱吴廷瑈及其身边人，用尽可能最好的军政人才换掉他们。做出种种努力后，如果吴廷琰依然顽固不化，拒绝我们的建议，那么我们必须做好准备，吴廷琰本人也有下台的可能。"这封电报做出了大胆的决策，指示洛奇计划军事政变推翻吴廷琰："大使先生及行动组应该加紧物色合适人选，并做出详细计划。在必要时取代吴廷琰的政权。"[22]

这封军事密电的来龙去脉一直是研究越战的历史学家津津乐道的话题。为何一个夏日的周末就能使得美国政策发生了重要改变？三十年后，邦迪回忆说，自己"当时对发生在新英格兰地区的事情一无所知"，"我周末度假时切断了与华盛顿的联系"。这样的说法似乎与其国家安全顾问的职责不符。邦迪说，"这个特殊的话题"由福里斯特尔通过某种渠道"直接与总统沟通"。在他眼中，福里斯特尔是个聪慧而坦率的年轻人，"但他一手为总统效力，另一只手还要替埃夫里尔·哈里曼工作。他曾跟我谈起越南现状，但不是我外出的那个周末"。正是在这种情形下，"经验不足"但"观点清晰"的福里斯特尔主动获准发送了 8 月 24 日的电报。邦迪说："他是怎么能发送那份电报的，至今有争议。"他还问道："电报上签了些什么？"[23]

从邦迪 1963 年秋的手记中，可以看出支持西贡政变的决策在肯尼迪政府内部引发了轩然大波。福里斯特尔的电报发送后，接踵而来的就是国防部官员的强烈反对。邦迪怀疑，这是因为泰勒和麦克纳马拉认为他们"在重大问题上应该保持完全一致地对抗其他人"。他们的反应"或许还来自五角大楼对罗杰·希尔斯曼的不信任"。据邦迪的记载，埃夫里尔·哈里曼认为，国务院应该独自处理此类问题，允许中央情报局或国防部来"插手"重要的政治决策"是一个重大错误"。说到军方认为这封电报无法代表美国政策的态度，邦迪更赞同哈里曼的观点，认为对这份电报颇有微词的人"是在故意抹去总统已经认可的某些事实"。纵观这场争论，可以得出如下结论：麦克纳马拉和泰勒都不认同这份触动了他们"深层利益"的电报。邦迪把这场由电报引发的争执看作是"官场纠葛"的"典型案例"，能"引生出双方真正的愤慨"。没有涉身其中的一些资深高官预感"他们没有参与的这个隐秘决策绝不是不能修改的法律"。因此，邦迪认为，"烦恼升级在所难免"。[24]

洛奇大使欣然接受了华盛顿的新指示，立即命令西贡的中央情报局工作站派间谍对两位早有叛意的高官陈善谦和阮庆展开行动。洛奇发出的信号很简单：吴廷琰夫妇必须免职，吴廷琰的最终命运掌握在越南军方手中。而且，政变的策划者不会从美国手中得到什么公开援助。"我们无法对执政初期的政权给予任何帮助，"西贡的工作站在给兰利的中情局总部发送的报告中这样写道，"无论输赢，全靠他们自己的行动。"[25]

推动政变的应该是肯尼迪政府内部的共识，大家认为吴廷琰家族执掌的政府已经失能，这非常危险。国务院情报和研究局局长托马斯·L.休斯写道，总统的弟弟"对吴廷琰施加着强大而不可逆转的影响力"。他说，吴廷琰的问题是看不起美国，"他常宣称，美国的干预威胁到南越的独立，必须尽量减少……吴廷琰私下叫嚣，如果没有美国的帮助，他会寻找其他途径。如果事业失败，他会与河内达成协议。他试图说服越南人及外国的观察者，将来很有可能走到这一步……他狂妄自大地表示，自己才是唯一能挽救越南的人"。[26]

尽管政府内紧张气氛不断升级，但肯尼迪总统还是倾向于一种务实的方法。他在1963年9月17日给洛奇的私人电报中写道："如果有可能，尽量对人员做出改革和调整，以维持对南越的帮助，并坚持美国反对越共的主张。"肯尼迪认为，"近期没有废除现政府的好机会。因此……我们目前只能施加压力。"[27]

考虑到西贡政权日趋动荡，肯尼迪委派泰勒协同麦克纳马拉对形势做出重新评估。肯尼迪认为，"5月以来南越发生的种种事件引发了严肃思考，如果这个国家的政治形势没有改善，反对越共的前景和效果将不容乐观"。[28]

尽管国务卿腊斯克本可以帮助总统对西贡的动荡局势做出理性分析，但肯尼迪却更倚重麦克纳马拉，这就是肯尼迪的特点。"他清楚，如果给国务卿打电话，无法得到满意答案，但打给国防部长的话便有所不同。"邦迪后来回忆道，"他什么都没做——只是给国防部长打了电话。"[29]1963年，邦迪曾描述了自己工作结束后与腊斯克和乔治·鲍尔共饮威士忌的情景，后者是国务院的三号人物。邦迪认为，"那是我与国务卿最随意和舒适的一次谈话"。当话题涉及猪湾事件，腊斯克再次表达了自己的悔恨。"屋里有一大堆旁人的时候，他认为自己很难给总统坦率而全面的建议。"邦迪在私人备忘录中写道，"我个人感觉，即使只有他们二人独处，总统也无法领会国务卿的意思——

恐怕国务卿太内敛，无论屋里有两个人还是20个人，都不善于表达。"邦迪补充道，他由此决心，要想办法满足腊斯克的愿望。[30]

经过10天的南越之行，麦克纳马拉等人撰写了报告草案，其中含有一个惊人的提议：肯尼迪总统应该在1965年末之前把美国军事顾问承担的种种责任移交给越南人。"有可能在那之前把美国的大部分工作人员撤回来。"报告还建议发表一份声明，宣布"在不久的将来……在1963年末撤回1000名美国军事人员"。该新政策应该悄无声息地发布，"这只是长远计划的第一步，逐渐用训练有素的越南人代替美国人，美国无须动用武力"。[31]

麦克纳马拉、泰勒及代表团其他成员于10月2日一早从西贡回国。晚些时候，他们向肯尼迪总统做了简要汇报。总统问道，假设战争无法按照白宫估计的进程发展，该做如何部署。"首先，我们认为，前三个兵团在1964年可以完成军事部署，第四个兵团在1965年结束任务。"麦克纳马拉向肯尼迪保证，"其次，如果无法按期结束，我们将训练越南人来接手主要职责，撤回我们的大部分兵力。"

"这么做的目的何在？"心怀疑虑的邦迪质问道。

"我们需要一个摆脱越南的途径，"麦克纳马拉答道，"这个方法便可以实现。我认为，把兵力留在不需要的地方就是一种浪费，而且也会把我们双方的问题复杂化。"

讨论继续进行，重点落在从北越流入的士兵和武器之上。接着，邦迪又回到白宫声明上，问道："我想知道，我们是否要公开确定一个日期？"

泰勒将军说："好，这是个我们分歧很大的问题，但非常重要。"泰勒向总统解释说，他在南越接触的所有美国军官都认为，除了湄公河三角洲地带，其他地区的任务在 1964 年底都可以完结。

"哦，可以再讨论。"肯尼迪说，暗示美国撤军的日期如有必要可以修改。[32]

麦克纳马拉急了，决心说服肯尼迪确定一个公开的撤军时间。"总统先生，依我之见，我们必须有一个从这个地区抽身的方式，"他坚定地说，"我们必须向国民表明这个方式……"

讨论在继续。肯尼迪问起了美国顾问在提高南越军力上的作用。麦克纳马拉承认，他们的作用很重要，但影响力有限。因为 1.7 万名南越士兵中只有 270 名美军顾问。

"问题在于，"中央情报局局长约翰·麦科恩说，"北越的猛烈进攻会让一切黯然失色。"

"我不这么认为。"泰勒说。

"这与美军撤出无关。"麦克纳马拉坚持自己的主题。

"你们在讨论两件事。"邦迪说，"……你们说，美国人应该继续强化顾问功能，但又希望用受过训练的越南士兵替代美军，来终结大规模使用美军。我想知道，这两者是不是能区分清楚。"

肯尼迪对邦迪的建议不予理会。"好，也就是说'尽管特别培训部队会继续留下，但 1965 年前，美军的主要任务就可以完成'。"[33] 肯尼迪已经有了决定。撤军的声明——包括 1000 名军事顾问及美国全体军事代表团将于 1965 年底前撤离——即将成为官方决策，并公开宣布。[34]

邦迪并不清楚究竟是什么促使总统明确了 1965 年从越南撤军的目标。"我实在搞不懂那些炮制撤军计划的人脑子里究竟在想些什么。"1992 年，邦迪对历史学家威廉·C. 吉本斯这样说道。[35]1991 年，在接受另外一位研究越战的历史学家约翰·纽曼的采访时，邦迪说：
"我记得，这个计划最初产生于肯尼迪和麦克纳马拉的私人谈话，我的确不清楚，他们的真正用意何在。"[36]

麦克纳马拉在解释肯尼迪的选择时就不那么含糊。"我认为，我们已经尽己所能完成了培训任务。不管南越是否能独当一面，我都可以确定一点：如果他们还是羸弱不堪，那绝不是因为缺乏我们的训练。更多的培训并不会让他们强大，因此我们应该离开。总统也同意这个看法。"[37]

之后，白宫通过正式文件《第 263 号国家安全行动备忘录》发布了 1965 年撤军的命令，上面有邦迪的签名。[38]邦迪在一次白宫会议上说，"许多人认为，两年后撤出越南的计划显得过分乐观，我对此颇感吃惊……两年可是不短的时间啊"，"如果按此时间点，这场战争将会持续四年——恐怕在美国历史上也算历时较长的战争了"。[39]

随着公布撤军计划的事情尘埃落定，白宫把重点放在了推翻吴廷琰政权上。邦迪给洛奇大使的电报中强调了肯尼迪的意思，"目前不要给出任何鼓励政变的暗示"，但"要加紧秘密行动……一旦可能的候补领导人出现，我们要积极建立联系"。邦迪警告洛奇不要让美国在推翻吴廷琰的计划中留下"指纹"："所有的工作必须确保安全，而且不承担任何责任，再重申一遍，行动的目的不是积极发动政变，而是监控和准备。"[40]

"今天下午，我们很热烈地讨论了西贡的问题。"邦迪在 1963年 10 月 24 日的一份私人备忘录中写道。其中一句明显提及洛奇、希尔斯曼、哈里曼和福里斯特尔："强硬派对此高度关注。"据邦迪说，约翰·麦科恩和马克斯韦尔·泰勒对美国在西贡政策的变化无常提出批评。"毫无疑问，对于西贡局势的判断有不够精准之处，"邦迪承认，"但他们二人的反应也太过强烈。"据他记载，肯尼迪越来越不耐烦，急于想看到吴廷琰政府做出改变，自己也可据此调整美国目前"刻意冷淡和有限合作的姿态"——但似乎吴廷琰没有任何改观。洛奇计划于 10 月 27 日与吴廷琰谈谈，肯尼迪也给大使发出了最后一道指令："看看他是否能有所举动。"[41]

　　第二天早上，总统召集核心高参开了一个"尾巴会议"*（按照邦迪的话说），来商讨南越的恶化局势，并能给总统"一个坦率交流的机会"，与罗伯特·麦克纳马拉、罗伯特·肯尼迪聊聊。尤其是约翰·麦科恩，他刚刚与洛奇产生了摩擦，后者接手了西贡的中央情报局工作站。麦科恩阅读了连夜发来的电报后，对可能发生的"挑衅"深表忧虑，不断表示"美国找不出合适的理由来否认"为军事政变提供了支持。麦克纳马拉虽然对那封周末电报感到不快，但也反对美国的官方立场发生变化。按照邦迪的话说，罗伯特·肯尼迪提出，在目前没有成功把握的情况下，"必须有所行动"。而且，无论我们做出多大努力，都有可能会失败。在随后的谈话中，邦迪得知"总统非常了解这种两难处境，尽管他也认为，让大使去关注一下行动失败所带来的后果也很有必要"。总统对麦科恩的意见和他与洛奇间的摩擦感到忧心忡忡。邦迪认为，"这是很讽刺的事情"，肯尼迪居然要被迫耗费如此多精力去"安抚两位怒气冲冲、满头白发的共和党强硬派——大使先生和情报局局长"。[42]

　　邦迪在另外一份私人备忘录中写道，围绕吴廷琰政权的这场危

---

* 　指大会之后接着进行的小会。——译者注

机对美国而言简直像一个陷阱。"圣多明哥的军政府或西贡的吴廷琰家族",在面对美国削弱或覆灭其政权的企图时,一般不可能顺从,"因为即便全盘皆输,他们也可以带着大笔现金逃之夭夭"。对意欲施加影响的华盛顿而言,邦迪得出的结论是:"除非我们的诉求在一定程度上获得了当地势力和民意的支持和增援,否则不可能产生效果。但从另外一方面看,我们也没有更好的出路。因为撤出这个国家或者放弃我们的利益,对我们而言都是一种失败。"[43]

10 月 29 日,邦迪再次给洛奇发电报,重申了总统的顾虑。他警告,如果无法果断发动政变,要避免"持久战或者失败",这种结局"对美国利益会造成严重影响,甚至灾难性后果"。邦迪强调,"政变集团需要证明自己有能力快速取得胜利,否则,我们就不鼓励其继续,因为失算的结局将危害美国在东南亚的地位"。[44] 当天下午的白宫会议上,罗伯特·肯尼迪表达了自己对煽动南越政变的疑虑。"我想,这与伊拉克或南美某国的政变有所不同,"他告诫道,"我们在此地区牵扯太深……支持政变就意味着把越南的未来,甚至说整个东南亚的未来交到了一个我们并不熟识的人手中。"[45]

推翻吴廷琰的计划在 11 月的第一天实施。陈文敦将军是越南陆军总司令,给美国驻越的最高统领保罗·哈金斯打电话报告,他的高级将领"已经集结起来……准备发动政变"。[46]中央情报局工作站的卢西恩·科奈恩报告说,政变领导人已经监禁了好几位效忠吴廷琰的军官,并向总统提出了要求:"如果总统立即辞职,他们可以确保其人身安全,并确保吴廷琰和吴廷瑈安全离开。如果总统不答应,空军和装甲兵将在一小时内攻占官邸。"[47]下午 3 点,103 辆军用卡车准备进入西贡,吴廷琰的总统卫队也部署在官邸四周。[48]下午 4 点,西贡的美国使馆通知华盛顿，地面和空中打击已经做好准备。[49]科奈恩与南越总参谋部的叛将混迹在一起，据他汇报，总统的军事顾问杨文明将军已经同总统的弟弟取得了联系。杨警告，如果吴廷琰不在5分钟内辞职并投降，"官邸将遭受大规模空袭。此时，电话断了"。[50]下午4点半，吴廷琰给洛奇大使打来电话。

"一些人造反了，我想知道：美国方面是什么态度？"吴廷琰问道。

"我还不太了解情况，所以不便回答，"洛奇答道，"我听到了枪声，但并不知详情。目前是华盛顿时间凌晨4点半，美国政府也不可能有任何态度。"

"但你肯定已经有了大致主张，"吴廷琰坚持说，"无论如何，我是国家元首。我已经尽到了职责……"

"你当然履行了职责，"洛奇答道。"就像我今早对你说的，我钦佩你的勇气，赞赏你为国家做出的贡献。没有人能抹杀掉这一切。现在，我担心你的人身安全问题。我接到报告，负责目前行动的人承诺，如果你辞职，会给你和你弟弟安全出国的保障。你听说这件事了吗？"

"没有。"吴廷琰答道。停顿了一下，他又说，"你知道我的电话号码。"

"知道。"洛奇回答，"如果我能为保护你的人身安全做任何事情，给我打电话。"

"我会努力重建秩序。"吴廷琰在谈话结尾说。他对南越的统治以及与美国的恶劣关系都已走向终结。[51]

吴廷琰兄弟在一辆南越军队运兵车车尾被绑缚着执行了枪决。杨文明将军向科奈恩汇报，兄弟俩藏身于一个天主堂中，然后自杀身亡。但中央情报局的照片却显示，他们的双手绑在背后，尸体上布满刀痕，血迹斑斑。"这可不是自杀的理想方式。"邦迪在 11 月 4 日早晨的白宫会议上调侃。[52] 根据会议记录，"有一点给邦迪和与会者留下了深刻印象，那就是西贡的百姓把玫瑰花环扔向坦克，对这场政变表现得非常欣喜"。在谈到其他地方的政变时，"邦迪说，拉美地区的将军们很擅长安排诸如此类的支持场面。虽然他说这话时半开玩笑，但却严肃地指出，民意很重要"。[53]

当肯尼迪知道吴廷琰兄弟二人被杀的消息，"他一下子跳了起来，急匆匆地冲出屋子，一脸惊讶和沮丧，这是我从未见到过的情形"。泰勒将军回忆道。福里斯特尔说，这次谋杀"让他深感困惑……他认为这个关乎道德和宗教的事件动摇了他对越南问题顾问们的信心"。[54]

"我对吴廷琰和吴廷瑈的死大感震惊。"肯尼迪在政变数日后回忆道，他的话被录音机记录下来，"数年前，我与道格拉斯大法官见过吴廷琰。他是个出色的人物。尽管他在过去几个月中处境困难，但不管怎样，过去十年中，他一直排除艰险，维护了国家的独立。他受害的方式太过惨烈。现在的问题是，那些将军是否能团结一心，建立一个稳固的政府。是否存在这种可能：不久的将来，包括知识分子和学生在内的广大西贡民众会反对这个政府，认为它既残忍又不民主。"[55]

1963 年 11 月 4 日晚些时候，邦迪用录音机留下了他的备忘录，描述了这场不受华盛顿控制的军事政变给政府带来的混乱。"政变前的那次长时间讨论中，总统的顾问们意见很不统一，给出了各自的解决方案。"他说。腊斯克、哈里曼和邦迪提出，"改组政府势在必行"，不应该打击推动政变的组织，因为"它完全可能成为最可靠和明智的选择"。麦克纳马拉大致同意这个看法。"虽然他忧心忡忡,"邦迪说道,"认为这些联络人及其提供的情报随意而不专业。"[56]

根据邦迪叙述,主要的反对意见来自参谋长联席会议主席。"马克斯韦尔·泰勒自始至终都认为,最好能压制甚至阻止一场军事政变。他认为不是没有更切合实际的选择",他曾与密谋举事的将军们进行过讨论,让他对"这些军官的严肃性和决心"表示怀疑。司法部长与泰勒持相同看法。"博比*和马克斯是好友,深受后者的影响。他也相信,如果政变失败,政府在国内的声誉将极大受损。"中央情报局局长显得摇摆不定:"约翰·麦科恩犹豫不决,但在最后一刻下定决心,认为政变很有必要,并切实可行。"[57]

邦迪推测,肯尼迪总统倾向于支持政变的阵营。"我认为,总统的想法与迪安·腊斯克和鲍勃·麦克纳马拉很接近,但他决意不表明立场,避免孤立任何人。"[58]但那天晚些时候,邦迪又修改了他的结论,提到当天下午他与迈克尔·福里斯特尔的谈话——后者在越南问题上再次表现出与总统、而不是与邦迪更为接近的观点——这促使国家安全顾问承认"我过去或许错了"。邦迪解释,肯尼迪总统曾要求福里斯特尔审查8月份那封电报的来源,解释为何五角大楼"会如此急切地给洛奇下令,以至让美国政府支持军事政变"。邦迪现在才明白:"回想起来,总统显然不确定,如此鲜明地表达华盛顿的倾向是否明智。我个人认为……这个决定本身可能基本正确。"

随着政变的进行,邦迪认为白宫在"静观其变,并未动用太大力量去影响整个事件"。他说,肯尼迪"最关注的就是避免任何能证

---

* 指司法部长罗伯特·肯尼迪。"博比"是"罗伯特"的昵称。——译者注

明美国参与的直接证据——其实本就没有什么把柄存在，但这很难让记者们相信"。[59] 尽管肯尼迪"自始至终并不确定自己是否真的支持政变，但很明显他期待政变成功"。晚上6点半，总统得知吴廷琰和吴廷瑈已经投降，这让其"从紧张和担心中松了一口气"。

"那时，"邦迪继续写道，行动似乎"借助高明的手段，迅速地展开……但不幸的是，结局并不是那么干净利索"。当晚，白宫收到了吴廷琰兄弟两人自杀的消息。但第二天就发现，自杀的证据"并非那么令人信服"。肯尼迪总统"听了这个消息很困扰，一方面他为吴廷琰遭到暗杀而惋惜，另一方面，暗杀行为可能会危害西贡新政权的地位"。[60] 对吴廷琰的死，总统"亲自给洛奇发了两个消息"，表达了强烈关注。总统还取消了芝加哥之行，"以示个人对吴廷琰的悼念"。邦迪笔下"我个人感到惋惜的一件事"正是指吴廷琰的死："我们没有预见到这个风险，周五当天也没有给洛奇发急电，否则可能会对这件事产生一些影响，但当时的事态由那些将军所掌控。"[61]

在1964年与政治学者理查德·诺伊施塔特的口述史访谈中，邦迪表示，肯尼迪起初反对政变，但最终同意。总统"既不希望违背泰勒、麦克纳马拉和麦科恩的建议，去推翻吴廷琰兄弟的政权，但也不希望他们继续执政……同时，战争形势逐渐严峻，尽管五角大楼内部充斥着这样一种说法，即只要我们远离吴廷琰兄弟，局势就不会恶化。但我认为，情形并非如此"。1963年秋，是否支持吴廷琰兄弟的问题已经"在总统的脑海里盘算了6周，我认为，他已经有了清晰的判断：要么他们必须做出改变，要么我们得启用新人，大胆一试"。[62]

1963年11月中旬，越南问题顾问在夏威夷的火奴鲁鲁召开会议。可以想见，他们无法达成共识。邦迪在11月21日撰写了总统指令的草案，重申了肯尼迪有限介入西贡的决定。"正如 1963 年 10 月 2 日白宫声明中阐释的那样，美国撤出军事人员的目标没有变化。"邦迪写道，这里指 1965 年底全面撤军的公开承诺。草案也明确表达了总统对国家安全官僚体系混乱局面的不满，称他们在越南政变事件上的口舌之争导致两败俱伤。邦迪写道："美国政府必须避免几派之间的公开指责，这非常重要。总统希望，政府的所有高级官员及其下属都能坚决保持和捍卫政府的团结。"[63]

1963 年 11 月 22 日早上，总统前往达拉斯参加一个政治活动，邦迪主持召开了白宫会议，讨论两天前火奴鲁鲁会议的精神。邦迪说自己"对那次会议的总体印象就是杂乱无序，当然这也算个令人印象深刻的特点……目前在越南并没有一个真正意义上的国家工作组。哈金斯显然觉得自己并没有获得大使的信任，这就影响了美国在越南的行动。洛奇是个说一不二的个性，但没有任何迹象表明他能处理好手里的工作……总而言之，美国人设计的行动计划绝不可能实现……而反观这个政权……现在说它适合走何种道路还为时尚早，但有一点很清楚，那些将军的联合政府将不会持久"。[64]

当天晚些时候，肯尼迪总统遭到暗杀。8 天前，邦迪记录了他在肯尼迪任期的最后一份工作日志。他在记录中提及了一份特德·索伦森给肯尼迪写的演讲稿，分析了"总统的职责"，邦迪"认为语气过于正式"，但无论如何，这份讲稿敦促肯尼迪认真审视自己的责任和义务。"他的思路转向《亨利五世》中的著名片段，其中国王谈及'我们如何承担这一切'。"邦迪写道，"这是我记忆中为数不多的莎士比亚的段落，所以我花了些时间引用了它们，这些段落对他而言别具吸引力，但不能派上用场，因为多少有些中世纪的君王腔。"邦迪说，肯尼迪常常会思索"自己有责任让那些有失控危险的事情重回掌控范围",并发现"他走遍了这个国家的广袤土地,大多数时候都是踽踽独行"。[65]

肯尼迪遭到暗杀之时,美国军事人员在越南死亡人数为108人。[66]而美国最终的死亡人数超出了5.8万人。

***

1963年11月的种种事件标志着美国涉入越南事务第一阶段的终结。一个独裁领袖被西贡将军们推翻了;而一位坚定拒绝越南战争美国化、采取冷静克制战略的美国总统突然遭到暗杀。美军的使命将落在新的三军统帅身上。而要一年后,美国才能选举出新任总统。从这个意义而言,1963年秋末,越南未来的道路还不明朗。几种情形都有可能出现:第一,美国选择最好时机撤军;第二,美国承诺派遣地面部队,加倍下注;第三,或许是前两者的折中路线。

在邦迪的战争评估中,他不认为推翻吴廷琰和吴廷琛兄弟具有重大意义,这个事件就发生在肯尼迪遭暗杀前的三周。"归根结底,"邦迪写道,"吴廷琰的死是越南人谋反的结果,美国人无非向世人表明,他们不反对这种行为。"[67]而邦迪本人似乎也划清了界限,没有涉入国家安全官僚机构煽动政变的过程。尽管邦迪承认这个过程"仓促而鲁莽",但他依然认为"秋后算账没有任何意义——这是总统与福里斯特尔之间的误会"。[68]至于1963年8月那个为政变开绿灯的行为,伶牙俐齿的邦迪更愿意把福里斯特尔匆匆发往西贡电报的行为视为其秉持"不要在周末办公事"原则的例证。他常常使用这句讽刺,似乎全然不顾及一个政权的轰然倒塌，以及身为美国代理人的两位越南领导人被害的事实。肯尼迪总统和他的弟弟对此无法原谅。"这种屁话赶紧停止！"总统对福里斯特尔说。在那封惹祸的周末急电后，肯尼迪获知麦克纳马拉和约翰·麦科恩对发生政变都持有保留意见，这时，福里斯特尔辞职了。"你不配被解雇，"肯尼迪说，"你欠我的，所以只能留下来。"罗伯特·肯尼迪把部分怨气撒在国家安全顾问身上。"麦乔治·邦迪没什么用。"他说，感觉其更像个"看门人"，而不是个顾问。[69]

在其他有关这场政变的评论中，邦迪表现得更具批判和内省精神。"这封周末电报不可原谅，"他对我说。[70] "你做与不做都得挨骂。"邦迪在谈及推翻吴廷琰政权时这样说，"我们能够继续与吴廷琰共事吗？不。我们应强迫他做出改变吗？不。于是我们只能静观其变，坐享其成？约翰·肯尼迪也并不是那么有耐心的人。"邦迪认为，哈里曼、福里斯特尔和希尔斯曼三人同样缺乏耐心。"我们剩下这些人可能多了一些耐心，但少了一些专注……如果你真心觉得无法取得成功，你会怎么做？"[71]邦迪把对古巴和越南的策略问题做了一个对比，算是自己回答了这个问题。"你可以先做一个否定假设，我们绝不应该身处这样一种地位，即我们正在决定，或蓄意决定，或试图去影响（另一个国家的）国内政治架构。"他说。[72]这个表述对于广义上的干涉给出了否定态度，自从邦迪担任国家安全顾问以来，他在这个问题的认知上走了很长的路。

一些历史学家暗示，因为美国对吴廷琰政权的覆灭负有责任，从而美国进一步采取了帮助南越对抗共产主义的举措。[73]这也是邦迪后来所支持的态度。"我自己对此并无太多顾虑，"他说，"我们对政权的更迭负有责任，这加大了我们的筹码，强化了我们的地位，并有义务去'做更多'。"[74] 但肯尼迪是否与邦迪怀有同样膨胀的使命感呢？

由于对吴廷琰政权被颠覆负有责任，美国因而强化了对越的承诺，如果对上述说法仔细考量，就会发现它其实是推断美国将带着负罪感来制定今后的对越政策。这当然也是一个富有争议的历史假设。肯尼迪1961年曾拒绝了顾问们提出的向越南部署地面部队的请求，当时他被告知，只有派遣一支重要的地面部队，才能挽救这个国家。那么两年后凭什么这种混乱局面能促使肯尼迪对此前拒绝派兵的态度做出改变呢？没有任何确凿的证据表明肯尼迪的判断受到了吴廷琰政权颠覆的左右。

另外，仅仅在吴廷琰遇害两周后，肯尼迪就不带感情地公开重申了自己在派遣地面部队方面的态度。"我们在南越会放弃吗？"在1963年11月14日的记者招待会上，肯尼迪声情并茂地问，"我们最重要的任务，毫无疑问，是国家安全，但我不希望美国被迫在那里驻军。"当一位记者问起即将在夏威夷召开的军事会议时，肯尼迪总统解释说："火奴鲁鲁会议的目的是……试图评估局势：美国应该采取什么策略，我们如何改善那里的斗争形势，我们如何把美国人带离那里。这就是我们的目标，带美国人回家，允许南越人自己维持一个自由而独立的国家。"[75]

如果吴廷琰不完全是美国政策的产物，至少也是美国势力的代言人，依仗美国的援助和支持才能维持岌岌可危的政权。1963年的肯尼迪政府向世人表明，这个支撑吴廷琰统治的强国在他的命运问题上产生了不同意见。国家安全官僚机构不仅在美国是否应该支持军方政变的根本问题上态度不一，就连机构本身在管理中也发生了问题。邦迪作为白宫的协调力量，无法管理总统的一大群顾问，也无法与其他高参达成相似意见。或许更为重要的是，1963年的肯尼迪默许官僚机构摆脱了自己的有力掌控——这与1961年他处理派遣地面部队问题的态度大相径庭，而提出建议的基本上也是这些人。吴廷琰的暴亡与肯尼迪对导弹危机的有力控制形成鲜明对比，与猪湾事件中其国家安全小组的拙劣表现有相似之处。回想起来，从吴廷琰政权颠覆一事，国家安全顾问和总统的经历提供了同样的教训：永远不要相信官僚机构会把事办好。

教训三 //
LESSON THREE

教训三
政治是战略的敌人

　　麦乔治·邦迪回想起美国 1964 年的对越战略时，没有提及围绕吴廷琰事件的官僚纷争。有什么可说的呢？邦迪问自己。答案很简单："根本没有用。"[1] 暗杀吴廷琰是"拙劣之举，是个败笔，当然并不是一无是处"。[2] 他反复提及的是对林登·约翰逊入主白宫第一年举足轻重的一件事——即将到来的总统大选。在邦迪眼中，1964 年大选的政治意义不容小觑，所有围绕美国对越战略选择的讨论都显得黯然失色，什么紧迫性、创新性或想象力都不值一提。邦迪说，1964 年大选是推动林登·约翰逊的最大力量。"优先考虑的问题就是：赢，赢，赢，要赢得大选，不是战争。"[3] 邦迪写道，从约翰逊当上总统的第一天，他就受困于"一个无法逃避的事实"，即一年之内要面临总统大选，这就迫使他"去努力奔走，尽可能赢得大选"。1964 年冬天，约翰逊向邦迪坦陈，他感到自己只是继承了总统的位置，扮演着"代理人"的角色。如果想真正发布命令，对重大政治问题做出决策，就必须在 11 月的大选中获胜。"到那时你才能做决定。"约翰逊说道。[4] 邦迪后来又写道："让越南问题见鬼去吧……行政机构的重中之重就是大选。"[5]

正如邦迪所言，即将到来的 1964 年总统大选对约翰逊而言是一个强有力的威慑，影响到他对越南采取的任何明确行动。邦迪回顾："从当时一直到初夏，我对他的印象都是他希望在越南问题上保持稳定，不做出什么新的重大决策。"[6] 后来，在邦迪的描述中，约翰逊这位参议院前多数党领袖和立法专家，把 1964 年的越南看作是一个政治威胁，而非战略挑战。"林登·约翰逊不太关心谁掌控老挝、谁统治南越——他深切关注的是普通美国选民如何看待他在冷战博弈中的表现。"他写道，"冷战的关键战役在美国打响，而他林登·约翰逊作为战役的指挥官，如果输了，如何面对接下来的大选呢？因此他决不能输。尽管问题很简单，但他毕竟身处这个位置。每当他审视这些问题时，必须关注自己的政治生存之道。"[7]

邦迪在梳理肯尼迪遭暗杀到 1964 年大选这一年的笔记时，确定了几个值得他详细记述的主题：新人掌权与肯尼迪团队成员的留任；在公开场合表现既有决心又有"对和平的渴望"；坚持肯尼迪"不派美国士兵"去南越战场的政策；东京湾事件 * 的"偶然机会"，结合了即时的大选利益和"长期需要"。对于东京湾袭击及其国会授权军事行动的决议，邦迪建议应该给予详细描述，因为正是这个事件凸显了约翰逊作为一个政治演员的种种特质：他的狡猾、机会主义和野心，以及对战术优势的不断寻求。[8] 在我俩的交谈中，邦迪多次提及东京湾事件，认为其具备鲜明的"约翰逊特色"，能看得出总统如何把政

---

* 东京湾事件即导致美国增兵越南、开启越战美国化进程的事件，后文将详述。——译者注

治利益与政治机遇相结合——当然这一切都要服从于 1964 年大选获胜的目标。

＊＊＊

尽管肯尼迪总统遭到暗杀给邦迪带来了不小的震动和变化，但这个肯尼迪的拥趸对于留在约翰逊的白宫里工作，并无异议。一些忠诚于肯尼迪的官员，出于私人感情或政治形势，选择了辞职。但邦迪愿意留下来。他把继续担任总统的高级顾问当成自己的使命。"我别无选择，至少要坚持到 1964 年大选，"邦迪在一份 1972 年的口述历史中说道，"大选后，如果不希望留任的话，或许可以选择离开。"然而，邦迪承认自己的确愿意供职于约翰逊政府，这有别于肯尼迪的众多坚定拥护者。邦迪认为，那些依旧与罗伯特·肯尼迪保持密切往来的人心存一种"延续感……从逝去的总统到鲍勃·肯尼迪"，他们也秉持一种观点："如果你准备全身心效忠新总统＊的话，就不该待在政府中。我认为，除了留下来别无他法。我记得就是在这个问题上，我和鲍勃有过争执。"[9]

邦迪是林登·约翰逊继承而非选择的一名高级顾问，邦迪与这位前任副总统关系一般。邦迪用极其轻描淡写的口吻承认，新总统与国家安全顾问之间"存在某种文化方面的差异"。约翰逊是个典型的政治动物，是个"务实而专业的华盛顿操盘手"——从得克萨斯州一路奋斗到首都，在艾森豪威尔时期就跃升为参议院多数党领袖，成为

＊ 指罗伯特·肯尼迪。——译者注

"二号实权人物"。相较之下，邦迪是"波士顿望族的后裔"，担任过"学术主管"，但"在政治上是零起点"。邦迪写道，作为一个白宫的工作人员，自己没有被要求去国会大厦作证也属理所当然。[10]

肯尼迪遭暗杀之前，白宫的权力结构就明确了邦迪和约翰逊的关系。邦迪说，约翰逊在大型会议上表现得很内敛，"且小心翼翼，表现出副总统们该有的做派"，而不会采取与总统龃龉的立场。邦迪赞同肯尼迪的判断：因为约翰逊自尊自爱的态度，及其在许多政治事务上表现出的热忱，这位副总统的确是"一位值得尊重的团队伙伴"。邦迪根本不了解约翰逊对于古巴、柏林或越南等问题的真正看法。他写道，自己在这类问题上去询问副总统的意见可能"不合时宜"，他揣测约翰逊也同样认为"向（这个国家安全顾问）去游说也是不恰当"。因此，邦迪得出结论，这是"一种真诚的关系"，"但双方的态度都很谨慎"。[11]

肯尼迪在任期间，邦迪定期与副总统约翰逊及其下属接触，帮助准备副总统的出国行程。约翰逊和妻子也会邀请邦迪夫妇出席一些特殊场合或招待会。邦迪回忆，"我们一般都尽量参加"，起初都还是彬彬有礼的，但时间长了就会发现，通过这种场合会认识一些圈外的"杰出而有趣的人物"，比如得克萨斯的众议员杰克·布鲁克斯，"后者融合了天生的精明及强烈的政治喜剧感"，这让邦迪不由得就联想到约翰逊本人。[12]

一段时间后，邦迪就对林登·约翰逊的圈子及社交习俗十分熟悉了，在他钟爱的得克萨斯农场中，许多略显古怪的礼仪频频上演。邦迪清晰地回忆起约翰逊钟情的一项：总统坐在一辆"老旧的凯迪拉克"中，"以骇人的速度开车带你在旷野驰骋"，而安保人员在后面穷追不舍，"总统在快被追上的时候表现更加疯狂"。邦迪记得，这个农场能给总统家一样的感觉，他在游泳池边即使处理公务也怡然自得。"我从未见过这样的游泳池，每个角落都安装着一部电话。"他说。[13]

暗杀事件后的那段日子，政界人士齐聚华盛顿。前总统艾森豪威尔出席了国葬，建议约翰逊立即就任。"艾克*希望新总统能摆脱其前任所有的陋习，"邦迪说，这种做法"非常无情，而且公事公办得不合时宜"。邦迪推断，艾森豪威尔的举动是在回应新总统的疑问：在过渡阶段如何重组白宫？而事实证明，艾森豪威尔最有兴趣重组的机构当属邦迪的国家安全机构。"他的印象是孩子们乱作一团了，我猜。"邦迪这样谈起艾森豪威尔。

前总统建议约翰逊，要求全体高级顾问辞职——事实上就是重新洗牌，选择自己的团队。这个命令还未发布，肯尼迪的亲密顾问小阿瑟·施莱辛格就主动向新总统写信，表明了辞职的想法。约翰逊立即要求邦迪去看望施莱辛格，确保他不要辞职。总统希望整个白宫班子不要发生变化，因为"他比肯尼迪更需要他们"。约翰逊离开房间后，艾森豪威尔重申了主张："总统不按照常规接受辞呈会犯下大错。我很赞成他**的观点，会敦促他向总统阐明原因。"约翰逊返回后，艾森豪威尔和邦迪阐述了各自的想法。"总统勉强接受了我们的建议，"邦迪写道，"接下来的周二或周三，他开始问你们的辞呈都在哪里。"邦迪认为，这个插曲反映了"总统的一个基本思维特点"。约翰逊真正关注的不是施莱辛格如何，而是要阻止白宫员工的大范围离职，"这

---

*　艾克（Ike）是艾森豪威尔的昵称。——译者注

**　指施莱辛格。——译者注

才是他（出于某种原因）害怕的事情"。邦迪接下来会不止一次目睹约翰逊在政治天平上谋求骑墙的态度。他渴望下属忠诚，表现出对肯尼迪团队的信任，但他也希望将其解散，建立自己的顾问团队，服务于他个人的需求和利益。

邦迪的日志描写了自己在肯尼迪到约翰逊过渡期的伤感。平淡无奇的工作日常和画面都能引发他的哀思：乘坐白宫的电梯；继续阅读肯尼迪总统在世时一定会关注的电报；独自一人在办公室工作，"随时"看到"特德·索伦森的脸"。

索伦森哀伤地告诉邦迪，"在过去三年中，总统就是他生活的全部"。悲痛的情绪在压抑。"我觉得自己无法参加员工会议了——但我还是开了，算是开了吧。"邦迪写道。1963 年 11 月 24 日，星期日，邦迪记得自己穿了黑色套装参加总统的葬礼，为众多政要的到来做筹备工作，为当天下午约翰逊和洛奇大使的会议处理文件和备忘录。洛奇刚刚从西贡飞抵华盛顿。"我当时还不知道，但总统后来和我说，他发现洛奇是个喜欢出风头的'伪君子'。"邦迪写道，"而且总统从一开始就不喜欢政变这个想法，这一点也是后来才揭晓。"与麦克纳马拉和腊斯克短暂会晤后，总统"才给了洛奇一个明确的想法"，要求大使团结自己的队伍，不要再"背后诽谤中伤"，把心思放在战争上。约翰逊告诉洛奇，他"自己会要求洛奇个人负责通报事情的进展"。腊斯克和邦迪持相同观点："在这次会晤中，总统表现得很好，而洛奇很差劲。"

第二天早上就是肯尼迪总统的葬礼，邦迪负责接待外国客人，还与乔治·鲍尔就总统会见外国政要的日程发生了一些"摩擦"。这不过是两人数次"纷争"中的一次，在邦迪看来，鲍尔暗自希望政府的更迭能在某种程度上让自己摆脱"可怜的白宫职员"的处境。邦迪对自己与鲍尔的争执颇感后悔，他认为鲍尔是个"有用之才"，也是个逻辑"古怪""思维发散的管理者"。邦迪还提到美国在为法国总统戴高乐安排安保措施时引起的"一阵骚乱"。中央情报局局长约翰·麦科恩担心，各国领导人在肯尼迪总统的灵柩后列队行走，会造成"数目众多"的"诱人的目标"（按照邦迪的说法）。于是，邦迪与国务院礼宾司司长安吉尔·比德尔·杜克要求戴高乐乘坐轿车参加仪式，而不要走在队伍中。"他很冷淡地用浓重的鼻音说'不'，"邦迪写道，"我们只得鞠躬后退。他做得没错。"

阿灵顿国家公墓的葬礼结束后，邦迪和同事们迅速赶回白宫，筹备四小时的招待会。杰奎琳·肯尼迪之前就答应要接见许多代表团的领导。"她在会见时像个女王。"邦迪观察到。他还向戴高乐传达了杰奎琳的建议，如果戴高乐需要任何帮助或者希望在美国会见某人，可以与罗伯特·麦克纳马拉、罗伯特·肯尼迪或邦迪联系。"我信任前两个家伙。*"邦迪冷冷地写下。约翰逊总统回到国务院后，接见了好几拨外国政要，与此同时，35 位州长在行政办公大楼等着他。据邦迪说，约翰逊"出色地会见了所有的来宾"。[14]

葬礼后的第九天，也就是 12 月 4 日，邦迪写道："虽然心中仍有许多不确定和不安……但是最初的震惊已经过去。"他的同事已经回到日常工作的轨道上了。据邦迪记录，当天最令人慰藉的当属与肯尼思·奥唐奈的五分钟谈话，后者从入职以来就一直是肯尼迪总统亲密的政治亲信。"在过去两周内，我无法和他说一句话，因为他实在

---

* 这是邦迪记录的杰奎琳的话。——译者注

太悲伤了。"邦迪写道。作为国家安全顾问的他，首要任务就是解决新总统的需要和问题，"即使在第一个难耐的周五下午"。[15]

除了与奥唐奈的邂逅，邦迪还描述了受总统召唤"在泳池边交流"的滑稽场景。约翰逊当时说，他要把当天工作的重心从劳工和商业转移到外交上。"我没有提出任何好建议。"邦迪在另一份备忘录中写道，但总统第二天一早却想出了"一个一流的主意"。约翰逊决定在国务院发表一次"鼓舞士气的讲话"，由邦迪协助拟稿。结果，这个举动犹如给国务院"及时地注射了一剂强心针"，同时也表达了约翰逊"对迪安·腊斯克的信心"。[16]

几天后，约翰逊接见了华盛顿另外一位智者——迪安·艾奇逊。见面前，约翰逊收到了"一份三页的备忘录，上面记录了艾奇逊的独家箴言（Achesonian gospel）"。这位前国务卿在其中建议约翰逊：不要支持戴高乐让法国独立发展核武器，同时避免与苏联就德国的未来进行谈判。邦迪在一份给约翰逊的备忘录中写道："回复你与艾奇逊的午餐：他坚定地信奉'强硬路线'……艾奇逊即便在大选年也支持采取行动（他记得杜鲁门在 1948 年的成果*），他对欠发达国家、联合国、阿德莱·史蒂文森、乔治·凯南都不感兴趣。"[17]

对这份文件进行评价时，邦迪把约翰逊描述成"极为精明和敏锐"的人，还称总统"在筛选和听取顾问的建议时能力一流"。[18]但是在总统大选的煎熬之下，艾奇逊在外交事务方面提出的大胆举措究竟有何效果？约翰逊会把他的建议放在心上吗？在角逐白宫之际，邦

---

* 杜鲁门和约翰逊一样，都是从副总统继任总统，随后面临民主大选。杜鲁门采取积极对抗苏联阵营的姿态，在 1948 年成功当选。——译者注

迪会鼓励约翰逊在艰难的越南问题上做出选择吗？这些未解的谜题将是1964年政治与政策的关键。

记录表明，约翰逊自就任总统之初，就一直挂念着越南问题。"总统表达了自己的深切关注，我们在越南要有所作为，"腊斯克在12月初这样告诉洛奇，"我们每天都要扪心自问，能够为这件事做出何种努力。"[19]约翰·麦科恩发现了一个肯尼迪和其继任者的显著差别："约翰逊一定认为我们在社会改革方面投入太多；他无法容忍我们把太多时间花费在做'行善之人'上；他无法容忍在南越问题上陷入各种争执和口角。"[20]社会变革之外，安全指标也无法提升信心。迈克尔·福里斯特尔向约翰逊总统解释，"战略村计划"搞得一塌糊涂——这是平叛战略的核心手段，即把越共从乡村驱赶出来。在西贡南部的隆安省，实施行动的219个村中，只搞定了45个村。福里斯特尔认为，这表明要么之前的南越情报不真实，要么就是敌人发展的速度太快。[21]对这个反差该做何解释？约翰逊坚持进行眼见为实的分析，命令麦克纳马拉把即将开始的北约之行拓展一站，访问西贡。"总统就南越问题给麦克纳马拉好好上了一课，"迪安·腊斯克说，"并表示，没有一个政府能完成所有的使命。"[22]

两周后，邦迪记录下麦克纳马拉从西贡返回后的"一次异常有趣的会面"。麦克纳马拉的听众聚集在总统办公室的壁炉前，"个个显得紧张而俯首帖耳"。他们包括五角大楼的维克托·克鲁拉克将军和比尔·邦迪；中央情报局的约翰·麦科恩和远东地区负责人威廉·科尔比；国务院的迪安·腊斯克、乔治·鲍尔、埃夫里尔·哈里曼、罗杰·希尔斯曼、威廉·沙利文；以及来自白宫的麦乔治·邦迪。麦克纳马拉对他们说，南越的形势"不理想"，无论是西贡政府、美国国家工作组，还是南越战场，尤其是湄公河三角洲各省的表现统统"不理想"。

麦克纳马拉抱怨，西贡政权"缺乏指挥权"，"十多个将军组成的委员会根本就不是什么政府，而更像是一个无须负有军人使命的机构"。麦克纳马拉只对其中一位抱有信心：杨文明将军。他是革命委员会执行委员会主席及临时政府总统。麦克纳马拉鼓励杨文明牢牢掌控国家政权，但"事实上，他也对杨文明的权力意愿深表怀疑"。[23]

根据邦迪的叙述，麦克纳马拉认为西贡的美国国家工作组"缺乏明确方向和有效领导"，而洛奇大使和保罗·哈金斯将军之间"缺乏严肃的沟通"。对反暴乱的重视程度远远不够。而邦迪认为，最明显、最迫切的问题就是要问：越南这种暗淡的局势已经持续多久了，为何之前一直未获重视，包括麦克纳马拉本人在内的国防部对其置之不理。麦克纳马拉的报告反映出一个令人沮丧的事实，即西贡的美国顾问们"长期以来受到吴廷琰手下官员的宣传操纵"。邦迪还观察到，约翰逊一直"安静聆听"麦克纳马拉的汇报，没有给出任何特别回应。[24]

通报会后，邦迪与麦克纳马拉、麦科恩和总统一起开了个小会。中情局局长和国防部长汇报，洛奇大使不愿离任，除非他能调整政策证明自己，或者回国"负责一些能取得明显成绩的工作"，他才会考虑辞职。约翰逊指责洛奇在"玩弄权术"，他应该把精力放在履行大使的职责上。麦克纳马拉和约翰逊对洛奇"向媒体爆料"的做法很不满意。[25]

"局势很不乐观，"麦克纳马拉总结，"如果接下来的两三个月不发生逆转，按照目前的情形估计，最多能打个平手，说不准就会陷入共产党控制的局面。新政府引起极大关注，但目前表现出来的只有优柔寡断和四分五裂。"几个月前所做出的乐观评估值得商榷。"越共的势力自政变后发展很快，据我估计，全国的形势从 7 月后发生了恶化，这比我们估计的还要严重，主要归咎于我们盲信了越方的不实消息。"[26] 麦科恩赞同南越发布的前线报道基本失实。[27]

参谋长联席会议展开游说，需要更富进攻性的美国战略。他们在 1964 年 1 月 22 日的一份备忘录中提出，华盛顿应该抛弃"自我约束"，授权"对北越重要目标发动空袭"，并"在必要条件下，部署美军，直接打击北越"。[28] 肯尼迪遭暗杀整整两个月后，参联会就建议空袭河内，派驻美军，改变美国的顾问角色而直接发动对北越的战斗。他们事实上发动了越南战争美国化的第一步。

参联会提出建议一周后，阮庆为首的年轻军人发动政变，把推翻吴廷琰政权的将军们拉下了马。[29] 戴维·内斯是新任美国军事行动副组长，刚刚在南越履职两个月，就面临美国在南越不利的处境。他在 2 月 17 日给洛奇大使的一份备忘录中警告："看了形势报告……我担心戴高乐将军可能会一语中的。他认为，我们正面临两种选择，一是接受目前反暴乱失利的现状，二是军事冲突升级，美国可能要与北越和中国直接对抗。"[30]

为了响应麦克纳马拉的军事建议，参联会在 3 月 2 日提出，美国的"空中及海上力量"要直接参与打击北越的军事和工业目标，在北越港口布雷，并实施海上封锁。如果中国介入，则考虑使用核武器。[31] 约翰逊总统召集参联会商讨他们在政治上极富煽动性的计划。然后，他打电话给邦迪："我刚刚与参联会军官们讨论了很久。他们建议扩大介入或者干脆放弃。我告诉他们'我们尽量寻找一个修正案——因为我们没有任何一位国会议员的支持，我们没有任何一位母亲的支持'。这 9 个月中，我只是一个继任者，一个代理者。我必须要去赢得大选。也许是尼克松或其他人获胜。到时候你们就能做决定了。"[32]总统的这通电话预示了他的立法策略，在大选前他必须让国会与政府站在一起，这个战略在东京湾决议中成形。

约翰逊竭力把事情拖到11月，因而支持南越和解的呼声与日俱增。巴黎方面，戴高乐坚称美国注定失败，和谈才是务实的途径。沃尔特·李普曼是华盛顿有影响力的专栏作家，也赞同法国的态度。"根据美国官方的立场，战争一定会取胜，但他们没有考虑如果失败该怎么办。"李普曼写道，"与军事家一样，一名称职的政治家永远也不该让自己陷入某个承诺中而没有退路。在东南亚，我们已经关闭了所有的大门，断了自己所有的退路。"李普曼认为，法国领导人正确地指出，因为缺乏务实的分析，华盛顿才会陷入绝境，"这场灾难让我们面临一个两难之选，或者羞愧地撤退，或者陷入一场更大的战争，至少等同于朝鲜战争的规模"。[33]而两位有影响力的民主党参议员迈克·曼斯菲尔德和理查德·拉塞尔已经敦促约翰逊谋求法国支持美国达成协议，即使这种选择"只有模糊的曙光"。[34]

通过谈判达成中立的观点在西贡开始发酵，给这个国家的军事领导人带来极大恐慌。中央情报局推断，部分反对媾和的领导人可能会干预此事。中情局在谈到阮庆时汇报："他有可能会认为，这种所谓的趋势在愈演愈烈……就促使他与跟他想法相同的同僚一起采取行动阻止中立方案。"

邦迪对这种中立的论调嗤之以鼻，在1月6日的一份备忘录中他警告约翰逊，如果外交途径可以促使美国从南越撤军，将会引发一系列的地缘政治问题："南越的反共力量迅速覆灭，全越南的共产党势力重新整合……泰国会中立，对河内及北京影响巨大……老挝反共力量瓦解……对马来西亚造成沉重压力……日本和菲律宾也转向中立……对美国在南韩及台湾的威望造成打击，由此可能需要美国在那里增加补充性的承诺——否则就进一步地撤退。"邦迪进而提醒总统，在南越保持中立立场会被"所有反共越南人"视为"背叛"，由此造成的影响会波及大量选民，从而使得"我们输掉选举"。在这里，邦迪使用了他的撒手锏——不是输掉南越，而是输掉总统大选。邦迪使用了多米诺骨牌理论，把它运用到东南亚问题和约翰逊谋求11月大选胜利的软肋之上——利用约翰逊缺乏安全感的心理来威胁他。邦迪在第二份给约翰逊的备忘录中详细阐释了面对共产党威胁时表露软弱的种种风险。邦迪提醒总统他曾是位"历史学家"，接着提到哈里·杜鲁门总统的前车之鉴，因为他没有出更多的力，避免中国落入共产党之手，也没有赢得朝鲜战争，从而遭到许多美国人谴责，灰溜溜地离开了华盛顿。"如果我们现在第一个离开西贡，那么同样的事情就会发生在我们身上……只有当我们强大了，才能去谈判。"[35]

邦迪对那些谋求中立机会的人表现出的蔑视体现出他的强大力量。这位国家安全顾问常常对那些对政府说三道四的人不屑一顾，在他眼里，那些人都是懦夫。1964年2月他这样回应《纽约时报》上出现的怀疑之声。"《纽约时报》的社论简直软弱无力，总统先生，"邦迪宣称，"……他们根本没有什么判断力。我认为，你需要向他们展示你是个爱好和平之人，但绝不能让他们发号施令，你可是最擅长此事的。"[36]

为了给高涨的中立势头降降温，约翰逊和他的顾问们希望能给戴高乐总统施压，让其公开改变立场。1964年3月24日，约翰逊、邦迪、麦克纳马拉与腊斯克四人共进午餐，商议给美国驻法大使查尔斯·波伦发电报的细节，希望获得戴高乐的一份声明，澄清"'中立'的主张不适用于共产党攻势下的越南政府和盟友"。戴高乐拒绝了这个请求，告诉波伦说美国已经深陷越南冲突中，目前情形与二战末法国的遭遇如出一辙。他认为，对南越的中立立场——或许可以通过一个有中国参加的日内瓦会议达成——才是美国的最佳选择。[37]

邦迪对法国的态度相当不满，也对持相同立场的沃尔特·李普曼心生抱怨。李普曼5月19日到白宫拜访邦迪的时候，国家安全顾问尖刻地问道："哦，法国有何计划？我似乎看不懂，你应该知道他们的用意，那么告诉我吧。"邦迪的这位作家朋友说，对这种口吻提出的问题不做答复。邦迪表示歉意，却不肯罢休，轻蔑地称戴高乐的中立建议就是对共产党霸权的妥协。"麦克，别说这些陈词滥调了。"李普曼说。邦迪颇具预见性地答道，如果美国人在越南丢了性命，到头来这个国家却落在了共产党手中，那才可怕。[38]

第二天早上，李普曼撰写了一篇专栏文章，目标似乎指向邦迪——一方面，他不假思索地反对中立政策；另一方面，在为白宫寻求务实的对越策略方面，他表现消极。"我们丢掉了重点，我们也丧失了影响力，因为我们对法国人的建议置若罔闻，把其当作个人的意气用事……我们认为他们'反对美国精神'或企图让美国难堪。"李普曼在文中写道。尽管法国提出的计划还略显粗糙，但约翰逊政府"根本没有任何可靠的对策，来赢下战争或结束战争"。而缺乏缜密的分析只能导致一个不可行的选择，"敌人无条件的投降……我们正在支持和推进的这场战争看不到任何结果，残忍而肮脏。犹如陷入了一条看不到微光的隧道"。[39]

尽管邦迪否定了南越问题上的中立立场，但约翰逊总统本人还是持有某种悲观和怀疑的态度，这与李普曼言辞犀利的文章不谋而合。5月27日，他向理查德·拉塞尔表明了自己的顾虑，后者是参议院军事委员会主席，也是总统的政治导师。"是啊，如果留下烂摊子，他们就会弹劾总统，对吗？"约翰逊问道，"……我真的不知道该如何收场，除非他们告诉你该撤出了。"

"如果在那里执掌政府的是我们的人，他告诉我们撤退，我们定能全身而退。"拉塞尔答道。

"没错，"约翰逊说，"但是你不能这么做……那样世人会怎么看，会不会显得很不堪？"

"我不知道，"拉塞尔笑着说，"我们现在的形象不太好。我猜，你把军队派到那里，形象会高大一些，但是我想说，这可能是我们代价最为昂贵的一次冒险。"[40]

总统结束了与拉塞尔的通话后，给邦迪打了电话。"我想告诉你，"约翰逊说，"昨晚我失眠了，一直在想这件事……我的确心里没底——对我而言，仿佛要进入另一个朝鲜。简直烦透了。我不知道一旦牵扯其中，是否能全身而退。中国共产党一定会介入，而我们在离家一万英里外的地方，如何能打赢这场战争……我认为打这场仗没有意义，而我们又无法逃脱。目前的状况实在太糟糕了。"

"的确是个烂摊子。"邦迪答道。

"比尔认为我们该怎么办？"约翰逊总统问道，他指的是邦迪的哥哥，他接替罗杰·希尔斯曼成了负责远东事务的助理国务卿。"他倾向于把事情向前推进，"邦迪含糊地回答，"但是你应该和他聊聊。"邦迪提到自己的越南事务专家福里斯特尔，后者"认为我们应该对行动有所准备……他认为刺激一下南越是最好的办法，让他们认为我们打算对这个烂摊子略有行动"。

邦迪似乎是主张美军采取直接军事行动来镇压叛乱。但他所说的"向前推进"或"略有行动"有何言外之意呢？约翰逊试图解读国家安全顾问的委婉之意。"那么我们该作何行动呢？"总统问道。[41]

约翰逊显然是在问他在南越有什么军事措施可选，他希望听到明确的回答。两天前，邦迪提交给总统一份简明扼要的建议，提出了军事升级的说法，"由果断的大规模派兵"来实现，但具体数字没有说明。邦迪提醒总统说"在此决策中……我们必须承受两个风险……一是转向大规模地面战争或者动用核武器让战争升级"，二是"南越所做出的反应可能会导致这个国家陷入中立状态，最终落入共产主义手中"。邦迪建议"下周初"在火奴鲁鲁召开一次会议，与洛奇大使和其他人共同商讨。"与此同时，或会后，我们要把基本主张和对外策略通报给泰国、老挝和南越政府。"邦迪也想好了诉诸联合国的办法，目的是"再次表明我们是想依靠联合国解决的，只是没有收到明确的回应，这不是我们的错"。与东南亚条约组织的盟友磋商后，华盛顿将实施第一次军事部署，派遣一定数量的美军和"东约"联军。"我们的建议是，从一开始，军事部署就要具备一定规模，这样才能起到震慑和威胁的作用。我们要重申我们的观点，一磅的威胁需要一盎司的行动——只要我们不是虚张声势。"邦迪计划的最后要点是没有详细说明的"对北方发动的打击"，因为"这需要精心设计，尽可能起到遏制作用，而不仅仅是破坏"。军事打击之后，"要在安理会或日内瓦会议中采用积极的外交攻势，目的是恢复整个地区的和平。这个维持和平的主题"，邦迪向总统保证，"将自始至终位于行动的中心"。在给约翰逊这份文件的附言中，邦迪解释说这也代表了腊斯克和麦克纳马拉的想法。但是，他也承认："这个方案中存在几个缺陷，最明显的是关于南越的行动以及美国的具体明确目标是什么，但对这些问题的思考却远胜于文件所体现的内容。"[42]

不出所料，在 5 月 27 日与总统的交谈中，邦迪没有打算对他建议的军事行动给出具体解释。他在回避这个问题。"我们的确需要为你拟定一些目标，总统先生，"他若无其事地答道，"那将会清晰地表明我们该做什么，不该做什么。主要目标是消灭尽量少的人，同时去营造一种环境，把反抗的诱因降到最低。但我也不能对你说这是一件小事。"

邦迪没有透露任何有关军事行动的细节，快速把话题转向征兵问题和白宫的宣传策略。"还有一件事……我想了一整晚，"他告诉总统，"……我想知道，如果我们把它夸张成'美国人反对恐怖主义''美国人信守承诺'和'美国人视和平为目标'会怎么样？"尽管邦迪只是间接提出了美国对越军事计划的一些要素，但他已经有了更成熟的建议，准备向越南部署更多的资源。[43]

邦迪和约翰逊的谈话回到了中立问题上。约翰逊建议让沃尔特·李普曼 5 月 27 日晚些时候来白宫做进一步沟通。当天下午，李普曼来到椭圆形办公室与总统会面，参会的还有邦迪、麦克纳马拉和鲍尔。约翰逊攻击性的语言完全模仿了邦迪，他要求这位专栏作家解释一下，靠中立立场如何阻止共产党在南越夺权。李普曼承认，谁都无法保证能遏制共产党，但的确也没有一个现实选择。他认为，依仗军事途径解决越南危机会让美国一败涂地，与法国的遭遇相同。约翰逊不为所动，不服气地指着桌上堆满的机密文件，说这场战争是针对共产党的。李普曼反驳说自己查阅的资料与之大相径庭。"任何一个国家想去弥补自己的错误都不是件易事。"李普曼在第二天的专栏中写道。但是美国却必须这么做，因为"如果说讨论的结果并不乐观，但南越的军事现状却比讨论更为堪忧"。尽管白宫方面频频做出保证，但李普曼写道："军事胜利或类似的胜利从不像现在这般无法实现。"[44]

大选前的几个月中，约翰逊不愿在公开场合谈论军事胜利的可能性。像美国下决心对抗共产主义之类的说辞就很实用，或者美国履行承诺支持南越政府等溢美之词也恰当。但是约翰逊需要对美国军事策略的目的和手段做出更为具体的说明，但他的安全顾问并未提供，他自己也没有想清楚。6月初，暴动的力度加强，西贡政权无力化解，政府很有必要在大选前就对越南采取一定军事行动。

6月10日，邦迪撰写的一份备忘录显示，有必要经国会同意动用武力对付北越。"无疑，美国希望在接下来五个月中，让自己在东南亚获得明确而强有力的地位，"邦迪写道，同时勾勒出11月大选前的时间表，"眼下的当务之急是政府是否需要谋求一份国会的决议案，授权总统在必要情况下为捍卫某地区的和平和安全动用武力。如果获得国会批准，口径上便得到了统一。而且最佳时机应该是1964年民权法案获得参议院通过之后。最后，国会必须有绝对多数支持，才有可能获得快速通道授权。"邦迪强调，这个授权的目的不是"篡夺国会的权力，而是确认总统在大选年作为三军统帅的权力"。[45]邦迪的这份备忘录是在6月中旬发布的，显然，约翰逊至此为止对提案之事还未下定决心。[46]

6月初，邦迪对接任洛奇大使的人选也给出了建议，约翰逊同样没有依计行事。国家安全顾问提供了六位候选人——最终没有一个人获得这个职位——包括邦迪本人。"我对自己的能力不做评价，但我的确没有领导使馆或指挥战争的经历，"邦迪写道，"另一方面，我认为自己的确了解情况，而且把事情放在心上。我会说法语，也有不少办法能合理安排南越的美国工作团队。"[47]

大选前的这个夏天，约翰逊不得不解决的另一个敏感问题就是罗伯特·F.肯尼迪的政治前途，后者想要成为总统竞选伙伴的愿望已经成为华盛顿路人皆知的秘密。他的哥哥担任总统的时候，罗伯特毫不隐藏自己对约翰逊的反感。在肯尼迪去世后的过渡阶段，两人之间的紧张关系公开化了。

在肯尼迪遭暗杀不久后的日记中，邦迪曾记录了自己代表新总统做出的第一个决定。他承认，那是一个错误。约翰逊问他哪里才是自己最佳的工作地点，邦迪建议他立刻搬入椭圆形办公室。"我们没有考虑总统家人的感受——我们只考虑了自己，以及这个国家多么需要一个看得见的总统。然而，我们错了。"

暗杀事件发生的当天晚上，罗伯特·肯尼迪给邦迪打了电话。沉默片刻后，肯尼迪说到了重点。他本人和杰奎琳·肯尼迪都会关心已故总统掌握的那些白宫文件。国家安全顾问保证，文件都会很安全。然后，邦迪给肯尼迪总统的私人秘书伊夫林·林肯打电话，布置了这个任务。第二天早上8点，那是个星期六，邦迪看到林肯在忙碌地整理着已故总统的文件和个人物品。他传话给约翰逊，等到林肯工作结束后，总统再搬入西厅。但约翰逊却径直来到椭圆形办公室。"简直太糟糕了，"邦迪回忆，"他走进办公室，林肯女士当然很惶恐。不巧的是，博比也在那儿。然后我接到总统电话，他让我上楼把事情摆平。我向他解释，肯尼迪的家人希望他能暂缓使用办公室。但他理直气壮地说，我应该提前打电话告诉他。"[48]多年后，邦迪得知罗伯特·肯尼迪大概是去椭圆形办公室拆除肯尼迪总统安装的秘密窃听装置。"后来我才搞清楚博比究竟在担心什么，"邦迪对我说，"他在拆下那些录音带。"[49]

邦迪带约翰逊来到白宫的地下室，刚好偶遇约翰·麦科恩，"我们只能对他说总统来参加国家安全通报会"。邦迪因为罗伯特·肯尼迪与约翰逊的尴尬相遇而深感自责，向已故总统的弟弟解释说，那是个"误会"。肯尼迪接受了邦迪的道歉，两人相约忘记此事。"我们当面未再提起，但心里不可能不留阴影。从达拉斯回来的路上，肯尼迪的情绪显得很低落。我从未试图去分析当事双方的心理感受，我觉得，他可能有太多伤感的情绪，而我的错误无疑是火上浇油。"当天下午，内阁召开了一个短小"而沉闷的会议"，"博比迟到了，如果不是我通知他必须出席的话，他可能不会参加"。但司法部长的要求是，与会现场不能有摄影师，"我现在才知道，这对于总统而言有多难办，就如同让一个有30年烟瘾的人放弃抽烟一样——但是为了顾全大局，总统欣然接受了"。[50]

民主党全国代表大会即将到来，约翰逊还是没有透露他的竞选伙伴，让人看不清他的意图。这主要是一种策略，吸引人参与到一场不乏悬念的活动中。但约翰逊的沉默也反映出一个事实，他还没有解决博比·肯尼迪的问题。[51]尽管肯尼迪迫切地想得到这样的机会，但华盛顿从传统上却不看好这样的政治联姻。

"他想参加竞选，我也希望他这么做，"邦迪谈起罗伯特·肯尼迪时说，"他是我心目中的理想人选。"1964年冬天，邦迪"经常"与约翰逊总统说起此事，建议罗伯特·肯尼迪担任竞选伙伴，"三番五次地要求"总统慎重考虑"和解的因素和选票的力量"。[52]邦迪记得，自己曾在内阁会议室、椭圆形办公室、白宫官邸以及游泳池中，与总统商讨过此事。[53] "当然，我不是在推销他，"他写道，"我们现在清楚地知道，总统绝不会选择他。"[54]

最终，邦迪只得承认，总统对罗伯特·肯尼迪怀有不加掩饰的厌恶之情，他不可能选他为竞选伙伴。[55] "我知道，约翰逊总统会告诉司法部长，他不会将其列为候选人。"邦迪说。此时肯尼迪还不知道约翰逊总统的决定。"我在纽约与博比·肯尼迪及约翰·肯尼迪夫人度过了一个难耐的傍晚……他们希望我能谈谈约翰逊总统的想法，但我却不能多说。"邦迪已然成为一个左右为难的中间人，陷入了美国政治中最复杂的关系。"了解许多永远不能告诉总统的有关肯尼迪家人的事情，也了解许多永远不能告诉肯尼迪家人的关于总统的事情，因为……在那种复杂的局面下，这是使命所在。"[56]

6月，约翰逊总统私下里邀请罗伯特·麦克纳马拉成为自己的竞选伙伴。还是一名在册共和党人的国防部长拒绝了。"我缺乏政治才能，我明白这一点。"他之后这样说。[57]尽管党内也有让肯尼迪做候选人的呼声，但约翰逊知道，这种选择在政治上很危险。根据路易斯·哈里斯的调查，33%的南方民主党人说，如果候选人是罗伯特·肯尼迪的话，他们就在1964年大选中弃权。[58]

为了寻找合适的政治借口打消肯尼迪的幻想，总统布置民主党的"智者"克拉克·克利福德撰写了一份谈话要点，用于他与肯尼迪的谈话，这份稿件随后放入了公共记录。总统邀请肯尼迪参加7月28日的一个白宫会议来宣布决定。"我最后决定……你不适合作为民主党候选人参加副总统的角逐。"约翰逊告诉肯尼迪，毫不避讳地朗读着克利福德的稿子。司法部长认真倾听了约翰逊的说辞，观察到总统的扩音器正在对会议内容进行录音。接近尾声时，失望的肯尼迪只是淡淡地说了一句："我原本能够帮到你的，总统先生。"[59] 约翰逊最终选择了来自明尼苏达州的参议员休伯特·汉弗莱作为竞选伙伴。

随着约翰逊做出了决定，邦迪立刻放下罗伯特·肯尼迪的事业，劝他不要再考虑担任副总统的事，并答应林登·约翰逊去遏制民主党内肯尼迪派系的政治野心。邦迪说，约翰逊决定通知肯尼迪自己不选择他的时候，"就让我暗示他主动退出大选能给他带来的种种好处"。邦迪承认自己愚蠢地中了圈套。"现在看来，认为那是个好主意的确有些幼稚，但我当时就是这么想的。"邦迪向肯尼迪指出了约翰逊最后的、但尚属私人的决定，劝罗伯特·肯尼迪退出。后者愤愤不平。"对他来说这是个可恶的建议，会让他陷入对很多人不仁不义的境地，还要把机会拱手相让给林登·约翰逊。"邦迪回忆说，"我当时觉得那样做不对，现在也这么想。但令我吃惊的是他居然那么生气，这个结局本就在意料之中啊！"[60]

总统最终选择与罗伯特·肯尼迪分道扬镳。在此过程中，邦迪促使政府中一位杰出的肯尼迪家族候选人背叛了家人，然后坚定地把自己的政治前途与林登·约翰逊绑在了一起。当然，这是绝妙的一箭双雕伎俩，所以一定会有人通报给媒体。随着邦迪的行为公布于众，肯尼迪阵营的一位成员告诉《新闻周刊》记者，这位国家安全顾问简直就是"马基雅维利式的叛徒"。[61]

正当华盛顿政治氛围浓烈之时，1964 年 7 月 30 日，因怀疑藏有向南越渗透的力量，四艘南越巡逻船向两座北越小岛发起攻击。这次袭击是中央情报局代号 34-A 秘密行动的一部分，西贡政权协同作战。这个行动受到 303 委员会的监管，而麦乔治·邦迪正是这个全球秘密行动小组的负责人。34-A 秘密行动常因效率低下而饱受诟病，致使南越的特工人员遭到逮捕或杀害，而其"海上攻击"用罗伯特·麦克纳马拉的话来说，"也不过是隔靴搔痒"。但它之所以能坚持下来，主要是因为，像麦克纳马拉所称"南越政府将其视为成本较低的骚扰行动，用以报复河内对越共的支持"。[62]

8月2日下午，也就是 34-A 秘密袭击后的第三天，"马多克斯"号海军驱逐舰在东京湾执行所谓的"德索托巡逻计划"，这项在国际海域实施的军事行动目的是拦截北越海岸基站发出的无线电和雷达信号。西贡时间下午3点40分，"马多克斯"号遭遇了几艘不明船只，"有明显发动鱼雷袭击的迹象"。[63]27分钟后，"马多克斯"号汇报说，自己受到三艘北越巡逻船的攻击后实行报复。"接下来的交战中，"国务院的资料显示，"'马多克斯'号与来自'提康德罗加'号航母的飞机摧毁了撤退到北部的两艘巡逻船，还有一艘被击溃在海中。战报于凌晨4点到达华盛顿。"[64]美国方面没有人员伤亡，"马多克斯"号完好无损。五角大楼在后来的检查中发现，北越炮弹的碎片能够为交战情况提供物证。[65]

华盛顿的政府高级官员在周日黎明前得知了这个消息。早晨5点，迪安·腊斯克在家中召开了一个会议，参与人员包括国务卿、国防部副部长赛勒斯·万斯与副国务卿乔治·鲍尔、国务院情报和研究局局长托马斯·休斯、新任参谋长联席会议主席厄尔·G.惠勒将军。大家在一起商讨这次袭击的重要性，腊斯克等人仔细对东南亚的地图做了研究。东京湾在哪里？距离海岸有多少英里？34-A 秘密行动在此地区有何作用？经过长达几小时的发散性讨论，他们上午9点来到白宫向约翰逊总统做简要汇报。休斯说，这次会议不像是一个战争分析，而"充满了随意和轻佻"。[66]

"邦迪兄弟呢？"约翰逊嚷嚷道，他并未在集合的顾问中发现麦克和比尔的身影。兄弟二人在 8 月的第一个周末离开华盛顿到避暑胜地度假了。"我知道他们去哪儿了，"总统不依不饶地说，"他们去马莎葡萄园岛了。你们一定能在那里找到他们，正在岛上打网球呢！"约翰逊说对了一半。麦克在位于曼彻斯特的家庭度假村休假，而比尔刚刚不合时宜地到达葡萄园岛，开始他的家庭旅行。结束了开场的揶揄后，约翰逊转入正题。"有什么紧急情况吗？"他问道。

"哦，总统先生，我们的一艘驱逐舰遭受袭击了。"有人这样说。

"我们的一艘驱逐舰受到了攻击？"约翰逊反问，"你怎么知道？"

约翰逊获知了北越巡逻船发射鱼雷的大致情况后，停顿了片刻。"我们怎么会在那里遭袭？"他问道。

"总统先生，你还记得，"鲍尔解释，"去年 12 月你签署了 34-A 秘密行动，那是前任政府遗留下来的建议。"

"是啊，我记得。"约翰逊说，"有没有这种可能，当时附近正在进行 34-A 秘密行动？"

"哦，我们也不确定能否联系上邦迪，"其中一位大胆地说，"但很可能袭击从几天前就开始了，袭击了某些岛屿。"

"我明白了，"约翰逊说，"这就是我们掌握的所有情况？"继而得到了肯定的答复。"好吧，这让我想起了在得克萨斯看过的一些电影。你坐在一位漂亮姑娘身边，你把手放在她的脚踝上，什么也不会发生。于是你把手挪到膝盖上，还是什么也没发生。你继续向上移动，你觉得自己只挪动了一丁点儿，但突然你就挨了一个耳光。我想，如今我们就挨了一耳光。"

休斯给腊斯克写了一张纸条："既然我们知道了看电影时的情况，你还愿意继续称它为一次无端的袭击吗？"国务卿没有发笑。"我们得问问我们的律师赛·万斯。"腊斯克回应说。

"这是一次无故发动的进攻，对吗？赛？"休斯问道。根据休斯的回忆，万斯"用一个精彩的推论从容地做出了应对，给出了法律解释：当然，它发生在国际海域"。

"好吧，情况还不甚明朗，我们先不要采取任何报复行动，"约翰逊称，"但我们要对其提出警告。好了，接下来我们讨论一些严肃的问题。"让顾问们吃惊的是，总统竟然把主题从东京湾的冲突转向了不那么紧急的立法事务上。约翰逊要求惠勒将军谈谈对美国邮政薪酬法案的看法。

"将军，你是我的首席战略家，"总统解释说，显然没有一丝讽刺之意，"现在关于邮政薪酬法案的游行在宾夕法尼亚大道上进行——已经到了第九街，马上到了第十街——无论我同意还是否决都会挨骂。你是我的战略家，告诉我该怎么办！"面带惶恐之色的将军支支吾吾地回答总统的问题。约翰逊显得很不耐烦："将军，你在浪费时间，"总统告诫，"游行已经到了第十二街！"会议即将结束，顾问们如释重负，满脸疑惑的惠勒将军问他的同僚们："不会总是这样吧？"[67]

分别在曼彻斯特和马莎葡萄园度假的麦克·邦迪和比尔·邦迪，接到了返回华盛顿的通知。他们抵达前，约翰逊总统在上午11点30分召见了几位顾问。[68] 马克斯韦尔·泰勒将军刚刚接替洛奇担任美国驻南越大使，建议总统立即发动报复性打击。总统否决了他的意见，决定只给河内发出一封抗议信，再派遣一艘驱逐舰协同"马多克斯"号共同巡逻。[69]约翰逊发出的抗议向媒体公布，并通过"美国之音"广播。约翰逊警告北越："如果再对美军发起无端的军事攻击，造成的后果将难以想象。"[70]

尽管约翰逊故作姿态，但政府内部都清楚，由中情局发起的东京湾突袭才是"马多克斯"号遭受攻击的导火索。助手迈克尔·福里斯特尔告诉麦乔治·邦迪："北越和中国共产党有可能认定这艘驱逐舰正是行动的一部分……也有可能是河内故意对袭岛行动的报复。"[71]约翰·麦科恩也向总统表达了类似观点。他解释说："针对我们对离岸岛屿发起的攻击，北越采取了防御性反应。"[72]

"马多克斯"号于8月4日晚返回东京湾，另一艘驱逐舰"特纳乔伊"号一同返回。傍晚7点40分——也就是华盛顿时间上午7点40分——"马多克斯"号报告，有不明身份的船只似乎准备向其发动袭击。部署在此区域的美国歼击机出动，予以保护。90分钟后，没有进一步行动迹象，但"马多克斯"号始终保持警戒，在这个云层密布、雷声隆隆的夜晚密切关注着敌人的动向。[73]

周二一早，麦乔治·邦迪安坐在白宫办公室内，监控着电报往来的情况。强烈的期盼情绪一扫夏日华盛顿的了无生气。尽管没有接到袭击的报告，但接下来会发生什么呢？这是邦迪蓄谋已久的政治时刻，但总统的不期而至还是让他有些吃惊。

是时候将决议草案提交国会了，约翰逊说。"我了解总统对这件事态度坚决，因为我是首先对此提出质疑的人。"邦迪多年后曾提起当天早上与约翰逊在白宫地下室的这次见面。[74]那天早上8点45分，总统与国会领导层共进早餐，商议他的立法项目。[75]然后，约翰逊来到国家安全顾问位于地下室的办公室，这个举动"很不寻常"，邦迪回忆说。[76]

"把你哥哥起草的决议拿给我。"约翰逊命令邦迪。

"总统先生，我们应该慎重考虑一下。"邦迪答道。

"我不是这个意思。我没有征求你的意见。"约翰逊说，"我是告诉你该怎么做。"[77]

邦迪这才明白约翰逊推进这个决议的态度有多坚定。上午晚些时候，国家安全顾问向道格拉斯·凯特布置任务的时候，这位总统的特别助理也问了与邦迪相似的问题。

"我想考虑一下这个决议。"凯特大胆说。

"不必。"邦迪命令道。他之后解释，自己并非要中断探讨，而是制止凯特不要再做徒劳的抗议了。[78]

约翰逊总统回到椭圆形办公室后与国防部长通了电话。尽管并未收到袭击的报告，但约翰逊命令麦克纳马拉确定一些针对北越的打击目标。"选择桥梁或类似建筑"作为将来报复性打击的对象。"我希望我们已经选择好一些目标，然后快速打击其中三个。"总统解释道。

"我们已经有所准备，"麦克纳马拉答道，"刚刚我对麦克·邦迪说……我们应该……建议你准备好相应的回答——针对北越的报复行动——如果接下来的 6 至 9 个小时内遭受攻击的话。"[79] 华盛顿时间大约上午 11 点，也就是麦克纳马拉与约翰逊谈话后的一个小时，北越发动了袭击。麦克纳马拉通知国家安全顾问，美国战舰遭受了 9 枚或 10 枚鱼雷的侵袭，交火后击沉两艘北越船只。[80]

当时，第二次袭击的相关细节尚不清晰，一连串的事件弄得大家晕头转向。邦迪在给约翰逊总统与其他高官提供的时间表中称，在遭受鱼雷袭击几小时内从"马多克斯"号发来的一份电报"使得报告中所提及的双方接触和鱼雷袭击'显得十分可疑'。受到'反常天气影响'的雷达，以及'求战心切的'声呐操纵员，这可能解释了出现大部分报告的原因。'马多克斯'号报告'没有可视的瞄准目标'，于是，司令建议在采取进一步行动前应该'全面评估'"。[81]

　　下午 6 点 15 分，国家安全委员会召开会议，麦克纳马拉列举了第二次袭击的证据。他建议发动报复性打击，这个动议受到了顾问们的一致支持。约翰逊命令海军出动 64 架次飞机向北越的巡逻艇基地和配套石油设施发起空袭。[82]

　　当晚东京湾究竟发生了什么，这个谜团引发的讨论足足持续了几十年。北越方面尽管承认曾下达命令向"马多克斯"号发起第一次袭击，但坚决否认传闻中的第二次袭击。[83] 北越前国防部长武元甲 1995 年告诉罗伯特·麦克纳马拉，根本没有发动第二次袭击，这个说法也得到河内军事历史学院院长阮廷欧（Nguyen Dinh Uoc）将军的认可，他在 1997 年 6 月美越学者和前政府官员召开的一次会议上坚持这个说法。2005 年，美国国家安全局披露的一份内部审查报告中称，1964 年有众多情报失误，直接导致了第二次袭击的判定。有关这些错误的文件记录已经被刻意修改了，这个秘密保持了四十多年。[84]

　　据邦迪回顾，约翰逊总统"显然知道鲍勃·麦克纳马拉希望发生一场袭击。从实情来看，这就是一场娱乐秀。你是否希望留在越南并参战这个真实的问题比东京湾发生的一切更加意义深远"。[85]

　　下午 6 点 45 分，总统与国会领导人召开会议，正式演练他准备了一个夏天的立法战略。在麦克纳马拉、腊斯克和惠勒将军的协助下，总统说明了自己即将提交决议案的情况，希望获得国会授权，在形势升级的情况下，向东南亚部署美国地面部队。[86]"我与林登·约翰逊共事的日子里，我记得这是他第一次如此之快地做出重大决策。"邦迪回忆道。约翰逊总结，东京湾事件对国务院"长期争执不下"的立法问题能快速通过是个绝佳的契机——国会需要"明确"授权"总统拥有在东南亚发动战争的决策权"。[87]

1964年8月7日，会后8个小时，参议院通过了88-2号决议，其中10名缺席的参议员公开背书认可这个举措。而众议院的表决结果是416：0。[88]

东京湾决议通过后的24天，距美国大选还有两个月之时，邦迪向约翰逊总统提出建议，应该考虑向南越增加美国的军事投入。"南越的确是个令我们担忧的国际问题，但不是最严重的困扰。"邦迪在8月31日向约翰逊建言，"眼下的形势是，我们并不知道阮庆是否恢复了全面的控制……更重要的问题是，在目前情况下有何行动方案能改善我们的处境。"邦迪指出，要在三个方面准备"应急计划，防止一定程度的升级"，"在老挝的狭长地带要进行海上骚扰、空中封锁，保持美国舰队在东京湾公海上的行动"。邦迪还希望总统可以考虑第四个方案——"动用大规模美国武装部队对抗越共"。国家安全顾问勾勒的图景代表了美国使命的根本转变。"我本人认为，在我们放弃这个国家之前，需要认真审视一下这个方案，"他对总统说，"我相信，它与朝鲜截然不同。投入几个旅的力量就有可能在6周内见效。"[89]尽管邦迪提出向南越派遣地面部队的建议事关重大——部队需要在大选前两周内到达——但他的备忘录中却对一个更大意义上的战略概念闭口不谈，即美国如何赢得这场反暴动的地面战争。

约翰逊在全国巡回竞选演说中，多次强调自己反对向南越部署地面部队。"我们不会让美国士兵为亚洲人打仗,"他9月25日在俄克拉荷马州说,"我们不愿卷入那个7亿人的国家,被亚洲的一场地面战争束缚了手脚。"[90] 几天后在新罕布什尔州的发言中,约翰逊向选民保证,他会限制美国的军事投入,承诺越南人"在我们的领导下,在美国军官的指引下,提供给你们一些装备,你们用自己的力量去谋求自由。我们在那里损失了190条生命。但是,如果战争升级,我们可能会在第一个月就让19万士兵丧命"。[91]

回到华盛顿,邦迪建议总统不要在竞选过程中再做出类似的明确表态。"我认为你可以给出一些强硬的暗示,"他提议,"接下来的两个月里,我们将很可能在老挝走廊地带甚至北越地区采取援助行动或直接地面行动。我们不希望任何记录表明,我们在竞选中倡导和平是为了在11月发动战争。"[92] 邦迪后来回忆:"我记得和他发生过激烈争论,如果你确实决定了要去做一些事情,那么就不要去说一些你感到抱歉之类的话。我认为,语言只能在一定程度上掩饰争论的焦点。毫无疑问,他这是应对竞选的策略,凸显他与巴里·戈德华特*的不同之处,他在许多其他主题的演讲中也一贯如此。"[93]

乔治·鲍尔对约翰逊即将到来的胜利有所预感,这位思路清晰、谨言慎行的官员能想象出接踵而至的灾难。政府即将迎来越南问题的抉择时刻,而且手里的底牌并不多。鲍尔利用周末和晚上在家的时间把自己的种种分析录了音,整理了一份备忘录,单倍行距排版都长达67页,题目为《基于越南政策种种假设的可行性》。这份文件列举了四种可能的美国战略:

---

1. 继续目前所提供的咨询和培训。

2. 发起对北越的空中打击。

3. 承担战争任务，从南越方面接过管理权。

4. 寻求和谈，达成政治和解。[94]

鲍尔的分析还显示，美国继续扮演顾问角色，也无法阻止西贡军事和政治的颓势。他认为，轰炸无法摧毁北越继续支持暴动的意志和能力。根据他的预测，承担战争的任务会让美国伤亡惨重，陷入东南亚大片丛林和稻田掩护下的游击战，看不到胜利的希望。综上所述，前三个战略都会失败。

根据鲍尔的分析，经协商达成政治和解这个方案虽然困难重重，结局难料，但对于美国而言似乎是唯一可行的办法。尽管鲍尔强调说，这份备忘录"不是一个最终的文件，只是对目前越南政策的各种假设提出质疑"，他希望这个分析能引发总统身边有关越南问题的三位主要顾问的深思——邦迪、麦克纳马拉和腊斯克。[95] 但是，在11月7日的一次会议上，鲍尔却被迫采取防御措施。邦迪、麦克纳马拉和腊斯克并不打算去评估顾问角色的局限性、空袭战略的固有缺陷，以及战争美国化的巨大费用和风险。于是，鲍尔只能被迫为自己的选择辩护，希望与北越达成一个可实现的政治和解。但他的努力白费了。鲍尔的第四个方案——谋求政治上的回收策略——是唯一一个大家真正争论的焦点，但很快就被排除在外了。[96]

就在鲍尔的备忘录引发大家讨论并最终遭到邦迪等人否决的四天前，一件更为重要的事情发生了，它直接影响到美国对越的政策：林登·约翰逊在1964年大选中以压倒性优势战胜了巴里·戈德华特，巩固了自己的势力，完全摆脱了对前任约翰·肯尼迪的依赖。约翰逊拿下了 44 个州，赢得了 61% 的选票，这个优势史无前例。民主党获得国会两院的统治权，在参议院获得 68 席对 32 席的优势，而在众议院获得了 297 席对 140 席的优势。[97]

具有讽刺意味的是，整个 1964 年，政治对战略一直施加着负面影响，接近尾声之际，一份中肯地预测和分析政府军事决策的报告最终还是被重压在大选的强大砝码之下。但邦迪坚称，自己没有阻止总统对鲍尔的分析投去关注。他一直在竭力纠正"这个经久不衰的谣言"，即邦迪压制了鲍尔的这份建言。他记得自己曾把它递交上去，但正值大选最后一个月，约翰逊并未阅读。"我没有收到总统给出的任何反馈。"邦迪说。[98] 等到几周后约翰逊看到这份备忘录时，邦迪、腊斯克和麦克纳马拉已经彻底否决了它，谈及更多的是外交手段会带来的耻辱，而忽视了军事行动所引发的后果。

***

当邦迪反思 1964 年越南政策的时候，他总是无一例外地回到那年的种种"不决策"之上——不撤军的决策、不升级的决策、不中立的决策、不讨论多米诺理论的决策，最致命的是，决定不考虑美国在南越大规模部署地面部队所具备的局限性和带来的影响。之所以在邦迪的各种回顾和备忘中出现 1964 年的众多"不决策"，是因为林登·约翰逊满脑子充斥的都是大选年的国内政治问题。按照邦迪的话说，这就是政治——约翰逊式的政治——它滋生出诸多遏制因素，无法去挑战现状，无法去严密分析围绕越南问题的有限选择，从而做出艰难决定。

政治在 1964 年变成了战略的敌人。赢得总统大选是约翰逊的头等目标，他决不能允许越南局势演化成一场更深层的危机。于是，这场大选制约了约翰逊，使其既不能加大美国的承诺，也不能实施战略撤退。

邦迪回忆，肯尼迪的三名手下——包括邦迪的首席越南专家——在 1963 年 8 月曾联手策划了周末事件，继而引发西贡政变，约翰逊当时克制了自己的异见。如今，他必须承受其带来的恶果，南越政府功能失调，用邦迪的话说，"反吴廷琰的军事政变带来的唯一持久后果就是西贡的政治动荡"。[99]邦迪从约翰逊身上体会到一种压力，不扩大美国的军事参与却要有所斩获的压力，顾问们也都感同身受。"我觉得，你可以发现，即便在 1964 年，"邦迪回忆道，"他也曾无数次召集下属开会，大声嚷嚷："你们都懂，我必须做一个优秀的三军统帅，但我现在乏善可陈，你们太让我失望了！'怎么办！怎么办！"邦迪说，所有这些会议"都呈现出同样的模式，他既不会授权采取什么行动，也不会针对必要行动展开有意义的讨论，大同小异"。[100]无论如何，约翰逊维持现状的态度很明确，他在 3 月 4 日的参谋长联席会议上说，越南决不许在 11 月大选前沦陷，也决不许演变成一场全面战争。[101]

正如约翰逊 3 月份告诉邦迪的那样，如果不经国会投票授权，不赢得总统大选，他就是一个"托管人"，一个没有任何权力的政客。到了夏末，随着大选竞争愈演愈烈，东京湾事件对约翰逊而言是一个再好不过的契机，让他从 8 月到大选日都有了倚重的资本。东京湾事件中充满了"有敌意的行动"，从而证实了约翰逊的决议的确是"某种郑重警告"，邦迪在三十年后做出上述结论。尽管报告说遭受了两次袭击，"但经过认真而短暂的审查，就能确定只有一次是真的"。[102]

第二次遭袭的事实还未经确认，约翰逊就快速部署了立法草案，这一点表明他正在开启一个非同寻常的政治道路。[103] 邦迪认为，对林登·约翰逊来说，东京湾事件的重要性在于它和 1964 年"选举政治"的固有联系。8 月 2 日袭击后，约翰逊阻止了报复行动。"这样的行为显然不像他的固有风格，在反共问题上显得不够坚定和有效。"邦迪说。而第二次袭击却给总统提供了一个绝佳的机遇。约翰逊在选民心目中一直以"耐心"著称，但现在总统"也有坚决的一面，这让大多数人更为惊艳"。遭受袭击后做出的军事反应可以"适度"，但这个决心对将来很有用处。大选前三个月的时候，邦迪曾写道："姿态至关重要。"[104] 邦迪事后曾这样评价约翰逊的手腕：总统和他的顾问们利用了"一个群情兴奋的时刻，来取得理想的立法结果"，从而找到了一个"把机遇与行动联系起来"的方式，这正是约翰逊作为一流政治谋略家的高明之处。[105] 约翰逊狡黠地利用东京湾事件来赢得国会、赢得选民，可谓"一箭三雕"，邦迪说，"这从政治而言是正确的反应，时机不可多得"。[106]

有人质疑邦迪对约翰逊种种工于心计的行为采取默许态度，邦迪做出了反驳。"从长远角度看，我为何不去制止他呢？究竟发生了什么？富布莱特听证会：真是糟糕（Oy veh）。"邦迪在文稿中写道，用了一个在约翰逊政府不常使用的意第绪语来描绘始于 1966 年的听证会。它的主持人是参议院外交关系委员会主席，来自阿肯色州的詹姆斯·威廉·富布莱特。"国会真的做错了吗？阴影和实质：这件事件可以为一个让 7 年的战争理所当然的决议正名吗？"邦迪称东京湾事件是"一个杂耍秀……充满迷烟和镜子"。邦迪哀叹，结果就是国会成员"陷入这场骗局无法自拔"。在邦迪看来，东京湾事件反映出"林登·约翰逊作为政客的无限的神秘感"。总统通过这项决议案为将来埋下伏笔，但是"当比尔·富布莱特召开听证会的时候，他显得很愤怒"。[107]

邦迪对东京湾事件的反思促使他考虑了好几个耐人寻味但无法回答的问题。如果美国海军驱逐舰没有"令人不解地接近"秘密情报行动的现场，结局会如何？如果大气条件更好一些会如何？如果驱逐舰在别处，袭击没有发生，又会怎样？"你必须问问你自己。"邦迪质疑：如果没有发生袭击，约翰逊将如何"在当时至11月间不动声色地表现勇敢和坚定"？[108]

后来，邦迪还提出了几个问题，来说明自己作为事件的主角和目击者纠结的心情：为何总统会做出"快速决定"，把假想中的第二次袭击当作决议的"基础"？在"一个可能从未发生过的、有严重政治缺陷的事件"，至少是"有重大嫌疑"的事件中"利用"主要立法授权来应对越南问题，危及了"政府应有的诚实和总统应具备的公正"，将会产生何种后果？邦迪表示，对约翰逊而言，白宫对东京湾遇袭的叙述已经成为现实。"谁质疑这个现实谁就站在我们的对立面，是敌人。"[109]决议的潜在效力是如此之大，邦迪说，以至于约翰逊下决心要确保其通过。东京湾是"战争进一步扩张的通行证……事件赋予他更大的权力"，邦迪继续说，"林登·约翰逊一生从未拒绝过扩大权力的机会。"[110]邦迪意味深长地总结，"东京湾带有明显的约翰逊特色，肯尼迪不可能做出同样选择。他绝不会想到利用立法手段。"[111]

邦迪想起在白宫的那些岁月，常常会说，1964年，围绕务实的对越战略做出的所有努力都遭到搁置，这就是林登·约翰逊在大选年的对策。邦迪记得"鲍勃·麦克纳马拉大概说过……那几年间，他一度感到，我们是因为大选才输了1964年"。[112]但繁忙的政治日程真的没能让邦迪在大选后对自己的推断和政府的抉择做出严厉的反思吗？尽管邦迪本人并未做出明确结论，但历史记录显示，他作为国家安全顾问，很大程度上对那些政治约束采取默许态度，未能尽职地对军事和外交方面的有限选择做出评估，尤其是乔治·鲍尔等人对这些选择曾做出猛烈的抨击。从这个意义而言，邦迪屈从于"政治高于战略"这个有争议的事实。当然他在回顾历史时把其归咎于约翰逊，但他本人可能也该承担部分责任。

记录表明，邦迪并没有远离1964年的政治洪流。相反，他选择了多个时机投入这场纷争。邦迪为何游说林登·约翰逊选择罗伯特·肯尼迪作为竞选伙伴？遭到拒绝后，他为何答应约翰逊，帮他把肯尼迪挤出政坛？邦迪在为约翰逊诠释军事选择时为何含糊其词，但却坦陈了自己的政治策略，兜售美国对越南的承诺？邦迪为何向总统表明中立选择给国内带来的政治意义，警告总统这样做会远离选民，极有可能"让我们输掉大选"？邦迪为何如此大张旗鼓地宣扬这个威胁，即如果在越南问题上举棋不定，约翰逊将与哈里·杜鲁门遭受失去中国后相同的命运？邦迪为何在大选前积极筹划国会决议案，而在大选后却消极面对军事应急计划？中央情报局副局长雷·克莱因曾在1964年夏天私下告知邦迪，南越的军情很糟糕，除非西贡政权瓦解，否则"我们很难在大选中获胜"，鉴于这种情形，邦迪所表现出的消极就显得更加不同寻常。[113]从更广泛的意义上说，为何一个自称"学术主管"

和"政治白丁"的人却将自己卷入众多专业不对口的棘手问题中？他能胜任国家安全顾问的角色吗？这些问题难道不是邦迪为了确保自身的独立性和可信度而要竭力回避的吗？在回顾性研究中，他没有提出这些质疑，或许他应该扪心自问。

从另一个角度看，如果邦迪能够抓住的话，1964年的政治重心给他提供了一个难得的机遇。约翰逊1964年春曾告诉邦迪："对我而言，仿佛要进入另一个朝鲜。简直烦透了……而我们在离家一万英里外的地方，如何能打赢这场战争……我认为打这场仗没有意义，而我们又无法逃脱。目前的状况简直太糟糕了。"[114]这些话语反映出总统面临走投无路的绝境。如果越南的现状一直能维持到大选结束，邦迪就能利用足够的时间和制度权威去协调一场自上而下的检阅，对美国的军事和外交选择做出审查——一个越南问题执行委员会，可能运行缓慢，但坚持上几个月而不是13天——而邦迪则完全与国会隔绝，因为他没有被要求到场作证，也完全与大选年的种种喧嚣隔绝。而这种审查原本能够运用邦迪作为国家安全顾问的种种资源，从历史、战略和军事角度对越南问题做出全面考量。

邦迪认为，朝鲜战争留下的历史遗产就是让高层决策者直面1964年的越南所带来的挑战。他说，大约3.5万名战士在三年多的朝鲜战争中丢掉了性命，这个死亡速度堪比越南战争。然而却没有任何抗议之声。按照邦迪的话说，他的许多同事回忆起朝鲜战争，都认为"是一个艰难选择，但毫无疑问是正确选择，无论在道德上还是政治上"。邦迪说，尽管越南与朝鲜不同，但"它们的相似性足以拿来做比较"。[115]如果朝鲜问题事实上对越南决策产生过影响，那么这种比较就有必要进一步分析。朝鲜战争最终形成军事对峙局面，引发国家南北分裂，美军自 1953 年永久驻军。这是 1964 年邦迪预测的战略结果吗？如果不是，为何他建议美国在越南开战，就能获得一个不一样的结局呢？如果排除了邦迪眼中所谓的耻辱的冷战失利，他对于越南的愿景又是什么呢？最后，邦迪是否还记得肯尼迪总统在 1961 年 11 月对朝鲜和越南问题的评价？在那次会议上，肯尼迪拒绝向南越部署作战部队，他回忆起向朝鲜派兵，以及美国获得联合国成员支持的情形，当时情势非常清晰。但总统强调，南越冲突却复杂晦涩得多。[116]

1964 年，多米诺理论也反映出缺乏审慎态度的知识分子领导层凌驾于外交精英的情形。邦迪本人看似在其 1 月 6 日给约翰逊的备忘录中使用了这个逻辑。多米诺理论所蕴含的生硬的决定论及其在美国政坛广泛的接受度成为了讨论越南问题的核心。然而，多米诺理论的预测力只是假设，而没有经历实证考验，那么邦迪为何没有进一步探讨，或派遣下属进行更为重要的考察呢？他在离职几十年后才开始转而思考这个问题。"现在我认为，这是一个很不恰当的比喻，一个为己辩护的说辞。"邦迪在 1995 年时得出这样的结论。[117] "国家并不是这样一些小方块……一字排开。他们也不会任由某些上帝般的出牌者摆布。" [118] "多米诺理论，"他补充说，"是在一个广义命题下的特定情况——相当罕见的情况：冷战中，输掉的每场战斗都会削弱你。"一个后果衍生出另一个：失去了越南就会失去老挝；失去了马来西亚就会失去印度尼西亚。"那么推演出的一般命题就是，如果你输了冷战，就会输得精光。这就是面对战争的普遍心态。" [119]

1954 年 4 月，艾森豪威尔总统首次公开谈起多米诺理论。"你有一排搭建好的多米诺骨牌，"他在奠边府危机时的一次记者招待会上解释道，"你打翻了第一块……最后一块的结局就是必然的，而且是迅速的。"[120]1964 年之前，多米诺理论还只限于学说的意义，而在越南问题的政治讨论中，却具备了实操的特点，摇摇欲坠的多米诺有可能引发整个东南亚的共产主义运动。

回顾历史，邦迪承认了自己的错误，作为国家安全顾问的他完全有机会去质疑多米诺理论的逻辑合理性，他却没有这样做。"我并不相信多米诺骨牌效应，"他写道，"但并未用完整事件或个别事例来反驳这个观念：我们不可以输掉另一场战争！"[121]在另一个文稿中，他推测："对于林登·约翰逊而言，多米诺理论实际上是个国内政治问题。"[122]邦迪告诉我说："任何一个严肃的公职参选人都不会建议放弃越南。不是骨牌会倒，而是越南不能倒。"[123]他总结说："这只是一个美国的政治问题，不是一个地缘政治或更大的问题。"[124]然而，因为多米诺理论，艾森豪威尔"还是一个强悍而令人生畏的前任总统，是教会中的领袖人物"，其影响仍旧不可小觑。[125]"这个比喻……承载着不同寻常的分量，它从葛斯底堡滚滚而下，"那里是艾森豪威尔退休的地方，"一直滚落到参议院。多米诺理论的确在发挥着作用"。[126]

尽管约翰逊总统认同多米诺理论，但 1964 年 6 月中央情报局给出的一项重要研究却呈现出与理论核心思想不一致的内容。[127]这份备忘录由德高望重的情报分析家舍曼·肯特为国家评估委员会撰写，名为《多米诺理论之死》。肯特提出了情报界对相关结论的一些质疑："我们并不认为，失去南越和老挝会导致远东其他国家纷至沓来的共产主义运动……除了柬埔寨之外，此地区其他国家不可能迅速落入共产主义手中。"[128]尽管邦迪十分了解中央情报局的这次评估——他的首席越南专家迈克尔·福里斯特尔曾把此文推荐给他——但他显得置若罔闻。[129]邦迪本可以用它来重验美国对越军事升级的理论基础，但他错失或者说有意忽视了这个不错的机会。

邦迪对 1964 年越南问题的核心观念让自己只有一条路可走。他倾向于接受越南与朝鲜问题在冷战中的诸多相似性，他不愿去质疑多米诺理论的地位，他排斥撤军或通过中立姿态达到外交脱离，于是，唯一的选择就是军事升级。这种升级可能采取两种形式，或者通过持续轰炸来切断北越对越共暴动的支持，或者部署美国地面部队来援助南越。这两种选择中，轰炸是首选，紧随其后的是采取更为重要的举措来实现战争美国化。因此，大选后的有限几日内，邦迪需要对轰炸这个既定战略选择做出认真的探索和分析。但记录表明，他并未对可行性做出严肃评估。恰恰相反，看起来他对核心情报和战事模拟置之不理，而这些筹备原本有可能改变他的思路。

3 月初，国务院政策计划委员会拿出一份长篇研究报告，做出结论：持续的空中打击——即使能够造成大规模的物质破坏——也无法削弱河内方面支持暴动的决心。事实上，这份报告预测，轰炸或许还会强化北越的统治权，对提升南越的士气效果甚微。这个结论大致与戴高乐之前私下里的论断差不多。[130]4 月，第二份围绕轰炸策略的报告出炉了，当时参谋长联席会议组织了一次代号为 "SIGMA I 1964" 的综合军事演习，模拟美军空中打击的效果。中央情报局分析家哈罗德·福特回忆起那个令人忧心的模拟结果：北越 "在高压下没有认输，反而在南部投入更多兵力"。美军继而面临两种艰难选择："其一，它可以扩大军事行动来对抗北越——SIGMA I 的参与者认为这可能会重蹈朝鲜的覆辙，招致中国介入。其二，华盛顿逐步对战争降级——参与者们认为这将影响美国的国际公信力和声誉。"[131]乔治·鲍尔似乎是唯一对此表示不安的高级政府官员，他在5月末曾询问迪安·腊斯克"最近的军事演习已经证明策略的无效性"，为何还要考虑空袭。[132] 而邦迪是否慎重评估了 SIGMA I 的后果，我们不得而知。

邦迪以同样冷漠的态度对待了后续的报告，它分析了1964年9月8日至9月17日的 SIGMA II 军演。具有讽刺意味的是，国家安全顾问还作为非军方高官之一亲临了演习现场。这次演习由乔治·林肯上校指挥，他是西点军校社会科学系的主任。军事史学家 H. R. 麦克马斯特本人也是一位军官，他指出，SIGMA II 正是为检验邦迪的理念而设计——他寄希望于空袭能迫使河内的领导人放弃对越共暴动的支持。正如麦克马斯特所说，空袭"收效甚微，却强化了北越的决心，越共倚仗现存的储备和平民的支持继续在南部发起暴动"。根据演习给出的结论，美国被迫要向东南亚派遣超过10个师的兵力。据麦克马斯特说："SIGMA II 的结果表明，不断升级的压力将导致越南的悲剧。"[133]

12月，大选落幕，约翰逊宣誓就职的日子即将到来，对越策略的必然变化导致参议员富布莱特公开发出警告，增加美国在战争中的分量"毫无意义"。33岁的詹姆斯·汤姆森是邦迪招入麾下的中国问题专家，也对战争升级深表忧虑。他写信给邦迪说："此刻我最为担心的是，我们的对越决策会毁了新政府，会玷污其光明的许诺。"

根据邦迪的传记作家卡伊·伯德的描述，国家安全顾问在1964年12月曾邀请汤姆森去办公室。"我希望你读读这份东西，"邦迪对汤姆森说，"坐吧，认真读读，然后告诉我你的想法。"汤姆森坐在邦迪办公室的沙发上，聚精会神地浏览一份保密备忘录，这是由麦克的哥哥比尔带领一个工作小组撰写的。它勾勒出一幅这样的场景：

美国炮制一个类似东京湾的危机，进而可以使军事报复行动一触即发。也可以在联合国旗下展开一场更广泛区域的和平谈判。[134]"彻头彻尾是一场疯狂的升级计划，用反复轰炸迫使北越俯首称臣。"汤姆森回忆道。尽管其中也提到谈判，但这样的战略还是让他不寒而栗。

"你看，我对军事一窍不通，"汤姆森对邦迪说，"但是这份文件想告诉我们，我们可以通过轰炸令对方屈服。我了解中国，也对印度支那的情况有所掌握，我担心，遭受我们轰炸的人，就算我们摧毁了他们的基础设施，他们这些年建造的所有东西，他们依旧能够挺过来。"汤姆森预测道，暴动分子会撤退到丛林中，只要需要，他们就能承受得住一轮又一轮的轰炸。为什么？"因为他们明白自己无处可去。而我们最终只得回家。因此，我不敢确定这个策略会收到效果……他们了解，我们必须尽快回家。"

邦迪安静地坐在那里，望着汤姆森，思忖着他的话。"好吧，詹姆斯，"他最后说，"说得好，很有道理。你很可能是对的。非常感谢。"[135]

随着他们谈话结束，1964年的最后一扇机会之窗关闭了。SIGMA I 无效。SIGMA II 无效。汤姆森这样的专家的建议无效。中央情报局、国防情报局、国务院情报局对轰炸有效性提出的质疑，通通无效。[136]"总统大选一结束，"邦迪在离开白宫后回忆，"情况就明朗了许多：在此之前我们好像一直靠借来的时间过活。在大选年，总统不愿做决定，政府也没有强迫他在这些棘手问题上做决定。"[137] 仅仅过了三个月，麦乔治·邦迪就向总统建议，美国应该针对北越发动战略轰炸。

教训四 //
LESSON FOUR

教训四
不够严谨的信念就是一场战略灾难

他的书到处都是。办公桌和地板上都摞得很高，书架上每个缝隙都塞得很满——书本中随处可见粉色和黄色的标签，表明主人的特殊关注点。麦乔治·邦迪就是用这样一种强劲有力的方式来进行他的越南问题回顾性研究。他重视每一个细节，用无法想象的纤细笔迹对大量战争史料做出注解，在书本的留白处或成沓的黄色拍纸簿上记下大量注释、问题、评论和质疑。他记录下研究、讨论或质疑的问题，以自己特有的风格，与越战时代的历史学家，与那些对其做出过评判的作者和评论家，进行着一场隐蔽的对话。

邦迪对资料的来源并不计较，只要是有关战争的可靠史料或分析，他会不顾及政治图谱而准备一一研读。为了解决策过程中的重重心机，他从档案资料和新近解密的政府文件中选取大量原始文献进行阅读。这些资料构成好几万页的经验证据，再现了他担任国家安全顾问那些年间美国政府内部的运作情况。为了解越战引发的普遍性争论，邦迪浏览了现存的历史记录，比如乔治·赫林的作品《美国最长的战争》（*America's Longest War*）。邦迪曾给他写过一封友好的信件，指出了他概述肯尼迪政府一份文件时的小错误。为了解那些激昂的批评家，邦迪研读了一系列叙述性和新闻体作品，中间许多夹杂着个人色彩的评论，有时是对他工作表现的苛刻攻击。

研究过程中的邦迪不再是越战岁月中那个言辞犀利、充满自信的雄辩者，也不是那个伶牙俐齿、反应敏锐的哈佛教务长。这个围绕越南问题在公开场合进行应答的老者年逾70，行动迟缓，身体状况大不如前，也失去了往日的笃定。他开始变得将信将疑起来，他在不断探索中变得温和有度。我们相处的日子里，他从未表现出对批评者的敌意，或对其言论的蔑视。相反，看上去他在用一种冷静的超然与持久的专注研究这些批评者。其中，戴维·哈伯斯塔姆的文章和书籍引发了他特别的关注。

邦迪与哈伯斯塔姆四十多年前就认识。20世纪50年代中期，邦迪是哈佛的教授和教务长，而哈伯斯塔姆是一名记者，担任校刊《哈佛深红报》的执行编辑。1954年，四个有才华的年轻人负责校刊工作。哈伯斯塔姆随后为《纽约时报》撰写有关越战的文章，并获得普利策奖。J. 安东尼·卢卡斯后来也成为普利策奖的获得者，是一位有名望的作家。理查德·厄尔曼是普林斯顿大学国际关系学方面的杰出教授。而A.J. 兰古思，《哈佛深红报》的总编，后来也为《纽约时报》撰稿，在他出版的几本佳作中，《我们的越南》（*Our Vietnam*）获得越战叙事史方面的奖项。邦迪刚出任教务长时，兰古思和哈伯斯塔姆这两个校刊的一二号人物每周都要就哈佛的学术事务对他进行采访，陪伴一旁的则是卢卡斯和厄尔曼。哈佛的校长内森·普西也会参与访谈，但只是表面的焦点人物，真正能吸引年轻记者目光的主角是邦迪。

哈伯斯塔姆在毕业后的很长时间里都关注着这位教务长。1969

年，邦迪从国家安全顾问职位上退下来的第三年，哈伯斯塔姆在《哈珀斯杂志》发表了他颇具影响力的人物特写《麦乔治·邦迪的昂贵教育》，这是最早一批深入探究邦迪在肯尼迪和约翰逊政府对越策略中所起作用的文章。《哈珀斯杂志》使用了比常规篇幅多两倍的版面来登载这篇文章，在知识界引发了如潮的关注。

"邦迪具备双重偶像的价值，"哈伯斯塔姆在解释这篇文章的影响时回忆说，"他在相当年轻时担任哈佛教务长，并被媒体誉为肯尼迪政府中仅次于总统的最为核心的人物，同时还是美国政府新一代的领袖。"[1]关于邦迪为白宫顾问的效果如何，哈伯斯塔姆是首先提出质疑的记者之一。这对于习惯了媒体夸赞的前国家安全顾问而言，显然是个不快的经历。文章发表后，许多朋友和拥趸发来了怒不可遏的信件，邦迪把它们一一收纳归档。他本人罗列出一些他认为哈伯斯塔姆记述失实的地方——尽管最严重的错误也不过就是有关其显赫族谱的小问题。但邦迪小心翼翼地从不去向《哈珀斯杂志》的编辑发牢骚。

由《麦乔治·邦迪的昂贵教育》一文作为范本，哈伯斯塔姆很快就萌生了要撰写一部长篇当代史的念头。"这本书的初衷是，"哈伯斯塔姆解释说，"为何在本世纪中，一些人们心目中最有能力为政府效力的人，但在我眼中，却最终成为自南北战争以来最深重悲剧的始作俑者。"[2]于是《出类拔萃之辈》（*The Best and the Brightest*）应运而生，精装本卖了18万册，平装本卖了150万册。[3]这本书为一代人诠释了这样一个邦迪，他象征着美国与越南悲剧性的邂逅所表现出的狂妄和傲慢。

邦迪十分清楚《出类拔萃之辈》对美国精英分子观念上的影响，也明白它塑造的形象会给记者、学者、外交家和军事专家相互交织的圈子产生难以磨灭的印记。邦迪认真研读了这本书的20周年纪念版，每天带着这本夹着书签、做满注释的书往返于家与办公室。这么做的结果就是邦迪要再次面对哈伯斯塔姆对其最严苛的批评。重读的过程可能会触碰那些陈旧的伤痛，"我妻子，"邦迪向我坦陈道，"认为每一本关于越南的书都是一次难耐的经历。"

其他家庭成员也一直对哈伯斯塔姆的批评无法释怀。书出版很多年后，在邦迪家的一个小型家宴上，一位客人无意中说出了"出类拔萃"这几个字。麦克的妹妹劳里·奥金克洛斯一脸惊骇，面无血色，大声说，这四个字在邦迪家很多年都不用了，继而起身离开屋子。麦克笑出声来，而玛丽一言不发。晚餐在一种尴尬的气氛中继续着，而玛丽不时会找借口去趟厨房。麦克向客人解释，他的一些家人恐怕永远不能对那场战争泰然处之。[4]越南看似已经嵌入了邦迪的家族史中。而戴维·哈伯斯塔姆正是罪魁祸首。

尽管家人对哈伯斯塔姆心怀憎恶，但麦乔治·邦迪显然并不这样。他告诉我，哈伯斯塔姆是"一个非常出色的记者"。他在尽量搞清楚一个问题：如何解读哈伯斯塔姆自己关于战争的一些鹰派观点，尤其是在其 1965 年撰写的《陷入困境》（*The Making of a Quagmire*）中，哈伯斯塔姆坚决反对美国从南越匆忙撤军。[5]

重读《出类拔萃之辈》的过程中，邦迪不太关注自己在书中的形象，而是更多地注意效力过的两位总统。"文职官员认为自己对小规模战争有很强的控制力，而教训之一就是，"哈伯斯塔姆写到肯尼迪，"要控制军队，你就必须全方位掌控局面；一旦有所疏漏，事情就会按照军队的意愿发展，继而，他们便会操纵全局。"邦迪不同意这个论断。有一次我们见面，讨论他对《出类拔萃之辈》做的注解。其中他带着嘲讽的口吻写道——"这似乎无法避免"。[6]哈伯斯塔姆在另一段中写道："大家心存幻想，觉得是文官说了算，事实上却是军人掌握着政策的走向。"邦迪的回应模棱两可："总统兼总司令不复存在了？"[7]最后，有一段话对肯尼迪做了概括："总统获得的教训便是……（重申一下，这是又一次，猪湾事件已经是教训之一了）其继任者林登·约翰逊也是吃了不少苦才领悟到：一项政策启动之前，如果其中涉及军队，那么掌控能力至关重要，因为一旦开始了，不管起步多么谨小慎微，这项政策便是有生命的，也是有生长力的，它是一个有机体。而且，它的发展方向可能与总统发起时的想法背道而驰。"再一次，邦迪驳斥了哈伯斯塔姆这个结论："不是这样。"[8]但并非邦迪所有的回复都是否定。在谈到战争带来巨大"悲痛感"方面，邦迪认为，哈伯斯塔姆是"正确的"。[9]

随着研究的不断深入，邦迪不断思考哈伯斯塔姆的论点核心，即战争委员会——参谋长联席会议，战地将军，以及包括邦迪、麦克纳马拉和腊斯克在内的非军方顾问——事实上操纵了越南战略的制定权。这是一个他强烈反对的观点。在邦迪看来，越南问题的主角和战争的策划者就是约翰·肯尼迪和林登·约翰逊，其他人都是配角。这里有一个"邦迪谜题"的关键——他如何解释自己没有尽到分析和建言责任的事实，而又要让解释看上去不像是在为自己开脱呢？邦迪在去世前的几周，曾与布朗大学的詹姆斯·布莱特坦陈过自己的忧虑。"麦克说，在这个项目中，非常困难的一件事——或许是最困难的事——便是他需要说一些必要的话，但不能给别人留下为他自己辩白的印象。"布莱特回忆道。[10]那么邦迪对哈伯斯塔姆勾勒的他的形象做何回应呢？——在他笔下，邦迪是一个傲慢而自负的人，炮制的政策最终导致灾难性的越南战争美国化。邦迪已经承认了越南政策是失败的，如果他能活着完成回忆录——如果他能对自己在1965年的表现持残忍的诚实态度——他会从失败的结论中得出什么教训呢？这个问题他也曾在散碎的手稿中直截了当地问过自己："在美国走向战争道路的那一年，我最重大的失误是什么？"[11]这是他有生之年没能完整回答的问题。对于1965年这个关键的转折点，从邦迪的经历和自我审视中，究竟可以吸取什么教训，这个任务只能留给后人来探究了。

***

1964年平安夜，民族解放阵线*轰炸了一处美国军官在西贡的住所，炸死两名美国士兵，炸伤38人。[12]12月28日，麦乔治·邦迪为约翰逊总统起草了一份文件，详细列举了支持或反对空袭的理由。"核心问题就是保持南越政权的稳定，那么重大的决策应该在形势稳定时推行。"他认为，"至少，不能在形势最不稳定的时候行动。"不过邦迪又说，这个要求也不是绝对的。"我们12月份决定，从那时开始实施报复行动。但这个决定不用和其他选择一样要增进西贡政局的稳定。"邦迪这样解释空袭背后的战略逻辑。动用标准化的军事力量打击越共——造成可以测量的巨大伤亡——将为美国营造遏制共产主义暴动的高压态势。"我们采取报复性打击的出发点就在于，"邦迪向约翰逊建议说，"它有助于阻止越共势力在南越的蔓延。这个理论现在看来奏效了。"[13]

---

* 民族解放阵线（National Liberation Front, NLF），即越共。——译者注

与邦迪和腊斯克在得克萨斯的农场讨论了多次，约翰逊最终决定不授权动用报复性空袭。但是总统却明确表示，尽管他对空袭的有效性心存疑虑，但却愿意考虑派遣地面部队。"我听到的每一个军事建议，似乎都涉及大规模轰炸，"约翰逊在给西贡的美国大使泰勒的电报中写道，"我从不觉得这场战争能通过空袭的方式打赢，更为必要和更为有效的途径或许是大规模动用突击队、特种部队和海军，或者其他适用于地面战争的军事力量。"约翰逊实际上在授意泰勒拟定一份这样的行动计划。"我乐意看到美军在针对游击队方面，在强化越南作战力量方面能有所作为。你或者威斯特摩兰将军给出的任何相关建议我都会慎重考虑，尽管它可能会造成美军的更大牺牲。自1961年起，我们一直致力于打这样一场战争，如果确有必要派遣部队抗击越共，我本人愿意增加驻越美军数目。"[14]这封电报标注的日期是1964年12月30日，由邦迪拟定，还能看出他亲手修正的痕迹。[15]

　　约翰逊的电报"很重要"，邦迪在回顾时评价。它明确表达了总统的意愿，渴望"一场精心设计"的地面战争，"乐于"扩大南越境内的战争，追求"平稳地"度过未来三年。[16]因为邦迪是在总统的授意下起草的电报，他十分清楚约翰逊不愿依靠空中力量来扭转战局，而希望动用美军地面部队来挽救西贡政权。由此，在1964年的最后几天里，国家安全顾问已经对约翰逊总统1965年的抉择心知肚明了。

　　美国地面作战策略需要什么？威廉·威斯特摩兰接替保罗·哈金斯成为美国驻越的最高司令，在助手的帮助下对这个问题进行了全面的分析。"他上任后，提出需要相当于34个营的陆军或海军陆战队，真让人大吃一惊，"泰勒大使1965年1月6日汇报，"还得加上必要的后勤保障。他认为美国总共需要派遣近7.5万人。"[17]而泰勒本人认为，仅凭地面部队是否能挫败暴乱令人生疑。"我不记得历史上有哪一个对抗游击队的战役，在没有 10：1 的兵力优势下，在没有国外援助的情况下，还能取得胜利。"大使这样告诉约翰逊总统。而在越南不可能有这个兵力优势。泰勒认为，美国不可能去"改变越南的民族性，创造本不存在的领导集体，供养大批南越军队或者封锁并不严密的前线"。因此，泰勒怀疑地面行动的可行性，而倾向于动用空中力量予以威慑。在美国的众多选择中，"唯一有机会在有限时间内取胜的办法……就是不断升级的空袭，目的是打击北越政权的意志力"。[18] 约翰逊总统和曾经战功卓著的大使先生，此时在面对美国军事战略方面发生了根本分歧。约翰逊认识到轰炸的局限性，倾向用地面部队升级战争，这个观念受到威廉·威斯特摩兰的支持。而泰勒认识到地面部队的局限性，倾向用空袭扩大战争。

邦迪作为理论上越南问题的仲裁者和协调人，如何使用美国的军事力量的争议摆在了他面前。1965 年 1 月末，一致性尚未达成，邦迪和麦克纳马拉向约翰逊提交了著名的"三岔路口"备忘录。"我们想对你说，我们二人现在确信目前的政策"是把美国引上"灾难性"的必输无疑的道路，邦迪发出警告。战争升级之前让西贡保持政治稳定的要求无法满足。"结果是，"他说，"我们固守着一个急救原则，去帮助那些相互纷争的政客，并且对我们不加掌控的事件做出被动反应。至少表面如此。鲍勃和我认为，最糟糕的行动方案就是延续这种被动角色，这只会导致我们最终失败或者受辱离开。"

邦迪只给出了两个选择。"第一是在远东用兵，迫使共产党的政策发生转变。第二是把所有资源都投入到一系列谈判上去，目的是挽救一切所能挽救的，不会增加目前的军事风险。鲍勃和我赞同第一条路，但两者都值得慎重考虑，替代方案也应该在你面前充分论证……麦克纳马拉和我已经感到，我们对你肩负的责任决不允许我们继续在沉默中发号施令，让你认为我们对正在做的事信心百倍。"[19]通过"三岔路口"备忘录，邦迪提出了自己对美国战略选择的狭隘构想。美国或者运用形式不确定的军事行动迫使暴乱分子放弃自己的事业，或者通过谈判达成协议，有可能是保持中立，而邦迪本人对后者一直表示蔑视和谴责。

回想起来，邦迪承认这个备忘录是有意让约翰逊总统走出犹豫不决的状态，而无所作为正是1964大选年的标签。"对越政策与总统大选的关系是个不断重复的主题，"他说，也是"三岔路口"备忘录中的"重要话题之一"。他解释说，他们要把核心理念传递给那些在西贡妄图"得过且过"的官员。"1964毫无建树，而今天依然不做出抉择。增援迟迟没有到位。东京湾决议通过了，但一切照旧。"[20]而在其他方面，邦迪指出，"总统正在推动尽快做出决策……我也很确定，在整个11月，12月和1月中，有无数种方式会让我们明白一个道理，总统主要的行动议程就是他将要在150天之内通过150项法律。"[21]

"三岔路口"备忘录的确起到了督促约翰逊做出抉择的理想效果。邦迪的同事道格拉斯·凯特回忆起总统当时的反应："我从未见过他表现得那么沮丧——他说：'我不知道该怎么办。如果派去更多的士兵，必将会有死亡。如果把他们撤回来，还会有更多的死亡。无论作何选择，都将有更多杀戮。'他用自己得克萨斯口音说着'杀戮'这个词。然后，他起身走出房间，让我们剩下的人感到心烦意乱。"[22]

1965年2月初，邦迪前往南越考察当地形势，做出一手分析，并应泰勒大使的请求做出综述。[23] 这是他生平第一次前往东南亚，国家安全顾问访问了自己在过去四年中施加过重大影响的南越。邦迪最初的报告显得黯然无望。"我们忙了一整天就想知道，美国国家工作组的成员是否相信，我们能够在缺乏一个'相当有效并稳固的政府'的前提下阻止形势进一步恶化。"邦迪在发给华盛顿的一封电报中写道。他向麦科恩局长提出建议："我特别希望你能告诉总统……在这里，非共产主义各派之间的现状形同内战。"[24] 访问期间，邦迪会见了南越的宗教和政治领袖，其中包括阮庆将军，他至少当时还管理着政府。阮庆要求邦迪能阐明美国的立场，国家安全顾问解释说，美国的任务是"帮助"维护"越南的独立和自由，但我们仅仅起到建议和协助的作用"。邦迪继续说，保卫国家的重担还是落在南越肩上，他们必须团结一致，提高工作效率。[25]

邦迪在越南的最后一天，也就是 2 月 7 日的凌晨时分，民族解放阵线向波来古的两个军事目标发动袭击。波来古地理位置重要，毗邻柬埔寨和老挝边境，是叛乱分子通向南越中央高地的要道。突击队的袭击直指南越的一个指挥部，这里由美军顾问协同工作。这次袭击中，美国士兵死亡 9 人，伤 137 人，剩余 76 人仓皇撤退。[26] 于是猜测之声骤起，这次袭击被怀疑是有意选择邦迪到访南越期间，是明显的挑衅行为。邓武协是民族解放阵线这次行动的顾问，后来表明，他们并不知道邦迪的行程，打击美国军事目标的时间与此毫无关系，数周前他们就开始准备了。[27]

多份历史记录显示，促使邦迪迅速做出报复性空袭建议的正是他亲眼目睹了波来古遭袭的惨状，尸体横飞、血肉模糊的场景让他产生了强烈的生理反应。[28] 比如，威斯特摩兰将军曾表示，邦迪一旦"嗅到一丝火药味"，就会"患上陆军元帅一样的精神病"。[29] 邦迪认为，这种对其情感过度反应的描述简直夸张荒谬。"我又不是'统帅'……"他写道，"我只是一名白宫工作人员，履行自己的使命。"[30] 然而，他的一些同事还是能回忆起波来古事件对国家安全顾问产生的影响。弗朗西斯·巴托是邦迪的助理，主管国际贸易与经济，曾说："依照常规分析……正是波来古事件让他对越南问题严肃起来。"邦迪否认，而巴托又说："我并不确认——因为不是基于他本人的言论，是我观察到他从波来古返回后，一走进战况室，我就感到有几分异样，他对这件事表现得非常情绪化。"[31]

在泰勒大使和威斯特摩兰将军的支持下，邦迪建议立刻对北越发动报复性打击。华盛顿的约翰逊总统也同意了。根据比尔·科尔比的记录，总统在国家安全委员会的一次会议上说"他很长时间以来把猎枪放在地上，把子弹储藏在地下室。但敌人杀害了他的士兵。如果他不能授权进一步自卫行动，他的人将无法继续工作……接着，总统决定同意空中打击"。[32]

波来古事件后，约翰逊批准发动一次代号为"火飞镖行动"的报复性打击，美军战斗机从航母"突击者"号起飞，目标指向 17 度线以北 60 英里的一座北越军营。[33] 但邦迪等人希望拟订一个永久的轰炸计划，他们称之为"渐进并持续的报复"计划。尽管内部讨论和战争演习都表明，强制性轰炸策略徒劳无益，但邦迪和他的团队还是继续推进，漠视两次 SIGMA 实战演习以及中央情报局、国防情报局和国务院情报局给出的并不乐观的研究结论。[34] 国家安全顾问的目的就是瓦解暴乱分子的意志力，使用符合博弈论的办法，在动态冲突或协商解决的情形下，能够占据上风并获得胜利。[35] 计划是在哈佛法学院的教授约翰·麦克诺顿指导下成形的，他接替保罗·尼采成为负责国际安全事务的助理国防部长。麦克诺顿醉心研究博弈论，非常赞同邦迪的主张，从剑桥引入了冲突管理的一些理念，运用在越南的游击战中。[37]

从越南回国的长途飞行中邦迪草拟了一份报告，对这个计划做出了概述。"越南的局势正在恶化，"他警告，"如果美国不采取新的行动，失败看来在所难免——或许能挨过几周或几个月，但挺不过明年。我们还有时间挽救局面，但毕竟所剩不多。"邦迪再次排除了从这场危机中利用外交渠道抽身的策略。"美国的国际声誉，我们的巨大影响力都会在越南问题上遭受风险。"他写道，"他们自己没有办法卸下重担，我们也没有办法抛开越南去谈判，给出什么严肃承诺……今天，任何经协商后达成的撤军都将意味着投降，不过是以分期付款的方式进行罢了。"

报告中，邦迪对美国在西贡的傀儡政府是否能坚持下去持悲观态度："一些军队领导人显得谨小慎微，越南人普遍表现得萎靡不振。他们缺乏任何积极的社会或政治改革目的，令人担忧。外界观察家早已对他们失去了耐心。这一切都危险地把潜在的反美情绪带上水面。今天，西贡的美国人都有一种痛苦的情绪，即生不逢时……即便在那些'受过清洗'的地区，人们也没有表现出平和的状态，因为越共迟早会赢下战争的信念非常普遍。而真正受过清洗、获得慰藉、并生活安全的地区少之又少，还在不断缩减。"邦迪建议说，一个回应就是利用"未曾动用的资源"，即"多变而灵活的"特种部队采取地面行动，由威斯特摩兰将军指挥。但是，邦迪对美国有能力遏制暴乱这个问题显得很慎重，因为他知道这个任务太艰难了。"越南前途未卜。"

他总结说，"越共的能量和耐力都是惊人的。他们几乎无处不在——无时不在。他们遭受了巨大损失后，还会卷土重来。他们在偷袭时讲究战术，逼到走投无路时，则显示出凶猛的一面。"[38]

邦迪承认，他提出的军事计划有局限性，但这些缺点在可以接受的范围内，因为轰炸行动可以向国内外传递一种必要的决心。"我们无法确保持续的报复性打击能成功地改变目前越南的乱局。它可能会失败，但我们无法精准估计成功概率——或许在 25% 至 75% 之间。我们想说，即便失败，采取这个策略也有价值。至少，它会平息人们的指责，认为我们没有做原本有能力做的事情，这种指责对包括我国在内的许多国家都是一件严重的事情。"[39]

2 月 7 日晚上近 11 点，邦迪结束了长达 36 小时的鏖战，把备忘录交给了约翰逊总统——他是从越南的清晨时光开始撰写的。[40] 邦迪回忆："当晚，他在卧室读了全稿，然后对我说：'好吧，就这样决定了？'……我忘记了当时怎么回答的，但我感到非常吃惊……很难判断他何时会做出决策。"[41] 约翰逊命令邦迪收回所有行动小组成员手里的备忘录副本，因为它"还未经广泛讨论"，邦迪回忆。他在与记者的谈话中说："我没有看到任何纸质文本。"[42]

30 年后，邦迪还念念不忘 2 月 7 日提交的那份轰炸计划。他无法解释为何约翰逊会想法压制它，并说它未经探讨。其实，总统之所以对这份"渐进并持续的报复计划"持冷漠态度，原因很明显。约翰逊在几周前针对西贡的平安夜恐怖袭击做出反应，表示了他对轰炸计划的疑虑，并倾向于派遣地面部队。他的态度在 12 月 30 日的电报中已经明确，而且还是邦迪亲自代表总统起草的。

谈到轰炸战略，邦迪说约翰逊"在雪藏这份计划之前，根本没有将其放在心上"。[43]邦迪力图"强调"轰炸选择"是在没有人——尤其是泰勒——赞成地面战争的时候提出的权宜之策",也是"没有人乐意"进行外交谈判的权宜之策,"因为虽然目标不同,但希望尚存"。[44]邦迪说,约翰逊总统对待轰炸战略的态度"告诉我们他在做什么,他在完成一个计划,但觅不到什么政治痕迹,也不进行什么公开讨论,一切都在他能掌控的范围之内……内幕就是……他下定决心不让它成为战争升级的理由,尤其不愿惹怒中国"。[45]与他的国家安全顾问不同,总统只想到轰炸徒劳无益的后果。正如邦迪对我谈起约翰逊时曾这么说:"他常说:'胡志明不畏惧任何空中打击。'"[46]

参议员迈克·曼斯菲尔德似乎很乐意看到波来古事件起到的转折性作用。"到底该采取什么对策,目前我不清楚,其他人心里也都没数,"曼斯菲尔德2月8日给约翰逊写了一封信,"但我相信,随着冲突不断扩大,我们在亚洲的军事投入会不断增强,尽管这与你的期望背道而驰,但趋势无法阻挡。"[47]

邦迪在给曼斯菲尔德的回信中写道:"总统先生反复表明,我们无法凭借一己之力解决南越所有的问题。但他也坚持,我们对越南人民采取的每次支援行动都应更加有效,更加高效……总统赞同你的观点,在我们的基本决策范围内,军事安全应该尽可能有效,我们不会部署大量作战部队到越南承担警卫的职责。"三十年后,注意到自己在信中这个误导人的承诺,邦迪在空白处写道:"太迟了!!"[48]

乔治·鲍尔也感觉到转折点的到来——一个旨在瓦解暴乱者意志的高压军事行动呼之欲出。他怀疑这个战略获得成功的可能性并不大。一次,他较为隐晦地质疑邦迪的分析,对付暴乱采取"这种压倒性的军事行动",效果甚微。"河内方面不会放弃他十多年来一直坚持的攻击态势，也不会放弃在南越地区获得的共产主义成果。"他在一份给总统的备忘录中写道，"如果要北越放弃在南越地区采取暴动、封锁边境或者撤出向南越渗透的各种力量，那么就意味着他无条件投降了。"[49]

邦迪没有回应鲍尔的批评。他也没有进一步证明，凭什么能让一个实力强劲的敌人束手就擒，因为邦迪自己也承认，这个对手目前在实力、耐心和韧性方面都"相当惊人"。事实上，邦迪甚至都认为没有必要为其倡导的升级战争确立一个准确的军事目标。犹如鲍尔后来谈到邦迪的想法时所说，"他的态度——我现在回想起他当时的解读——就是既然'我们不知道答案会是什么'，我们就不必'去沿着一个特定的道路追求一个特定的结果'。换句话说，他正在帮助南越恢复现状……不去设定任何成形的目标，就会变得更具灵活性。尽管我个人为他的实用主义观点叫好，但在不明确前进方向，不知道如何收手的情况下，就一意孤行地深陷泥潭，这一点我无法苟同"。[50]

林登·约翰逊政府目前陷入很矛盾的境地，升级的越南战争所谋求的战略目标和应该选用的军事形式令他异常头痛。邦迪倾向于采用强制性的空中轰炸来震慑敌人。约翰逊总统对这个策略表示怀疑，他与威斯特摩兰将军一样，更愿意派遣地面部队——而身在西贡的泰勒大使认为此招必输无疑。鲍尔则认为，两种升级战略——轰炸或派遣地面部队——都将失败。乱上加乱的还有前总统艾森豪威尔，他认为，正是威胁使用核武器的办法在 1953 年结束了朝鲜战争。[51] 他告诉约翰逊，如果他有机会做总司令，"他会动用任何必要的武器装备，不仅如此，如果我们使用了战术核武器，战争就未必需要升级了"。[52]

尽管使用战术核武器的建议不可能被采纳，但邦迪还是相信艾森豪威尔对约翰逊的巨大影响。邦迪写道，约翰逊"发自内心地相信"保护南越不落入共产党手中对东南亚地区的安全至关重要。这个信念让他倚重两个人物"有力而坚定的支持"：一位是前总统、战争英雄德怀特·艾森豪威尔；另一位是国务卿迪安·腊斯克，邦迪将其视为约翰逊"谨言慎行而忠心耿耿的文化表亲"。艾森豪威尔认为，一旦开战，"你就必须全力争胜"。腊斯克确信，在与共产主义的这场全球角力中，美国必须是"可以信赖"且"说到做到的朋友"。

邦迪回忆说，上述两人中，艾森豪威尔对约翰逊更具影响力。有了前总统的政治支持，"持其他观点的人都无足轻重"，他们的愤怒甚至会衬托出总统信誓旦旦中的谦和克制。艾森豪威尔支持威斯特摩兰的建议，赞同东南亚决不能落入共产党之手的观点。"对约翰逊而言，"邦迪注意到，"现在艾森豪威尔将军就是唯一重要的政治伙伴。"[53]

2月19日，波来古遇袭后近两周，约翰逊最终接受了邦迪的空袭建议，作为"渐进并持续的报复"战略的一部分。但约翰逊拒绝了国家安全顾问公开决策的提议。[54] 他们二人决意对法国外交部长莫里斯·顾夫·德姆维尔表示出的深切忧虑不予理睬，后者"真心认为我们无法避免地会在南越遭受失败"，邦迪说。"当然，一个法国人做出这样自我安慰的结论，可以理解。"[55]

约翰逊同时拒绝了来自内阁的不同声音，他们表现出与法国人相似的担忧。2月份的两份备忘录中，副总统休伯特·汉弗莱要求总统重新评估美国大规模军事干预的承诺。"从政治观点来看，美国人民很难理解为什么我们要冒第三次世界大战的危险，去升级这样一场战争。12年前我们在朝鲜就遇到同样不可理喻的情形，尤其是两次战争的成功几率都一样。"汉弗莱写道。副总统声称，美国人总结了朝鲜战争的"教训"，其中包括：认识空中打击的局限性、当心中国介入、尊重"不再花钱"派作战部队去亚洲本土参战的承诺，承认"艾森豪威尔政府的妥协证实了上述种种"。汉弗莱请求约翰逊减少在越南的投入，并称总统"是本世纪对待此类事件态度最为强硬的人"。[56] 约翰逊对汉弗莱发出的警告很愤怒，在第二年的对越战略中，不再考虑他的意见。[57]

从南越发动空袭需要建设一些基地，这样可以打击更有价值的军事目标。这些基地当然需要更高级别的保护，然而邦迪的空袭计划并没有解决基地安全和地面部队使用等问题。威斯特摩兰将军立刻抓住了国家安全顾问的疏漏，要求派遣一个陆战队远征旅保护位于岘港的美国空军基地，这个复合型机场是"滚雷行动"的中心。[58] 泰勒大使强烈反对，认为此类作战部队的部署将最终导致华盛顿走向战争美国化的道路。

"这样的行动将会改变不向南越派遣地面部队的政策。"泰勒在一封给参谋长联席会议的电报中愤怒地说，"一旦打破了这个原则，将很难守住底线。"[59] 泰勒预言，如果出动了第一批陆战队员，这种态势将愈演愈烈。"如果说岘港需要更好的保护，那么边和、新山、芽庄及其他重要基地不需要吗？"他指出，"我们一旦表示出要承担此类任务的愿望，西贡政府就会把其他地面部队的职能也推到我们身上。"如果想保护岘港空军基地不受报复性迫击炮的袭击，"陆战队需要增加到 6 个营的兵力"。那么约翰逊如果想要打击东南亚丛林中的暴动分子，需要出动多少全副武装的地面部队呢？泰勒预言，美国将会遭受与法国相同的命运，"法国人试图派兵完成这个任务，但以失败告终；我很难相信美国人能有更好的结局……在思量了诸多困难之后，我确信，我们应该坚守过去的政策，让我们的地面部队远离平定暴动的任务"。[60]

泰勒的警告无济于事。2月26日，国务卿腊斯克通知美国在西贡的使馆立刻展开部署。一个陆战队的登陆队，一个陆战队远征旅的指挥控制小组，以及一个直升机飞行中队将"立即登陆"。[61]威斯特摩兰提出的派兵保护岘港的请求也获得了批准。事实上，战争的新阶段已经打响。1965年3月8日，3500名海军陆战队员从岘港登陆，这是朝鲜战争后美国第一次派遣地面作战部队到达亚洲本土。[62]越南战争不可避免地开始了美国化的进程。

与泰勒在政策上产生分歧后，邦迪敦促约翰逊总统免去其美国大使的职务。在一份备忘录中，麦克纳马拉和腊斯克都认为："马克斯一直表现得勇敢、果断、令人敬畏，但同时严格、冷漠、有时显得唐突。我们认可他在统一思想、排除质疑方面发挥的重要作用，但我们还是希望他能改变态度。"邦迪也敦促总统对北越或中国部队可能发动的地面进攻做出反应。"重要问题是，"他说，"从某种程度而言，你是否或何时会同意美军地面部队踏上南越的土地。"[63]

正如泰勒之前的准确预言，军方迅速打破了不派遣作战部队的原则，提出了富有野心的新计划。陆军参谋长哈罗德·K.约翰逊评估了对南越的行动，给出了升级军事行动的建议。3月15日，也就是第一批美军登陆的一周后，他向约翰逊总统和其他高官通报了自己与助理国防部长约翰·麦克诺顿制定的行动方案，后者对"渐进并持续的报复"计划的理论价值表示异议。而约翰逊将军"需要50万美军花上5年时间才能赢下这场战争"的结论让总统和顾问们瞠目结舌。

据麦克纳马拉说，"他的估计不仅仅让我和总统大吃一惊，还有在座的其他各位。我们从未想过会达到如此境地"。[64]

尽管打破了不派遣作战部队的原则，但决定军事部署的重要战略问题还没有解决。作战部队该如何改变战争的基本格局？接替迈克尔·福里斯担任邦迪越南事务专家的特尔切斯特·库珀坦陈了他的疑虑。泰勒在之前递交的备忘录中指出，战争升级无法封锁越共，也无法摧毁其实力。库珀赞同说，美国不可能用10∶1或20∶1的人员优势对抗游击队，而这一点在以往平定暴乱的战争中是必需的条件。"我们不能不考虑越共补充人手和物资的能力，"库珀提醒国家安全顾问说，"我们或许可以延缓这种补给，我们或许让它付出更高的代价，但是如果我们把消灭它作为衡量标准，最好还是放弃求胜的希望吧。"[65]

库珀发出的警告，如同泰勒严厉的质疑一样，看似没有对邦迪产生任何影响。3月16日是星期二，约翰逊总统例行召集国家安全顾问、国防部长、国务卿共进午餐，邦迪迫不及待地在饭前就提出了扩大作战部队规模的构想。[66]"本质上而言，"他解释说，"河内方面似乎有三件事可以做：停止渗透；撤回其在南越的人员和物资；命令手下不再动用武力对抗南越政府。但是目前来看，三件事都不可能实现。不仅如此，单纯在空袭的压力下，是否能达成其中一件也不得而知。"然而，邦迪认为，美国动用地面部队可以迫使"三个可能性""最终实现"一个。

第一个可能是"对非共产主义的南越进行有效安抚"。第二是"类似对老挝的解决办法"，如同沃尔特·李普曼倡导的方案，"统一的全国政府中有一些来自解放阵线的成员，维持越共控制广大农村的局面"，这要求美军长期驻扎。第三是帮助南越划定"清晰的分界线"后，美军暂时撤离，但"越共的野心将很快迫使我们必须重返战场"。尽管邦迪给出了几种截然不同的效果，每一种想取得成功都需要不同的条件，但他拒绝圈定一个最重要的目标。"似乎今天没有必要在三个可能性中做出选择。"他声称，"如果美军地面部队的数量在接下来几周内有所提升，那么我们面对这三种可能性时，讨价还价的筹码就会增加而不是削弱。地面部队有可能既增强了安抚效果，又提升了南越的士气，还挫败了越共攫取初期胜利的妄想。"[67]

3月21日，正值美国对南越的兵力投入调整之际，邦迪反思了国家最终能获得的战略意义。虽然他一直力主增加投入，但通过当时的私人笔记看，他也承认了自己存在一些疑虑。"我们是要获得经济利益吗？"邦迪自问，"显然不是。这个命题太愚蠢了……我们能获得军事利益？也不见得……即便是一个糟糕的结局在军事考量上也无足轻重……那么我们需要政治利益。真实的还是虚幻的？"邦迪表明，"暂时的结论是：整个局面不像它如今表现得那么严重，无论在重要性还是结果上，因为正面战争较少——因为双方都能在需要的时候宣布特殊状况。"

然而，出兵越南的"主要"原则，他写道，是为了美国"不做纸老虎。不能让外界认为，我们对自己的承诺没有担当。事实上，这就意味着在必要的情况下，决意与中国一战。但如果不是必要情形，在与中国交战的问题上，一定是弊远大于利。而且，与中国开战是否能帮助我们在越南获胜尚不清楚（但是它会惩戒入侵者）。由此我得出结论，基于我们的军事计划，表明姿态才是正确选择，这样我们就有权利去任何地方（如果受到挑衅，则主动出击）——但因此我们也必须把注意力集中在南越身上（其中，换掉大使很有必要。）"。

值得关注的是，如果不是故意为之，邦迪在这里对作战部队的使用措辞模糊。"把握采取行动的意愿和对核心问题的关注二者之间的平衡很重要，决定了对结局的接受程度，究竟我们能获得多辉煌的成功或者多惨烈的失败。如果我们已经在南越投入得足够多（无论任何方面），那么从这个意义而言，任何失败都将出乎意料。"邦迪断言，即使对越南的干预行动失败了，也比无所作为要好。"问题是：就美国政治而言，哪个更好：现在就'输掉'还是付出 10 万人生命的代价再'输掉'？暂时的答案：后者。"[68]

邦迪在 3 月 21 日的笔记中清晰坦率地表明了其越南战争美国化的核心理念，正是这样的思维导致了国家安全顾问在决定性的 1965 年的所作所为。他认为，约翰逊政府不应该考虑微乎其微的经济或军事风险，而要捍卫美国的全球信誉，不能被当成纸老虎来看待。达成这个目标不需要美国在越南赢得战争。相反，就算花费巨大，比如派遣了 10 万兵力后仍然失败了，那么这种失败是可以接受的。根据邦迪的推理逻辑，在越南的失败既能保护美国在全球的信誉，也能捍卫约翰逊政府在国内的声望。

约翰逊政府中，邦迪并不是唯一把美国信誉当成首要利益的外交政策制定者。由法学教授转型为助理国防部长的约翰·麦克诺顿也持同样观点。1965 年 3 月 24 日，他在备忘录中对美国在越南的利益做了数量上的分级："70%——避免耻辱性的输掉（我们作为担保人的声誉）。20%——避免南越（及相邻）土地落入中国人手中。[69]10%——让南越人民过上更为自由和富足的生活。"[70]

4 月 1 日，邦迪向约翰逊提交了另外一份备忘录，陈述了一个开放的、无明确模式的美国对越军事战略的种种优势。他承认，如果河内继续"在南部开展实质性攻势……即便是我们的空中打击升级也无法使得他们恢复理性"。然而，空袭只是镇压暴动的三个重要威慑手段之一。据邦迪说，另外两个是美国作战部队和"经济上的胡萝卜"，可能诱使河内方面合作。"我们希望用这些手段来尽可能地换取以下结果：结束人员及物资的渗透，结束河内对越共的指挥、控制和鼓励的局面，清除南越由河内直接控制的干部，解散越共组织化的军事和政治力量。"

邦迪再次声明，不必准确定位美国的战略目标。"我们无须今天就决定如果共产党做出妥协，我们会开出怎样的价码。但是，我们很快就会面临如此境况。"[71]邦迪并未解释为何他会假定共产党的游击队将投降，他们将可能做出"让步"，他们将用放弃暴动来"换取"空袭的减弱或经济上的好处。事实上，他根本没有认真去考虑采取的手段与投降的行为之间的因果关系。"我所做的就是把渴望得到的结果都罗列出来。"他在1981年这样写道，之后很多年他才决定对战争做出严肃的思考。"我的意思并不是我们能实现其中哪几条。"尽管他承认，许多列在备忘录中的目标很难实现，但邦迪还是不理解，为何"力争'获取更多'是错误的"？[72]

根据邦迪的记录，4月1日下午，总统召集他、腊斯克和麦克纳马拉见面，总统显得"信心十足"。[73]约翰逊同意增派1.8万至2万兵力，再部署两个陆战队作战营和一个陆战队飞行中队。更值得注意的是，约翰逊答应把陆战队的任务从保护基地安全调整为参与反暴乱行动来对付越共。[74]随着这个命令的下达，战争的美国化几乎已成定局。不但肯尼迪"不派遣作战部队"的政策遭到果断遗弃，而且美军的使命现在也变成了积极参与攻击性的反暴乱行动。

尽管选取了一个完全不同的对越战略，约翰逊还是决心对新的美军作战任务保守秘密。正如邦迪在 4 月 6 日的国家安全行动备忘录 328 号中记录的那样，"总统希望……做好一切防范措施，避免过早公开计划……行动本身应该尽可能迅速，但要尽量减少政策发生突如其来的变化，国防部长与国务卿商议后，直接负责审批任何军事行动的官方发言。"[75]4 月 7 日，约翰逊在位于巴尔的摩的约翰霍普金斯大学发表演讲，竭力淡化迅速改变的对越军事行动。"近几个月来，南越遭受了不断升级的袭击，"他解释说，"因此，我们很有必要积极回应，并发动空袭。这并不代表目的转变了，而是目的需要我们做出这样的改变。"

在约翰霍普金斯大学的演讲中，约翰逊抛出了一个北越大发展计划的概念，勾勒出一个越南版的田纳西州流域管理局*。"宽广的湄公河，"他坚称，"可以提供粮食、水源、能源，规模之大足以让田纳西州流域管理局相形见绌。"[76]约翰逊还提出与河内方面直接对话的建议，事实上根本行不通。[77]之前的一个月里，邦迪回忆说，总统坚决禁止政府官员讨论有关与北越进行无条件协商的话题。这再一次印证了约翰逊一个"典型习惯"，即"在决策阶段维护自己的选择权"。[78]邦迪说，政府中有人游说总统对战争的需求和花销做出更为公开的解释，邦迪也是其中一个。"在巴尔的摩，我很艰难地想获取这些信息，"邦迪 1994 年曾回忆，"我一直让他很烦心，因为你必

---

* 田纳西流域管理局是（TVA）是罗斯福总统为应对大萧条而成立的部门，整体规划田纳西河谷的水力发电、粮食生产等问题，为人赞誉。——译者注

须解释清楚这场战争，阐释不清的战争无从下手。"[79]这种初期滋生的矛盾情绪——约翰逊偏爱模糊处理，而邦迪主张高透明度——在接下来的几周内表现得更为显著。

4月13日，约翰逊召集高级文职官员及参谋长联席会议成员开会，批准立刻部署第173空降战斗旅负责安全及反暴动作战行动。[80]而身处西贡的泰勒大使提出强烈反对。"这太令人吃惊了，"他说，"就我理解，我们应该首先尝试用海军陆战队做反暴先锋，然后再考虑引入其他兵种……我建议，这个部署可以暂时搁置，我们先把相关问题整理清楚。"[81]在当天发送的第二封电报中，泰勒说："最近，一些与地面部队介入有关的行动似乎表明某些部门急于把军队部署至南越，这让我很难理解……国外军队的增加会破坏当地政府的主动性，从而把一场国家内战变成了一场对外战争。"他总结说："其影响可能不是推进胜利，而是阻碍前进。我之所以提及这些对抗性的因素，是希望说明一点，让更多美军介入其中绝非上策。"[82]

邦迪这次对泰勒的不同意见表现得很敏感。他请求总统暂停下达新的作战命令，这些内容是经过白宫会议商讨，由麦克纳马拉来起草的。"我个人判断，"邦迪说，"将这些命令直接传达给泰勒会立刻激怒他，因为他对其中许多计划都不赞成，而且他认为自己没有参与讨论。"[83]然而，邦迪很快又改变了主意。

"有关下一步军队部署，"4月5日，泰勒收到了一份电报，内容经由邦迪、腊斯克和麦克纳马拉一致通过，"总统认为，目前的局势需要动用所有可行的办法来加强南越局势，增派美军虽然不是决定性的手段，但意义非常重大。他至今尚未发现派军的负面影响。"这份电报要求泰勒全力配合，调动美军和南越各三个战斗营的联合行动；派遣一个旅进入边和一头顿地区；部署"一个或多个营进入沿海岸线的二至三个据点……除了保障基地安全，美军还要担任反暴动任务"。[84]

泰勒的疑虑未得到任何缓解。"麦克，难道我们无法从朋友们那里得到更好的保护吗？"他哀伤地问邦迪，"我知道，每个人都想提供帮助，但用善良之名去杀戮应该除外。特别是，我们之所以想在这里继续待下去，就因为我们认定自己会赢——而且一直赢下去，除非自愿放弃。"[85]

美军增加投入的势头日益强劲。4月19日和20日，泰勒大使、威斯特摩兰将军和其他高官在火奴鲁鲁召开会议，规划下一阶段军事部署的问题。大家一致同意将美军在越南的军队数量增加150%，也就是从现在的33500增至82000。[86]据泰勒回忆，"直到那时，我才明白总统的意愿。他希望所有作战部队听命于他，并能尽快到位"。[87]麦克纳马拉在白宫的一次会议上把火奴鲁鲁的备忘录提交给总统，根据当时会议记录，在场的邦迪"指出麦克纳马拉备忘中的行动计划与之前的讨论出入很大，应该认真考虑"。[88]

倍感震惊的乔治·鲍尔做出了激烈的反应。"这完全改变了我们的作战地位。"鲍尔发出警告，潜台词是说"更大规模的伤亡"。[89]他真切地请求约翰逊不要"冒险行事，应该先对计划的所有可能性仔细斟酌"。然而，鲍尔此前一直将自己定位于约翰逊的政治阴谋参与者之一。"好吧，乔治，"总统将了他一军，"我命令你明早拿出一份计划。如果你能从魔法师的帽子中变出兔子，我双手赞成。"[90]

尽管困难重重，鲍尔还是明知不可而为之，去完成一份林登·约翰逊肯批准的越南撤军计划。在当晚写给白宫的这份长篇备忘录中，鲍尔建议总统改变对越策略，谋求建立一个联合政府，撤回美国军队。"尽管这很不中听，但我们必须面对一个严峻的事实：美国的知识界及其他行业的舆论普遍不信任我们在南越采取的政策。"他说，"许多美国人认为，我们的立场似乎模棱两可——由此更加令人怀疑——相较于朝鲜战争。"[91]第二天早上，鲍尔见到了总统。"我很快就意识到，我无法变出兔子——至少变不出一只足够强壮的兔子，能躲得开紧随其后的猎犬。"鲍尔回忆说。[92]

于是，在这场对越政策的辩论中，鲍尔称不上完美的撤军计划又一次成为稻草人靶子。当前需要的当然是对这场因反暴乱而引发的地面战争做出务实的前景评估。4月20日，情报机构在一份分类评估中得出结论，即使美军作战部队增至8万人的规模，也无法阻止越共、北越或中国参与或支持这场战争，"他们可能依靠时间的优势，试图用丛林战把美军割裂开来，四分五裂的局面让美军无从下手"。这份评估判定，越共、北越和中国"都认为他们的持久力比敌人要强得多"。[93]

这个情报分析深刻地指出战争升级的明显弊端——这次指作战部队人数的升级——但再一次被忽视了。邦迪或者其他政府高官都不会把这份评估当作催化剂，展开可行性方面的讨论：美军大规模地面部队的部署能否迫使共产党改变策略或商谈一个对美国有利的方案。4月22日，国务卿腊斯克通知泰勒大使，立即向南越增兵至8.2万人。[94]

约翰逊总统尽力避开媒体。在4月27日的记者招待会上，约翰逊被问及"是否存在大量美军参战而不是给南越提供咨询和帮助的情况"，约翰逊的回答很简单。"我们在越南的目标，"他说，"就是……给他们提建议，协助他们抵御进攻。"历史学家布莱恩·范德马克谈到这次记者招待会时指出："约翰逊没有提及任何海军陆战队的作战任务，也没有提及增派 5 万名军人的事情。"[95]1995 年，邦迪在重温范德马克的叙述时，评论道："这么做的确不对，我知道这个事，但是没能据理力争。"

尽管西贡政府处于瘫痪状态，南越军队也一直无所作为，但 1965 年春天，美国还是完成了作战部队的部署。南越经过内部的争权夺利和尔虞我诈，5 月，所谓的"少壮派"发动了军事政变——空军司令阮高祺和陆军中将阮文绍推翻了潘辉括组建的平民政府。这是 1963 年 11 月吴廷琰遭暗杀后政府的第五次更迭。在战场上，北越正规军的四个团调拨给了越共使用，在西贡以北和中央高地区域的战役中消灭了许多政府军。[96]邦迪提出的"渐进并持续的报复"计划受到了第一次检验，鼓吹空袭的巨大效力对华盛顿是多么严重的误导。国内由此也掀起了一阵激烈的争论，约翰逊总统在 5 月 13 日下达命令，空袭秘密暂停。[97]美国驻莫斯科大使福瓦·科勒受命通知北越，美国希望越共也能相应减少武装行动。[98]政府的这一举动滑稽地遭到断然拒绝。邦迪报告总统说："科勒很难向北越大使传递消息，北越使馆拒绝的理由是我们两国之间没有外交关系，建议科勒通过苏联政府传话……而苏联人拒接扮演这个角色，科勒最终把这封信通过北越使馆的一个雇员递交过去。同时也给苏联传递了一个复件，虽然后者拒绝捎信，但也没有将其返还。"[99]约翰逊为河内沉默的态度感到悲哀。"竟然没有人对此表示感激。"他抱怨说。[100]5 月 18 日美国继续轰炸，河内的外交部谴责这次暂停空袭是"一个欺骗性的手段，目的是为美国下一步行动铺路"。[101]

美国于 1965 年春天的军事升级行动在知识界引发了众多猜疑和

争执。而邦迪对自己作为政府的首席辩论者信心满满，很渴望去回应这些越来越多的质疑声，尤其是去对付关系疏远的学术界。约翰逊同样对自己作为政府首席战略家的手腕信心满满，认为国家安全顾问不应高调地与知识界和媒体界精英辩论，把公众焦点转移到政府的对越政策上来。邦迪在一份手稿中写道，他和总统的紧张关系从总统反对他参与公开辩论这件事中得到清晰的反映。邦迪未经总统同意，受邀在"国民宣讲会"（"national teachin"）发言，这是由一些激进的政府批评者组织的活动。总统得知后，要求邦迪退出这个活动。"我告诉他，如果我选择退缩，就说明我们失败了。"邦迪回忆，"所以，我要继续准备辩论。"[102]

活动计划于 5 月 15 日在华盛顿举行，这次辩论的双方是前哈佛教务长和一群学者，论坛的组织者是密歇根大学的教授。但是，邦迪却爽约了，因为约翰逊突然派他去多米尼加共和国。在此之前，因执政的军政府与民选的流亡前总统胡安·博什的支持者发生了冲突，美国曾派遣 2.2 万名海军陆战队员登陆。此次，约翰逊派出国务院的托马斯·曼、五角大楼的赛勒斯·万斯和邦迪共同去多米尼加。邦迪以为派自己去是为了"增强公信力，"但总统真正的想法是让国家安全顾问远离华盛顿的那场辩论。[103]

6 月初，西贡方面对邦迪的"渐进并持续的报复"计划表现出极度悲观。泰勒大使汇报说："我们认为，轰炸不可能让北越停止他们在南越的行动。"[104]两天后，泰勒告知华盛顿，南越军队现在精神涣散、训练不系统、领导乏力，经常"在压力下溃不成军，从战场上逃跑"。与之相反，越共的部队，尽管有时"损耗很大……但显示出惊人的复原能力"。为避免整个战争功亏一篑，泰勒最终只得让步："可能有必要出动美国地面部队参战。"[105] 这位前任将军曾向肯尼迪建议部署作战部队，但坚决阻止约翰逊派遣地面部队，最终也只有妥协了。

尽管已经批准 8.2 万名美军参战，但邦迪和战争委员会的战略家们依旧没有确定指导作战任务的宏观战略方针。"我们如何得到我们想要的结果？"6 月 6 日下午，约翰逊总统在参加国家安全顾问和其他高官的午餐会上发问。[106] 据比尔·邦迪回忆，大家达成的一致意见是支持"一个防御性的长期战略，前提是必须立刻铲除这个令人头疼的河内政府"。[107] 麦克纳马拉显得没有那么乐观。"我们在南越正陷入一个僵局，"他严肃地对约翰逊说，"我们能成功吗？我不知道。共产党依旧认为他们能赢。"[108]

6 月 7 日，威斯特摩兰将军告诉麦克纳马拉，春天确定的军事规模还是不够。他要求立刻增派 4.1 万人，后来又追加了 5.2 万人。他要求在现有美军 13 个营的基础上，增派美军 19 个营和盟国 10 个营的兵力。按照他的提议，全部作战部队从 8.2 万人增加至 17.5 万人，他掌管着总共 42 个营的兵力，到本月末，又变成了 44 个营。[109]

"扩大部署的基本目的，"威斯特摩兰解释，"就是在根本上增强我们的地面进攻能力，让越共放弃赢得战争的念头。"[110] 即使增加超过 100% 的兵力——继 4 月份增加了 150% 之后——美国在越南的最高指挥官依旧不能确保可以获得比麦克纳马拉之前预测的所谓"僵局"更好的结果。不仅如此，他也说不出一个更为可行的战略，只有邦迪的轰炸计划中提出的一般性假设，而这所有关于升级的字眼不过是军方用来劝导人的手段，"去说服"一个更有韧性的敌人"他们不可能赢得战争"。与这段时间每个升级的作战计划相同，威斯特摩兰的分析中遗漏了一点：如果越共依旧无法被击退，如果他们的军队依旧士气高涨，如果他们遭受严重损耗依旧不放弃，那么对美国的战略影响是什么？

威斯特摩兰的疯狂计划引发了政府内部的激烈争论。根据麦乔治·邦迪的私人记录，6月10日的白宫会议上，麦克纳马拉说，美军的数量远远少于威斯特摩兰的提议，就能够避免南越的垮台——大约9.5万人或者18个营——这个数字比他的一半略多。[111] 比尔·邦迪回忆说："腊斯克同意这个观点。泰勒认为，这个数量的兵力可以阻止严重损失，让南越陷入僵持局面。"[112] 但是参议院军事委员会主席理查德·拉塞尔赞同威斯特摩兰的计划。"小打小闹不解决问题。如果高原区必须派遣一个师才管用，如果需要轰炸萨姆导弹基地，那么就必须动用这么多兵力。"[113] 据麦克纳马拉的记录，约翰逊总统给大家提出了几个关键问题，其中一个在1965年多次军事升级中都没有答案。"我们该如何抽身呢？"他问道。"让越共陷入困境，让北越处于重压，才有解决的希望。"他得到这样的回答。[114]

***

1965年，约翰逊政府将越南战争美国化，当麦乔治·邦迪重温当年的记录，他面临这样的问题：在战略上发生灾难性转变的过程中，自己扮演何种角色。这不是一个他能轻易给出答案的问题。以他的回顾方式来看，战争进程中的其他因素显得不那么有威胁，很好给出解释。肯尼迪拒绝向越南派遣作战部队；约翰逊操控性的政治风格；乔治·鲍尔反对战争美国化未能取胜；邦迪自己在1965年更为重视公众辩论——这些都是邦迪准备回答的，但他本人在分析和建言方面的错误就很难说清了。但邦迪也并非完全拒绝自我批评。他内心很纠结，偶尔也会问自己这些棘手的问题，继而能迸发出一些思想火花。尽管不是所有的都那么成熟，但无论如何，也算是深刻且发人深思。

"我最严重的错误是什么？"邦迪在一篇手稿中自问。回想起来，答案很清晰："没有对成功的概率、一方的优势、另一方的弱势做出缜密研究，尤其是在 1965 年。没有去考虑在战争不升级的情况下如何在麻烦中获得最大利益。"[115] 从这个意义而言，邦迪间接承认，自己身为国家安全顾问的确有些嘲讽意味。面对越南危机，这位政府中最杰出的知识精英没有对美国战略的目的和手段做出精准分析。从他的手稿中，能发现他对这个错误的认识经历了一番挣扎。"引起错误的原因：（1）低估了敌人；（2）没能审查这个计划（白宫不知道它正在做什么……）。"邦迪说，造成这个后果"部分错误在我"，但补充说五角大楼和西贡的美国国家工作组也难辞其咎。他认为，整个政府普遍犯的错误就是没能分析清楚"敌人如何获胜，如何恢复元气后卷土重来"。[116]

当然，邦迪的自我批评是有道理的。他的确低估了敌人的恢复能力；他的确没有细察军事行动计划；他的确没有预料到美国的军事升级会遭遇到民族解放阵线和北越军队强有力的对抗。回到本质上来看，1965 年，邦迪追求的战略建立在一个假设的基础上，即军事行动的升级会平息叛乱，接下来的僵持阶段和相应的代价最终会迫使越共对目标做出让步。但这最多只是一个未经核准的假设。没有任何分析或证据显示胡志明和他的狂热追随者会束手就擒，于是邦迪的期待只能落空。此外，邦迪也没能坚持让国家安全机构对这样一个高压策略带来的政治影响进行量化。需要耗费多少炸弹才能瓦解暴乱者的意志？美国必须对他们的物资和人员的补给线给予何种程度的破坏和摧毁？到底需要派遣多少美军才足以让越共打消取胜的念头？战争需要多少年？确切的转折点在哪里——让越南民族主义者的野心发生根本转变的临界点在哪里？

邦迪承认，他不认为美国将"无法取胜"，只要美军部署最终能达到他口中所谓的"朝鲜规模"——政府其他战略家也是这么认为的。[117] 他也承认，自己的致命失误是认为能够用军事手段达到政治目的，也就是说越共最终会通过协商放弃自己的事业。从邦迪散乱的笔记中，能看出他在费力地寻找形成灾难性军事战略的根源。他写道："我们和林登·约翰逊都没有问过'胡志明能坚持多久'这个问题。"邦迪揣测，约翰逊或许害怕如果公开辩论这个问题，他会失去支持"一场长期艰苦战争"的理由。邦迪努力琢磨自己没能挑战约翰逊的原因，最后沮丧地说："无论如何，我们没有进行辩论，我们没有提出敌人究竟有多强大这个必要问题。我们把自己当作支持西贡的力量，然后尽到义务就足够了。"[118]

邦迪对 1965 年战争升级的言论中有一个根本性的偏差。他一直带着这样的预测向前推进战争——不定量的威慑性军事压力会让一场不定时长的战争最终产生不定形的政治投降结果。这种期待时时困扰着他。当他回头研究 1965 年 3 月 16 日的备忘录时，发现自己曾断言，更大规模的军事部署将强化"我们最终与越共讨价还价的立场"。于是，他狡黠地说："是啊，但是假设没有讨价还价的机会呢？"[119] 在更广的层面，邦迪否定了通过谈判解决越南问题的前提。邦迪在一份手稿中声称，"和平手段"无法达成谈判协议，而且美国"不可能"充当领导者去达成"一个和平协议"。他知道"河内方面能接受的，西贡方面绝不会满意，反之亦然"——而华盛顿方面，"除非出于国内政治原因"，也不能强迫西贡政府走一条通向"尽早崩溃"的道路。[120]

大规模地面部队无法逼迫北越来到谈判桌前。邦迪的轰炸战略也没能让北越做出任何让步。相反，许多情报分析之前都预测，轰炸起到了相反的作用。阮克黄（Nguyen Khac Huynh）是一位从事美国事务研究的越南外交部官员，后来去巴黎参加过和平谈判。他认为轰炸的效果就是强化了北越持续并升级游击战的决心。"空袭是关键因素，"他说，"我们希望停止轰炸。你们必须要明白，美国对北越的轰炸就是对我们主权的严重挑战。我们的唯一选择就是投降或抵抗。在这种情况下，如果我们迫于空袭的压力而坐下来跟你谈判，每一个越南人都会感到屈辱。这就是为什么你们只要继续轰炸北越，就不可能有谈判的结果。"[121]

外交部第一副部长陈光克（Tran Quang Co）解释说，美国的轰炸战略对北越的士气起到了关键作用。"越南人民从上到下，从没有像美国轰炸我们的时候表现得那么团结。胡志明主席发出的呼吁——没有什么比自由和独立更加宝贵——从没有像此时这般直击越南人民的心坎。"[122]邦迪和其他政府高官本该对轰炸的有限作用及越共的决心和韧性有心理准备。毕竟，这正是SIGMA综合军事演习给出的重要启示之一，而国家安全顾问本人也曾亲临现场。

经过1964年末与约翰逊的几次谈话和12月30日给西贡起草的电报，邦迪了解到总统的心意，后者对空袭的作用表示怀疑，更赞成向南越派遣地面部队。"麦乔治·邦迪1965年的空袭策略有问题吗？"三十年后他问自己，"不是策略有问题，是他们接下来的行动过于草率？"[123]威斯特摩兰迅速把轰炸当作部署作战部队的借口，这显然与约翰逊的想法不谋而合。邦迪本应该轻易觉察这是战地指挥官的机会主义与总统的明显偏好一拍即合的结果，但具有讽刺意味的是，情况并非如此。

"我（在1965年）的主张"，邦迪宣称，是为南越军队"提供支持、训练和补给"，这符合美国对西贡的一贯做法。他说，之所以会支持空袭，是因为南越人"1964年无法依靠自己的力量达成这个目标"。[124]谈及"渐进并持续的报复"计划，邦迪称其"冲破了重重阻力，让一个强硬的总统按照你的方式来行事，而不是他自己的"。他认为，自己曾起草的备忘录中包含了从美国本土至南越的长途飞行计划，这原有可能在政府内部促成一个实质性的围绕政治和战术问题的讨论。但林登·约翰逊不希望进行这样的探讨，"原因我当时也不得而知"，但邦迪的备忘录的确"夭折了"。[125]如果他暴露了约翰逊的真实想法，那么邦迪为何对备忘录的结局显得大吃一惊呢？为什么他没有预测到空袭战略将很快导致一场地面战争呢？

邦迪承认，约翰逊的战争委员会成员对解决战争美国化进程中的难题并无任何建树。"没有人提前询问，这究竟是一场什么样的战争，我们究竟会遭遇什么样的损失。"他写道，"1965年时，军方已经不会问诸如此类（胆小的）问题了。"[126]邦迪认为，约翰逊不希望听到这样的质疑。"因为军方会透露机密；它也可能不会说他想听的话；况且他对军方没有完全的控制力。"[127]但是作为国家安全顾问，邦迪有责任迫使五角大楼向总统阐明计划的残酷性，尽管约翰逊自己并不情愿去面对他的军事顾问们。为什么邦迪后退了？无论历史记录，还是回顾性文献都给出了两个答案。

根据1965年3月的记录，邦迪坚信，美国不能成为"一只纸老虎"，一个无法信守承诺的世界大国。还有一个当务之急便是对国内的影响，这体现了邦迪的老谋深算。他认为，在美国政治的背景下，向南越部署10万兵力后输了战争也比根本不派兵效果好。如果他认真完成了对越问题的评估，就会发现，执着于信誉——把它置于所有建议之上——实际上影响了自己的判断。邦迪决心用武力帮助南越支撑一段时间，但并无取胜的把握，于是他支持采取疯狂的升级策略，而不去限定美军的投入规模，不去评估取胜的要素，也不去考虑美国如何减少损失、从战争中抽身的办法。

根据邦迪的回顾性反思，可以看出他在1965年战争升级决策中表现被动的根源。在越南问题上，他不愿挑战占据上风的共识，尤其是总统支持的观点。在此之前，邦迪总结说："我认为自己做着一份参谋的工作，知晓了重大决定，然后帮助其实施。"他补充道，因为自己支持美国增加对西贡政权的援助，他就帮助约翰逊总统"按照自己的方式行事；因为他是老大"。[128] 显然，邦迪不愿挑战约翰逊是因为他怀有这样的想法——1965年3月21日的笔记有集中而生动的反映——在越南战斗中输掉总比不战要强。

邦迪想知道，如果约翰逊不同意战争美国化，1965年是否会有一个不同的结局。"1965年的背景下，你大可问这个问题。我想，大致会出现下面的情形。总统说：'不，伙计们，抱歉。如果这计划要搭上10万兵力，还要发动空袭，我打算和乔治·鲍尔一起反对迪安·腊斯克。我知道，麦克纳马拉和邦迪都倾向于腊斯克的意见，但我认为，他们都将追随于我。'无论总统坚持什么主张，我们应该都不会提出异议。"[129] 邦迪的这番直言很有深意。如果林登·约翰逊1965年对待越南问题的态度与约翰·肯尼迪在1961年有几分相似的话，邦迪有可能放弃自己的主张，而接受总统的意见，那么越南战争将不会变成美国人的事情了。

当然，约翰逊永远不可能有如此觉悟。邦迪回忆1965年的往事时发现，当时的他显然缺乏严谨和精准。"假设你一如既往的全神贯注，做好一个参谋应尽职责，并竭力说服迪安·腊斯克和罗伯特·麦克纳马拉——那么1965年会怎样？"邦迪自问。政府会不会无情地承认南越无法挽救了？这可能会是邦迪回顾性逻辑下的现实主义结论。他断言，1965年的"鸽派"在"不切实际地幻想"基础上发出一种虚弱的论调：存在一种达成协议的外交可能，最终将结束越南战争，并与共产主义力量达成妥协。于是，邦迪向我建议说，我们的研究有必要去辨认在面对1965年的困境时，有哪些人保持着一种冷静的实力政治态度。他想知道"谁直言不讳地说了——它注定是个输家——轻而易举地遭到了抛弃"。[130]

邦迪本人在1965年不太可能发起一场艰难的政治斗争。他缺乏这样的勇气，因为他的核心理念就是——相信威慑力，看重信誉，习惯于支持总统的政治手腕——而它们却与分析性的行动主义背道而驰，恰恰后者才是当务之急。当约翰逊政府进行一场开放式的地面军队部署时，邦迪只是袖手旁观，而这场战争对持久性、伤亡人数和投入兵力都没有限制。邦迪写道，这是"一个很大的错误，我们没能解决"。[131]

教训五 //
LESSON FIVE

教训五
追求不确定的目标时，永远不要动用军事手段

LESSON FIVE
NEVER DEPLOY MILITARY MEANS IN PURSUIT OF INDETERMINATE ENDS

"在我们看来，最令人意想不到的是什么？"麦乔治·邦迪在1996年2月3日的日志中问自己，当时他和玛丽刚刚从加勒比海度假回来。他的答案是："敌人的耐力。"战争的变化的确耐人寻味。他惊叹于暴乱领导者的才干及他们在南越内部的活动能力，越共武装力量的战斗力，以及把种种变数糅合在一起的社会凝集力，最终让一个世界上很小很穷的国家战胜了美国。[1]

从严格的军事层面看，1965年至1973年这漫长的战争过程中，美国对北越的军队和南部民族解放阵线的干部队伍造成了重创。然而，越南共产党把美国军队赶出战场，颠覆了西贡政权，并最终战胜了世界超级大国。邦迪想用某种方法粗略地描绘出美国和北越的伤亡差别。他承认自己的算法在一定程度上不够准确，得到的结论是共产党的损失是美国人的10倍，但他们的人口是美国的1/10。根据这个估算，每百万北越人中大约有5万人死亡。"然而，我们更希望离开这个战场，像尼克松在任时那样。"他说。[2]

战争全面美国化后的三十多年，邦迪依然试图去理解约翰逊政

府为何会坚持一个变味为考验耐力的战略，而这场耐力竞赛美国人必输无疑。"绝大多数的战争史"，邦迪写道，都把美国的地面行动定义为"消耗战"。尽管对领土的占领和控制也是美国军事战略的一部分，但无法体现其核心目标。美国作战部队的核心任务有所不同。"他们的使命，"据邦迪所言，"是与敌人的地面部队交战，绞杀他们的战斗力。"[3]

1965 年夏天，消耗战并没有成为明确的军事战略，可它竟然逐步成为战争美国化的主旋律。据邦迪记载，消耗战也"未得到采用者的解释，但威斯特摩兰将军的备忘录中有最好的阐述"。[4] 威斯特摩兰说："对越的军事战略要听命于政治决策，从根本而言是一场消耗战。"尽管他承认自第一次世界大战以来，消耗战已经"声名扫地"，但威斯特摩兰辩称，越南战争选择这个战略是正确的，"用相对有限的人力来对付敌人"。[5] 因此，自 1965 年开始，美国大规模部署地面作战部队，以一种持久战的方式来消耗敌人——耗尽他们的兵力，拖垮他们的意志，迫使他们投降或走到谈判桌前达成对美国有利的协议。

这个战略当然是个巨大的失败。邦迪在前文提到的散碎手稿中写道，在南越部署的地面部队投身于消耗战之中，"显然……是一个很大的错误，我们甚至不能解决"。三十年后，他也不确定，"按照林登·约翰逊的路数"究竟当时该如何解决。但是，他承认，这不能作为借口，"我们应该把这件事情整理清楚"。[6] 政策制定过程中的错误人人有份，邦迪认为，包括总统以及他的高级顾问。"林登·约翰逊和我们大家都没有追问，胡志明究竟能坚持多久。"邦迪承认。他说，美国把自己的角色定位于支持南越政权，并希望后者能有更出色的军事表现，承担相应的责任，"哪怕只是一部分——也就足够了"。
然而，政府的高级战略家"并未询问解决这个问题的办法"。[7] "它就是失败了。"邦迪这样概括消耗战略。"但是它最能检验出究竟哪一方耗不起。因为在军事战略层面，是我们首先退出了。"[8]

1965年的军事决策反映出的问题发人深思：邦迪为何没能在初期看到美国消耗战略的种种弊端？他为何没能预见到战争将变成一个持久僵局，看不到任何越共投降的迹象？他为何没能更有力地质疑约翰逊总统的战略，在激辩部署作战部队的目的和手段的关键时期敦促其改变？上述问题的答案并不清楚。正如邦迪回顾时所说，那些支持或默认了消耗战略的人没有预见到，"数字上的胜利"竟然也能导致军事失败。[9] 他尖锐地问自己："我们讨论过自己是否足以应付消耗战的问题吗？我想，这个问题在采用消耗战略的那一整年，从未提交到林登·约翰逊面前。"[10]

***

1965年6月4日，在被后来的《五角大楼文件》称为"教科书式的不当战术"中，南越军队在同帅战役中"一点点地被消耗"并最终被剿灭。[11] 随着战略升级的临近，林登·约翰逊向前总统艾森豪威尔征求意见。艾森豪威尔建议，不仅仅支持南越军队的军事行动，美军还要直接发起攻击。"我们必须取胜。"他说。[12] 在6月17日的记者会上，约翰逊虚张声势地表示，东京湾决议授权他可以直接下达行动命令。"这意味着，"他坚称，"国会同意并支持总统作为总司令，采取一切——一切必要措施去击退任何——任何针对美军的武装袭击，阻止其进一步的进攻。"[13]

乔治·鲍尔明白，政府正处于向南越大举扩张的边缘。"从 5 万人增加到 10 万甚至更多，将更多的兵力置于作战状态，就意味着我们正在展开一场新的战争——美国直接对付越共。"鲍尔提醒总统。"或许大规模派兵加上集中火力能够迫使河内和越共做出我们想要的决策。但另一方面，"他有预见性地说，"即便向南越派遣 50 万兵力，我们也可能无法赢得这场战争。"鲍尔向总统列举了其他历史事件的教训："法国人在越南发起了一场战争，但最终失败了——经过了 7 年血战，战败时，战场上还有 25 万久经战阵的老兵，以及帮助他们的 20.5 万越南士兵。"[14]

但是鲍尔的异见一如既往地遭到政府内鹰派的反对。6 月 23 日下午，约翰逊总统召集邦迪、麦克纳马拉、腊斯克和其他高官开会，主要议题依旧是作战部队部署的规模，而不是战略目标或军事可行性。[15]尽管政府一直都在半真半假地提出空袭暂停或将越南问题提交联合国等意见，但都没有获得赞同。鲍尔持坚定的悲观态度，请求约翰逊设定一个 10 万人的上限，并考虑减少美国在越南的投入，将华盛顿的重心转向对泰国的防护。这个提议遭到了腊斯克和麦克纳马拉的坚决反对。他们认为，如果南越垮了，泰国必将沦陷。腊斯克预测将会导致一连串的多米诺骨牌效应——甚至印度都有可能落入中国共产党的控制，美国的盟友中，安全区域只剩下北约成员国澳大利亚、新西兰和菲律宾。[16]

就在政府内部辩论正酣之时，威斯特摩兰从前线带来一份令人沮丧的报告。"战争已经成为一场消耗战。"他在 6 月 24 日宣称。[17]"如果不动用核武器来阻断敌军的资源和路径，我看不可能迅速获得满意的结局……我越来越确信，部署一定数量的美军来协助越南军队完成战争是正确之路。"[18] 第二天，游击队发动了最严重的恐怖行动，他们在美景水上餐馆引爆了一枚炸弹，炸死 44 人，其中包括 13 名美国人。在另一起事件中，越共枪杀了一名美国军人——哈罗德·G.贝内特中士。

在如此紧张的局势下，麦克纳马拉起草了一份备忘录，提出把辩论的焦点放在进一步军事升级之上。他正式加入参谋长联席会议的行列，敦促总统通过威斯特摩兰将军的方案，向南越派 44 个营——34 个由美军派遣，10 个由第三国派遣，总计 17.5 万人。麦克纳马拉在备忘录中，对威斯特摩兰在 6 月 7 日提出的建议表示支持，并再次提出设想，美国的优势兵力将最终摧毁北越和暴乱者的意志。"我们的目标就是要为理想结果创造条件，向他们展示……他们根本不可能取胜。"麦克纳马拉说。美军的重要战略升级，他认为，将会迫使暴乱分子"接受南越的战争局面，他们毫无希望早早获胜，也毫无希望从美国手里逃生"。[19]

约翰逊政府下决心向南越增加一倍军力时，参谋长联席会议主席厄尔·惠勒将军直言不讳地问威斯特摩兰：这个规模的升级行动足以毁灭叛军吗？[20] 威斯特摩兰给出了清晰而令人震惊的答案："对这个基本问题的答案就是'不行'。"他还承认 44 个营的兵力无法"保证这个目标"。[21] 因此，在美军最大规模、最具关键性的扩张行动前夕，行动的设计者居然告诉参谋长联席会议主席，美国希望打消暴乱分子获胜企图的目标不可能通过这个规模的兵力实现。那么，一个具有历史性问题就长久存在了：为何威斯特摩兰的答复能够让他本人和五角大楼的高官们接受呢？如果不足以摧毁暴乱者的意志和能力，为何还要部署 44 个营的兵力？

中央情报局的态度同样悲观，不看好地面部队的升级能达到威慑目的。"我们怀疑他们不会认识到'……他们没有取胜的希望'，除非他们真的输了。"中央情报局的分析显示，成功的重要先决条件是"真正开始（在对付越共的斗争中）扭转局势"，但这不敢保证。"如果美国和南越军队在接下来的几周中遭受了一连串的挫败，我们显然不能继续这么做。"[22]

乔治·鲍尔指出了部署 44 个营及其战略假设都是不确定的。"没有人能保证，我们可以通过大规模的军力扩张和直接参战达到目标。"他认为，"相反，我们会承受很大的风险，把美军拖入残忍的消耗战，而结局却难以预料。这个风险非常大，那些支持这个策略的人必须要证明，美军参战的确能够达到目的，代价在可承受的范围之内。"鲍尔警告："美军更深地涉入南越的地面战争将会是一个灾难性的错误。"同时总结道，"如果有战术撤退的时机，那便是此刻"。[23]

这个阶段上演的本该是决定越南战争未来的激辩——麦克纳马拉支持美国向南越扩大部署；威斯特摩兰是 44 营计划的主要策划人，明确承认美军新部署无法确保达成既定目标；鲍尔对近在咫尺的灾难发出警告。但这个关键时刻，邦迪在哪里？他正为自己与约翰逊总统的紧张关系而发愁，考虑是不是辞去国家安全顾问的职务。讽刺的是，邦迪与约翰逊的诸多分歧竟对越南政策的实质没有造成任何影响。

邦迪作为当权派的一员，作为政府最犀利的辩论家，面对外界对白宫的越南和东南亚政策发出的质疑，保持沉默显然说不过去。邦迪回忆，对战争提出批评的人"是那些我一直保持联络的人，他们中的很多人都觉得自己被排斥在政府决策之外，希望有真诚交流的机会。

因此我们设立了一个办公室，可以接待那些怀有善意的人。他们持有比政府立场更为温和的鸽派倾向，或者随便你们怎么称呼"。[24]邦迪对约翰逊故意打发自己出国而错失5月15日辩论之事耿耿于怀，于是他向总统发起了迂回进攻。尽管他明知约翰逊会恼羞成怒，但邦迪还是答应了哥伦比亚电视台新闻频道（CBS News），6月21日晚出席黄金时间的一小时无广告电视辩论。

"我决定了之后才通知他，还告诉他如果我不参加，就无法原谅自己。"邦迪在1969年的一部口述史中解释说，"我感觉，这次最好别告诉他，因为他会拒绝，然后……从长远来看对他不利。当然这其中也有我的自尊心，但我认为这不是关键因素。人们会说，政府害怕直面对手，这将非常有害。依总统的个性，他不会这样看待问题。"[25]虽然邦迪永远没说，但应该承认的是，他瞒着约翰逊决定参加哥伦比亚电视台的越南问题辩论就等于提交了辞职信。在政府中，邦迪与总统的关系永远回不到从前了。

题为"越南对话：邦迪先生和教授们"的辩论将在乔治城大学进行，哥伦比亚电视台现场直播。节目一经宣传，邦迪便不可能退缩，而且会把政府变成大众议论的焦点。就这样，国家安全顾问将总统围困在中央，将越南问题的辩论上升为一场全国性的重大新闻事件。

"我认为，接下来一小时是电视史上的重要时刻，"主持人埃里克·塞瓦赖德说，"而且很有可能成为这个国家当代史中的重要时刻。在世界的另外一端，美国正在交战。不管你怎么称呼或界定，它就是战争。越南已经花去了美国大约10.5亿美元，还令几百人丧生。"这场战争引发了反对的声浪，塞瓦赖德说，尤其在大学校园。"今年春天，反对者在全国进行了一系列宣讲。5月15日在华盛顿举行了一场大型集会。反对者最希望倾听并提问的政府官员是麦乔治·邦迪先生，他是约翰逊总统的特别助理，负责国家安全事务。邦迪先生当时没能出席。但今夜他来到了现场。"[26]

与邦迪同台的是五位杰出的专业学者，包括他的老对手——芝加哥大学的教授汉斯·摩根索，他是世界知名的国际关系学家。这个德国知识分子在 1937 年希特勒掌权之际离开了祖国，是国际政治现实主义学派的先驱。他怀疑意识形态的作用，质疑用法制和道德途径去指导治国之道。摩根索相信，国际体系本是无序状态，由各国的权力平衡来界定，国家的兴盛或灭亡取决于他们区分核心和边缘利益的能力。摩根索曾说，越南不是美国的核心利益，把美国外交政策建立在多米诺理论上本就不可靠。他坚持，民族主义是政治生活中最有效的现象之一，正是民族主义成功地扰乱了英国、法国、荷兰、葡萄牙、奥匈帝国及奥斯曼帝国。如果美国坚持向越南进行军事投入，他断言，它将会遭受同样的命运。[27]

电视辩论令邦迪的家人心神不宁。玛丽·邦迪给丈夫提出了一些明智的忠告："今晚，尽量做那个我认识的男人。"[28] 可是辩论一旦开始，邦迪恢复了他熟悉的演讲模式，词锋辅以他私立学校的辩论战术，以图打击摩根索论点的可信度。邦迪引用约翰逊总统的话，坚称美国：.

> 以国家名义承诺帮助南越捍卫独立。放弃这个誓言，让这个弱小但勇敢的国家面对敌人和恐惧将是不可饶恕的错误……我们还要在那里……捍卫世界秩序。在全球的许多地方，从柏林到泰国，许多人的一部分福祉有赖于这个

信念，即如果他们遭受侵袭，他们还能仰仗我们。让越南人听天由命将会动摇所有人对美国一诺千金的信心。

然而，邦迪最激昂的辩论并未集中在政府保卫越南的策略上——他对约翰逊的军事计划闭口不谈——转而去攻击摩根索，因为教授早前曾针对马歇尔计划和老挝问题发表过评论，但这些主题本就毫不相干。

邦迪称，美国之前对南越的承诺对后来的所有政府都具有约束力，摩根索对此提出质疑。他认为，华盛顿培植了西贡的第一个政府——吴廷琰政权，那么"南越这个国家在某种程度上就是我们的产物……我们和自己达成了协议，所以，这无法作为我们现身南越的正当理由"。摩根索引用了亚历山大·汉密尔顿的例子，后者在1793年曾"订立了原则——任何国家都没有义务为了帮助他国，去危害自己的利益，更不必说自己的生存"。而在越南，摩根索继续说，"我们很难赢得一场军事胜利。即使我们能够取胜，它在政治上也毫无意义"。摩根索提醒听众，南越军队逃兵的比例是30%（某些地区可能会更高），这很难说服美国人去扩大军事承诺。他声称，对美国而言，在越南的明智道路就是仿效法国的做法，将自己从对殖民地的义务中解脱出来。"当然，如果你看看法国今天的声誉，肯定是高于他在阿尔及利亚战斗的时候，也肯定高于他在印度支那战斗的时候。"[29]

当约翰逊从媒体上得知邦迪已经答应去电视台辩论时，非常愤怒。"你看到了吗？"约翰逊向助理比尔·莫耶斯咆哮道，"邦迪要上电视——国家电视台——与五个教授论战。简直就是不忠。他之所以不告诉我，就是知道我不想他这么做。"约翰逊告诉莫耶斯，他应该通知邦迪说总统会"很高兴——非常高兴"地接受他辞去国家安全顾问的职务。莫耶斯吓得目瞪口呆。"细想了一下，或许还是我亲自跟他谈吧。"约翰逊说。总统稍作停顿，莫耶斯不安地看着他。"不，还是你去吧。"约翰逊又说。

莫耶斯没有按总统的指令去行动。邦迪在电视台露面后不久的一天傍晚，莫耶斯和约翰逊在总统卧室中，总统让莫耶斯到隔壁房间帮他取睡衣。"你拿来睡衣后，"约翰逊说，"到楼下把邦迪解雇了。"莫耶斯起初抱怨，但最终还是来到白宫地下室寻找国家安全顾问，却发现他已经下班了。第二天一早，莫耶斯遭到了总统的质问。"你没有辞退邦迪吧？"约翰逊说，"我知道你没去。他今早还打来电话，根本没有提及此事。现在就去办。"莫耶斯再次下楼来到邦迪办公室，看到国家安全顾问坐在桌前。"总统派我下来解雇你。"莫耶斯解释说。邦迪立刻抬眼看着他说："又来了？"然后继续看文件。[30]

邦迪热情地回忆起伯德·约翰逊夫人多次试图修复他和总统关系的往事。她的方法就是打电话提出一个心血来潮的晚宴邀请。"亲爱的玛丽，"她会对邦迪的妻子说，"林登和我昨晚刚刚说起，好久都没有见到邦迪一家了。我们特别希望你和麦克能今晚来我家共进晚餐。"正如他们关系中一些其他复杂因素一样，邦迪也很难读懂约翰逊在这些场合中的真正用意。"时至今日，我依然不懂，"三十年后他回忆说，"她的意思或许是：'我想修复你们的关系，如果我邀请了玛丽的话，他就不会阻止我。'又或者他的意思是：'我无法在办公室和那个浑蛋说话，但如果你把他叫过来，我们就能和他好好谈谈？'或者是融合了上述两种意思。"[31]直至生命终结，邦迪都觉得欠了伯德·约翰逊的人情。"我妻子不让我说一些激怒约翰逊夫人或令其伤心的话，"邦迪解释说，"或许她是对的。"[32]

约翰逊夫人为和解做的种种努力完全无效。1965 年夏天，据邦迪回忆，他与约翰逊的关系简直就是一场"不体面的游击战"。在邦迪看来，约翰逊政府应该把升级计划向公众阐释；总统对此难以理解。"你的意思是，"约翰逊说，"如果你的岳母——你自己的岳母——只有一只眼睛，恰好位于前额正中，那么对她而言最合适的位置是大家陪她一起坐在客厅中间！"当然，这个独眼人正是指越南战争的美国化。[33]

约翰逊不愿对政策进行解释和辩护的态度令邦迪很恼火。邦迪在手稿中写道，总统希望"在尽可能不对公众解释的情况下"，"实现一次重要的新部署"——对扩员的作战部队进行第一次调动。"这不是政策本身的变化，"邦迪记得约翰逊曾这样说，"不过是政策需要的前提下做出的改变。"约翰逊召开了一次新闻发布会，而邦迪用尖刻的语气记录道："正值中午，根本没有人看电视。"在有关战争的公开演讲中，总统会"强调善举——比如，一个湄公河版的田纳西州流域管理局——而不提派遣新的作战部队之事"。邦迪说，他永远搞不清楚总统希望达成什么目的，但他预测，约翰逊的伎俩只会适得其反。如果新的攻势无法"快速取得决定性成果"，邦迪说，那么会产生恐慌性的后果，公众"回头一想就会暗自思忖：政府是公然将我们引入这场战争，还是利用了某种欺骗手段"。[34]

总统煞费苦心地控制知识精英的舆论，但只会让政府陷入尴尬境地，一些评论员早就看透了白宫的伎俩。其中一位让约翰逊特别头疼的是沃尔特·李普曼，他的专栏文章在世界范围内都有影响。约翰逊抱着不切实际的幻想，让国家安全顾问说服李普曼不要再向政府的战争行为发起狂风暴雨般的批评。当邦迪意料之中地败下阵后，总统决定亲自一试。约翰逊苦口婆心地向李普曼讲述自己在东南亚地区"对和平的矢志追求"——尽管他决意升级战争——当然也无功而返。邦迪认为总统"简直不是在改变李普曼"，而是让这位专栏作家确信总统就是"一个把自己当傻瓜的惯骗"。[35]约翰逊在与李普曼交锋的过程中，"他企图抹杀事实，但却伤得不轻。"邦迪称，约翰逊这种"希望操纵媒体的想法……丝毫不改变战争进程，而且对政府和民众之间的信任造成了很强的破坏"。约翰逊对媒体强施控制让邦迪很反感。"我在 1965 年夏天之所以会心烦意乱，部分原因就是约翰逊的反复折磨，他奢望能左右世人看待他的方式。"邦迪补充说，"我生气的是，我知道自己是对的，但我也知道他不会重视我告诉他的道理。"[36]

约翰逊试图操控知识精英的方法太过鲁莽。总统"不会感到一丝不妥，他会说，'你看，邦迪，你是沃尔特·李普曼的朋友，也是乔·艾尔索普的朋友，我需要他们两个帮我'"。邦迪明白，如果这段话传到两位专栏作家耳中，他们一定会认为约翰逊"疯了"。"但约翰逊一辈子都是这样行事，"邦迪说，"把有异议的人变成大多数。"[37]邦迪承认，每位总统，包括像林肯和罗斯福这样的伟人，都会寻求一种沟通方式，力图实现最大的政治影响。而约翰逊奢望更多。总统"暗自保有一个非常滑稽的观念"：可以为了满足自己的利益来重塑事实。约翰逊认为"如果他能让报纸说他想说的话，他就会这么干"。约翰逊这个特点在肯尼迪身上"完全没有"，邦迪记得肯尼迪对待媒体的态度要平和得多。"的确，他需要好的舆论环境，"邦迪这样评价肯尼迪，"但他从不会想到，赢得舆论好评需要创造良好事实。"[38]约翰逊却相反，"认为自己是所有新闻的最棒的操盘手。每当他想控制舆论的时候，就生生往自己的小腿上踢了一下。他大概能想到一个更生动的比喻吧"。[39]

在很多不经意的时刻，邦迪就会表现出对约翰逊的厌恶之情，显然有着无法释怀的积怨。他经常把约翰逊描绘成一个患了强迫症的骗子。"他说不了真话，因为这违反了他的天性，"邦迪说，"他只能说出符合自己眼前利益的话……如果在国会你比竞争对手更知道那六张摇摆选票究竟会投给谁以及为什么，你就赢了。"要诚实地披露上述信息就如同"泄露你家里有多少珠宝……他在得克萨斯的什么地方学到的，如果你太随意地说真话，情况会对你不利"。[40]邦迪想用自小在新英格兰耳濡目染的语言来描述约翰逊。"林登·约翰逊对真相的态度就如同一个波士顿信托人对资本的态度，"他说，"贵重到不舍得使用的程度。"[41]

参加了哥伦比电视台的辩论之后，邦迪与约翰逊的关系彻底跌入谷底，于是他决心尽早离开华盛顿。"我一直没有学会如何成为对他有用的助手。"邦迪总结道。他把两人"在公共讨论的方式方法"上"根深蒂固而毫无规律"的差异归为离开的原因，特别澄清绝不是因为在越南问题"选择上的是非曲直"。[42]邦迪一向支持推举比尔·莫耶斯为自己的接班人。前一个冬天，邦迪就请求约翰逊允许莫耶斯"作为助理来办公室工作，做好继任准备"，尽管莫耶斯没有国家安全方面的工作经历。邦迪称莫耶斯是"这个职位最理想的人选……我知道，他在外交事务方面有着持久的兴趣和杰出的才能。我相信他能胜任这份工作，他本人应该也乐意"。[43]约翰逊当时没有接受邦迪的建议。1965年6月末，白宫找不出合意的人选，而邦迪再过几个月就要宣布辞职。尽管国家安全顾问与总统的关系已经接近崩溃，但两人都没有公开翻脸，尤其在军事升级的决策即将出台的时刻。

对西贡的"承诺"，邦迪6月27日对总统说："主要是政治方面的，任何扩大或缩减的决定都出于政治考虑。我想表达的更深层含义是，无论我们是否或何时想改变政策，减少我们在越南的损耗，都没有问题，因为越南人并未对他们自己或我们尽到义务。这个政策始于吴廷琰政权，如果我们现在面对的是一个完全无能的、反美的政府，那么我们大可重新洗牌。"[44]

批评者认为，美国对越南问题的处理正在步法国的后尘，而邦迪不以为然。"法国在越南经过7年的持久战，是想重建殖民统治。"邦迪说。而约翰逊政府进行的是一番事业。"美军增加驻军是应西贡政府之邀来帮助抵抗共产党的。"[45]当然，邦迪的解读与基本问题无关，即美国作战部队是否能够战胜凶悍和高效的暴乱者，但正是同一伙人击溃了法国人——而且他们也把美国看作是带有侵略性质的占领国。6月的最后几天，邦迪阐释了自己的不同立场，但一份私人手稿再次暴露了他的核心观念，以及美国政策中的必要条件。"我们需要看看美国的角色……你们一定要特别努力才行。"[46]

尽管邦迪已经将一份态度强硬的备忘录提交给总统，表示了对越南战争升级的支持，但是6月30日，他向国防部长麦克纳马拉表露了对威斯特摩兰计划的担忧。"6月26日给总统的备忘录在我看来还是有较为严重的缺陷，"邦迪说，"它建议，把我们目前在南越的兵力翻番，把北部的空中力量增加两倍，还有一个新的海上封锁计划。这个计划我们之前从未演练过……我的第一感觉是这个计划鲁莽得近乎荒唐。"

邦迪质疑常规作战部队遏制暴动是否有效。"我不明白为何会假设越共将按照我们习惯的方式打仗。目前为止得到的种种证据表明，他们打算避开与美军的正面接触，而把火力集中在越南军队身上。"谈到"一个20万人规模"的支持，邦迪警告说，这意味着"美国将向着全面负责越南事务狂奔而去，同时也意味着越方的软弱无能"。上限是什么？邦迪问道。"如果我们现在需要20万人去完成这些很有限的任务，我们日后会不会需要40万人？这是一个合理的行动路线吗？美国正规军执行反击游击队的任务是否有前途？"邦迪不相信战争需要整体转型才能达成最终的战略目标。"如果最后来到谈判桌前，我们要追求什么结果？说得更残忍一些，我们希望投入20万人去为最后的撤退打掩护？我们为什么不能现在就打住？"[47]

邦迪用尖锐而挑衅性的备忘录，对已部分成形的战争美国化理论提出质疑。然而，他批评的影响力却大打折扣，因为只是针对麦克纳马拉，而不是总统或者负责越南战略的顾问团队。回顾往事，邦迪为自己的这个行为做出了辩解，为何只把他的疑虑吐露给国防部长而不是政府的其他人。在决策过程的这个阶段，"影响战略决策的唯一途径……就是与鲍勃·麦克纳马拉辩论"。邦迪说。邦迪承认不愿直接挑战约翰逊，因为在他看来，总统已经把自己的角色限定在对几个关键问题的定夺上，比如，派兵的数量、是否召集预备役、实行空袭的指导方针。其他问题都留给国防部长。按照邦迪的话说，一个参谋总不能超过总统的参与度，而1965年夏天，决定"林登·约翰逊界限内选择"的人是麦克纳马拉。[48]

用核武器对付河内是1965年没有考虑的方案。很多读者认为，邦迪的备忘录似乎暗指了这种可能性，因为他提及艾森豪威尔总统曾在朝鲜战争中使用了核威慑。"我们有能力向河内发出更严肃的警告，"

他建议，"如果艾森豪威尔将军认为是核打击的威胁带来了朝鲜停战的结果，我们至少可以考虑使用更大的行动来增强现实威胁。全面切断运往北越的海上和空中物资通道就是一个可行的备选方案。"[49] 罗伯特·麦克纳马拉把这段话解读成邦迪支持对河内使用核讹诈。[50] 但情形可能并非如此，邦迪备忘录中"更大的行动来增强现实威胁"很明显是指对北越实行空中和海上封锁。"我记得，我在白宫时，围绕越南问题从未提及过美国的核武器。"邦迪后来回忆，并补充道，整个冲突过程中，"美国的公共舆论使得动用核武器在政治上根本行不通"。[51]

摆在林登·约翰逊面前的有两个完全对立的选择——威斯特摩兰和麦克纳马拉支持的 44 营计划，以及鲍尔提出的撤退方案——当然还有第三个建议。这就是由比尔·邦迪设计的所谓中间道路，他提出派出 18 个营和 8.5 万名士兵。"事实上，"他解释说，"这个规模将维持两个月，来检验一下美国作战部队的有效性，并试探越南军民对美国角色的反应……这个计划拒绝撤退或任何形式的谈判媾和，也同样拒绝把兵力增加到 8.5 万人以上。"[52]

麦乔治·邦迪预测了约翰逊对这三个建议可能做出的反应。7 月 1 日的备忘录中，他记录了总统的选择："我的预感是你会用心聆听乔治·鲍尔的意见，然后加以拒绝。继而，选择的范围就在我哥哥的方案和麦克纳马拉的建议之间。决策将会在 10 天后做出，而此时麦克纳马拉正力推空运机动师计划。"邦迪列举出越南战略的几个"有争议的问题"——在即将向南越增加一倍兵力的决策时刻，政府还没有解决的问题："在棕色人种或反对我们或持冷漠态度的情况下，我们陷入一场白人战争，获胜的几率有多大？……比尔·邦迪或麦克纳马拉的建议，需要我们采取什么样的政治和公关宣传战？如果我们选择了投入 44 个营的兵力，那么我们义务的上限在哪里？"[53]

之后很多年中，邦迪很在意不断有批评者指出，他拒绝鲍尔撤军计划的行为是在故意取消一场至关重要的讨论，也与邦迪自己 6 月 30 日给麦克纳马拉的备忘录中的质疑相矛盾。正如历史学家布莱恩·范德马克所言："在给总统的文件中，邦迪回避了自己关于撤退的思考，以及一些有关战争升级的顾虑。"在阅读了范德马克的结论后，邦迪写道："重要的是——预言，而不是主张。"[54]邦迪解释，他写备忘录向总统建议从两个不同程度的升级计划中选择，而不谈撤退问题，"因为我知道，那是约翰逊总统真正在考虑的选择。我到现在也认为，约翰逊肯定不会放弃那块地盘。"与此同时，约翰逊希望制造出一个慎重审议的景象。"他希望大家知道他听取了所有的观点。他希望记录显示，大家进行了充分辩论，倾听了所有声音。而一份告诉他要从什么地方撤出来的备忘录就是极不受欢迎的材料。"[55]

邦迪之所以对鲍尔的备忘录表现出冷漠的态度，有可能他早就预料到总统对战争升级的某个计划感兴趣。但邦迪以老练的不动声色而闻名，他很擅长在竞争激烈的官场上占得优势。比如，邦迪就曾贬损国务卿。"他不是一个好的管理者。"1965 年初，邦迪这样向总统谈及迪安·腊斯克，"他一直不懂知人善任。他生性谨慎而消极……国务卿缺乏有效管理的意识。他不能及时推进决策过程。他无法激发员工的进取心。他没有协调好本部门的各种矛盾。"[56]

尽管邦迪清楚地知道约翰逊倾向于作战部队的升级计划，但想让约翰逊承认这一点却绝非易事。"他不喜欢被看透，"他这样评价总统，"向总统挑明他的心思，不是参谋的职责。"对约翰逊而言，"当他尽量掩饰自己想法的时候，谁去说穿了，会引起他的极大反感"。邦迪尖锐地指出总统"害怕其他人看透自己"。[57]

约翰逊继续四处寻找有分量的支持者，看能否提供更为平衡的主张。7月2日与高级顾问见面之前，他征求了艾森豪威尔的意见。"你真的认为我们能击败越共？"约翰逊问道。这很难说，艾森豪威尔回答，因为不知道北越有多少暴乱分子，也不知道南越有多少人会支持他们。进一步讨论后，艾森豪威尔建议约翰逊尽快组建好军队。"我们不能让自己一手帮助建立的自由国家就这样完蛋了。"艾森豪威尔说。[58]两人通话结束后，约翰逊召见了麦克纳马拉、腊斯克、鲍尔和麦乔治·邦迪。根据唯一的会议记录，"总统就像一名大法官一样，要求大家仔细考虑申诉要求，但没有明确给出最后判决"。[59]

尽管约翰逊试图摆出一副深思熟虑的样子，在战争升级的问题上不做定论，但细心的观察者还是捕捉到了蛛丝马迹。邦迪热切地回顾了约翰逊1965年的公开演讲。他说，总统常常"在可笑的时机、可笑的地方"发表讲话。比如1965年7月14日，他在白宫玫瑰园向全国农业电力合作协会发表的演讲。邦迪说，那是一场很有感染力的演说，但在越战历史上不多见。[60]讲话中，质朴的约翰逊以电力的优势作为开篇。"我有幸涉猎的所有公共事业中，"总统说，"没有什么比农村电气化项目更令我心动。"但在演讲的尾声，约翰逊的主题变成了越南而不是输电网络。"比起历史上其他国家，美国人民为捍卫和平和自由投入更多，这不仅仅是为我们自己，更是为全人类造福……先后三位总统——艾森豪威尔总统，肯尼迪总统，还有我——都以美国人民之名做出过郑重承诺，我们的国家荣誉目前在东南亚岌岌可危。我们要去保护它，你们也一样要做好准备，如果我们团结一心，就会有更理想的结果……我们无法期待一帆风顺，你们也知道它不会一蹴而就。但是我们的确希望，最终会有一个更为美好的世界，所有国家、所有民族、所有文化的人们都能在有生之年享受到我们所享有的文明和进步。"[61]

约翰逊在玫瑰园发表演讲之际，麦克纳马拉正前往南越。邦迪回顾性地总结，麦克纳马拉的任务是与西贡的美国军事指挥官商讨，究竟需要在即将到来的军事升级中派多少兵力——这在更大意义而言是个政治任务。邦迪写道，约翰逊派出国防部长"是去达成共识，要扭转局面需要什么条件——而不是撤退需要什么条件。"尽管总统为各种政治选择做好了准备，"受赞扬，受诅咒，甚至被分析"，但他心目中不可撼动的首选是在行动道路上达成一致意见，不要有什么激烈辩论，这个行动计划能让南越不至于崩溃，但不能破坏他在国会的立法议程。[62]

有关派兵的规模通过一个熟悉的方式达成了一致。邦迪常说，约翰逊总统从20世纪50年代的参议院多数党领袖那里学到了最重要的政治经验。他继续用这个思路行事，把内阁官员和战地将军当成对悬而未决的立法案具有关键投票权的人。因此，约翰逊需要"麦克纳马拉参议员""腊斯克参议员"和其他顾问的支持。而最重要的人就是越南战争的最高指挥官。"威斯特摩兰参议员就像20多个参议员的领袖，缺了他的支持，你就没办法获得大多数。"邦迪推测道。[63]

1965年7月，邦迪写道："林登·约翰逊在所有人面前逢场作戏，唯独麦克纳马拉和腊斯克除外。"麦克纳马拉从西贡回来后，向总统汇报了"威斯特摩兰心目中最保守的军力估计"，当然，也需要参谋长联席会议的同意。邦迪的结论是："林登·约翰逊需要的是威斯特摩兰的选票。他就是担当着总司令的参议院领袖，很多年后，我才明白这一点。"[64]

邦迪回忆，总统使用了一个秘密频道与威斯特摩兰商议。"私人国防线路"由国防部副部长赛勒斯·万斯掌握，可以让麦克纳马拉向约翰逊及时报告西贡的讨论进展，而把国务院和政府的其他人蒙在鼓里。这些密电中，"麦克纳马拉汇报了威斯特摩兰的要求，他认为威斯特摩兰能接受什么程度……实情就是约翰逊一直没有将自己托付给任何人，直到有了威斯特摩兰的加入。他还没有决定具体数目，但确保这是威斯特摩兰的最低要求，当然这是个庞大的数字"。[65]

1988 年获解密的《五角大楼文件》披露了万斯电报的部分内容，由此引来了外界极大关注。[66]赛勒斯·万斯实际承担着代理国防部长的任务，他 7 月 17 日通知麦克纳马拉，约翰逊总统批准了威斯特摩兰提出的 44 个营的计划。[67]

邦迪说，麦克纳马拉－万斯秘密渠道"正在形成一个坚固的立场，一个从总统到国防部长再到战地总指挥的共识。如果你把这些人都放在一起，那么你就能看得很清楚了"。邦迪指出，许多有关越战的历史对 1965 年夏天的争论描述得都不对。他发现，大部分正史都存在一个问题，它认为"似乎总统真的要从乔治·鲍尔和鲍勃·麦克纳马拉的意见中做出取舍——他的所作所为试图向更多人表明他们一直在讨论最后方案，事实上这个方案他与麦克纳马拉早已敲定了"。[68]

政治做秀——决策已经出台却要营造出慎重考虑的样子——是约翰逊 7 月 21 日早晨召开白宫会议的既定目标。麦克纳马拉向战争委员会成员介绍了威斯特摩兰计划的主要内容，其实计划早在四天前已经通过万斯这个秘密渠道获得了总统的首肯。他建议，将派往南越的美军增加至 17.5 万人，大约增派了 10 万人，而且，34 个美国作战营也要求预备役和国民警卫队共储备大约 23.5 万兵力。会议之前，升级计划的主要战略目标已经得到反复强调——向越共和北越表明，他们根本无法战胜无比强大的美军。但麦克纳马拉承认，美国迄今为止采用的战略已经失败。"没有迹象表明，我们阻断了对越共的物资供应或者有能力阻断，尽管他们的物质需要及其简单……我们在北越发动的空袭也没能对河内方面产生效果，他们无意以一种理性的态度来到谈判桌前。"他进一步表明，越南共产党"似乎认为南越已经溃不成军，接近瓦解，甚至连一个像样的政权交接都无法完成"。[69]

麦克纳马拉总结，美国只有三个战略选择。不必惊讶，其中两个将会置美国于一种悲惨的地缘政治环境。约翰逊总统可以选择"减少损耗，在尽可能最佳的境况下撤军——这种选择只能使美国蒙羞，让我们在未来的世界舞台上失去效力"。或者，约翰逊可以保持目前大约 7.5 万人的规模，但这终将削弱美国的实力，"势必让我们日后面对这种抉择：撤军或者紧急扩充军队，但或许已经太迟而没有任何用处"。那么唯一可行的方案，麦克纳马拉认为，只有对美国的作战力量进行相当的扩张，给越共和河内施加攻击性压力——当然还会辅以强有力的外交手段。他预测，这样的方案"将在短期内避免失败，为长远获得有利的谈判条件增加机会"，虽然他也提及"如果遇到比今天预见的更困难、代价更大的情形，也有撤军的可能性"。

但是，麦克纳马拉在勾勒战略计划的因果逻辑方面是含糊其词的，没有把升级当成达成军事目标的军事手段，而直接当成了目标本身。"军队将以最有效的方式加以利用……赢得这个阶段胜利的战略就是采取攻势——抓住主动权。"[70]

在总统的顾问中进行的初步讨论看似已经表明，麦克纳马拉的建议会获得通过。"什么时间开始部署？"腊斯克问。

"一周内就会向美国人民宣布。"麦克纳马拉答道。

"很可能是通过给国会的声明宣布。"邦迪补充。

乔治·鲍尔为大家对麦克纳马拉的建议表现出的默许态度而深感困惑。"让国家为这个决策做好准备是一回事，而面对这个决策的后果是另外一回事。"他说，"我们不能让国民某日早晨一睡醒，就发现遭受了严重伤亡。我们需要很严肃地对待美国民众。"[71]

约翰逊总统很希望摆出一副沉思默想的样子。讨论进行了40分钟后，他才到场，抛出了一连串既存的和逻辑的问题。"对我来说，什么情况才能致使我做此决定？"他问顾问们。"还有其他选择吗？……我们已经把国家的每个战士都派出去了吗？还有谁能帮咱们？我们是这个世界上唯一的自由守护者吗？我们已经朝这个方向全力以赴了吗？这次集结兵力的原因是什么？我们期待什么结果？到底还有什么选择？……让我们仔细看看这些方案，那么在场的每个人都能彻底理解目前的情况。"[72]

下面开始委婉的对话方式。"有没有人对备忘录的方案有不同意见？"约翰逊问道，"如果有的话，我想听听。"

于是，鲍尔表达了自己的不同看法。"我能预见到一个危机四伏的过程，"他说，"非常危险——我对在这种情形下能取得胜利深表忧虑。但我可以澄清一点，如果已经做出决策，我会服从。"

迪安·腊斯克对早先的失败行动表示懊悔。"自1964年以来，我们做得……还不够好。"他说，"我们本应该在1961年采取更果断的行为。"

亨利·卡伯特·洛奇在夏末回到南越担任美国大使的职位，对南越政权的无所作为深深惋惜。[73]"西贡政府根本没有优良传统，"他说，"这个国家没有根基。只有获得了平静，才可能有稳定。我认为我们不该对这个政府抱有期许。没有一个人可以委以重任。我们不必管西贡政府的所作所为，只要做我们认为必要的事情即可。"

"乔治，"总统问鲍尔，"你认为我们还有什么道路可以选择？"

"我不建议你采纳麦克纳马拉的建议。"鲍尔直接反对。

麦克纳马拉回应说，7.5万人的部署很不够，"只能完成保护基地的任务——这会让我们慢慢输掉战争。新增加的兵力能起到稳固和改善局面的作用……不会有任何大灾祸的风险"。

约翰逊总统询问军方的态度。他暗示，如果作战部队增加了，损耗也许会更大。"派遣的士兵越多，"惠勒将军回应，"减少损耗的可能性会更大。"他没有给出任何证据来支持自己的判断，敦促将信将疑的约翰逊开始下一个问题。

"你凭什么会认定，如果我们投入10万兵力，胡志明不会做出相应投入？"约翰逊问道。

"那就意味着战场上有更多士兵——我们刚好可以将其一举击溃。"惠勒信誓旦旦地对总统说。[74]会议就这样没有定论地结束了。

当天下午的讨论中，乔治·鲍尔获得了继续质疑五角大楼升级计划的发言权。"我们不可能赢，"他争辩道，"能想到的最好结果恐怕也就是一个乱局。"还存在着中国干预的危险，鲍尔说，也可能复制朝鲜战争"痛苦的"胶着状态，随着伤亡人数的增加，公众的舆论压力逐步加大。如果越南战争"能把我们拖入持久战，就是因为再强大的军力也很难打游击战……有史以来，任何一位伟大的指挥官在形势对己不利的情况下，都不会惧怕做出战略撤退。我们甚至很难发现敌人，因为他们是在这个国家土生土长的。"鲍尔称，他严重怀疑西方人的军队是否能在亚洲丛林中打仗，甚至击败东方人。[75]

"这一点很重要。"约翰逊打断他。在情报缺乏的境况下，美军能否在越南的丛林和稻田里战胜敌人呢？鲍尔有理由怀疑。而继续支持西贡政权，他警告说，无异于"给癌症晚期病人施以放射治疗"。鲍尔建议，美国应该制定一个利于从南越撤军的政治策略。"在南越把损失降到最低的办法就是让当地政府做出决定不愿我们留在那里。"他说，这刚好与参议员理查德·拉塞尔一年前给总统的建议相似。然后美国就能把精力集中于其他地区盟国的防务，鲍尔说，比如泰国、韩国和台湾。[76]

"难道那些国家不会说汤姆大叔是只纸老虎？——难道我们不会违背三任总统的誓言，失去了信誉？——如果我们按照你说的办，"约翰逊说道，"那将是不可挽回的损失。但我猜你并不这样想。"

"最沉重的打击，"鲍尔回答说，"是世界上最强大的军队居然打不过游击队。"[77]

此时邦迪参与到辩论中，再次强调要利用高压策略来消耗暴乱分子。他认为，接受鲍尔的撤军建议"将会是根本改变，但没有任何证据说明这个选择的理由……他整个推理过程没有考虑另外一方的损耗"。但邦迪质疑的语气很平缓，并给出了一个定性描述："他的推论中很多因素都是正确的，我们需要保持清醒，这是个很严峻的事情——不可能太着急——一次行动不可能解决问题。我认为，很明显，我们不会出局。"

"我的重点，"鲍尔回击道，"不是我们不会出局的问题，而是陷入泥潭而无法取胜的问题。"

鲍尔在邦迪的阐述中发现了致命的弱点。如果升级作战部队是为了给暴乱者造成损失，从而形成胶着局面，那么最终无法确保胜利。反过来说，运用高压策略是为了消耗而不是消灭敌人，这个方案就可能陷入持久战的危险，而且结局难以判断。但是邦迪拒绝对此做出任何辩驳，再一次提起信誉的问题。"如果我们撤出，全世界、这个国家和越南人民都会立即有所反应。"他说。[78]赢得胜利显然没有追求胜利的想法显得重要。"我们只有一试，才知道方案是否有效，让时间来检验。"

"我们不撤出，"鲍尔反驳，"我们押上双倍，然后输在茫茫的稻田中。"[79]三十年后，当邦迪回想起鲍尔的这些预见，承认"他的观点没错"。但是，邦迪在1965年把鲍尔的撤军方案视作"灾难性的"。维持现有兵力"勉强坚持"比撤军要好。他说，这个国家已经做好接受残酷消息的思想准备。[80]

与鲍尔充满质疑的发言不同，国务卿腊斯克对自己的矛盾心理不露声色。"迪安是个极具道德感的人。"邦迪回忆，"他认为，作为一个政治家，如果你说过要去保护某人，不仅仅意味着要恪守不违背承诺的原则，还意味着你要承担起实际上的诚信义务，否则，你的承诺在别处也一文不值。"[81]在腊斯克眼里，美国对东南亚条约组织的承诺神圣庄严。"SEATO对美国大众而言不过是五个含糊的大写字母——甚至对林登·约翰逊也是如此。"邦迪说，"但迪安·腊斯克却把它视为一个道德和政治支柱，这一点让约翰逊总统感到很欣慰。"[82]他补充道，"迪安·腊斯克是个爱国者。他的内心一直不存私利，所以他鄙视这种人。而林登·约翰逊一生都活在拉帮结派、勾心斗角之中，能够让事情按个人利益最大化的方向发展。从这个意义而言，他们两人不属于一个世界。"[83]

邦迪对我说，1965年7月21日的讨论最令其感慨的一点是不真实。因为约翰逊早在7月17日就告诉麦克纳马拉，他同意威斯特摩兰的44营军事计划。也就是说，重大抉择已经毫无悬念了。约翰逊"希望外界能了解他们认真探讨的过程"，邦迪说，"他的确希望听到每个人的想法，因为这就是一个多数党领袖控制局面的方式——你需要了解反对党的想法——于是他有了发现。"但是，总统对撤军的方案没有兴趣，"因为乔治·鲍尔……向他展示的所有可能，在美国政治中都只有一个解读——失败。而且他也不希望乔治这么做，因为他也不知道自己该如何应对"。[84]

邦迪认为，约翰逊并不想利用7月的这次大会来达到商讨和决策的目的。他有一个强有力的证据：忠诚于总统的国内政策助理杰克·瓦伦蒂参会，他奉命记录这次结果早已内定的会议的全过程。[85] 邦迪总结，约翰逊希望自己的决策保持神秘。"他享受这种孤独的、最后决策权在握的状态。如果他提前告诉你最后决定，那么就失去了改变心意的自由。"[86] 正像邦迪描述的那样，约翰逊很反感进行失控的讨论。他更愿意在私人谈话中加入一种"权力因素"。"这样他就能面对面地进行了解，这也是艾森豪威尔给他的建议。他清晰地掌握了拉塞尔，还有鲍尔的想法。"这些分别谈话帮助约翰逊掌控他与重要顾问、与选民的关系。然而这个方法的结果，邦迪感慨道，就是"重要人物也无法介入任何所谓真正的思想交流过程"。[87] 归根结底，邦迪认为，约翰逊的任何顾问在1965年夏天的这场辩论中都没起到什么作用。他绝不相信一次彻底讨论能让结果有何不同。"那会受到他的阻挠，他利用这个过程来做秀，而不是做决策。"[88]

约翰逊的演出还有一个发人深省的尾声。第二天，他召集了包括文职和军方在内的14名顾问——所谓的智囊团——对军事选择展开进一步讨论。总统解释说他希望大家充分展开辩论，并暗示了这次会议的真正意图。"记住，他们会详细报道这个事件，就像对待猪湾事件一样——我的顾问也是报道对象。"约翰逊总统说，他已经授意邦迪起草一份备忘录，对战争美国化的核心问题进行概括。"一些国会议员和参议员认为，我们即将成为世上最失信的人，"约翰逊说，"邦迪将要表达的不是他的意见，也不是我的意见——我还没有拿定主意——但这是我们听到的声音。"[89]

"我们将要面临的辩题，"邦迪说，"第一，就是在过去10年中，我们采取的每一个举动都建立在上一次失败的基础之上。过去的失败促使我们采取新的行动，于是越陷越深。我们反复称自己还没有认识到这一点。"

"其二，二十多年来，不断有人警告我们不要在亚洲打仗，而现在我们却做着麦克阿瑟等人不断告诫我们不要去做的事。我们准备打一场没有把握胜利的仗，因为我们尽力援助的这个国家先撤退了。"

"第三，我们的一个失误是没能充分认识游击战争。我们将常规部队派去完成非常规的任务。"

"第四，多久——多少？我们能否承受长达5年的伤亡损失——在用政治解决问题的时候，我们是否在讨论军事方案？为何我们不能实施更严密的军事管制？为何我们的空袭无效？为何我们不封锁海岸？为何我们不能提高情报质量？为何我们找不到越共？"[90]

罗伯特·麦克纳马拉指着邦迪的备忘录说："我想，我们能回答这里的多数问题。"[91] 然而，会议很快就结束了，在记录中没有找到任何线索用以说明那些支持战争美国化的人对邦迪提出的问题进行了严肃思考——其中，最引人瞩目的，就是邦迪本人。

***

1965 年夏天，邦迪与总统的关系不断恶化，战争升级的决策谈论正酣，邦迪找到了哈佛大学的校长内森·普西，商讨是否有重新回到学术界的可能。与此同时，福特基金会发出了邀请，提供给邦迪一份领导职位，让他在 1966 年冬天体面地离开华盛顿。邦迪称之为"一份最有趣的工作"，对他有足够的吸引力。"因此，我离开白宫时，面对总统毫无尴尬之色。"他写道，"事实上，我们的私人关系却因为距离感而有所改善。"[92] 但莫耶斯却没能成为邦迪的继任者。约翰逊选择了沃尔特·W. 罗斯托，一个多米诺理论的热切信奉者，一个越南战争的顽固拥护者，即使南越垮台数十年后，他还是坚信，美国实际上赢得了一个更广意义的地缘政治胜利，因为它阻挠了共产主义向东南亚传播。[93]

邦迪强调了在他担任国家安全顾问时，对林登·约翰逊战争美国化策略的支持。"一旦 1965 年做出了决策，我就会支持它，无论我是否在任。"他回忆说，"我离开的理由与此无关，"他说，与作战部队的规模无关，"而是政府的行事风格，特别是总统本人，不去解释"美国在越南的新任务。[94] 正是总统的办事不透明惹恼了邦迪，而不是战争美国化的策略——这个邦迪私下向麦克纳马拉提出质疑，却公开支持的策略。正如邦迪在他的一份手稿中费力地解释："你必须说清楚，尽管你希望有几个选择可以跟公众交代，但你本人在1965年的确支持加强地面部队力量。你也的确赞同认真考察其他几个选择，但却什么都没做。"[95]

当他重新审视战争美国化的决策时，邦迪总结了自己避开这场关键辩论的原因。他在一份手稿中记录了自己在1965年夏天的主导理念。第一，他排斥"放弃"在越南的利益。第二，他坚称，自己"并不支持大规模军事部署"，指出在6月30日的备忘录中曾表达的保留意见，曾称威斯特摩兰的升级计划"鲁莽得近乎荒唐"。第三，邦迪反对"顶撞式的争辩"。他补充说，自己一直认为美国和西贡能够联手运作。"这个观点是错误的。但另外两个明显也是错误的：没有和平的可能——没有胜利的可能。"[96]邦迪把自己的错误归结为分析的脱节。"我的错误：我作为越南问题顾问，没有深入地留意解读肯尼迪和约翰逊的要求和预期。"邦迪写道。他把自己的错误归结为"轻描淡写地"与约翰逊和麦克纳马拉打交道，"更大的错误"在于没有进一步借6月30日备忘录的机会质疑大规模派兵的效果。邦迪继而阐明，要想在1965年夏天成为军事战略的真正仲裁者，本应该具备"一定的能力和决心，去帮助约翰逊总统违背他的意志"。[97]

邦迪作为国家安全战略构架和管理方面的重要学者和协调者，在约翰逊政府中本应承担着制度管理和理性把控的义务，对美国开放式地向南越派兵带来的军事影响予以认真审查。但是，他没有履行这个职责。事实上，他从未试着这么做。因为邦迪承认，1965年的决策过程没能对战争升级"带来的基本问题做出严谨分析和辩论"。尤其是，公众是否支持这样一场可能会陷入僵局的旷日持久的地面战争？或者，邦迪曾以更直白的用词重复了这个问题："原本会有多少人需要、支持、盼望这场战争？"邦迪问，如果约翰逊总统面临这个命题，"以何种方式避免战争就是研究和讨论的主题（你能这么做吗？国民会接受吗？等等）"。[98]

当邦迪回顾过去，解释自己为何失职，没能问出战争美国化"是否有作用"时，他一成不变地又回到了林登·约翰逊的领导素质和性格上。"决策、解释和辩论的过程无法取得令人满意的结局，往往带来沮丧、消极和难以修复的后果。"他在一份手稿中写道，"除了约翰逊自己，没有人知道实情如何，他发问的目的是什么——为何他要如此决策——是否或者何时做出的决定——所以，如果我们真的想帮助他，多半只能靠运气。"[99]

邦迪对如何界定自己与林登·约翰逊的关系感到很苦恼。他在1994年的一封信中这样描述约翰逊："善良又狭隘，开放又封闭，勇敢又怯懦，敏感又麻木，细心又莽撞，信任又多疑，自我为中心又宽宏大量。"邦迪认为，能把这些相互对立的特征维系在一起的正是约翰逊作为一个政客的强大野心。[100]尽管他无法掩饰对约翰逊的厌恶，但显然对他的总统身份还是心存敬畏。邦迪在努力地化解这种冲突，但效果甚微。

邦迪对约翰逊履行总司令领导权的问题进行了思考，最令他感到困扰的是，他发现，总统把军事战略当成政治算计的工具。尤其在1965年夏天，促使威斯特摩兰将军、参谋长联席会议和五角大楼的领导层之间在军事升级的规模上达成的共识。从这个意义而言，正如邦迪所言，约翰逊更像是一个参议院多数党领袖去拼凑一个立法联盟，而不是一个对军事任务和胜利所需资源了然于心的总司令。邦迪对约翰逊的一个判断是正确的，即总统喜欢与他的顾问们要政治手段——

假装与一些人研究悬而未决的策略，暗自与另一些人秘密讨价还价，在关键决策已经做出之际，却摆出慎重考虑的姿态给大家看。尽管在回顾历史的时候，邦迪把上述工于心计的行为当成他1965年夏天不作为的借口，但或许还有更深层却未得到充分审视的原因来解释他在评估威斯特摩兰的建议中表现出的消极态度。

国家安全顾问邦迪在越南问题上有一个一贯的主题：他认为，对军事行动支持与否与其具体的军事结果无关。邦迪多次表明一种意愿，如果不说是一种渴望的话：为追求模糊的政治目的而采用军事手段。"1954年后，老挝就不再属于我们，南越目前是我们的，也希望成为我们的。"邦迪在上任的第一年曾这样对肯尼迪总统说，为保卫西贡政权第一次要求派遣美国地面部队。尽管邦迪在建议中并未明确美国军队的具体任务，但他要求总统同意他的建议，因为作战部队的参与"成为一种考验我们意志的试金石"。[101]1964年5月，邦迪敦促约翰逊"坚决而大规模地部署"地面部队，"规模大到……足以起到遏制和威胁作用"，并足以发起"一场对北越的军事打击"。但是邦迪也曾承认，"这个提议中有一些漏洞，最突出的就是在南越的行动和准确的美国目标等问题"。[102]1964年8月，他提交的一份备忘录描述了越南军事行动中可能出现的偶发事件，包括在老挝的海上骚扰和空中封锁，东京湾的舰队演习。"上述任何一种行动的目的，"他解释说，"都是有意去提升士气和展示实力，而不是达成某种具体的军事结果。"[103]

邦迪在1965年2月提出的轰炸战略，正如乔治·鲍尔所说，反映了国家安全顾问的理念——"不去设定任何成形的目标，也就变得更具灵活性"。鲍尔认为这个原则站不住脚。[104]在探讨"渐进并持

续的报复"计划时，邦迪承认空袭"可能会失败"，成功概率在 25%
至 75% 之间。"我们想说，即便失败，采取这个策略也有价值，"
邦迪向约翰逊总统保证说，"至少，它会平息人们的指责，认为我们
没有做原本有能力做的事情，这种指责对包括我国在内的许多国家都
是一件严重的事情。"[105] 看上去，比起空袭的效果，邦迪更看重空
袭所代表的承诺。

邦迪对于地面部队的部署也有相似观点。他在 1965 年 3 月 21
日的私人笔记中把美国在越南的"主要"原则界定为"不做纸老虎"——
表明了邦迪专注的并不是军事胜利而是维护美国在冷战中的信誉。美
国作战部队不必推行引人瞩目的军事策略或者取得实质性的成功。它
只需戏剧性的展示下列命题即可：美国准备付出鲜血和财富的代价来
捍卫自己的全球霸主地位。"如果我们在南越表现不够，任何失败，
在这个意义而言，都会超出我们的控制范围。"邦迪写道。对"美国
政治"而言，即使向南越部署 10 万兵力后输了战争也比根本不派兵
效果好。[106]

邦迪在白宫的这些年，信誉的理念或许在对越策略上占据了绝
对上风。他的军事建议中反复出现的不精准以及他对于实际的成功前
景表现出的冷漠，都反应出他的一个基本考虑，那就是尽管美国在越
南打仗，但并不一定要获胜。1965 年 3 月 21 日，邦迪在笔记中准确
地预测，总统在部署了第一批 10 万人到越南后，还会接踵而至地部
署更多兵力，最终结局就是：美国虽然参战而输掉战争，但它的信誉
会以某种形式得以保存，会获得更持久更大规模的影响力。尽管邦迪
没有亲自做出结论，但如果追问他的话，他应该会承认，1965 年，
他与约翰逊总统都在各自确保最为关键的结果。正如邦迪反复提及，

约翰逊希望谋求一个官僚阶层在派兵数量上的共识，但绝不涉及战略或使用问题。而邦迪希望寻求一个表明美国信誉的军事承诺，即使它无法带来任何军事胜利的希望。由此，总统和他的国家安全顾问在1965年夏天达到了他们心目中至高无上的目标。同时，美国被迫在越南走上了一条旷日持久、前途未卜而身不由己的战争道路。

正如邦迪后来回顾的那样，1965年夏天是一个关键时刻，严重的战略和战术误判交织在一起。"肯尼迪的原则，"他写道，"很快遭到抛弃；派兵的数量通过麦克纳马拉直接与威斯特摩兰商量；根本不进行战略协商……肯尼迪的禁忌被抛之脑后……美国与一个异常坚决而难缠的敌人进行了一场消耗战。"这些最初选择决定了进一步的军事部署，从而解决了对越的根本战略问题。开放式的消耗战之路已经摆在面前，"总司令不会再将其封死"。[107]

战争美国化三十年后，邦迪更深入地思考了对越决策的问题，他得出了与身为国家安全顾问时不符的三个结论。他抛弃了一个在白宫时热切奉行的理念：打这场战争带有地缘政治的需要。他拒绝了一个在1965年提出的前提：北越有可能会放缓自己统一国家的行动，或者与美国达成一个妥协的条款。他承认了一个事实：1965年发动的大规模军事部署注定失败，这是一个毫无前途的解决冲突的军事手段。

战争美国化的"地缘政治论调""主要是地域性的"，邦迪说。他注意到印度尼西亚这块东南亚地区最大的"多米诺骨牌"却"坚定地倒向了反方向——反共方向——在1965年末"。（这里指苏哈托将军领导的右翼军事政变导致共产党在印尼的溃败。）[108]"所以，这个结果并不是依靠1966年及其后的战斗取得的。"但是，根据邦迪的估算，美军在越南遭受的伤亡损失中 95% 都发生在印度尼西亚这块骨牌倒向右翼而非左翼之后。他争辩说，印尼的例子说明，美国在越战中遭受的伤亡对于维护地区安全并不是必要的。"1965 年末，美国已经完成了它能够为此地区做出的贡献"，他指出，到年末的死亡人数是 1594 人，而到 1973 年战争结束时总的死亡人数是 58191 人。[109]

在他为计划写作的书所撰写的序言中，邦迪列举了一些他不打算陈述的内容。他不会把重点放在华盛顿本有可能签订的协议之上，他说，"因为我深信，和平妥协永远不可能实现"。[110] 而且，约翰逊政府不可能付出昂贵的政治代价，迫使西贡政权接受自掘坟墓的妥协方案。"最好直接回家吧。"他总结道。[111]

促使消耗战最终成为美国军事战略的一个原因就是没有其他可用的方案。正如邦迪所说，使用核武器从未拿到桌面上考虑过。对北越发动地面入侵也同样得以排除，因为这样做可能会引发同中国的战争。毁掉贯通北越的堤坝会造成全国的洪灾，进而引发人道主义危机，同时也未必能阻止南方对暴动的支持。因此，随着遏制北方战争资源的空中和海上行动不断失败，在南方抗击游击队变成了美国战略的重中之重。[112] 就像威斯特摩兰所称，"只有发现敌人，与其作战，继而消灭他们，才有获胜的希望"。[113]

尽管威斯特摩兰消耗战背后有理论支持，但事实上，它已经演化成一场开放式的"搜索与歼灭"行动，把主动权拱手让给了敌人。邦迪推断，如果美军无法进入敌人的区域，而又不能迫使敌人在南越境内捍卫自己的阵地，"那么必须去发现他，并按照他的方式行事，他就可以步步为营"。因此，胜利就等于"一场又一场小战役"的积累，而衡量进展的标准就成为"伤亡人数"。他总结说，以结构性限制因素来衡量的军事较量中，"战略目标就是把敌人的实力削弱到他们愿意把同胞独自留下的境地。我们知道，这种程度永远也不可能达到"。[114]

按照消耗战的标准看，美军的确给暴乱分子造成了严重损失，取得了成功。就像威斯特摩兰所说，"在南越的美军，只有个别担任攻击任务的连队或者某个小哨所曾招致所谓的挫败，这个记录实在了不起"。[115]邦迪在他的回顾性反思中，提出威斯特摩兰的总结与战争的结果没有关系。尽管美国并未主动谋求一场消耗战，但是这个战略失败原本也是难以预见，因为北越和民族解放阵线遭受的损失更大。[116]学者估计，河内领导下的军队在 1968 年前死亡人数到 50 万人，到 1975 年再增加 200 万至 300 万人。[117]

消耗战中，美国认为，战争不断积聚的痛苦会迫使暴乱者减缓攻势，这样就能迎来转折点。但事实上，这种高压策略却造成了一种耐力的抗衡。在比拼中，越南共产党人的意志并未被击垮。邦迪发现，1965 年至 1973 年间，美国给敌人造成的伤亡率逐年上升，远远高于它本身的损失。尽管差异巨大，但却是美国撤军"回家，无功而返"。邦迪毫无掩饰地坦陈，"我们选择了一个失败的战略——无法成功，只能接受失败的道路"。[118]"消耗是一把残忍的量尺，"他强调，"它的用处无法言说，而它的缘起也无人愿意说明。"[119]

邦迪反复提及大南山谷战役，认为其集中体现了美国消耗战的反向战略逻辑。1965 年 10 月，美国第一空降战斗队在南越的中央高地遭遇北越军队。经过一个多月的激战，美军在火力占据绝对优势，从 B-52 轰炸机上投掷了 500 磅炸弹，出动 5 万架次直升机，消耗

33108 发 105 毫米榴弹炮和 7356 枚火箭炮。北约士兵死亡人数超过 1500，美军死亡人数达 200 人。[120]

尽管在当时看来，这是美军的一次重大胜利，但大南山谷战役预示了未来的战争进程。共产党的损耗看似与美军不成比例，但他们并没有被美军的强大实力吓倒，他们的斗志依然旺盛，而美军却被迫陷入消耗战，为此不断投入大量开销。正如邦迪所言，"就力量储备而言，你可以说……如果大南山谷式的战斗打上三四年，那被拖垮的就是美国人——而不是越南人"。[121] 邦迪称，致使约翰逊接受消耗战略的动力使得政府无法审视自己的失败，因为"参议员式的政治手段正是接受和界定这个战略的方法和手段"。[122] 因此，消耗战略成为这场战争的最大讽刺之一。最终，越战中的主角之一被迫放弃了战场，他们不是在军事上被击败了，而是认识到：付出一个可接受的代价，绝不可能取得战争胜利。

一些参与越战问题讨论的在校学生认为，美国的军事计划受到政府文官的干涉和拖累。然而，更有力的论据却指向了与这种看法的相反方向。不是白宫战争顾问的干涉，而是缺乏严谨有力的监察，才导致后来陷入战略泥潭。小布鲁斯·帕默将军曾给威斯特摩兰做过副手，他用系统性失灵来评价军队计划的可行性问题。"最后，战地指挥官——事实上也就是威斯特摩兰将军——去不断要求提升作战规模，而他毫无全局观念和规划。"他说。参谋长联席会议和陆海空三军的领导层"反过来只能在战略真空状态下去审议这些兵力需求，对究竟底线是什么没有把握，也不去了解美国人民和总统到底能接受何种程度的投入"。他又说："战争中，参谋长联席会议不止一次向总司令或国防部长建议，现在执行的战略很可能失败，美国将无法达成目标。"邦迪想引用帕默的话，也想提出一个问题："我们是否询问过他们？"[123]

邦迪又是如何解释自己在军事战略升级过程中缺乏严谨态度这件事的呢？在很多零散的笔记中，他对自己的判断力给予了直率而清晰的评价。当邦迪阅读政治学者拉里·伯曼所做的战争研究时，他提到了自己在 1967 年 5 月 4 日给约翰逊总统的一份备忘录，当时他已经从国家安全顾问的职位退下来一年多了。"南越过去没有垮台，但即将沦陷，这件事在亚洲、太平洋和美国的历史上都颇具意义。"邦迪写道。三十年后回顾这个断言，邦迪简单地说了一句："麦乔治·邦迪全都错了。"[124] 对于批准了这个糟糕军事行动的约翰逊，邦迪进行了尖锐的批评。他表达了自己的"坚定信念"：有缺陷的对越战略中，"作为总司令的总统犯了许多致命错误"。[125]

1995 年，他终于决定去应对越战中一些悬而未决的问题，给出了与在任的那些年截然不同的观点。他称越战是"一场我们本不该参与的战争"，并且承认"纵观整个事件——无论支持或反对战争，不管是 1965 年还是其后的几年，鸽派的观点都是正确的"。因此，邦迪试图解释"行政机构做出错误选择的原因——不是因为它想要一场长期艰苦的战争，而是因为它要拒绝'输给共和党人'的选择"。可以看出，前国家安全顾问承认对战争的误判，承认由此引发的军事失败，标志着他深刻的个人转变。越南问题毫无疑问是他与历史最重要的碰撞，回顾往事，邦迪拥有了他三十年前身居要职时缺乏的一种品格。他最终学会了谦逊。

邦迪希望自己的研究可以界定在一定范围内。他曾在《危险与生存》（*Danger and Survival*）一书中研究了"综合性的现代史"，这本 1988 年的作品研究了治国才能与核武器等问题。他为自己的越南问题研究确立了更有限但很有意义的议程表——他希望去面对三十年来有意识回避的两个核心问题："第一，这场悲剧是如何发生的；第二，有何教训可以用来指导美国的未来之路？"[126] 邦迪总结出的教训更多地涉及他曾工作过的总统——肯尼迪和约翰逊，以及各自对美国在东南亚战略利益的看法和应对措施。邦迪认为，比较两位总统之间的差异很有意义，人们能从中发现，历史本可以赋予美国在越南问题上不同的命运。

教训六 **//**
LESSON SIX

教训六
干预是总统的选择，不是必然之路

在肯尼迪总统遭暗杀后的岁月里，在越南战争成为美国历时最长、失败最为惨重的战争的时候，麦乔治·邦迪常常被问及一个问题，它意义深刻但难以回答。"我从不认为，在公众面前去做如此推测是件明智的事情：如果约翰·肯尼迪还活着，他会对越南采取什么对策。"邦迪1978年在马萨诸塞州历史学会这样说道。"公开记录表明，他一直坚持两个很难共生的主张：我们绝不能离开那里；最终必须由越南人完成他们的任务……而我们永远不知道他会做何选择。"[1]1985年，邦迪在霍夫斯特拉达大学发表了同样的观点。"这些主张，"他说，"连同他不愿派驻大规模地面部队的决心，在1965年绝不可能同时存在。我真的不知道他会怎么办。"[2]

然而，在私人谈话中，邦迪表现得更为坦率一些。1964年——越南还未呈现出崩溃的局面——在哥伦比亚大学政治学者理查德·诺伊施塔特的口述史中，邦迪表示肯尼迪对越南的挑战持有冷静而独立的观点。[3]据他推测，肯尼迪可能不会陷于多米诺理论的桎梏中，他可能会对南越战争的可行性提出质疑，他可能不认为越南对美国的国家利益和国内政治关系意义重大。

"我猜，他不是一位多米诺理论研究者？"诺伊施塔特问邦迪。

"他不反对多米诺理论，"邦迪答道，"但他肯定不是那种会信奉'你失去了这一场，就会全盘皆输'的家伙……如果他笃信这种理念，就不会在老挝问题上持中立态度。"[4]而关于越南，邦迪沉思片刻说，"如果你用力刺激到肯尼迪总统"，他就会"痛下决心……因为我们决不能成为输掉战争的人，输的该是别人"。但肯尼迪对越南问题不抱胜算，邦迪补充说。"我认为，他不会对你说，他发现了什么有说服力的理由，能证明战争一定能胜利。我认为，他并不是悲观到看不见胜利希望的人。"邦迪继续说，总统支持罗伯特·肯尼迪努力在南越提升反暴动能力的举措，他"喜欢"也"乐于见到"沃尔特·罗斯托的"有条不紊的好战状态"，正是肯尼迪总统将这位国家安全顾问的副手从白宫调到国务院。"但他并无十足把握。他深切地认识到，这个地区无论对美国的利益还是美国的政治都相距甚远。"[5]

后来，肯尼迪的顾问们曾表达过类似邦迪 1964 年的观点，却被指责为了给死去的总统脸上增光，开脱他外交政策方面的诟病。但是，邦迪与诺伊施塔特的交流是发生在暗杀事件一年后，在大规模升级和终极失败之前。1964 年，只有 149 人死于越南的军事行动中，这个数字比起战争美国化的 1965 年之后，简直不值一提。[6]

在人生的最后几年，邦迪透过肯尼迪和约翰逊两位总统重新审视了越南战争的历史，从中得出了一个坚定的结论，也曾对我和其他同事谈起过。这个判断与他在 1964 年的评论很一致。邦迪相信，肯尼迪总统不会向越南派遣地面部队，也不会致使战争美国化。1964年大选过后，肯尼迪应该像他的继任者一样，在 1965 年做出越南问题的相关决策，邦迪在我们的一次工作讨论会中解释说。"他希望对越南采取何种举动——简单用政治术语来说——就是见鬼去吧！他根本不想把越南当作一个大议题。他也根本不相信越南是个力量平衡的大考验。它是对美国政治态度的考验，但身处第二任期的他能够扛得住。"[7] 与布朗大学的詹姆斯·布莱特讨论时，"麦克说根本不存在什么错过的机会，"布莱特说，"根本没有，除了无法挽回的'机会'，比如肯尼迪突然倒下，由约翰逊接任。他认为这个论题的两方面都有道理：如果肯尼迪活着，就不会有我们今天所知道的越南战争；而如果约翰逊入主白宫，（加上河内的不妥协态度）那么注定要演化成一场悲剧。"[8]

我们合作期间，邦迪一直强调说，美国与越南的悲剧性遭遇中，他服务过的两位总统起到至关重要的作用：肯尼迪和约翰逊。"他们的选择，包括他们选择不做决定，都意义重大。无论其他人多想帮忙，但最终的权力和责任都在他们身上。"他在一份手稿中写道。[9] 没有总司令的明确批准，不可能派遣任何美国作战部队，邦迪强调，无论肯尼迪还是约翰逊都清楚，越南问题的最终权力和责任"属于并仅属于他一个人"。[10] 尽管邦迪宣称，自己对两位总统表示尊重和爱戴，但是"因为总统在越南的角色显而易见，所以可能更高大，但也更具悲剧性"。[11] 邦迪认为，肯尼迪不派遣作战部队的政策在美国历史上有着非凡的意义。"如果林登·约翰逊没有改变这个决策，"邦迪写道，"美国人所了解的越南战争就不可能发生。"[12]

历史记录表明，邦迪担任国家安全顾问期间，从不相信美国在越南战场上能获得胜利，这种军事战略不是他优先考虑的事情。无论当年还是后来回忆，邦迪对南越军队能击败共产党的暴动行为都深表怀疑，即使有美军强劲和持久的支援也不例外。"这条道路很可能会失败"，邦迪承认，尽管战争走向美国化进程，尽管可能达成协商方案，但结局就是河内将控制一个统一的越南。但是，美国本可以对人力投入有实质上的控制，美国本可以对盟友继续提供武器支持和军事咨询。坚持让南越军队投入地面作战行动，完全是正当要求，邦迪宣称。"那就是肯尼迪在1961年的对策，本应该也是1965年的对策。"[13]

如果肯尼迪能坚持到第二任期，会追求何种对越策略，邦迪从未对此进行过完整描述。但他的确留下过一些蛛丝马迹。"本书的关键问题：如果肯尼迪活着会怎样？"邦迪在手稿中写下这样的句子，思考肯尼迪在1965年可能会选择的立场。"我们不知道，我们也不需要去考虑其他选择，"他说，"一种可能性就够了。"他强调，肯尼迪一定会坚持自己不派遣作战部队的立场，因为他有效地坚持了近四年。[14]不仅如此，他还对肯尼迪在第二任期解决问题的思路做了梳理："在不派遣作战部队的情况下，一位总统如何解释'失败'？我们必须承认，这很难解释，也没人知道肯尼迪会怎么处理。"最后，邦迪给出了自己的告诫："我们尤其不能假设一个'皆大欢喜'的结局。我们现在必须面对约翰·肯尼迪当时无法面对的现实：1965年的真正问题。"[15]

***

围绕肯尼迪本人及他会在总统任期如何面对越南危机的问题，学术界进行了广泛争议，并将其称为"反事实"问题。像得克萨斯大学的詹姆斯·加尔布雷思等人认为，肯尼迪1963年10月宣布撤回

1000 名美国顾问的决定就是在越南实施摆脱战略的开始。[16] 邦迪既没有对这次撤军计划的意义做出评价，也没有表示过，肯尼迪是否在遭到暗杀前就开始实施摆脱的战略。但邦迪确认，总统在 1961 年做出拒绝向南越部署作战队的决定后，他的顾问们再没有提出类似正式计划，这个说法也得到文献记录的佐证。而且，邦迪反复强调，肯尼迪在第二任期将会保持不派兵的政策，并会顶住战争美国化的压力。

邦迪还相信，肯尼迪在 1964 年总统大选过程中会维持越南的现状。"我敢肯定，1964 年是大选年，这会阻碍约翰·肯尼迪在对越政策上做出改变，与林登·约翰逊如出一辙：在竞选过程中，不去讨论就是上佳选择……"邦迪说，"肯尼迪死后，我们所做的事就是尽量让政变后的政府正常运转。"邦迪对肯尼迪在越南危机上的沉默态度表示遗憾，他认为，尽管在战争美国化的问题上，肯尼迪正确，约翰逊有错；但在向公众详细阐释对外政策的做法上，两位总统都犯了错误。然而，邦迪也承认，1964 年，政府在舆论上占有优势，因为两党都支持南越独立成为一个非共产主义的国家。"问题是：你将怎么处理这事？"他问道。还有"你不会去做什么事？"他尖锐地发问，你怎么做才能避免表现得"比起你可敬的对手或前任，显得鹰派作风少一些"？[17]

在 1964 年诺伊施塔特的口述史中，邦迪推测，与马克斯韦尔·泰勒和沃尔特·罗斯托提出派遣作战部队相比，肯尼迪总统将会在大选年继续支持由罗伯特·肯尼迪提出的南越反暴动训练计划。"当时普遍认为，如果你运用了马来半岛的方法，全力以赴地用心去做，那么就有绝佳机会，"邦迪告诉诺伊施塔特，"至少，你不能说你做不了这件事。你所承诺的干预程度经过了仔细的斟酌，远远低于泰勒和罗斯托的建议。其实，这样做已经有了成功的保证，提出撤退毫无意义。"[18]

根据邦迪的判断，肯尼迪在 1964 年大选年不会选择撤军或升级，那么有何证据能帮助解读肯尼迪将会在 1965 年采取的政策呢？如果邦迪想要证明肯尼迪不会让战争美国化，他能够列举出丰富的史料来表明总统对往东南亚派遣作战部队一事一贯深恶痛绝——从就任总统前一直延续到担任总司令之时。

尽管肯尼迪支持吴廷琰政权，但他在 20 世纪 50 年代曾公开引用法国人在印度支那的惨痛经历来告诫美国人千万不要在那里展开地面战争。[19] 他成为总统后，对此事的疑虑有增无减。1961 年夏天，肯尼迪邀请道格拉斯·麦克阿瑟上将到华盛顿参加会议，出席的还有一些高级顾问和国会成员。根据罗伯特·肯尼迪的叙述，麦克阿瑟说："我们不能愚蠢地去亚洲大陆作战，东南亚的未来需要在外交谈判桌上解决。"[20] 据肯尼思·奥唐奈说，麦克阿瑟告诉总统："亚洲是个无底洞，即使我们派遣百万步兵进入大陆，但我们还是会发现自己四面楚歌。"[21] 副助理国务卿亚力克西斯·约翰逊对麦克阿瑟的结论持怀疑态度。"无论如何，这给总统留下了深刻印象。"他回忆，"我认为，他在任的剩下几年中，麦克阿瑟的观点……常常左右着肯尼迪总统对东南亚问题的思考。"[22] 马克斯韦尔·泰勒也有同样的感受。他说，麦克阿瑟的分析"留给总统难以磨灭的印记"，"因此，无论何时，当他向参谋长联席会议，或者我，或者其他人询问军事建议的时候，他总会说，'好啊，先生们，如果你们能说服麦克阿瑟将军，我就没问题'。但我们谁也没有这么做"。[23]

肯尼迪曾向政府以外的人表达过他的顾虑。1961 年 10 月，他与

《纽约时报》的专栏作家阿瑟·克罗克共进午餐，当时他的高级顾问大都支持向越南派遣地面部队。"总统依然相信他几年前在参议院所说的话，"克罗克在日记中写道，"美国军队不应涉足亚洲本土，尤其像老挝那样地形复杂的国家。另外，像东西方有关自由和民族自决等问题的争论该如何解决，这里的人们并不关心。而且，总统说，美国不能卷入游击队制造的国内动乱，因为很难证明这不是越南的大势所趋。"[24]

约翰·肯尼思·加尔布雷思是美国驻印度大使，对战争可能升级的问题忧心忡忡，他1962年4月给肯尼迪送了一份备忘录。"我们已经增加了军事干预。这会一步步地走向更大规模、更长久的军事行动。"他警告道，"我们要拒绝所有向南越派遣作战部队的计划，提醒相关各方，美国军队远离真正的参战承诺非常重要。"[25]肯尼迪同埃夫里尔·哈里曼讨论了这份备忘录，并要求他去征求罗伯特·麦克纳马拉的意见。根据谈话笔记，"总统的大意是，希望我们准备抓住任何有利时机减少投入，大家应该认识到，还远未到介入的时候"。[26]肯尼迪在同一时间告诉罗杰·希尔斯曼，他对美军向北越发起军事行动的计划深表怀疑，认为美国在应对情况复杂的"胡志明小道"没有战略优势，它能够让北越给身处南方的越共提供补给。"无论哪里出了错，"肯尼迪说，"无论是谁的错，结论就是，共产党已经加强了他们的渗透，我们除非打击北越，否则无法取胜。而那些小道就是失败的天然借口，也是战争升级的天然理由。"[27]

为进一步阐明观点，邦迪还可以引用肯尼迪要求参议员迈克·曼斯菲尔德从越南撤回的例子。后者是民主党多数派领袖，对政府的越南政策提出公开质疑。1963年初结束南越之旅回国后，他在白宫国会领导人早餐会上反复强调自己的担忧。后来，总统要求肯尼思·奥唐奈邀请曼斯菲尔德到办公室私人谈话。"总统告诉曼斯菲尔德，他一直反复考虑对方的意见，现在他同意参议员的想法，有必要从越南全部撤军。"奥唐奈说。另外，肯尼迪还给出了一个基本条件："'但是我1965年才能这么做——得等到连任之后。'肯尼迪告诉曼斯菲尔德。他当然理解总统的意思，如果在1964年大选前宣布撤军计划，势必会引起保守派疯狂的反对，那么他就无法赢得第二任期。"[28]曼斯菲尔德后来对奥唐奈叙述的准确性予以认可。[29]

"1965年，我会成为历史上最不受欢迎的总统之一。"肯尼迪在见面后对奥唐奈说，"我会被当作共产党的绥靖者而遭到咒骂。但我不在乎。如果我现在就彻底从越南撤出，我们将面临又一次乔·麦卡锡的红色恐慌，但连任成功后就可以这么做。所以，我们一定要确保我再次当选。"[30]肯尼迪向在媒体工作的挚友查尔斯·巴特利特表露了相似的态度："我们待在越南不会有什么希望，那里的人憎恨咱们。他们会在任何时候把我们踢出去。但是我不能把那里的土地让给共产党，然后还让人民投票支持我。"[31]但是肯尼迪认识到，从南越撤军是可行的退出战略。1963年5月22日的一次记者招待会上，总统承诺会"撤出军队，在南越政府提议的任何时间撤出任何数量的军队"。[32]当肯尼迪私下被问起他如何实施撤军时，肯尼迪的答案很直接。"很容易，"他告诉政治顾问们，"在那儿建立一个能让我们离开的政府。"[33]

减少美国在越南的军事人员的目标在《第263号国家安全行动备忘录》中得以明确，这是1963年10月11日邦迪签署的。据国防部副部长罗斯韦尔·吉尔帕特里克说，"麦克纳马拉向我表明，总统让他去制定计划，从越南抽身是计划的一部分"。[34]多年后，吉尔帕特里克在肯尼迪图书馆对听众说，总统私下里透露过在第二任期摆脱越南的想法。[35]

除此之外，邦迪还可以引用来自其他高官的表述，他们曾与肯尼迪总统交流过从越南解除承诺的想法，以及部署地面部队的种种不利影响。"15年来，我与他经常性地、细致地讨论军事问题，"少将詹姆斯·M.加文写道，后来他担任驻巴黎大使，"我知道，他很反对向东南亚派遣作战部队。"[36]罗杰·希尔斯曼发表了同样看法："我在担任越南事务执行官时，肯尼迪一次次地说，我的任务就是尽可能减少美国的投入，以便我们能在最佳时机抽身。"[37]希尔斯曼还说，"在很多场合下，肯尼迪总统都告诉我，他决不让越南演化成一场美国战争。"[38]根据前五角大楼分析师丹尼尔·埃尔斯伯格叙述，罗伯特·肯尼迪曾在1967年10月对他说："当然，没有人知道我哥哥在1964或1965年会做何决定，但我的确知道，他坚决不会派遣地面部队。他宁愿做出其他任何选择。"前司法部长说，1951年他与哥哥的越南之旅彻底打破了他们的幻想，因为他们目睹了法国人在印度支那的处境。[39]

邦迪的越南事务专家迈克尔·福里斯特尔就职于国家安全委员会，一直与肯尼迪讨论越南问题——总统曾私下里告诉他，美国战胜越共的几率是1：100。[40]正是福里斯特尔在1963年11月21日与肯尼迪就越南问题进行了最后一次众所周知的谈话。当时，福里斯特尔正准备去金边安抚诺罗敦·西哈努克亲王，表示美国将继续保持中立姿态。福里斯特尔记得，谈话后，总统"显得有点儿反常，或许是感到有些疲惫，他让我多待一会儿"。肯尼迪看上去忧心忡忡。"你回来后，赶紧来找我，"他叮嘱福里斯特尔，"因为我们必须赶紧拟订对越计划。我希望进行一个全面而彻底的回顾，我们究竟是如何进入那个国家的，我们自认为都做了些什么，我们觉得自己现在还能做什么。我甚至想考虑清楚，我们是否还要继续待在那里。"福里斯特尔强调，他能够"清晰地记得"与总统的谈话，"第二天一早我到达了西贡，确切的说是当地时间的夜里，凌晨两点，他就遇袭身亡了"。[41]

尽管总统与政治伙伴的私人谈话引人瞩目，但他在位时所做决策的日志能成为更有力的证据。对于老挝，肯尼迪采取了与对越同样的策略，拒绝了顾问们部署作战部队的建议。历史学家弗雷德里克·罗格瓦尔注意到，肯尼迪"很快开始怀疑老挝对美国安全的重要性。他担心那里复杂的地形；担心公众对长期参战的负面意见；担心没有'退出策略'。相反，他选择了外交手段，尽管存在付出国内政治代价的风险……对老挝的处理进一步证明了约翰·肯尼迪反对大规模介入这个地区的态度，虽然当时许多高级顾问都持相反意见"。[42]认为老挝具备战略意义的人还不止他的高参们，至少还有前总统德怀特·艾森豪威尔，这位"二战"的英雄向肯尼迪建议，老挝是总统面对的最大考验。

担任总统期间，肯尼迪拒绝向越南派遣地面部队的态度始终很明确。但这样的证据就足以推断他会在第二任期延续不派兵的政策吗？肯尼迪1965年会利用政治权力和总司令的权威依照自己的理念行事吗？或者外界的压力会迫使他采取同样的升级道路，与他的继任者林登·约翰逊如出一辙？

"结构性力量"将会迫使肯尼迪将战争美国化的论断在学术界有一定影响，邦迪必须进一步证明他的观点。持上述意见的人形形色色，论据也是五花八门。比如，乔治·赫林认为，美国卷入越南事务源于"一种全球观念"和"遏制政策——二十多年来，政府内外的美国人未经严肃思考但欣然接受"。[43] 而遏制理论的必然产物以及另一股强大的政治势力便是艾森豪威尔总统发出的警告，要支持可能倒塌的多米诺骨牌。

还有一种说法把美国的战争命运归结于它与 1963 年 11 月 1 日吴廷琰政权倒台的瓜葛，这可以说增强或延续了美国捍卫西贡后续政府的承诺。[44] 加里·威尔斯认为，肯尼迪采取的反暴动策略和"灵活反应"原则可能让西贡领导人无法认识到自己的问题。威尔斯推测，"任何撤军行为都会表明他的整体战略……无效；撤军无法应对这类问题。"[45] "结构性力量"学派还聚焦于"信誉"的概念——这是邦迪的理念精粹——把它作为战争美国化的推动力。正如乔纳森·谢尔所说，"在一定区域的冲突中失信将会让世人对美国在其他竞争领域的实力产生怀疑，甚至包括最为重要的核领域"。在冷战"零和"的概念框架下，美国"在世界上任何地区，无论它的面积有多小，（这样的逆转）都会削弱美国实力的整体结构"。[46]

在这张限制条件的清单上，还应该加上两个因素：国内政治和官僚政治。如果肯尼迪允许越南倒下，那么他遭受共和党人的恶毒攻击的处境会不会与 1949 年让中国落入共产党手中的杜鲁门一样呢？即使肯尼迪真的希望在越南能规划一条不同的路线，他又如何能保证自己的高级顾问们步调一致呢？因为这些人毫无例外地在 1965 年要求林登·约翰逊进行大规模地面部队部署。

历史学家和政治学者用这些论据证明为何肯尼迪会被迫选择战争美国化：一个意识形态方面的世界观；一种对多米诺理论的执着；

一个纠缠不清的军事政变；一种达不到反暴动要求的军事投入；对遏制理念下信誉的过分珍视；来自右翼政治攻击的威胁；倾向于向越南派兵的高级顾问们的反对。这些制约条件——无论是来自个人还是集体——究竟会不会对肯尼迪的越南政策有决定性影响呢？邦迪的分析能够化解每一个论据。

肯尼迪是多米诺理论的一贯追随者吗？邦迪 1964 年说，在冷战局势紧张之际，如果肯尼迪接受了艾森豪威尔的全球观，他就不会在老挝持中立态度，就会默许中央情报局的计划，在猪湾事件中通过代理人的势力来改造古巴。但是，肯尼迪没有允许老挝或古巴对其国家安全战略下定义。1961 年末，他拒绝了派遣美军保护南越的建议，用罗伯特·麦克纳马拉的话说，美国将会冒险去见证"共产主义的快速蔓延，更有甚者，东南亚大部分区域及印度尼西亚将会全面倒向共产主义"。[47]

肯尼迪会允许军事政变把自己裹挟进南越功能失调的继任政府中，向这个无底洞投入各种支援吗？肯尼迪允许西贡政府倒台的事实似乎表明，如果继任政权无法有效应对这场战争，他未来将会选择同样务实的道路，如果必要的话，做出残忍的决策。正如肯尼迪的几位顾问所言，总统认为从越南抽身的权宜之策就是在西贡安插一个政府，然后谋求美国全身而退。如之前所提及的，把罪恶感当作肯尼迪对越南或其他地方做决策的推动力是一个值得推敲的结论，身为总司令的他写下的笔记更印证了这一点。

肯尼迪会因为害怕承认美国反暴动计划有缺点就执意坚持失败道路吗？这个问题的答案很明显，因为肯尼迪敏锐地觉察到这种逻辑的荒谬——即期待他会用坚持对越的失败道路去证明自己的正确决策。这种自负和固执与其在位时的务实表现显得有些格格不入。猪湾事件的悲剧再次提供了一个有力的佐证。在肯尼迪任期的最初几个月，他接受了中央情报局、参谋长联席会议和邦迪等人的意见，发动了流亡者的袭击。但在行动处于失败边缘的时候，顾问们提议要出动空中打击，确保战争胜利，肯尼迪拒绝了。他宁可接受失败，也不愿让战争升级。接下来，他承担了灾难的责任，解雇了中央情报局负责这次计划和行动的负责人，在任期内对参谋长联席会议的影响予以降级，并强化了白宫在国家安全决策中的地位。他还承认了错误的严重性。"不仅我们的行动有问题，"肯尼迪说，"我们的策略也不对，因为考虑问题的种种前提就是错误的。"[48] 很难想象这样一位总统会为了挽回颜面而坚持一个失败的反暴动计划。肯尼迪显示了自己在必要的时候承认错误和缺点的意愿。事实上，他一直在寻找机会把这些失败转化成自己的优势，如同猪湾事件所带来的效果。

肯尼迪会把冷战中的"信誉"看得很重吗？他认为在遏制战略的大博弈中，一次地缘政治较量的失败或退让会注定下一次的同样命运？如果肯尼迪有类似想法，他就不会私下同意从土耳其撤出木星导弹来解决古巴导弹危机——这个与苏联达成的秘密交易很难说是个信誉绝对论者的行径。相反，肯尼迪在导弹危机中赢得的公开胜利给他在国内外带来巨大的政治公信力——林登·约翰逊从未赢得过它，肯尼迪原本可以利用它在越南走一条不一样的道路。肯尼迪之前的记录也很有启发性。1961 年 11 月，当邦迪请求约翰逊做出向越南派遣作战部队的决定，并称这是一个"意志的试金石"和美国公信力的象征，务实的肯尼迪拒绝了国家安全顾问的建议。[49]

如果南越落入共产党之手，肯尼迪能够抵挡住来自共和党人的攻击吗？邦迪称，肯尼迪可以利用巨额的政治资金来缓解越南失败带来的损失。假设他在1964年大选中会遇到巴里·戈德华特——假设，如邦迪所言，他在大选过程中会维持越南现状——那么1965年对他将是充满政治优势和机遇的一年。

肯尼迪可以与约翰逊一样，以较大优势战胜对手，击溃持极右立场的共和党人。肯尼迪可以与约翰逊一样，在参众两院都获得多数席位。但是，不同于约翰逊，肯尼迪不会带着"伟大社会"的宏伟计划进入第二任期，这个倡议需要共和党人的支持。不同于约翰逊，肯尼迪进入第二任期，却无须在选民面前示弱。不同于约翰逊，肯尼迪如邦迪所称，是"导弹危机的功臣"，在外交领域形象杰出的总统。肯尼迪会一直坚守他反复阐明的立场：这场战争是越南人的事情——由他们自己去战斗并取得胜利。

这是肯尼迪在1961年行动前夕向泰勒和罗斯托传递的信息；这也是他在1963年9月参加全国性电视访谈节目时向沃尔特·克朗凯特强调的底线。他说："归根到底，这是由人民和（南越）政府选择输赢的战争。我们能做的事情只有协助。"[50]如果一个蹒跚的南越无法获得战争的胜利，那么肯尼迪可以理直气壮地说，美国无法为其承担这份责任。尽管肯尼迪也曾对克朗凯特说，"有些人说我们要撤退，我不赞同这种说法"，而且也重申了美国帮助西贡政权的承诺，但也是在这种情况下，肯尼迪在6周后宣布从南越撤出第一批多达1000人的军事顾问。[51]

最后，肯尼迪是否能够管理好政府，应对顾问们可能发出的反对之声呢？因为他们大都认为这种政策会导致南越的沦陷。答案似乎很清楚。如果在1961年，一个孤立无援、深受猪湾事件羞辱的肯尼迪都能否决来自麦克纳马拉、邦迪、泰勒、罗斯托、参谋长联席会议的建议，不向越南派军，那么1965年的肯尼迪一定会有同样举动。麦克纳马拉在1961年改变了他支持派兵的主张，在1963年末兴致勃勃地设计撤退的计划，那么他在1965年也同样可能会支持总统的主张。据历史学家霍华德·琼斯说，肯尼迪准备在第二任期内，用罗伯特·麦克纳马拉接替迪安·腊斯克任国务卿，目的就是弱化华盛顿对西贡的承诺。[52]琼斯的消息来源是总统在越南问题上的密友——约翰·肯尼思·加尔布雷思。麦克纳马拉也说，罗伯特·肯尼迪让他在第二任期去国务院工作。可以设想，邦迪在1965年也会向肯尼迪提出部署作战部队的计划，如同他对约翰逊的做法。但是，我们同样可以想到，肯尼迪会坚持相反的意见，回绝邦迪——正像他在古巴导弹危机中拒绝邦迪一样。或许在肯尼迪任期内，没有其他事情能像导弹危机那样说明问题，肯尼迪作为总司令，会毫不犹豫地拒绝任何国家安全机构中的权威人物的意见。

***

　　邦迪认为，肯尼迪不会改变他1961年不派遣地面部队的立场，他赞同一些前政府官员的看法，坚信肯尼迪不会让越南战争美国化。这个推断也得到罗伯特·麦克纳马拉的赞同，他在1995年的回忆录中写道："仔细阅读了之前的档案记录，当然也有事后诸葛亮的嫌疑，我认为，如果肯尼迪总统活着，他很可能会把我们拉出越南。他可能会反复论证，即使终将让南越，甚至东南亚最终落入共产党之手，我认为，他也会做出相同选择。"[53]肯尼迪的顾问、历史学家小阿瑟·M.

施莱辛格也对此做出印证，他写道："肯尼迪无意派遣美国作战部队去挽救南越。"邦迪称施莱辛格的结论"正确而重要"。[54]

去世的几周前，邦迪仍然与从事战争研究的几位同事探讨肯尼迪和越南问题。正如前文所说，他与哥哥比尔利用周末兴致勃勃地展开辩论。比尔与他共同见证了对越决策的关键时刻，自己也是一位很有造诣的历史学家。与过去几十年相比，这是他人生的转折，这位前国家安全顾问过去一直在严肃反思约翰逊政府让战争美国化的决定因素。1969年给哥哥的信中，麦乔治·邦迪说，美国的行为很有必要，"必须有这样一场战争"。[55]但是在1995至1996年间，他的看法改变了，他坚信，富于智慧的肯尼迪总统应该能够在第二任期为美国选择不同的命运。

"古巴导弹危机给肯尼迪充足的空间，让他得以从南越抽身。"邦迪1996年8月这样告诉布朗大学的詹姆斯·布莱特和珍妮特·兰，"1963年，猪湾事件已经过去很久了。他已经向盟国和美国人民证明了自己。在肯尼迪的第二任期，美国军事顾问应该已经撤回了，肯尼迪可以努力证实他一直坚持的理念——这不是我们的战争，这是属于他们自己的。如果南越无法赢得胜利，我们也无能为力。"[56]邦迪和我在1996年9月11日讨论了同样的主题，五天后他就去世了。

正如邦迪所言，肯尼迪一直坚持他的观点：美国不能够代表西贡政权去打仗。"有关这一点，最有力的证据"就是总统在1963年9月与沃尔特·克朗凯特的访谈，他坚持说，"归根结底，这是他们的战争"。邦迪强调，这并不是从艾森豪威尔政府"继承的观点"，而是肯尼迪个人得出的结论，源于"他对第三世界的研究，对新独立国家各种势力的解读"。[57]邦迪注意到，总统在接受克朗凯特访谈后

10天，在一次记者招待会上重申了自己的立场。"肯尼迪用几乎同样的方式，但略为尖刻的语气说：'我们在这个领域保持简单策略……我认为，在某些方面，越南人民和我们的看法一致。我们希望战争获胜，共产党得到遏制，美国人可以回国。这就是我们的政策。'"[58]邦迪还推测，肯尼迪在第二任期将会对美国的亚洲战略进行另外一个重要更改——由理查德·尼克松最终实现——与共产党执政的中国恢复正常关系。据邦迪回忆，他在与肯尼迪出国的途中探讨了这个问题，非正式地确认"哪些主题是第二任期的当务之急。我脑海中根深蒂固的一个主题就是向中国开放"。[59]

为了更深入了解美国与越南战争，邦迪聚焦于总统领导权的问题。"我们应该关注这些领导人，而不要被他的助理们写的备忘录迷惑了，这其中包括总统本人。"布莱特和兰记得邦迪曾这样说。"他深信，如果不了解林登·约翰逊——深入了解——以及他与肯尼迪的差别，那么就不可能了解越南问题。"布莱特说。[60]

在诸多差异中，邦迪告诉我，肯尼迪的自信心尤为突出，一是对自己的判断力，二是对自己的成就，包括挫败共产党在西柏林和古巴的企图，以及在老挝持中立姿态。还有一些其他重要差异。"肯尼迪不会像林登·约翰逊那样拟定冗长而有力的立法日程。"邦迪说。[61]而且肯尼迪也不会像约翰逊一样在大选中或国会中炮制机会主义的话题。邦迪坚称，肯尼迪"绝不会有东京湾"那样的立法行动，"他不希望产生一个开战的决议"。[62]他尖锐地提出，在第二任期中肯尼迪"完成了大选任务，可以自由做判断的时候……会不会派50万人去越南"这个问题。[63]结论很清晰："我认为，他不会扩大战争。他会寻找谈判之路。他不会让美国进行一场地面战争。"[64]

在战争与和平的问题上，邦迪在去世前大约五周时曾说，肯尼迪"作为一个伟大的领导人，他不必害怕任何人"。与约翰逊相比，再次连任的肯尼迪会以一个成功的国家安全领导人的身份在 1965 年做出决策，他没有宏大的自由主义的国内议事日程，不考虑 1968 年的大选，掌握令人敬畏的外交资本。"因此，他没有必要在越南证明自己。"邦迪写道，"他可以降低国家的损耗。他可以拒绝让这场战争美国化。"[65] 在我们多次的广泛讨论中，在他的手稿中，邦迪声称，肯尼迪总统的果断选择能够避开越南战争。

这或许就是我们从这场巨大的灾难中获得的最重要的教训。或许为了自己永久的信誉，他承认了在建言献策方面有所失误，但邦迪回顾历史、努力了解越南战争之路的举动或许可以帮助现在和将来的人们更好地理解总司令这个不可或缺的中心角色。正如邦迪在对越南问题的最后反思中所讲：干预是总统的选择，不是必然之路。

致谢

在任何时候，提起本书应该感谢的人，当然第一个就要数麦乔治·邦迪。就像我在之前的章节中提到的，作为国家安全顾问的邦迪，与我接触到的邦迪，无论思想还是性格都有很大差异。这个与我一同工作的老人，以一种孜孜不倦、实事求是的探索精神，对他自己在"这场重大失败"中所扮演的角色做出了并无定论的深刻剖析。在这个艰苦旅程中，他表现出种种令人钦佩的品质，他怀着一种对越南问题的强烈责任感，勇敢面对多年来一直试图回避的问题。他始终致力于解答这样一个问题："我们能从这个事件中获得什么教训，能对未来有何帮助？"在此过程中，我想感谢邦迪给予的无微不至的关怀。他始终是那么彬彬有礼、善良宽厚、耐心细致。我将永远铭记这段工作经历，把它视为一种荣幸。

支持邦迪对越南问题做回顾性研究的人中，最重要的一位当属纽约卡内基公司的前主席大卫·汉伯格（Dr. David Hamburg），他自己也是一位成就卓著的国际安全事务专家，对耶鲁大学出版社在邦迪去世后出版本书非常支持，并提倡这本书的独立和公正。我对他多年的支持表示感谢。除此之外，我还想感谢帮助我与卡内基公司合作的大卫·斯彼迪（David Speedie）与乔根·布朗（Georganne V. Brown）。耶鲁大学出版社的前总裁约翰·莱登（John Ryden）在我的后续研究中，实在是一位不可多得的顾问、同事和朋友。

我研究肯尼迪和约翰逊政府对越决策的过程中，麦乔治·邦迪的许多同事都分享了自己的看法——关于这位前国家安全顾问、两位总统，以及战争美国化道路上的重要转折点。尽管在撰写本书时，我没有采访他们——这里提到的其他人也不一定都认同书中的结论——但是他们表现出的慷慨大度和提供的种种帮助令我感激。前国防部长罗伯特·麦克纳马拉允许我参加了在越南和意大利召开的会议，这些经历加深了我对战争的理解。已经故去的杰出历史学家小阿瑟·施莱辛格与我在位于曼哈顿的世纪协会多次共进午餐，给了我许多鼓励和见解。已经故去的特尔切斯特·库珀是国家安全委员会中的资深越南问题专家，对战争有着全面的了解，对它的重要参与者具备敏锐的洞察力，同时也是非常棒的朋友。尼古拉斯·卡岑巴赫曾先后在司法部和国务院工作，提供了许多宝贵的帮助。麦克纳马拉、施莱辛格、库珀和卡岑巴赫忠实于越南战争的历史，能够抛开意识形态的偏见和围绕这个问题的政治争论。

在众多越南问题专家中，我尤其要感谢 A.J. 兰古思，他在 1965年担任《纽约时报》驻西贡的总编辑，是一位非常优秀的越南战争叙述史专家。我从兰古思那里收获良多，他对时代的宏大主题和具体史实的关系有着无以伦比的精准把握。他一直是我的良师益友。我还要感谢詹姆斯·布莱特和珍妮特·兰，他们二位就职于布朗大学的沃森国际研究所。正是这个研究所允许我以魏兰德学者和特约讲师的身份对战争问题做进一步研究。布莱特和兰是口述史方法论方面的开拓者，这个方法对于我们理解冷战（尤其是越南战争和古巴导弹危机）的关键问题至关重要。此外，这些杰出的研究员和作者使相关专业的学者和学生收获颇丰。弗雷德里克·罗格瓦尔（Fredrik Logevall）是世界闻名的越南战争学者，对我的作品影响很大。多年来，他不断分享自己的专业知识，提供难以估量的建议和帮助。最后，我想感谢历史学家卡伊·伯德，他撰写的《真理的颜色》对邦迪兄弟进行了深刻而客观的描述，堪称历史作品的典范。

正像我在导言中所说的那样，我的目的是撰写一本有关越南战争的原创而独立的作品，不仅仅分析邦迪作为国家安全顾问的种种表现，也要从他的经历中提炼出种种教训。这种想法是我与时代图书公司的编辑主任保罗·格罗布（Paul Golob）合作时达成的共识。他是出色的编辑、战略家、老练的历史分析家，更是一位高效的出版人，本书从构思到成书，都有赖于他的策划和运作，感谢他的悉心指导、他的合作精神以及卓越才华。我的代理人艾斯特·纽伯格（Esther Newberg）堪称出版界的女沙皇，我有幸成为她青睐的作者，感谢她为本书付出的努力。理查德·加德纳（Richard N. Gardner）教授是我在哥伦比亚大学期间可敬的导师和亲爱的朋友，对我给予了慷慨的帮助。我还要感谢知名的历史学家迈克尔·比齐罗斯（Michael Beschloss），他以外交和总统制研究见长，虽然我们之前并不认识，但他欣然答应阅读我的书稿并提出意见。我还要特别感谢亨利·霍尔特出版公司的约翰·斯特林（John Sterling）和丹·法利（Dan Farley）。律师阿兰·考夫曼（Alan U. Kaufman）和希瑟·弗洛伦斯（Heather Florence）给予了周全的建议。德克萨斯大学的马特·特里布（Matt Tribbe）为我在林登·约翰逊图书馆的档案研究提供了很大帮助。这里我要一并感谢。

最后，我要向家人表达真诚的谢意。我的父亲肯尼斯·戈德斯坦（Kenneth K. Goldstein）是哥伦比亚大学的荣誉教授。我还是个孩子的时候，他曾在自己的多部作品中对我的母亲、姐姐和我表示过感谢。如今，我很高兴能跟他一样。对我的妻子和孩子们——安妮（Anne）、维拉（Willa）和艾弗里（Avery），我想对他们在本书撰写过程中给予的爱与支持说声谢谢，希望本书最终没有辜负他们的努力。

注释

INTRODUCTION: LEGEND OF THE ESTABLISHMENT

1. Author's notes of Gordon Goldstein interview with McGeorge Bundy, September 11, 1996.
2. John Kifner, "McGeorge Bundy Dies at 77; Top Adviser in Vietnam Era," *New York Times*, September 17, 1996.
3. Walter Isaacson, "The Best and the Brightest: McGeorge Bundy, 1919–1996," *Time*, September 30, 1996.
4. Kai Bird, *The Color of Truth: McGeorge Bundy and William Bundy, Brothers in Arms* (New York: Simon and Schuster, 1998), p. 403.
5. Ibid., p. 405.
6. These works include David M. Barrett, *Uncertain Warriors: Lyndon Johnson and His Vietnam Advisers* (Lawrence: University Press of Kansas, 1993); Larry Berman, *Lyndon Johnson's War: The Road to Stalemate in Vietnam* (New York: W. W. Norton, 1989) and *Planning a Tragedy: The Americanization of the War in Vietnam* (New York: W. W. Norton, 1982); Lloyd C. Gardner, *Pay Any Price: Lyndon Johnson and the Wars for Vietnam* (Chicago: Ivan R. Dee, 1995); Leslie H. Gelb and Richard K. Betts, *The Irony of Vietnam: The System Worked* (Washington, D.C.: Brookings Institution Press, 1979); Doris Kearns Goodwin, *Lyndon Johnson and the American Dream* (New York: St. Martin's Press, 1976 and 1991); George C. Herring, *America's*

Longest War: The United States and Vietnam, 1950–1975, 3rd ed. (New York: Mc-Graw Hill, 1996); Stanley Karnow, *Vietnam: A History* (New York: Viking, 1983); Neil Sheehan, *A Bright Shining Lie: John Paul Vann and America in Vietnam* (New York: Random House, 1988); Brian VanDeMark, *Into the Quagmire: Lyndon Johnson and the Escalation of the Vietnam War* (New York: Oxford University Press, 1991); and Marilyn B. Young, *The Vietnam Wars: 1945–1990* (New York: Harper-Collins, 1991).

7. Andrew Preston, *The War Council: McGeorge Bundy, the NSC, and Vietnam* (Cambridge, Mass.: Harvard University Press, 2006). The Cold War context myth, Preston notes, should be attributed to Ernest R. May, *Lessons of the Past: The Use and Misuse of History in American Foreign Policy* (New York: Oxford University Press, 1973).

8. Bird, *Color of Truth*, p. 407.

9. James C. Thomson Jr., "A Memory of McGeorge Bundy," *New York Times*, September 22, 1996.

10. Arthur M. Schlesinger Jr., "A Man Called Mac," *George*, December 1996.

11. "JFK's McGeorge Bundy—Cool Head for Any Crisis," *Newsweek*, March 4, 1963, p. 21.

12. Bird, *Color of Truth*, p. 34.

13. Ibid., p. 36.

14. Ibid., p. 52.

15. Ibid., pp. 43–45.

16. David Halberstam, "The Very Expensive Education of McGeorge Bundy," *Harper's*, July 1969, p. 25. See also "JFK's McGeorge Bundy," p. 21.

17. Halberstam, "Very Expensive Education," p. 25; and David Halberstam, *The Best and the Brightest* (New York: Random House, 1972), p. 52.

18. Bird, *Color of Truth*, p. 59.

19. Halberstam, "Very Expensive Education," p. 25.

20. On Bundy's portentous Skull and Bones moniker, see Alexandra Robbins, *Secrets of the Tomb: Skull and Bones, the Ivy League, and the Hidden Paths of Power* (Boston: Little, Brown, 2002), p. 127, cited in Preston, *War Council*, p. 2.

21. "JFK's McGeorge Bundy," p. 22.

22. Bird, *Color of Truth*, p. 96.

23. Ibid., pp. 100–101.

24. Gordon Goldstein interview with McGeorge Bundy, November 21, 1995, p. 26.

25. Gordon Goldstein interview with McGeorge Bundy, December 5, 1995, p. 21.

26. Ibid., p. 23.

27. Bird, *Color of Truth*, p. 106.

28. Gordon Goldstein interview with McGeorge Bundy, September 19, 1995, p. 31.

29. Bird, *Color of Truth*, pp. 107–8.

30. Halberstam, *Best and the Brightest*, pp. 56–57.

31. McGeorge Bundy, ed., *The Pattern of Responsibility: From the Record of Dean Acheson* (Boston: Houghton Mifflin, 1951), p. xiii.

32. Ibid., p. viii.
33. "JFK's McGeorge Bundy," p. 22.
34. Halberstam, *Best and the Brightest*, p. 58.
35. Henry Kissinger, *White House Years* (Boston: Little, Brown, 1979), pp. 13–14.
36. Bird, *Color of Truth*, p. 146.
37. "JFK's McGeorge Bundy," p. 20.
38. Max Frankel, "The Importance of Being Bundy," *New York Times Magazine*, March 28, 1965, p. 32.
39. Halberstam, "Very Expensive Education," p. 22.
40. Ibid.
41. "The Use of Power with a Passion for Peace," *Time*, June 25, 1965, pp. 26–27.
42. Preston, *War Council*, p. 30.
43. "Use of Power," pp. 26–27.
44. Ibid., p. 28.
45. F. Champion Ward, David E. Bell, Harold Howe II, Marshall Robinson, and Mitchell Sviridoff, letter to the editor, *New York Times*, September 30, 1996.
46. Halberstam, "Very Expensive Education," p. 22.
47. "Vietnam: Bundy and Hoffman," WGBH broadcast transcript, March 14, 1968, pp. 2–3.
48. Bird, *Color of Truth*, p. 399.
49. Ibid., p. 397.
50. McGeorge Bundy, "American Policy and Politics: Examples from Southeast Asia," speech at Council on Foreign Relations, New York, 1971, pp. 1, 5.
51. Ibid., p. 2.
52. Ibid., p. 7.
53. Ibid., p. 18.
54. Ibid., p. 19.
55. Ibid., pp. 13–14.
56. Bird, *Color of Truth*, pp. 401–2; and Thomson, "Memory of McGeorge Bundy."
57. David Talbot, "And Now They Are Doves," *Mother Jones*, May 1984, p. 33, cited in Bird, *Color of Truth*, p. 403.
58. Robert S. McNamara with Brian VanDeMark, *In Retrospect: The Tragedy and Lessons of Vietnam* (New York: Times Books, 1995), p. xx.
59. "Mr. McNamara's War," *New York Times*, April 12, 1995.
60. B. Drummond Ayres Jr., "Belated Regrets About Vietnam Create a Consensus of Antipathy," *New York Times*, April 15, 1995.
61. Mary McGrory, "Too Late," *Washington Post*, April 13, 1995.
62. Townsend Hoopes, "Robert McNamara's 'Mea Culpa,'" *Washington Post*, April 27, 1995.
63. Richard Cohen, "McNamara: Better Late Than Never," *Washington Post*, April 13, 1995.
64. Jonathan Alter, "Confessing the Sins of Vietnam," *Newsweek*, April 17, 1995.
65. McGeorge Bundy to Robert S. McNamara, March 3, 1994.

66. McGeorge Bundy to Robert S. McNamara, March 25, 1994.

67. McGeorge Bundy to Robert S. McNamara, February 8, 1995, and February 14, 1995.

68. *MacNeil/Lehrer NewsHour*, April 17, 1995.

69. "Papers of McGeorge Bundy, JFK's National Security Adviser, Donated to the John F. Kennedy Presidential Library," press release, John F. Kennedy Presidential Library & Museum, July 23, 2004.

70. Bundy Fragment, January 29, 1996. (Most of the Bundy Fragments were given numbers by Georganne V. Brown, who worked with McGeorge Bundy at the Carnegie Corporation. Some of the Fragments have a title, others are identified only by date and there are a few Fragments without a number, title, or date.)

71. Bundy Fragment No. 99, First Draft Introduction.

72. Bundy Fragment No. 99, Second Draft Introduction.

73. Bundy Fragment No. 99, Third Draft Introduction.

74. Bundy Fragment No. 99, Second Draft Introduction.

75. An alphabetical list of former policy makers who have written about Vietnam would include George W. Ball, *The Past Has Another Pattern: Memoirs* (New York: W. W. Norton, 1982); Clark Clifford with Richard Holbrooke, *Counsel to the President: A Memoir* (New York: Random House, 1991); Lyndon B. Johnson, *The Vantage Point: Perspectives of the Presidency 1963–1969* (New York: Holt, Rinehart and Winston, 1971); Henry Kissinger, *The White House Years* (Boston: Little, Brown, 1979); Henry Cabot Lodge, *As It Was: An Inside View of Politics and Power in the '50s and '60s,* (New York: W. W. Norton, 1976); Robert S. McNamara with Brian VanDeMark, *In Retrospect: The Tragedy and Lessons of Vietnam* (New York: Times Books, 1995); Richard Nixon, *RN: The Memoirs of Richard Nixon* (New York: Grosset & Dunlap, 1978); W. W. Rostow, *The Diffusion of Power: An Essay in Recent History* (New York: Macmillan, 1972); Dean Rusk, as told to Richard Rusk, *As I Saw It,* ed. Daniel S. Papp (New York: W. W. Norton, 1990); Maxwell D. Taylor, *Swords and Plowshares* (New York: W. W. Norton, 1972); William C. Westmoreland, *A Soldier Reports* (Garden City, N.Y.: Doubleday, 1976).

76. Bundy Fragment No. 99, Second Draft Introduction.

77. Gordon Goldstein interview with McGeorge Bundy, January 17, 1996, p. 15.

78. Gordon Goldstein interview with McGeorge Bundy, September 19, 1995, p. 20.

LESSON ONE: COUNSELORS ADVISE BUT PRESIDENTS DECIDE

1. Gordon Goldstein interview with McGeorge Bundy, November 28, 1995, pp. 28, 30.

2. Bundy Fragment No. 86.

3. Bundy Fragment No. 94.

4. Ibid.

5. Bundy Fragment No. 99, Fourth Draft Introduction.

6. Ibid.

7. Ibid.

8. Gordon Goldstein interview with McGeorge Bundy, November 21, 1995, p. 29; and Bundy Fragment No. 99, Fourth Draft Introduction.
9. Arthur M. Schlesinger Jr., *Journals: 1952–2000*, ed. Andrew Schlesinger and Stephen Schlesinger (New York: Penguin Press, 2007), p. 101.
10. Gordon Goldstein interview with McGeorge Bundy, January 17, 1996, p. 21.
11. Bundy Fragment No. 93.
12. Theodore C. Sorensen, *Kennedy* (New York: Harper and Row, 1965), p. 253.
13. Bundy Fragment No. 93.
14. Ibid.
15. Halberstam, *Best and the Brightest*, p. 60.
16. Ibid., p. 59; and Bird, *Color of Truth*, p. 153.
17. David Talbot, *Brothers* (New York: Free Press, 2007), p. 44.
18. Bird, *Color of Truth*, pp. 194–95; and Piero Gleijeses, "Ships in the Night: The CIA, the White House and the Bay of Pigs," *Journal of Latin American Studies* 27 (February 1995): pp. 37–42.
19. Michael R. Beschloss, *The Crisis Years: Kennedy and Khrushchev, 1960–1963* (New York: Edward Burlingame Books/HarperCollins, 1991), pp. 104–5.
20. Richard Reeves, *President Kennedy: Profile in Power* (New York: Simon and Schuster, 1993), p. 70.
21. Bird, *Color of Truth*, pp. 196–97.
22. Richard N. Goodwin, *Remembering America: A Voice from the Sixties* (Boston: Little, Brown, 1988), pp. 176–77, cited in Preston, *War Council*, p. 64.
23. Beschloss, *Crisis Years*, p. 106.
24. Schlesinger, *Journals*, p. 109.
25. Preston, *War Council*, p. 75.
26. Gordon Goldstein interview with McGeorge Bundy, September 22, 1995, pp. 2–3. For a study of Rostow in power, see David Milne, *America's Rasputin: Walt Rostow and the Vietnam War* (New York: Farrar, Straus and Giroux, 2008).
27. McNamara with VanDeMark, *In Retrospect*, p. 26.
28. Talbot, *Brothers*, p. 45.
29. Ibid.
30. Ibid., pp. 46–47.
31. Robert Dallek, *An Unfinished Life: John F. Kennedy, 1917–1963* (New York: Little, Brown, 2003), p. 364.
32. Bundy Fragment No. 91. See also Richard M. Bissell Jr. with Jonathan E. Lewis and Frances T. Pudlo, *Reflections of a Cold Warrior: From Yalta to the Bay of Pigs* (New Haven: Yale University Press, 1996), pp. 152–205. "To my great disappointment," Bissell wrote, "especially in light of the serious consequences of defeat, Kennedy would not allow the Navy to provide full air support" (ibid., p. 189).
33. Gordon Goldstein interview with McGeorge Bundy, November 28, 1995, p. 8.
34. Kenneth P. O'Donnell and David F. Powers with Joe McCarthy, *"Johnny, We Hardly Knew Ye": Memories of John Fitzgerald Kennedy* (New York: Pocket Books, 1972), p. 274, quoted in Talbot, *Brothers*, p. 47.

35. Talbot, *Brothers*, p. 47.
36. Bird, *Color of Truth*, p. 197.
37. Talbot, *Brothers*, p. 51.
38. Schlesinger, *Journals*, pp. 112–13.
39. Transcribed from handwritten duplicate copy from the 1961 Staff Memoranda series of the President's Office Files of the Presidential Papers of John F. Kennedy, February 7, 1974, John F. Kennedy Presidential Library, Boston, Mass.
40. McGeorge Bundy, "Some Preliminary Administrative Lessons of the Cuban Experience," April 24, 1961, courtesy of the National Security Archive, George Washington University. The author wishes to thank Professor James Blight for suggesting this citation. In another memo to the president following the Bay of Pigs, Bundy complained to Kennedy: "We can't get you to sit still. . . . The National Security Council . . . really cannot work for you unless you authorize work schedules that do not get upset from day to day." See Bundy memo to JFK, May 16, 1961, NSF Box 287-290, JFK Library, cited in Reeves, *President Kennedy*, pp. 113–14.
41. National Security Action Memorandum 55 ended exclusive CIA authority for the planning and execution of covert action operations. Presidential Directives on National Security from Truman to Clinton, NSDDINDEX Record no. 183, p. 1, cited in Richard H. Shultz Jr., *The Secret War Against Hanoi: Kennedy's and Johnson's Use of Spies, Saboteurs, and Covert Warriors in North Vietnam* (New York: Harper-Collins, 1999), p. 358 n. 50.
42. Bundy Fragment No. 91.
43. Gordon Goldstein interview with McGeorge Bundy, January 17, 1996, p. 30.
44. Ibid.
45. Bundy Fragment No. 86.
46. Gordon Goldstein interview with McGeorge Bundy, January 17, 1996, p. 24.
47. Ibid., p. 31.
48. Neustadt-Bundy Oral History (1964), p. 88.
49. Schlesinger, *Journals*, p. 111.
50. Neustadt-Bundy Oral History (1964), p. 27.
51. Bundy Fragment No. 86.
52. Clifford with Holbrooke, *Counsel to the President*, p. 343. A memorandum by Clifford summarizing the meeting is reprinted in *The Pentagon Papers: The Defense Department History of United States Decisionmaking on Vietnam*, Senator Gravel edition, vol. 2 (Boston: Beacon Press, 1971–72), pp. 635–37.
53. Neustadt-Bundy Oral History (1964), p. 136.
54. Walter Isaacson and Evan Thomas, *The Wise Men: Six Friends and the World They Made* (New York: Simon and Schuster, 1986), p. 618.
55. *Pentagon Papers*, vol. 2, p. 42.
56. Telegram from the Department of State to Secretary of State Rusk, April 27, 1961, in *Foreign Relations of the United States, 1961–1963*, vol. 24, *Laos Crisis* (Washington: U.S. Government Printing Office, 1994), p. 147.

57. Bundy Fragment No. 94.

58. Arthur M. Schlesinger Jr., *A Thousand Days: John F. Kennedy in the White House* (Boston: Houghton Mifflin, 1965), p. 337.

59. Sorensen, *Kennedy*, pp. 644–45. See also notes on the 481st National Security Council Meeting, May 1, 1961, 4:10–6 p.m., in *FRUS 1961–63*, vol. 24, *Laos Crisis*, pp. 162–64.

60. Schlesinger, *Thousand Days*, p. 339. Sorensen reports that the president expressed the same view to him in September 1961. See Sorensen, *Kennedy*, p. 644. In a memorandum for the record dictated on June 1, 1961, the president's brother, Attorney General Robert Kennedy, observed: "I don't think there is any question that if it hadn't been for Cuba, we would have sent troops to Laos. We probably would have had them destroyed. Jack has said so himself." Robert F. Kennedy, memorandum dictated June 1, 1961, 3, Robert F. Kennedy Papers, cited in Arthur M. Schlesinger Jr., *Robert Kennedy and His Times* (Boston: Houghton Mifflin, 1978), p. 702 n. 7, and p. 999.

61. Bundy Fragment No. 94.

62. Neustadt-Bundy Oral History (1964), p. 136.

63. Herring, *America's Longest War*, p. 4.

64. Ibid., p. 25 and pp. 2–46. See also John P. Burke and Fred I. Greenstein, with the collaboration of Larry Berman and Richard Immerman, *How Presidents Test Reality: Decisions on Vietnam, 1954 and 1965* (New York: Russell Sage Foundation, 1989), p. 29.

65. Peter MacDonald, *Giap: The Victor in Vietnam* (New York: W. W. Norton, 1993), p. 80.

66. Ibid., p. 82.

67. Memorandum of Discussion of the 179th Meeting of the National Security Council, January 8, 1954, *Foreign Relations of the United States, 1952–1954*, vol. 13, *Indochina, Part 1*, pp. 947–55, cited in Burke and Greenstein, *How Presidents Test Reality*, pp. 31–32.

68. George Lardner Jr., "Tapes Show Eisenhower Resisted Vietnam Buildup," *International Herald Tribune*, June 17, 1997.

69. MacDonald, *Giap*, p. 134.

70. Cited in A. J. Langguth, *Our Vietnam: The War, 1954–1975* (New York: Simon and Schuster, 2000), p. 96.

71. Reeves, *President Kennedy*, p. 254.

72. *Congressional Record*, January 8, 1952, p. HR-5879, cited in Reeves, *President Kennedy*, pp. 254, 700.

73. Langguth, *Our Vietnam*, pp. 99–100. See also Brian VanDeMark, *Into the Quagmire: Lyndon Johnson and the Escalation of the Vietnam War* (New York: Oxford University Press, 1991), pp. 4–7.

74. See Lansdale's U.S. Air Force biography at http://www.af.mil/bios/bio.asp?bioID=6141.

75. Editorial Note, *Foreign Relations of the United States, 1961–1963*, vol. 1, *Vietnam 1961* (Washington: U.S. Government Printing Office, 1988), p. 12.

76. Paper Prepared by the Country Team Staff Committee, January 4, 1961, in *FRUS 1961–63*, vol. 1, *Vietnam 1961*, p. 6.

77. Summary Record of a Meeting, the White House, January 28, 1961, in *FRUS 1961–63*, vol. 1, *Vietnam 1961*, p. 14.

78. Memorandum from the President's Deputy Special Assistant for National Security Affairs to the President's Special Assistant for National Security Affairs, January 30, 1961, in *FRUS 1961–63*, vol. 1, *Vietnam 1961*, p. 17.

79. See Summary Record of a Meeting, the White House, January 28, 1961, in *FRUS 1961–63*, vol. 1, *Vietnam 1961*, p. 15 and National Security Action Memorandum no. 12, February 6, 1961, in ibid., p. 29. Despite the president's emphasis on making the South Vietnamese forces more effective, some of Kennedy's advisers, such as Walt Rostow, continued to push for a larger American role in countering the insurgency. See David Kaiser, *American Tragedy: Kennedy, Johnson, and the Origins of the Vietnam War* (Cambridge, Mass.: Harvard University Press, 2000), pp. 69–71.

80. Bundy Fragment No. 94.

81. Editorial Note, *FRUS 1961–63*, vol. 1, *Vietnam 1961*, p. 74.

82. "A Program of Action to Prevent Communist Domination of South Vietnam," in *FRUS 1961–63*, vol. 1, *Vietnam 1961*, pp. 93, 97.

83. Bundy Fragment No. 28.

84. *Pentagon Papers*, vol. 2, p. 2. In response to the Gilpatric report, McGeorge Bundy joined in a memo drafted by Theodore C. Sorensen, the president's special counsel, and also representing the views of David E. Bell, the director of the Bureau of the Budget. The three officials urged President Kennedy to be cautious. "We need a more *realistic* look," they warned. ". . . There is no clearer example of a country that cannot be saved unless it saves itself." See Memorandum from the President's Special Counsel to the President, April 28, 1961, in *FRUS 1961–63*, vol. 1, *Vietnam 1961*, p. 84.

85. *Pentagon Papers*, vol. 2, p. 2. A subsequent draft of the Gilpatric report, dated May 3, 1961, "blurred, without wholly eliminating, the Defense-drafted recommendations for sending U.S. combat units to Vietnam and for public U.S. commitments to save South Vietnam from Communism" (ibid., p. 2).

86. The Joint Chiefs offered a generous list of purposes that would be served by dispatching combat forces to the region, including the creation of a "nucleus" of forces for "additional U.S. or SEATO military operations in Southeast Asia." See *Pentagon Papers*, vol. 2, pp. 48–49.

87. See *Pentagon Papers*, vol. 2, p. 49. See also National Security Action Memorandum no. 52, May 11, 1961, in *FRUS 1961–63*, vol. 1, *Vietnam 1961*, pp. 132–34.

88. *Pentagon Papers*, vol. 2, pp. 65–66.

89. Ibid., p. 66.

90. *FRUS 1961–63*, vol. 24, *Laos Crisis*, p. 134, cited in Kaiser, *American Tragedy*, p. 81 and n. 69. It appears that McNamara did not pass the memorandum on to President Kennedy.

91. Walt Rostow for Dean Rusk, July 13, 1961, JFK, NSF, VN, General, 7/5–7/13/61,

Box 193; and *FRUS 1961–63*, vol. 24, *Laos Crisis*, p. 134; cited in Kaiser, *American Tragedy*, p. 80.

92. Paper Prepared by the President's Military Representative, July 15, 1961, in *FRUS 1961–63*, vol. 1, *Vietnam 1961*, p. 224.

93. *FRUS 1961–63*, vol. 1, *Vietnam 1961*, p. 248.

94. Ibid., p. 254.

95. Ironically, in May 1961 Lyndon Johnson argued against the deployment of combat troops. "If the Vietnamese government backed by a three-year liberal aid program cannot do this job, then we had better remember the experience of the French who wound up with several hundred thousand men in Vietnam and were still unable to do it." Report by the Vice President, undated, in *FRUS 1961–63*, vol. 1, *Vietnam 1961*, p. 156.

96. *FRUS 1961–63*, vol. 1, *Vietnam 1961*, p. 254.

97. Memorandum for the Record by the Deputy Secretary of Defense, October 11, 1961, in *FRUS 1961–63*, vol. 1, *Vietnam 1961*, pp. 343–44.

98. *Pentagon Papers*, vol. 2, p. 81.

99. The editors of the *Pentagon Papers* determined that a press report so authoritative in its conclusions could only come from one source. "It is just about inconceivable that this story could have been given out except at the direction of the President, or by him personally." *Pentagon Papers*, vol. 2, p. 82.

100. Telegram from the Embassy in Vietnam to the Department of State, October 16, 1961, in *FRUS 1961–63*, vol. 1, *Vietnam 1961*, p. 383.

101. *Pentagon Papers*, vol. 2, p. 84.

102. Telegram from the Embassy in Vietnam to the Department of State, October 20, 1961, in *FRUS 1961–63*, vol. 1, *Vietnam 1961*, p. 406.

103. Telegram from the President's Military Representative to the Department of State, October 25, 1961, in *FRUS 1961–63*, vol. 1, *Vietnam 1961*, p. 430.

104. Telegram from the President's Special Assistant for National Security Affairs to the President's Military Representative, October 28, 1961, in *FRUS 1961–63*, vol. 1, *Vietnam 1961*, p. 443.

105. Telegram from the Embassy in Vietnam to the Department of State, October 31, 1961, in *FRUS 1961–63*, vol. 1, *Vietnam 1961*, p. 456.

106. Memorandum from Senator Mansfield to the President, in *FRUS 1961–63*, vol. 1, *Vietnam 1961*, p. 467.

107. Paper Prepared by the President's Military Representative, in *FRUS 1961–63*, vol. 1, *Vietnam 1961*, p. 481. See also Letter from the President's Military Representative to the President, November 3, 1961, in ibid., p. 478.

108. Paper Prepared by the President's Military Representative, in *FRUS 1961–63*, vol. 1, *Vietnam 1961*, p. 501.

109. Memorandum for the Record, November 6, 1961, in *FRUS 1961–63*, vol. 1, *Vietnam 1961*, p. 533. The editors of *Foreign Relations of the United States* speculate that although the meeting was held November 4, the notes of it were not composed until two days later.

110. *Pentagon Papers*, vol. 2, p. 102.

111. Draft Memorandum from the Secretary of Defense to the President, November 5, 1961, in *FRUS 1961–1963*, vol. 1, *Vietnam 1961*, p. 539.

112. Ibid., p. 538.

113. Notes by the Secretary of Defense, November 6, 1961, in *FRUS 1961–63*, vol. 1., *Vietnam 1961*, p. 543.

114. Draft Memorandum from the Secretary of State to the President, November 7, 1961, in *FRUS 1961–63*, vol. 1, *Vietnam 1961*, pp. 550–52.

115. Draft Memorandum for the President, November 8, 1961, in *FRUS 1961–63*, vol. 1, *Vietnam 1961*, p. 561.

116. Richard Parker, *John Kenneth Galbraith: His Life, His Politics, His Economics* (New York: Farrar, Straus and Giroux, 2005), pp. 364–65.

117. John Kenneth Galbraith, *Ambassador's Journal: A Personal Account of the Kennedy Years* (Boston: Houghton Mifflin, 1969), p. 243, cited in Preston, *War Council*, p. 94.

118. John Kenneth Galbraith to John F. Kennedy, October 9, 1961, cited in Parker, *John Kenneth Galbraith*, p. 370.

119. Ball, *Past Has Another Pattern*, p. 366.

120. Ibid., p. 367.

121. Bundy Fragment No. 28.

122. Memorandum from the President's Special Assistant for National Security Affairs to the President, November 15, 1961, in *FRUS 1961–63*, vol. 1., *Vietnam 1961*, pp. 605–7.

123. Schlesinger, *Thousand Days*, p. 547.

124. There were a few midlevel advisers who did not join the consensus among the administration's top officials. See Preston, *War Council*, p. 95 and p. 271 notes 58 and 59.

125. Gelb and Betts, *Irony of Vietnam*, pp. 76–77. See also Preston, *War Council*, p. 96; and Rusk, *As I Saw It*, pp. 432–33. George Ball suggested that the secretary of state was predisposed to join with McNamara in revising their joint recommendation. "Dean Rusk, I knew, had serious reservations about the commitment of American combat forces. . . . But he did not want to get crosswise with McNamara." See Ball, *Past Has Another Pattern*, p. 368.

126. McNamara with VanDeMark, *In Retrospect*, pp. 38–39. Secretary of State Rusk's recollection of this period is sketchy. See Rusk, *As I Saw It*, p. 433.

127. See Robert L. Gallucci, *Neither Peace Nor Honor: The Politics of American Military Policy in Viet-Nam* (Baltimore: Johns Hopkins University Press, 1975), p. 24. See also Ball, *Past Has Another Pattern*, p. 368.

128. Gordon Goldstein interview with McGeorge Bundy, November 30, 1995, p. 34.

129. Neustadt-Bundy Oral History (1964), p. 56.

130. See Draft Memorandum for the President, November 8, 1961, in *FRUS 1961–63*, vol. 1, *Vietnam 1961*, p. 561.

131. Memorandum from the President's Deputy Special Assistant for National Security Affairs to the President, November 11, 1961, in *FRUS 1961–63*, vol. 1, *Vietnam 1961*, p. 575.

132. Notes of a Meeting, the White House, November 11, 1961, in *FRUS 1961–63*, vol. 1, *Vietnam 1961*, p. 577.

133. Lawrence Freedman, *Kennedy's Wars: Berlin, Cuba, Laos, and Vietnam* (New York: Oxford University Press, 2000), pp. 332–33.

134. Notes on the National Security Council Meeting, Washington, November 15, 1961, in *FRUS 1961–63*, vol. 1, *Vietnam 1961*, p. 608. The official culmination of the administration's deliberations was National Security Action Memorandum 111, drafted by Bundy and issued on November 22, 1961.

135. Talbot, *Brothers*, pp. 79–80.

136. Bundy Fragment No. 87.

137. Bundy Fragment No. 50.

138. Bundy Fragment No. 85.

139. James Blight, Vietnam Project File Memo, Watson Institute for International Studies, Brown University, August 28, 1996.

140. Ibid.

141. Gelb and Betts, *Irony of Vietnam*, p. 70.

142. Gordon Goldstein interview with McGeorge Bundy, November 28, 1995, p. 12.

143. See, for example, the description of "Operation Farm-Gate," in which American officers in civilian clothes would fly reconnaissance and attack missions over the jungle with South Vietnamese troops. Reeves, *President Kennedy*, p. 241.

144. Bundy Fragment No. 86.

LESSON TWO: NEVER TRUST THE BUREAUCRACY TO GET IT RIGHT

1. Bundy Fragment No. 66.

2. Memorandum for the Record of a Meeting with the President, Palm Beach, Florida, January 3, 1962, in *Foreign Relations of the United States, 1961–1963*, vol. 2, *Vietnam 1962* (Washington, D.C.: U.S. Government Printing Office, 1990), pp. 3–4.

3. The "strategic hamlet" program was originally developed by the British guerrilla war expert Sir Robert Thompson, as part of the successful counterinsurgency strategy tested in Malaya and the Philippines. For its application to South Vietnam see Roger Hilsman, *To Move a Nation* (Garden City, N.Y.: Doubleday, 1967), p. 432.

4. Herring, *America's Longest War*, p. 95.

5. Sheehan, *Bright Shining Lie*, pp. 262–64.

6. Langguth, *Our Vietnam*, pp. 201–2, and Kaiser, *American Tragedy*, pp. 180–84.

7. Ellen J. Hammer, *A Death in November: America in Vietnam, 1963* (New York: E. P. Dutton, 1987), p. 121.

8. Bird, *Color of Truth*, p. 227.

9. Ibid., p. 230.

10. Ibid., p. 232.

11. Ibid.

12. Ibid., p. 233.

13. Ibid., p. 234.
14. Gordon Goldstein interview with McGeorge Bundy, November 28, 1995, p. 18.
15. McNamara with VanDeMark, *In Retrospect*, p. 341.
16. Langguth, *Our Vietnam*, p. 211.
17. Malcolm Browne, *Muddy Boots and Red Socks: A War Reporter's Life* (New York: Times Books, 1994), pp. 9–11.
18. Clarence R. Wyatt, *Paper Soldiers: The American Press and the Vietnam War* (New York: W. W. Norton, 1993), p. 112.
19. McGeorge Bundy, Memorandum for the Record, October 20, 1963.
20. Langguth, *Our Vietnam*, pp. 205–6.
21. Bundy, Memorandum for the Record, October 20, 1963.
22. State Department Telegram 243, Ball to Lodge, August 24, 1963, in *Foreign Relations of the United States, 1961–1963*, vol. 3, *Vietnam, January–August 1963* (Washington, D.C.: U.S. Government Printing Office, 1991), pp. 628–29.
23. Gordon Goldstein interview with McGeorge Bundy, November 16, 1995, pp. 11–12.
24. Bundy, Memorandum for the Record, October 20, 1963.
25. CIA Saigon Station to Agency, August 26, 1963, in *FRUS 1961–63*, vol. 3, *Vietnam, January–August 1963*, p. 642.
26. Memorandum from the Director of the Bureau of Intelligence and Research to the Secretary of State, in *Foreign Relations of the United States, 1961–1963*, vol. 4, *Vietnam, August–December 1963* (Washington, D.C.: U.S. Government Printing Office, 1991), pp. 212–15.
27. Telegram from the White House to the Embassy in Vietnam, in *FRUS 1961–63*, vol. 4, *Vietnam, August–December 1963*, pp. 252–54.
28. Memorandum from the President to the Secretary of Defense, September 21, 1963, in *FRUS 1961–63*, vol. 4, *Vietnam, August–December 1963*, pp. 278–79.
29. Gordon Goldstein interview with McGeorge Bundy, December 5, 1995, p. 7.
30. McGeorge Bundy, Memorandum for the Record, dictated January 30, 1963.
31. Memorandum from the Chairman of the Joint Chiefs of Staff and the Secretary of Defense to the President, October 2, 1963, in *FRUS 1961–63*, vol. 4, *Vietnam, August–December 1963*, pp. 336–46. The quoted passages are on p. 338. For a discussion of the document's drafting, see William Conrad Gibbons, "Lyndon Johnson and the Legacy of Vietnam," in Lloyd C. Gardner and Ted Gittinger, eds., *Vietnam: The Early Decisions* (Austin: University of Texas Press, 1997), pp. 135–36.
32. For a recording and transcript of the October 2; 1963, White House morning meeting, see http://www.whitehousetapes.org/clips/1963_1002_vietnam_pm/index.htm.
33. According to the published transcript and audiotape, "we'll get a new date" is the unclear but likely way Kennedy completed his sentence.
34. Kennedy would be careful to avoid making the withdrawal a personal commitment of his own. According to the statement, "Secretary McNamara and General Taylor reported their judgment that the major part of the U.S. military task can be completed by the end of 1965, although there may be a continuing requirement for a

limited number of U.S. training personnel." Record of Action No. 2472, Taken at the 519th Meeting of the National Security Council, Washington, October 2, 1963, in *FRUS 1961–63*, vol. 4, *Vietnam, August–December 1963*, p. 353. As Secretary McNamara left the White House to meet the media, the president called after him, "And tell them that means all the helicopter pilots too." See O'Donnell and Powers with McCarthy, *"Johnny, We Hardly Knew Ye,"* p. 17.

35. McGeorge Bundy to William C. Gibbons, January 30, 1992, p. 1.

36. Transcript of John Newman interview with McGeorge Bundy, July 16, 1991, p. 9. See also John Newman, "The Kennedy-Johnson Transition: The Case for Policy Reversal," in Gardner and Gittinger, *Vietnam: The Early Decisions*, p. 165.

37. Deborah Shapley, *Promise and Power: The Life and Times of Robert McNamara* (New York: Little, Brown, 1993), p. 263. For a somewhat different view from Maxwell Taylor, then the chairman of the Joint Chiefs of Staff, see the Taylor interview with William Conrad Gibbons and Patricia McAdams cited in William Conrad Gibbons, "Lyndon Johnson and the Legacy of Vietnam," in Gardner and Gittinger, *Vietnam: The Early Decisions*, p. 153 n. 50.

38. National Security Action Memorandum No. 263, October 11, 1963, in *FRUS 1961–63*, vol. 4, *Vietnam, August–December 1963*, pp. 395–96.

39. Memorandum of a White House Staff Meeting, Washington, October 7, 1963, 8 a.m., in *FRUS 1961–63*, vol. 4, *Vietnam, August–December 1963* p. 387. The withdrawal provisions remain a subject of historical debate. For a skeptical analysis of Kennedy's decision, see Larry Berman, "NSAM 263 and NSAM 273: Manipulating History," in Gardner and Gittinger, *Vietnam: The Early Decisions*, pp. 177–200. For interpretations that observe the first steps of an extrication strategy, see Newman, "Kennedy-Johnson Transition," pp. 158–76.

40. Telegram from the President's Special Assistant for National Security Affairs to the Ambassador in Vietnam, in *FRUS 1961–63*, vol. 4, *Vietnam, August–December 1963*, p. 379.

41. McGeorge Bundy, Memorandum for the Record, October 24, 1963, 8:15 p.m.

42. McGeorge Bundy, Memorandum for the Record, dictated October 25, 1963, 7:25 p.m.

43. McGeorge Bundy, Memorandum for the Record, October 18, 1963.

44. Telegram from the President's Special Assistant for National Security Affairs to the Ambassador in Vietnam, October 29, 1963, 7:22 p.m., in *FRUS 1961–63*, vol. 4, *Vietnam, August–December 1963*, pp. 473–75.

45. Memorandum of Conference with the President, October 29, 1963, 4:20 p.m., JFKP: National Security File, Meetings and Memoranda Series, Box 317, Meetings on Vietnam, October 29, 1963, JFK Library. For a transcript of the meeting as well as an audio CD recording of it, see John Prados, *The White House Tapes: Eavesdropping on the President* (New York: Free Press, 2003).

46. Telegram from the Commander, Military Assistance Command, Vietnam to the Director of the National Security Agency, November 1, 1963, 2:24 p.m., in *FRUS 1961–63*, vol. 4, *Vietnam, August–December 1963*, p. 505.

47. Telegram from the Central Intelligence Agency Station in Saigon to the Director of the National Security Agency, November 1, 1963, 2:34 p.m., in *FRUS 1961–63*, vol. 4, *Vietnam, August–December 1963*, pp. 505–6.

48. Telegram from the Embassy in Vietnam to the Department of State, November 1, 1963, 3 p.m., in *FRUS 1961–63*, vol. 4, *Vietnam, August–December 1963*, pp. 506–7.

49. Telegram from the Embassy in Vietnam to the Department of State, November 1, 1963, 4 p.m., in *FRUS 1961–63*, vol. 4, *Vietnam, August–December 1963*, p. 510.

50. Telegram from the Central Intelligence Agency Station in Saigon to the Director of the National Security Agency, November 1, 1963, 5 p.m., in *FRUS 1961–63*, vol. 4, *Vietnam, August–December 1963*, p. 512.

51. Telegram from the Embassy in Vietnam to the Department of State, November 1, 1963, 6 p.m., in *FRUS 1961–63*, vol. 4, *Vietnam, August–December 1963*, p. 513.

52. Stephen Kinzer, *Overthrow: America's Century of Regime Change from Hawaii to Iraq* (New York: Times Books, 2006), p. 169.

53. Memorandum for the Record of Discussion at the Daily White House Staff Meeting, November 4, 1963, in *FRUS 1961–63*, vol. 4, *Vietnam, August–December 1963*, p. 556.

54. Kinzer, *Overthrow*, p. 169.

55. Kaiser, *American Tragedy*, pp. 276–77 and n. 86.

56. McGeorge Bundy, Memorandum for the Record, November 4, 1963, 8:10 a.m.

57. Ibid.

58. Ibid.

59. McGeorge Bundy, Memorandum for the Record, November 4, 1963, 7:20 p.m.

60. Ibid.

61. Ibid.

62. Neustadt-Bundy Oral History (1964), pp. 6–7.

63. NSF, NSAM File, NSAM 273, South Vietnam, Box 2, London Baines Johnson Library, Austin, Tex. Reproduced in Gibbons, "Lyndon Johnson and the Legacy of Vietnam," pp. 141–43, and p. 155 n. 67. According to the editors of the official State Department record, Bundy's draft National Security Action Memorandum "was almost identical to the final paper," which was issued on November 26, 1963. National Security Action Memorandum No. 273, November 26, 1963, in *FRUS 1961–63*, vol. 4, *Vietnam, August–December 1963*, p. 637 n. 1.

64. Memorandum for the Record of Discussion at the Daily White House Staff Meeting, November 22, 1963, in *FRUS 1961–63*, vol. 4, *Vietnam, August–December 1963*, pp. 625–26.

65. McGeorge Bundy, Memorandum for the Record, November 14, 1963, 7:30 p.m.

66. Robert Manning, "Development of a Vietnam Policy, 1952–1965," in Harrison Salisbury, ed., *Vietnam Reconsidered* (New York: Harper and Row, 1984), p. 43.

67. Bundy Fragment No. 73.

68. Ibid.
69. William J. Rust, *Kennedy in Vietnam* (New York: Da Capo Press and U.S News and World Report, Inc., 1985), p. 119; and Bird, *Color of Truth*, p. 254.
70. Gordon Goldstein interview with McGeorge Bundy, November 28, 1995, p. 25.
71. Gordon Goldstein interview with McGeorge Bundy, November 16, 1995, pp. 14–15.
72. Ibid., p. 15.
73. "American involvement in Vietnam," argues Lloyd C. Gardner, "was sealed by a decision in 1963 to intervene—against Ngo Dinh Diem, whose government had proven incapable of waging America's war in Vietnam." Gardner, *Pay Any Price*, p. 542.
74. Gordon Goldstein interview with McGeorge Bundy, December 5, 1995, p. 3.
75. *Public Papers of the Presidents of the United States: John F. Kennedy, 1963* (Washington, D.C.: U.S. Government Printing Office, 1964), pp. 846–48.

LESSON THREE: **POLITICS IS THE ENEMY OF STRATEGY**

1. Bundy Fragment No. 6.
2. Bundy Fragment No. 53.
3. Ibid.
4. Telephone conversation between Lyndon Johnson and McGeorge Bundy, March 4, 1964, 7:26 p.m., in Michael Beschloss, ed., *Taking Charge: The Johnson White House Tapes, 1963–1964* (New York: Simon and Schuster, 1997), pp. 266–67.
5. Gordon Goldstein interview with McGeorge Bundy, September 22, 1995, p. 30.
6. Bundy Fragment No. 71.
7. Gordon Goldstein interview with McGeorge Bundy, December 12, 1995, p. 14.
8. Bundy Fragment No. 53.
9. Moss-Bundy Oral History, January 12, 1972, pp. 24–25.
10. Bundy Fragment No. 71.
11. Ibid.
12. Ibid.
13. Gordon Goldstein interview with McGeorge Bundy, September 22, 1995, pp. 19–20.
14. McGeorge Bundy, Memorandum for the Record, December 16, 1963.
15. McGeorge Bundy, Memorandum for the Record, December 4, 1963.
16. McGeorge Bundy, Memorandum for the Record, December 5, 1963, 7:45 p.m. Johnson's remarks were drafted by Bundy, Bill Moyers, and Bromley Smith and were based on earlier remarks the president had delivered at a meeting of the National Security Council.
17. James Chace, *Acheson: The Secretary of State Who Created the American World* (New York: Simon and Schuster, 1998), p. 411.
18. McGeorge Bundy, Memorandum for the Record, December 7, 1963.
19. Telegram from the Department of State to the Embassy in Vietnam, December 6, 1963, in *FRUS 1961–63*, vol. 4, *Vietnam, August–December 1963*, p. 685.

20. See Memorandum for the Record of a Meeting, Executive Office Building, Washington, November 24, 1963, in *FRUS 1961–63*, vol. 4, *Vietnam, August–December 1963*, pp. 635–37.

21. Memorandum from Michael V. Forrestal of the National Security Council Staff to the President, Washington, December 11, 1963, in *FRUS 1961–63*, vol. 4, *Vietnam, August–December 1963*, p. 698.

22. Memorandum of a Telephone Conversation Between the Secretary of State and the Secretary of Defense, Washington, December 7, 1963, 12:40 p.m., in *FRUS 1961–63*, vol. 4, *Vietnam, August–December 1963*, p. 690.

23. McGeorge Bundy, Memorandum for the Record, December 21, 1963, 6:20 p.m.

24. Ibid.

25. Ibid.

26. Memorandum from the Secretary of Defense to the President, December 21, 1963, *FRUS 1961–63*, vol. 4, *Vietnam, August–December 1963*, pp. 732–33.

27. "It is abundantly clear," McCone informed Johnson, "that statistics received over the past year or more from the GVN officials and reported by the U.S. mission on which we gauged the trend of the war were grossly in error." See Letter from the Director of Central Intelligence to the President, December 23, 1963, in *FRUS 1961–63*, vol. 4, *Vietnam, August–December 1963*, p. 737.

28. See Editorial Note in *Foreign Relations of the United States, 1964–1968*, vol. 1, *Vietnam 1964* (Washington, D.C.: U.S. Government Printing Office, 1992), p. 35. See also *Pentagon Papers*, vol. 3, pp. 496–99.

29. Fredrik Logevall, *Choosing War: The Lost Chance for Peace and the Escalation of War in Vietnam* (Berkeley: University of California Press, 1999), p. 111.

30. David Nes to Henry Cabot Lodge, February 17, 1964, Box 1, Papers of David G. Nes, LBJ Library, cited in Logevall, *Choosing War*, p. 112.

31. Memorandum from the Joint Chiefs of Staff to the Secretary of Defense, March 2, 1964, in *FRUS 1964–68*, vol. 1, *Vietnam 1964*, pp. 112–18.

32. Telephone conversation between Lyndon Johnson and McGeorge Bundy, March 4, 1964, 7:26 p.m., in Beschloss, *Taking Charge*, pp. 266–67.

33. Walter Lippmann, *Washington Post*, February 4, 1964.

34. Logevall, *Choosing War*, pp. 84–85.

35. McGeorge Bundy to Lyndon Johnson, January 6, 1964, Box 1, National Security File, Memos to the President, LBJ Library; and McGeorge Bundy to Lyndon Johnson, January 9, 1964, Box 1, National Security File, Vietnam, LBJ Library.

36. Telephone conversation between Lyndon Johnson and McGeorge Bundy, February 6, 1964, 12:52 p.m., in Beschloss, *Taking Charge*, p. 226.

37. Logevall, *Choosing War*, pp. 130–31.

38. Ronald Steel, *Walter Lippmann and the American Century* (Boston: Little, Brown, 1980), pp. 549–50.

39. Walter Lippmann, *Washington Post*, May 21, 1964.

40. Telephone conversation between Lyndon Johnson and Richard Russell, May 27, 1964, in Beschloss, *Taking Charge*, pp. 363–70.

41. Telephone conversation between Lyndon Johnson and McGeorge Bundy, May 27, 1964, in Beschloss, *Taking Charge*, pp. 370–73.

42. Draft Memorandum from the President's Special Assistant for National Security Affairs to the President, May 25, 1964, in *FRUS 1964–68*, vol. 1, *Vietnam 1964*, pp. 374–77.

43. Telephone conversation between Lyndon Johnson and McGeorge Bundy, May 27, 1964, in Beschloss, *Taking Charge*, pp. 370–73.

44. Logevall, *Choosing War*, p. 143.

45. Draft Memorandum by the President's Special Assistant for National Security Affairs, June 10, 1964, in *FRUS 1964–68*, vol. 1, *Vietnam 1964*, pp. 493–96. The Bundy memorandum was discussed that day at a White House meeting. See Summary Record of a Meeting, White House, June 10, 1964, in ibid., pp. 487–93.

46. See Robert Dallek, *Flawed Giant: Lyndon Johnson and His Times, 1961–1973* (New York: Oxford University Press, 1998), p. 143. Dallek identifies the memo's author as William Bundy but according to *FRUS 1964–68*, vol. 1, *Vietnam 1964*, its author was McGeorge Bundy. See note 45 above.

47. Memorandum from the President's Special Assistant for National Security Affairs to the President, June 6, 1964 in *FRUS 1964–68*, vol. 1, *Vietnam 1964*, pp. 472–73.

48. McGeorge Bundy, Memorandum for the Record, December 16, 1963.

49. Gordon Goldstein interview with McGeorge Bundy, November 28, 1995, p. 2.

50. McGeorge Bundy, Memorandum for the Record, December 16, 1963.

51. Dallek, *Flawed Giant*, pp. 135–39.

52. Moss-Bundy Oral History, January 12, 1972, pp. 27–28.

53. McGeorge Bundy, "Notes on First Reading," memorandum to Lyndon Johnson, March 22, 1970, p. 10. Bundy wrote this memorandum for the benefit of Johnson and his collaborators assisting with the preparation of his memoir, *The Vantage Point*.

54. Moss-Bundy Oral History, January 12, 1972, p. 28.

55. See Jeff Shesol, *Mutual Contempt: Lyndon Johnson, Robert Kennedy, and the Feud That Defined a Decade* (New York: W.W. Norton, 1997).

56. Moss-Bundy Oral History, January 12, 1972, pp. 28–29.

57. Shesol, *Mutual Contempt*, pp. 202–3.

58. Ibid., p. 202.

59. Ibid., pp. 204–5, 207.

60. Moss-Bundy Oral History, January 12, 1972, pp. 26–27.

61. Shesol, *Mutual Contempt*, p. 207.

62. McNamara with VanDeMark, *In Retrospect*, pp. 130–31.

63. See Logevall, *Choosing War*, p. 197.

64. Editorial Note, *FRUS 1964–68*, vol. 1, *Vietnam 1964*, p. 589. The attack occurred about ten miles off of the coast of North Vietnam. Assuming a three-mile territorial limit, such as the French had observed during the colonial period, the American ships were in international waters.

65. McNamara with VanDeMark, *In Retrospect*, p. 131.

66. Hughes presented his notes of the meeting at a conference of Vietnam War historians and former senior U.S. government officials. See "Kennedy, Johnson and Vietnam: The Impact of the Presidential Transition on the Course of the War and Lessons for U.S. Foreign and Defense Policy," conference transcript, Watson Institute for International Studies and Arca Foundation Musgrove Conference Center, St. Simon's Island, Ga., April 8–10, 2005, p. 60.

67. Ibid., pp. 60–61. See also the book drawing further on themes of the Musgrove conference, James G. Blight, Janet M. Lang, and David A. Welch, *Virtual JFK: Vietnam, If Kennedy Had Lived* (Lanham, Md.: Rowman & Littlefield, forthcoming, January 2009).

68. President Johnson met with, among others, Rusk, Ball, Vance, and Wheeler. See Frank E. Vandiver, *Shadows of Vietnam: Lyndon Johnson's Wars* (College Station: Texas A&M University Press, 1997), p. 22.

69. Editorial Note, *FRUS 1964–68*, vol. 1, *Vietnam 1964*, p. 590. See also William Conrad Gibbons, *The U.S. Government and the Vietnam War: Executive and Legislative Roles and Relationships*, part 3, *January–July 1965* (Princeton: Princeton University Press, 1989), p. 10.

70. Johnson, *Vantage Point*, p. 113.

71. Memorandum by the Chairman of the Vietnam Coordinating Committee, *FRUS 1964–68*, vol. 1, *Vietnam 1964*, pp. 598–600.

72. Bird, *Color of Truth*, p. 288.

73. Editorial Note, *FRUS 1964–68*, vol. 1, *Vietnam 1964*, pp. 604–5. See also McNamara with VanDeMark, *In Retrospect*, p. 132.

74. Bundy Fragment No. 71.

75. See the President's Daily Diary, August 4, 1964, LBJ Library.

76. Bundy Fragment No. 71.

77. Gordon Goldstein interview with McGeorge Bundy, November 28, 1995, p. 19.

78. Bundy Fragment No. 71.

79. Telephone conversation between Lyndon Johnson and Robert McNamara, August 4, 1964, 9:43 a.m., in Beschloss, *Taking Charge*, pp. 496–97.

80. Editorial Note, *FRUS 1964–68*, vol. 1, *Vietnam 1964*, p. 608.

81. Ibid., p. 609.

82. See Summary Notes of the 538th Meeting of the National Security Council, August 4, 1964, in *FRUS 1964–68*, vol. 1, *Vietnam 1964*, pp. 611–12. See also McNamara with VanDeMark, *In Retrospect*, p. 135.

83. McNamara with VanDeMark, *In Retrospect*, p. 131.

84. Scott Shane, "Vietnam Study, Casting Doubts, Remains Secret," *New York Times*, October 31, 2005.

85. Ted Gittinger, ed., *The Johnson Years: A Vietnam Roundtable* (Austin, Tex.: Lyndon Baines Johnson Library, 1993), p. 35.

86. See Notes of the Leadership Meeting, August 4, 1964, in *FRUS 1964–68*, vol. 1, *Vietnam 1964*, pp. 615–21.

87. Bundy Fragment No. 71. A similar conclusion has been drawn by Nicholas Katzenbach, deputy attorney general at the time of the Gulf of Tonkin incident

and undersecretary of state from 1966 to 1969. See Gittinger, *Johnson Years*, p. 38.

88. Bird, *Color of Truth*, p. 287.
89. Memorandum from the President's Special Assistant for National Security Affairs to the President, August 31, 1964, in *FRUS 1964–68*, vol. 1, *Vietnam 1964*, pp. 723–24.
90. Remarks in Oklahoma at the Dedication of the Eufala Dam, September 25, 1964, in *Public Papers of the Presidents of the United States: Lyndon B. Johnson, 1963–64*, vol. 2 (Washington, D.C.: U.S. Government Printing Office, 1965), pp. 1126–27.
91. Remarks in Manchester to the Members of the New Hampshire Weekly Newspaper Editors Association, September 28, 1964, in *Public Papers: LBJ 1963–64*, vol. 2 pp. 1164–65.
92. Bird, *Color of Truth*, p. 290. Johnson reiterated his limitation on combat troop deployments in an October 21, 1964, speech at Akron University. See Remarks in Memorial Hall, Akron University, October 21, 1964, *Public Papers: LBJ 1963–64*, vol. 2, p. 1391.
93. Gittinger, *Johnson Years*, p. 40.
94. Portions of the memo are reprinted in George W. Ball, "Top Secret: The Prophecy the President Rejected," *Atlantic Monthly*, July 1972, pp. 35–49.
95. Ball, *Past Has Another Pattern*, p. 383. The memo was first circulated on October 5, 1964. See McNamara with VanDeMark, *In Retrospect*, p. 156, and Editorial Note in *FRUS 1964–68*, vol. 1, *Vietnam 1964*, p. 812.
96. As McNamara recounts, "Dean, Mac and I . . . agreed that advocating a political solution with no means to achieve it was tantamount to advocating unconditional withdrawal." See McNamara with VanDeMark, *In Retrospect*, p. 157.
97. Logevall, *Choosing War*, pp. 250–51.
98. George McT. Kahin, for example, asserts that "although McGeorge Bundy, McNamara, and Rusk all read Ball's brief, none (sic) chose to send it on to Johnson. . . . (It was only with the help of William Moyers of the White House staff that the memorandum finally reached the President, more than a month later.)" George McT. Kahin, *Intervention: How America Became Involved in Vietnam* (New York: Alfred A. Knopf, 1986), p. 243. Quote from Gordon Goldstein interview with McGeorge Bundy, September 22, 1995, pp. 24–25.
99. Bundy Fragment No. 71.
100. Transcript, McGeorge Bundy Oral History Interview 2, February 17, 1969, by Paige E. Mulhollan, p. 10, LBJ Library. Online: http://www.lbjlib.utexas.edu/johnson/archives.hom/oralhistory.hom/McGeorgeB/McGeorge.asp.
101. Logevall, *Choosing War*, p. 122.
102. Bundy Fragment No. 71.
103. For an explanation of President Johnson's decision not to retaliate to the first attack on August 2, 1964, see Johnson, *Vantage Point*, p. 113.
104. Bundy Fragment No. 71.
105. Bundy, "Notes on First Reading," p. 23.
106. Bundy Fragment No. 11.

107. Gordon Goldstein interview with McGeorge Bundy, pp 2–3. This interview transcription was not originally dated but appears to have been conducted on December 7, 1995.
108. Gordon Goldstein interview with McGeorge Bundy, November 9, 1995, pp. 26–27.
109. Gordon Goldstein interview with McGeorge Bundy, November 28, 1995, p. 17.
110. Gordon Goldstein interview with McGeorge Bundy, December 19, 1995, p. 15.
111. Gordon Goldstein interview with McGeorge Bundy, November 8, 1995, pp. 13–14.
112. Mulhollan-Bundy Oral History Interview 2, p. 7.
113. Gittinger, ed., *Johnson Years*, pp. 24–25.
114. Telephone conversation between Lyndon Johnson and McGeorge Bundy, May 27, 1964, in Beschloss, *Taking Charge*, pp. 370–73.
115. Bundy Fragment No. 4.
116. Notes on the National Security Council Meeting, November 15, 1961, *FRUS 1961–63*, vol. 1, *Vietnam 1961*, pp. 607–8.
117. Gordon Goldstein interview with McGeorge Bundy, November 21, 1995, p. 24.
118. Gordon Goldstein interview with McGeorge Bundy, December 12, 1995, p. 13.
119. Gordon Goldstein interview with McGeorge Bundy, September 19, 1995, pp. 3–4.
120. President's News Conference, April 7, 1954, *Public Papers of the Presidents of the United States: Dwight D. Eisenhower, 1954* (Washington, D.C.: U.S. Government Printing Office, 1960), p. 383.
121. Bundy Fragment No. 51.
122. Bundy Fragment No. 39.
123. Gordon Goldstein interview with McGeorge Bundy, November 9, 1995, p. 15.
124. Gordon Goldstein interview with McGeorge Bundy, December 7, 1995, p. 20.
125. Gordon Goldstein interview with McGeorge Bundy, September 19, 1995, pp. 3–4.
126. Gordon Goldstein interview with McGeorge Bundy, November 14, 1995, p. 9.
127. "You will recall," John McCone reminded Bundy, "the President made inquiry concerning this subject last Saturday." Memorandum from the Board of National Estimates to the Director of Central Intelligence, June 9, 1964, *FRUS 1964–68*, vol. 1, *Vietnam 1964*, p. 484 n. 1.
128. The Board of National Estimates (Sherman Kent) to Director John McCone, June 9, 1964, in *FRUS 1964–68*, vol. 1, *Vietnam 1964*, p. 485.
129. Bird, *Color of Truth*, p. 285.
130. Logevall, *Choosing War*, p. 123.
131. Harold P. Ford, *CIA and the Vietnam Policymakers: Three Episodes 1962–1968* (Washington, D.C.: History Staff, Center for the Study of Intelligence, Central Intelligence Agency, 1998), p. 57.
132. Ibid., p. 58 and n. 119, citing Ball's letter to Rusk in *FRUS 1964–68*, vol. 1, *Vietnam 1964*, p. 404.
133. H. R. McMaster, *Dereliction of Duty: Lyndon Johnson, Robert McNamara, the Joint Chiefs of Staff, and the Lies That Led to Vietnam* (New York: HarperPerennial, 1997), pp. 155–58.
134. See also Courses of Action for South Vietnam, September 8, 1964, *FRUS 1964–68*, vol. 1, *Vietnam 1964*, p. 748. The memorandum was drafted by William Bundy.

135. Bird, *Color of Truth*, pp. 296–97.

136. Preston, *War Council*, p. 180.

137. Mulhollan-Bundy Oral History Interview 2, p. 7.

LESSON FOUR: CONVICTION WITHOUT RIGOR IS A STRATEGY FOR DISASTER

1. David Halberstam, *The Best and the Brightest: Twentieth Anniversary Edition* (New York: Ballantine Books, 1992), p. x.

2. Ibid., p. xi.

3. Ibid., p. xx.

4. Private memorandum to the author from a guest at the dinner.

5. "What *about* withdrawal?" asked Halberstam in 1965. "Few Americans who have served in Vietnam can stomach this idea. It means that those Vietnamese who committed themselves fully to the United States will suffer the most under a Communist government. . . . It means a drab, lifeless, and controlled society for a people who deserve better. Withdrawal also means that the United States' prestige will be lowered throughout the world, and it means that the pressure of Communism on the rest of Southeast Asia will intensify." David Halberstam, *The Making of a Quagmire* (New York: Random House, 1965), p. 315.

6. Halberstam, *Best and the Brightest*, Bundy's notes on p. 178.

7. Ibid., pp. 178–79.

8. Ibid., p. 209.

9. Bundy Fragment No. 36.

10. Blight, Vietnam Project File Memo, August 28, 1996.

11. Bundy Fragment No. 51.

12. Herring, *America's Longest War*, p. 141.

13. Paper Prepared by the President's Special Assistant for National Security Affairs, December 28, 1964, in *FRUS 1964–68*, vol. 1, *Vietnam 1964*, pp. 1051–52.

14. Telegram from the President to the Ambassador in Vietnam, December 30, 1964, in *FRUS 1964–68*, vol. 1, *Vietnam 1964*, pp. 1057–59.

15. Document 29a from National Security File, Vietnam Country File, Box 195, Folder: "President/Taylor NODIS CLORES," LBJ Library.

16. McGeorge Bundy to Larry Berman, December 7, 1981, p. 3.

17. Telegram from the Embassy in Vietnam to the Department of State, January 6, 1965, in *Foreign Relations of the United States, 1964–1968*, vol. 2, *Vietnam, January–June 1965* (Washington, D.C.: U.S. Government Printing Office, 1996), p. 21.

18. Embtel 2052-2058 (Saigon), Maxwell Taylor to President Johnson, January 6, 1965, Deployment of Major U.S. Forces to Vietnam, July 1965, vol. 1, tabs 1–10, National Security Council History, Box 40, NSF, LBJ Library, cited in McNamara with VanDeMark, *In Retrospect*, pp. 165–66.

19. Memorandum from the President's Special Assistant for National Security Affairs to President Johnson, January 27, 1965, in *FRUS 1964–68*, vol. 2, *Vietnam, January–June 1965*, pp. 95–97.

20. Gordon Goldstein interview with McGeorge Bundy, November 30, 1995, p. 9.
21. Gittinger, *Johnson Years*, p. 47.
22. Ibid., p. 48.
23. Telegram from the Department of State to the Embassy in Vietnam, January 27, 1965, in *FRUS 1964–68*, vol. 2, *Vietnam, January–June 1965*, pp. 98–99.
24. Telegram from the President's Special Assistant for National Security Affairs to Director of Central Intelligence McCone, February 4, 1965, in *FRUS 1964–68*, vol. 2, *Vietnam, January–June 1965*, pp. 140–41.
25. Telegram from the Embassy in Vietnam to the Department of State, February 6, 1965, in *FRUS 1964–68*, vol. 2, *Vietnam, January–June 1965*, p. 154.
26. In addition to the casualties suffered, sixteen helicopters and six fixed-wing aircraft were damaged or destroyed. See Phillip B. Davidson, *Vietnam at War: The History, 1946–1975* (New York: Oxford University Press, 1988 and 1991), pp. 335–36.
27. Gordon Goldstein interview with Senior Lieutenant General Dang Vu Hiep, Hanoi, June 1997.
28. See, for example, Halberstam, *Best and the Brightest*, p. 520.
29. Westmoreland, *A Soldier Reports*, pp. 138–39.
30. Bundy Fragment No. 22.
31. Preston, *War Council*, p. 176.
32. Memorandum for the Record, Washington, February 6, 1965, in *FRUS 1964–68*, vol. 2, *Vietnam, January–June 1965*, pp. 159–60.
33. Karnow, *Vietnam*, pp. 429–30.
34. Preston, *War Council*, p. 180.
35. Among the most influential works of the period was by Thomas Schelling, a Harvard professor of economics and a former trade negotiator. See Thomas Schelling, *The Strategy of Conflict* (Cambridge, Mass.: Harvard University Press, 1960).
36. McMaster, *Dereliction of Duty*, pp. 18–19.
37. Bruce Kuklick, *Blind Oracles: Intellectuals and War from Kennan to Kissinger* (Princeton: Princeton University Press, 2006), pp. 143–44.
38. See Memorandum from the President's Special Assistant for National Security Affairs to President Johnson, February 7, 1965, in *FRUS 1964–68*, vol. 2, *Vietnam, January–June 1965*, pp. 174–81.
39. Annex A: Paper Prepared by Members of the Bundy Mission, A Policy of Sustained Reprisal, in *FRUS 1964–68*, vol. 2, *Vietnam January–June 1965*, pp. 181–85.
40. According to *Foreign Relations of the United States*, "Bundy met with the President from 10:48 to 11:25 p.m. on February 7." See *FRUS 1964–65*, vol. 2, *Vietnam January–July 1965*, p. 174 n. 1.
41. Mulhollan-Bundy Oral History Interview 2, p. 11.
42. Bundy, "Notes on First Reading," p. 23.
43. Bundy Fragment No. 12.
44. Bundy Fragment, Unnumbered.
45. Gittinger, *Johnson Years*, p. 60.
46. Gordon Goldstein interview with McGeorge Bundy, September 2, 1995, p. 18.

47. Memorandum from Senator Mike Mansfield to President Johnson, February 8, 1965, in *FRUS 1964–68*, vol. 2, *Vietnam, January–June 1965*, p. 205.

48. Letter from the President's Special Assistant for National Security Affairs to Senator Mike Mansfield, February 9, 1965, in *FRUS 1964–68*, vol. 2, *Vietnam, January–June 1965*, p. 210.

49. Memorandum from Acting Secretary of State Ball to President Johnson, Washington, February 13, 1965, in *FRUS 1964–68*, vol. 2, *Vietnam, January–June 1965*, pp. 252–61.

50. Ball, *Past Has Another Pattern*, pp. 504–5 n. 8.

51. Memorandum of a Meeting with President Johnson, February 17, 1965, in *FRUS 1964–68*, vol. 2, *Vietnam, January–June, 1965*, pp. 298–308. See also McGeorge Bundy, *Danger and Survival: Choices About the Bomb in the First Fifty Years* (New York: Vintage Books, 1990), p. 240.

52. Memorandum of a Meeting with President Johnson, February 17, 1965, in *FRUS 1964–68*, vol. 2, *Vietnam, January–June, 1965*, p. 305.

53. Bundy Fragment, Unnumbered.

54. According to McNamara, President Johnson's decision to "begin regular strikes against the North" was made on February 19, 1965. See McNamara with VanDeMark, *In Retrospect*, p. 173. Another interpretation is that Johnson approved the "Rolling Thunder" bombing campaign in a cable to General Taylor on February 13. See Preston, *War Council*, p. 180.

55. Memorandum from the President's Special Assistant for National Security Affairs to President Johnson, February 19, 1965, in *FRUS 1964–68*, vol. 2, *Vietnam, January–June 1965*, p. 331. That same day Bundy submitted to the president an equivocal national intelligence estimate that acknowledged the possibility that "sustained air attack" might encourage North Vietnam "to intensify the struggle, accepting the destructive consequences in the North." See *FRUS 1964–68*, vol. 2, *Vietnam, January–June 1965*, p. 322, and Bundy's cover memo for Johnson, February 19, 1965, in National Security Files, Memos to the President, McGeorge Bundy, Box 2, Folder 1/1–2/28/65, vol. 8, LBJ Library.

56. Memorandum from Vice President Humphrey to President Johnson, February 17, 1965, in *FRUS 1964–68*, vol. 2, *Vietnam, January–June 1965*, p. 311.

57. See Preston, *War Council*, p. 181; and Dallek, *Flawed Giant*, p. 253.

58. See *FRUS 1964–68*, vol. 2, *Vietnam, January–June 1965*, p. 349 n. 3. See also p. 351, in which General Westmoreland cables CINCPAC and notes: "In view of the great importance of the Da nang air base to current U.S. strategy, augmentation of U.S. security forces is desirable soonest."

59. Telegram from the Embassy in Vietnam to the Joint Chiefs of Staff, February 22, 1965, in *FRUS 1964–68*, vol. 2, *Vietnam, January–June 1965*, p. 347.

60. Ibid., pp. 347–49. Ambassador Taylor ultimately agreed to the deployment of a marine battalion landing team to protect the air base in Da Nang. In a memorandum for the record, Bill Bundy reported on March 15, 1965, that both Taylor and his deputy, U. Alexis Johnson, had approved of the deployment despite their stated

reservations. Memorandum for the Record, March 15, 1965, in *FRUS 1964–68*, vol. 2, *Vietnam, January–June 1965*, p. 444.

61. Telegram from the Department of State to the Embassy in Vietnam, February 26, 1965, in *FRUS 1964–68*, vol. 2, *Vietnam, January–June 1965*, p. 376.
62. VanDeMark, *Into the Quagmire*, p. 94.
63. Memorandum from the President's Special Assistant for National Security Affairs to President Johnson, March 6, 1965, in *FRUS 1964–68*, vol. 2, *Vietnam, January–June 1965*, pp. 403–4.
64. McNamara with VanDeMark, *In Retrospect*, p. 177.
65. Memorandum from Chester L. Cooper of the National Security Council Staff to the President's Special Assistant for National Security Affairs, March 10, 1965, in *FRUS 1964–68*, vol. 2, *Vietnam, January–June 1965*, pp. 433–34.
66. The first luncheon was held on February 4, 1964, and twenty more followed in the spring and summer. The luncheons continued into 1965 and became a principal vehicle for Johnson to confer privately with his most senior advisers. Bundy, Rusk, and McNamara formed the nucleus of the weekly gatherings. See McMaster, *Dereliction of Duty*, pp. 88–89. See also Henry F. Graff, *The Tuesday Cabinet: Deliberation and Decision on Peace and War Under Lyndon B. Johnson* (New York: Prentice Hall, 1970).
67. Memorandum by the President's Special Assistant for National Security Affairs, March 16, 1965, in *FRUS 1964–68*, vol. 2, *Vietnam, January–June 1965*, pp. 448–49.
68. Bundy's White House notes from March 21, 1965, are among the holdings of the LBJ Library and are quoted throughout the Vietnam historical literature. See, for example, Gibbons, *U.S. Government and the Vietnam War*, part 3, pp. 161–9 and 179–80; VanDeMark, *Into the Quagmire*, pp. 97–98; and Dallek, *Flawed Giant*, p. 255.
69. For a historical explication of the assumptions that governed China's policy toward the Vietnam conflict in the spring of 1965, see Chen Jian, "China's Involvement in the Vietnam War, 1964–1969," *China Quarterly* 143 (June 1995), p. 366. See also Zhai Qiang, "Beijing and the Vietnam Conflict, 1964–1965: New Chinese Evidence," *Cold War International History Project Bulletin* 6–7 (Winter 1995/1996).
70. John McNaughton, Proposed Course of Action Re Vietnam, in *Pentagon Papers*, vol. 3, pp. 694–95. The blunt character of this particular memorandum has made it a subject of perennial historical interest. See John Lewis Gaddis, *Strategies of Containment: A Critical Appraisal of Postwar American National Security Policy* (New York: Oxford University Press, 1982), p. 241. See also Gittinger, *Johnson Years*, p. 96.
71. Memorandum by the President's Special Assistant for National Security Affairs, April 1, 1965, in *FRUS 1964–68*, vol. 2, *Vietnam, January–June 1965*, p. 508.
72. McGeorge Bundy to Larry Berman, December 7, 1981, p. 4.
73. Personal Notes of a Meeting with President Johnson, April 1, 1965, in *FRUS 1964–68*, vol. 2, *Vietnam, January–June 1965*, p. 511.
74. McNamara with VanDeMark, *In Retrospect*, p. 179. See also National Security Action Memorandum No. 328, April 6, 1965, in *FRUS 1964–68*, vol. 2, *Vietnam, January–June 1965*, p. 538. The marines were given approval to expand progres-

sively the area they patrolled—first to ten miles, then to thirty miles, and on June 1, 1965, to fifty miles. See Gibbons, *U.S. Government and the Vietnam War*, part 3, chap. 3, cited in Burke and Greenstein, *How Presidents Test Reality*, p. 162.

75. National Security Action Memorandum No. 328, April 6, 1965, in *FRUS 1964–68*, vol. 2, *Vietnam, January–June 1965*, p. 539.

76. Address at Johns Hopkins University: "Peace without Conquest," April 7, 1965, in *Public Papers of the Presidents of the United States: Lyndon B. Johnson, 1965*, vol. 1 (Washington, D.C.: U.S. Government Printing Office, 1966), pp. 395–96.

77. The day after President Johnson sketched his vision for peace in Southeast Asia— including his proposal for a "billion dollar American investment" in regional development—North Vietnamese premier Pham Van Dong spoke in Hanoi. In an address on April 8, 1965, before the United National Assembly, the premier defined his government's four-point agenda to end the conflict in South Vietnam. See Editorial Note, *FRUS 1964–68*, vol. 2, *Vietnam, January–June 1965*, pp. 544–45. The timing of Pham Van Dong's speech is certainly curious. But one of Hanoi's leading historians of the Vietnam War claims that the presentation of the four points was not a response to the Johns Hopkins speech but rather a statement of North Vietnam's negotiating position developed prior to Lyndon Johnson's Baltimore address. According to Luu Doan Huynh, a former official in the Foreign Ministry of North Vietnam, "The drafting was completed around the end of March. Thereafter, Prime Minister Pham Van Dong included the Four Points in his report to the National Assembly on April 8, 1965. It was not a reply to President Johnson's Baltimore speech of April 7." See Robert S. McNamara, James Blight, Robert Brigham, Thomas Biersteker, and Herbert Schandler, *Argument Without End: In Search of Answers to the Vietnam Tragedy* (New York: PublicAffairs, 1999), pp. 223–24 and p. 231.

78. Bundy, "Notes on First Reading," p. 24.

79. Frederik Logevall interview with McGeorge Bundy, March 15, 1994, p. 13.

80. Editorial Note, in *FRUS 1964–68*, vol. 2, *Vietnam, January–June 1965*, p. 553.

81. Maxwell Taylor to Department of State, April 14, 1965, cited in Burke and Greenstein, *How Presidents Test Reality*, p. 163. See also Editorial Note, in *FRUS 1964–68*, vol. 2, *Vietnam, January–June 1965*, p. 553.

82. Telegram from the Embassy in Vietnam to the Department of State, April 14, 1965, in *FRUS 1964–68*, vol. 2, *Vietnam, January–June 1965*, pp. 554–55.

83. Memorandum from the President's Special Assistant for National Security Affairs to President Johnson, April 14, 1965, in *FRUS 1964–68*, vol. 2, *Vietnam, January–June 1965*, p. 556.

84. Telegram from the Department of Defense to the Embassy in Vietnam, April 15, 1965, in *FRUS 1964–68*, vol. 2, *Vietnam, January–June 1965*, pp. 561–63.

85. Telegram from the Embassy in Vietnam to the Department of State, in *FRUS 1964–68*, vol. 2, *Vietnam, January–June 1965*, p. 564.

86. Memorandum from Secretary of Defense McNamara to President Johnson, April 21, 1965, in *FRUS 1964–68*, vol. 2, *Vietnam, January–June 1965*, pp. 574–76.

87. See Andrew F. Krepinevich Jr., *The Army and Vietnam* (Baltimore: Johns Hopkins University Press, 1986), p. 150. The quote is drawn from Krepinevich's interview with Ambassador Taylor on June 17, 1982. See p. 297 n. 69.

88. Memorandum for the Record, April 21, 1965, in *FRUS 1964–68*, vol. 2, *Vietnam, January–June 1965*, p. 579.

89. VanDeMark, *Into the Quagmire*, p. 127.

90. Ball, *Past Has Another Pattern*, p. 393.

91. Ibid.

92. Ibid., p. 394.

93. Intelligence Memorandum, April 21, 1965, in *FRUS 1964–68*, vol. 2, *Vietnam, January–June 1965*, pp. 594–95.

94. "For your wholly private information, and subject to private Congressional consultation," Rusk explained, "the President is inclined to favor McNamara's recommendations." Telegram from the Department of State to the Embassy in Vietnam, April 22, 1965, in *FRUS 1964–68*, vol. 2, *Vietnam, January–June 1965*, p. 602. President Johnson had authorized American troop deployments totaling 72,000, including thirteen U.S. combat battalions. Counting the four combat battalions committed by other countries, 82,000 men were slated to be under General Westmoreland's command. See Burke and Greenstein, *How Presidents Test Reality*, p. 198.

95. VanDeMark, *Into the Quagmire*, p. 131.

96. Herring, *America's Longest War*, pp. 150–51.

97. McNamara with VanDeMark, *In Retrospect*, p. 185.

98. Telegram from the Department of State to the Embassy in the Soviet Union, May 11, 1965, in *FRUS 1964–68*, vol. 2, *Vietnam, January–June 1965*, pp. 637–38. See also *Pentagon Papers*, vol. 3, p. 369.

99. Memorandum from the President's Special Assistant for National Security Affairs to President Johnson, May 13, 1965, in *FRUS 1964–68*, vol. 2, *Vietnam, January–June 1965*, pp. 651–52. On May 15 Secretary of State Rusk spoke informally with Soviet foreign minister Andrei Gromyko. According to a cable by Rusk dispatched from Vienna, Gromyko "said the temporary suspension of bombing was 'insulting.'" See Telegram from Secretary of State Rusk to the Department of State, in ibid., p. 644.

100. Notes of a Meeting, May 16, 1965, in *FRUS 1964–68*, vol. 2, *Vietnam, January–June 1965*, p. 666.

101. McNamara et al., *Argument Without End*, p. 263. In a 1997 conference, senior members of the Hanoi leadership dismissed the bombing pause, known as "Mayflower," characterizing it as simply a means for the United States to expand the war. "We thought it was a smoke screen to divert attention from the troop buildup that was under way," said Luu Doan Huynh, one of North Vietnam's leading experts on American affairs. "Mayflower was a way to force us to stop our assistance to the South. This would be the trade-off you required from us for stopping the bombing." See ibid., pp. 264, 265.

102. Bundy Fragment No. 24.

103. Ibid. For events in the Dominican Republic see also Burke and Greenstein, *How Presidents Test Reality*, p. 197.

104. Telegram from the Embassy in Vietnam to the Department of State, June 3, 1965, in *FRUS 1964–68*, vol. 2, *Vietnam, January–June 1965*, p. 710.

105. Telegram from the Embassy in Vietnam to the Department of State, June 5, 1965, in *FRUS 1964–68*, vol. 2, *Vietnam, January–June 1965*, p. 723.

106. Attending along with McGeorge Bundy were Rusk, McNamara, Llewellyn Thompson, George Ball, and William Bundy. See Burke and Greenstein, *How Presidents Test Reality*, p. 197.

107. William Bundy, unpublished manuscript, chap. 26, pp. 5–6, quoted in Burke and Greenstein, *How Presidents Test Reality*, pp. 197–98.

108. McNamara with VanDeMark, *In Retrospect*, p. 187.

109. Ibid., p. 188; VanDeMark, *Into the Quagmire*, pp. 153, 256; and *Foreign Relations of the United States, 1964–1968*, vol. 3, *Vietnam, June–December 1965* (Washington, D.C.: U.S. Government Printing Office, 1996), pp. 70, 98.

110. Telegram from the Commander, Military Assistance Command, Vietnam to the Joint Chiefs of Staff, June 7, 1965, in *FRUS 1964–68*, vol. 2, *Vietnam, January–June 1965*, p. 735.

111. Personal Notes of a Meeting with President Johnson, June 10, 1965, in *FRUS 1964–68*, vol. 2, *Vietnam, January–June 1965*, p. 746.

112. See ibid, p. 746 n. 2, which quotes from William Bundy's unpublished manuscript. See also VanDeMark, *Into the Quagmire*, p. 158.

113. Burke and Greenstein, *How Presidents Test Reality*, p. 200.

114. McNamara with VanDeMark, *In Retrospect*, pp. 188–89.

115. Bundy Fragment No. 54.

116. Bundy Fragment No. 22.

117. Bundy Fragment, January 12, 1996.

118. Bundy Fragment No. 19.

119. Bundy Note in *FRUS 1964–68*, vol. 2, *Vietnam, January–June 1965*, pp. 448–49.

120. Bundy Fragment No. 56.

121. See McNamara et al., *Argument Without End*, pp. 228–29 and pp. 259–61.

122. See ibid., p. 255.

123. Bundy Fragment No. 41.

124. Bundy Fragment, Unnumbered.

125. Bundy Fragment No. 51.

126. Bundy Fragment No. 41.

127. Bundy Fragment No. 54.

128. McGeorge Bundy to Larry Berman, December 7, 1981.

129. Mulhollan-Bundy Oral History Interview 2, p. 4.

130. Bundy Fragment No. 54.

131. Bundy Fragment No. 2.

LESSON FIVE: NEVER DEPLOY MILITARY MEANS IN PURSUIT OF
INDETERMINATE ENDS

1. Bundy Fragment No. 34.
2. Ibid.
3. Bundy Fragment No. 3. "The Army," notes the military historian Andrew Krepinevich, "being denied the opportunity to win a decisive battle of annihilation by invading North Vietnam, found the attrition strategy best fit the kind of war it had prepared to fight." See Krepinevich, *Army and Vietnam*, p. 164.
4. Bundy Fragment No. 61.
5. Westmoreland, *A Soldier Reports*, p. 156.
6. Bundy Fragment No. 2.
7. Bundy Fragment No. 19.
8. Bundy Fragment No. 34.
9. Ibid.
10. Gordon Goldstein interview with McGeorge Bundy, November 28, 1995, p. 18.
11. *Pentagon Papers*, vol. 3, p. 392, cited in Burke and Greenstein, *How Presidents Test Reality*, p. 202.
12. Andrew Goodpaster to Lyndon Johnson, June 16, 1965, cited in Barrett, *Uncertain Warriors*, pp. 40–41.
13. The President's News Conference, June 17, 1965, in *Public Papers: LBJ, 1965*, vol. 2, p. 680.
14. Memorandum from the Under Secretary of State to President Johnson, June 18, 1965, in *FRUS 1964–68*, vol. 3, *Vietnam, June–December 1965*, pp. 18–19.
15. On June 19, 1965, McGeorge Bundy submitted a memorandum to the president weighing the competing arguments for and against a bombing pause. See Memorandum from the President's Special Assistant for National Security Affairs to President Johnson, June 19, 1965, in *FRUS 1964–68*, vol. 3, *Vietnam, June–December 1965*, pp. 21–22. The notion of a bombing pause was deferred, not to be revisited again until the end of 1965. The first bombing pause of 1965 lasted from May 10 to May 18. The second bombing pause began on Christmas Day, 1965, and was followed by an elaborate diplomatic offensive that proved futile. Bombing resumed on January 31, 1966. See George C. Herring, *LBJ and Vietnam: A Different Kind of War*, (Austin: University of Texas Press, 1994), pp. 100–101. See also Gardner, *Pay Any Price*, chap. 13, "The Pause That Failed," pp. 269–93.
16. William P. Bundy, unpublished manuscript, chap. 26, pp. 22–23, cited in Editorial Note, *FRUS 1964–1968*, vol. 3, *Vietnam, June–December 1965*, pp. 40–41.
17. Telegram from the Commander, Military Assistance Command, Vietnam to the Chairman of the Joint Chiefs of Staff, June 24, 1965, in *FRUS 1964–68*, vol. 3, *Vietnam, June–December 1965*, p. 42. Bundy comments in text.
18. Ibid.

19. McNamara's recommendation was drafted by McNaughton on June 26, 1965, and revised on July 1. Memorandum from the Secretary of Defense to President Johnson, July 1, 1965, in *FRUS 1964–68*, vol. 3, *Vietnam, June–December 1965*, pp. 97–104.

20. Telegram from the Chairman of the Joint Chiefs of Staff to the Commander, Military Assistance Command, Vietnam, June 28, 1965, in *FRUS 1964–68*, vol. 3, *Vietnam, June–December 1965*, pp. 69–70.

21. Telegram from the Commander, Military Assistance Command, Vietnam to the Chairman of the Joint Chiefs, June 30, 1965, in *FRUS 1964–68*, vol. 3, *Vietnam, June–December 1965*, p. 76.

22. See Memorandum Prepared in the Central Intelligence Agency, June 30, 1965, in *FRUS 1964–68*, vol. 3, *Vietnam, June–December 1965*, pp. 86–87.

23. Paper Prepared by the Under Secretary of State, in *FRUS 1964–68*, vol. 3, *Vietnam, June–December 1965*, pp. 62–66.

24. Mulhollan-Bundy Oral History Interview 2, p. 20.

25. Ibid.

26. Transcript, CBS News Special Report, "Vietnam Dialogue: Mr. Bundy and the Professors," June 21, 1965, pp. 2–3.

27. See John J. Mearsheimer, "Hans Morgenthau and the Iraq War: Realism versus Neoconservatism," Lecture given October 28–30, 2004, in Munich, adapted at openDemocracy, http://www.opendemocracy.net/democracy-americanpower/ morgenthau_2522.jsp.

28. Langguth, *Our Vietnam*, p. 368.

29. Transcript, CBS News, "Vietnam Dialogue."

30. See Langguth, *Our Vietnam*, pp. 366–69. See also Bird, *Color of Truth*, pp. 321–22.

31. Gordon Goldstein interview with McGeorge Bundy, September 22, 1995, pp. 26–27.

32. Gordon Goldstein interview with McGeorge Bundy, September 19, 1995, pp. 17–18.

33. Bundy Fragment No. 48.

34. Ibid.

35. Bundy Fragment No. 22.

36. Gordon Goldstein interview with McGeorge Bundy, November 9, 1995, p. 3.

37. Gordon Goldstein interview with McGeorge Bundy, December 19, 1995, p. 25.

38. Gordon Goldstein interview with McGeorge Bundy, November 9, 1995, pp. 3–4.

39. Gordon Goldstein interview with McGeorge Bundy, December 19, 1995, p. 25.

40. Gordon Goldstein interview with McGeorge Bundy, December 12, 1995, p. 12.

41. Gordon Goldstein interview with McGeorge Bundy, September 19, 1995, p. 18.

42. Bundy Fragment No. 29 and Bundy Fragment No. 22.

43. McGeorge Bundy Memorandum to Lyndon Johnson, February 2, 1965, cited in Bird, *Color of Truth*, pp. 301–2.

44. Memorandum from the President's Special Assistant for National Security Affairs to President Johnson, June 27, 1965, in *FRUS 1964–68*, vol. 3, *Vietnam, June–December 1965*, p. 54.

45. Memorandum from the President's Special Assistant for National Security Affairs to President Johnson, June 30, 1965, in *FRUS 1964–68*, vol. 3, *Vietnam, June–December 1965*, pp. 79–85.

46. Emphasis in original. McGeorge Bundy, personal notes, June 30, 1965.

47. Memorandum from the President's Special Assistant for National Security Affairs to Secretary of Defense McNamara, June 30, 1965, in *FRUS 1964–68*, vol. 3, *Vietnam, June–December 1965*, pp. 90–91.

48. McGeorge Bundy to Larry Berman, December 7, 1981, p. 6.

49. Memorandum from the President's Special Assistant for National Security Affairs to Secretary of Defense McNamara, June 30, 1965, in *FRUS 1964–68*, vol. 3, *Vietnam, June–December 1965*, pp. 90–91.

50. In 1995, McNamara wrote, "Except for Mac's reference to nuclear weapons, and the implication that we should consider threatening their use, I shared all his views and concerns." McNamara with VanDeMark, *In Retrospect*, p. 194.

51. Bundy Fragment No. 82.

52. Memorandum by the Assistant Secretary of State for Far Eastern Affairs, July 1, 1965, in *FRUS 1964–68*, vol. 3, *Vietnam, June–December 1965*, pp. 113–15.

53. Memorandum from the President's Special Assistant for National Security Affairs to President Johnson, July 1, 1965, in *FRUS 1964–68*, vol. 3, *Vietnam, June–December 1965*, pp. 117–18.

54. VanDeMark, *Into the Quagmire*, p. 171.

55. Gordon Goldstein interview with McGeorge Bundy, November 16, 1995, p. 9.

56. Bundy to Johnson, January 21, 1965, National Security Files, Memos for the President, McGeorge Bundy, Box 2, LBJ Library.

57. Gordon Goldstein interview with McGeorge Bundy, November 16, 1995, p. 9.

58. Pres. Johnson 1965 (2), Post-Pres.; Gettysburg-Indo, Box 2, Eisenhower Library, cited in David M. Barrett, ed., *Lyndon B. Johnson's Vietnam Papers: A Documentary Collection* (College Station: Texas A&M University Press, 1997), pp. 201–2.

59. William P. Bundy, unpublished manuscript, chap. 27, p. 13, cited in Editorial Note, *FRUS 1964–68*, vol. 3, *Vietnam, June–December 1965*, p. 119. For a discussion of a White House meeting with a group of outside advisers known as "the wise men," see William Bundy, unpublished manuscript, chap. 27, p. 21, cited in Burke and Greenstein, *How Presidents Test Reality*, pp. 212–13.

60. Bundy Fragment No. 45.

61. Remarks to the National Rural Electric Cooperative Association, July 14, 1965, in *Public Papers: LBJ, 1965*, vol. 2, pp. 751–52.

62. McGeorge Bundy to Larry Berman, December 7, 1981.

63. Gordon Goldstein interview with McGeorge Bundy, November 28, 1995, p. 19.

64. McGeorge Bundy to Clark Clifford, May 22, 1991.

65. Gordon Goldstein interview with McGeorge Bundy, September 22, 1995, pp. 16–17. Although the Vance cable is not reprinted in the *Pentagon Papers*, it is summarized there, as described in *Pentagon Papers*, vol. 3, p. 475.

66. According to the *Pentagon Papers* account: "When McNamara left Washington, the

44 battalion debate remained unresolved. While he was in Saigon, he received a cable from Deputy Secretary of Defense Vance informing him that the President had decided to go ahead with the plan to deploy all 34 of the U.S. battalions. The debate was over." See *Pentagon Papers*, vol. 3, p. 475.

67. Telegram from Acting Secretary of Defense Vance to Secretary of Defense McNamara, in Vietnam, July 17, 1965, 3:42 p.m., in *FRUS 1964–68*, vol. 3, *Vietnam, June–December 1965*, p. 162. The cable was designated "Top Secret; Literally Eyes Only." According to the accompanying footnote: "Sent to MACV headquarters in Saigon with an instruction to the Duty Officer to deliver it personally to McNamara only. The source text has a stamped indication that Secretary McNamara saw it." The cable notes approval of a thirty-four-battalion deployment of U.S. forces, which was to be supplemented by ten battalions of allied troops.

68. Gordon Goldstein interview with McGeorge Bundy, November 9, 1995, p. 23. Vance himself was equivocal in his interpretation of the July 17, 1965, cable. See Burke and Greenstein, *How Presidents Test Reality*, p. 215 n. 30.

69. Memorandum from Secretary of Defense McNamara to President Johnson, July 20, 1965, in *FRUS 1964–68*, vol. 3, *Vietnam, June–December 1965*, pp. 171–75.

70. Ibid.

71. Notes of Meeting, July 21, 1965 (10:40 a.m.), in *FRUS 1964–68*, vol. 3, *Vietnam, June–December 1965*, pp. 190–91.

72. President Johnson arrived at 11:30 a.m, forty minutes after the start of the meeting. Notes of Meeting, July 21, 1965 (10:40 a.m.), in *FRUS 1964–68*, vol. 3, *Vietnam, June–December 1965*, p. 189. The notes were prepared by Jack Valenti and can also be found in Valenti, *A Very Human President* (New York: W. W. Norton, 1975), pp. 319–40.

73. According to Taylor, his return from Saigon in the summer of 1965 was a condition he negotiated before accepting the post. Taylor, *Swords and Plowshares*, p. 348.

74. Notes of Meeting, July 21, 1965, 10:40 a.m., in *FRUS 1964–68*, vol. 3, *Vietnam, June–December 1965*, pp. 192–93.

75. Ibid., p. 194.

76. Ibid.

77. Ibid., p. 195.

78. Ibid., p. 196.

79. A second set of notes from the meeting was composed by Chet Cooper, Bundy's NSC staff specialist for Vietnam. See Memorandum for the Record (Afternoon Session, 2:30 p.m.) in *FRUS 1964–68*, vol. 3, *Vietnam, June–December 1965*, p. 203.

80. See ibid., pp. 202–4.

81. Gordon Goldstein interview with McGeorge Bundy, November 9, 1995, pp. 5–6.

82. Gordon Goldstein interview with McGeorge Bundy, November 14, 1995, p. 22.

83. Transcript, McGeorge Bundy Oral History Interview 1, January 30, 1969, by Paige E. Mulhollan, p. 28, LBJ Library. Online: http://www.lbjlib.utexas.edu/johnson/archives.hom/oralhistory.hom/McGeorgeB/McGeorge.asp.

84. Gordon Goldstein interview with McGeorge Bundy, November 14, 1995, p. 7.

85. McGeorge Bundy to Larry Berman, December 7, 1981, p. 6. This view was shared by William Bundy, who concluded that the late July meetings appeared to be "a bit of a set piece . . . you felt it had been scripted to a degree." See William Bundy Oral History, p. 42, LBJ Library, cited in Barrett, *Uncertain Warriors*, p. 214 n. 105.

86. Gordon Goldstein interview with McGeorge Bundy, September 2, 1995, pp. 18–19.

87. Gordon Goldstein interview with McGeorge Bundy, December 12, 1995, p. 18.

88. Bundy Fragment, January 12, 1996.

89. Minutes of the meeting are drawn from the notes of Valenti, *Very Human President*, pp. 340–52. This quote is drawn from the original minutes reprinted in Notes of a Meeting, July 22, 1965, in *FRUS 1964–68*, vol. 3, *Vietnam, June–December 1965*, pp. 215–16. Valenti's second version omits Johnson's remark "I haven't taken a position."

90. Valenti, *Very Human President*, p. 351.

91. Ibid., p. 352.

92. Bundy Fragment No. 48.

93. W. W. Rostow, "The Case for War," *Times Literary Supplement*, June 9, 1995.

94. Bundy Fragment No. 48.

95. Bundy Fragment No. 100.

96. Bundy Fragment, Unnumbered.

97. Bundy Fragment No. 51.

98. Bundy Fragment No. 100.

99. Bundy Fragment No. 12.

100. McGeorge Bundy to Harry Middleton, October 14, 1994.

101. Memorandum from the President's Special Assistant for National Security Affairs to the President, November 15, 1961, in *FRUS 1961–63*, vol. 1, *Vietnam 1961*, pp. 605–7.

102. Draft Memorandum from the President's Special Assistant for National Security Affairs to the President, May 25, 1964, in *FRUS 1964–1968*, vol. 1, *Vietnam 1964*, pp. 374–77.

103. William C. Gibbons, *The United States and the Vietnam War: Executive and Legislative Roles and Relationships*, vol. 2 (Princeton: Princeton University Press, 1986), pp. 349–50.

104. Ball, *Past Has Another Pattern*, pp. 504–5 n. 8.

105. Annex A: Paper Prepared by Members of the Bundy Mission, A Policy of Sustained Reprisal, in *FRUS 1964–68*, vol. 2, *Vietnam, January–June 1965*, pp. 181–85.

106. Bundy Papers, March 21, 1965, LBJ Library.

107. Bundy Fragment No. 53.

108. On Indonesia and the events of 1965, see Bird, *Color of Truth*, pp. 351–53.

109. Bundy Fragment No. 74. Bundy noted that his figures were drawn from McNamara with VanDeMark, *In Retrospect*.

110. Bundy Fragment No. 56.

111. Ibid.

112. See Harry G. Summers Jr., *On Strategy: The Vietnam War in Context* (Carlisle Barracks, Pa.: U.S. Army War College, 1981), p. 65.

113. See Westmoreland, *A Soldier Reports*, p. 153.
114. Bundy Fragment No. 3.
115. See Westmoreland, *A Soldier Reports*, p. 156.
116. Bundy Fragment No. 34.
117. McNamara et al., *Argument Without End*, p. 311.
118. Bundy Fragment No. 3.
119. Bundy Fragment No. 1.
120. Young, *Vietnam Wars*, pp. 161–62.
121. Gordon Goldstein interview with McGeorge Bundy, November 14, 1995, p. 6.
122. Gordon Goldstein interview with McGeorge Bundy, November 28, 1995, p. 18.
123. See Bruce Palmer Jr., *The 25-Year War: America's Military Role in Vietnam* (New York: Simon and Schuster, 1984), pp. 45–46.
124. Cited in Larry Berman, *Lyndon Johnson's War*, p. 3.
125. Bundy Fragment No. 56.
126. Bundy Fragment No. 99, First Draft Introduction.

LESSON SIX: INTERVENTION IS A PRESIDENTIAL CHOICE, NOT AN INEVITABILITY

1. McGeorge Bundy, "The History-Maker," Proceedings of the Massachusetts Historical Society (1978), p. 84.
2. McGeorge Bundy, "John F. Kennedy and the 'Rewarding Job of President,'" Remarks at Hofstra University, March 28, 1985.
3. Richard Neustadt was a consultant to the Kennedy administration and the author of an influential analysis of the presidency that John Kennedy had studied and praised. See Richard Neustadt, *Presidential Power: The Politics of Leadership* (New York: John Wiley, 1960). See also Kuklick, *Blind Oracles*, pp. 89–94.
4. Neustadt-Bundy Oral History (1964), pp. 140–41. It is true that Kennedy did not publicly question the domino theory. "No, I believe it," Kennedy said of the domino theory in an interview with Chet Huntley and David Brinkley on September 9, 1963. *Public Papers: JFK, 1963*, p. 659.
5. Neustadt-Bundy Oral History (1964), pp. 137–38.
6. McMaster, *Dereliction of Duty*, p. 202.
7. Gordon Goldstein interview with McGeorge Bundy, September 22, 1995, p. 29.
8. Blight, Vietnam Project File Memo, August 28, 1996.
9. Bundy Fragment No. 99, First Draft Introduction.
10. Bundy Fragment No. 98.
11. Bundy Fragment No. 99, First Draft Introduction.
12. Bundy Fragment No. 87.
13. Bundy Fragment No. 18.
14. Bundy Fragment No. 39.
15. Bundy Fragment No. 40.
16. James K. Galbraith, "Exit Strategy," *Boston Review* (October/November 2003). A

comprehensive effort to demonstrate the existence of a Kennedy withdrawal plan has been made by John Newman in *JFK and Vietnam: Deception, Intrigue, and the Struggle for Power* (New York: Warner Books, 1992). Another significant study of Kennedy's extrication plans and tactics is Howard Jones, *Death of a Generation: How the Assassinations of Diem and JFK Prolonged the Vietnam War* (New York: Oxford University Press, 2003).

17. Gordon Goldstein interview with McGeorge Bundy, November 16, 1995, p. 7.
18. Neustadt-Bundy Oral History (1964), p. 137.
19. See the Congressional Record, January 8, 1952, p. HR-5879, cited in Reeves, *President Kennedy*, pp. 254, 700. See also Fredrik Logevall, "Kennedy, Vietnam, and the Question of What Might Have Been," in Mark J. White, ed., *Kennedy: The New Frontier Revisited* (New York: Palgrave Macmillan, 1998), p. 40.
20. Robert F. Kennedy, Memorandum Dictated August 1, 1961, p. 1, RFK Papers, cited in Schlesinger, *Robert Kennedy and His Times*, pp. 703–4, and p. 1000 n. 13.
21. O'Donnell and Powers with McCarthy, *"Johnny, We Hardly Knew Ye,"* p. 13.
22. William Brubeck interview with Alexis Johnson (1964), pp. 33–34, JFK Oral History Program, cited in Schlesinger, *Robert Kennedy and His Times*, p. 704, and p. 1000 n. 14.
23. L. J. Hackman interview with Maxwell Taylor, November 13, 1969, p. 47, cited in Schlesinger, *Robert Kennedy and His Times*, p. 704, and p. 1000 n. 15.
24. Arthur Krock, *Memoirs: Sixty Years on the Firing Line* (New York: Funk & Wagnalls, 1968), pp. 332–33, cited in Richard Reeves, *President Kennedy*, p. 244, and p. 499 n. 244. Schlesinger paraphrases Krock, in a different account, as recalling that Kennedy "was stalling the military, he said, by sending Maxwell Taylor and Walt Rostow to look at South Vietnam." Arthur Krock, *In the Nation: 1932–1966* (New York: McGraw-Hill, 1966), pp. 324–25, p. 447, cited in Schlesinger, *Robert Kennedy and His Times*, p. 704, and p. 1000 n. 16.
25. Memorandum from the Ambassador to India to the President, April 4, 1962, in *FRUS 1961–63*, vol. 2, *Vietnam 1962*, pp. 297–98.
26. Memorandum of a Conversation Between the President and the Assistant Secretary of State for Far Eastern Affairs, April 6, 1962, in *FRUS 1961–63*, vol. 2, *Vietnam 1962*, pp. 309–10.
27. Hilsman, *To Move a Nation*, p. 439.
28. O'Donnell and Powers with McCarthy, *"Johnny, We Hardly Knew Ye,"* p. 16.
29. Mansfield explained to the historian Francis Winters: "President Kennedy did inform me in early 1963 that he did plan to begin the withdrawal of some troops from Vietnam following the next election." Letter from Senator Mike Mansfield to Francis X. Winters, October 24, 1989, cited in Francis Winters, *The Year of the Hare* (Athens: University of Georgia Press, 1997), pp. 21, 232.
30. See O'Donnell and Powers with McCarthy, *"Johnny, We Hardly Knew Ye,"* p. 16.
31. Langguth, *Our Vietnam*, p. 208.
32. See the President's News Conference of May 22, 1963, *Public Papers: JFK, 1963*, p. 421.

33. O'Donnell and Powers with McCarthy, *"Johnny, We Hardly Knew Ye,"* p. 18.

34. Roswell Gilpatric quoted in O'Brien interview, August 12, 1970, p. 1, cited in Schlesinger, *Robert Kennedy and His Times*, pp. 709–10.

35. Bird, *Color of Truth*, p. 259, and p. 442 n. 26.

36. James M. Gavin, "We Can Get Out of Vietnam," *Saturday Evening Post*, February 24, 1968, cited in Schlesinger, *Robert Kennedy and His Times*, pp. 722–23, and p. 1002 n. 110.

37. Roger Hilsman, "McNamara's War," *Foreign Affairs* 74, no. 4 (July–August 1995), pp. 164–65.

38. Roger Hilsman, letter to the editor, *New York Times*, January 29, 1992.

39. Bird, *Color of Truth*, p. 260.

40. Henry Brandon, *Anatomy of Error* (London, 1970), p. 30, cited in Schlesinger, *Robert Kennedy and His Times*, p. 722 and p. 1002 n. 105.

41. Michael V. Forrestal interview transcript, CBS News, "Vietnam Special," December 21, 22, 1971, pp. 12–14, cited in Bird, *Color of Truth*, pp. 260–61, and p. 443 n. 33.

42. Logevall, "Kennedy, Vietnam, and the Question," pp. 41–42.

43. See Herring, *America's Longest War*, p. xi.

44. Gardner, *Pay Any Price*, p. 542.

45. Garry Wills, *The Kennedy Imprisonment: A Meditation on Power* (Boston: Little, Brown, 1981), p. 280.

46. Jonathan Schell, *The Time of Illusion* (New York: Alfred A. Knopf, 1976), pp. 9–10, cited in Logevall, "Kennedy, Vietnam, and the Question," pp. 38–39.

47. Draft Memorandum from the Secretary of Defense to the President, November 5, 1961, in *FRUS 1961–63*, vol. 1, *Vietnam 1961*, p. 538.

48. Bernard Brodie, *War and Politics* (New York: Macmillan, 1973), p. 132, cited in Logevall, "Kennedy, Vietnam, and the Question," p. 60 n. 60.

49. Memorandum from the President's Special Assistant for National Security Affairs to the President, November 15, 1961, in *FRUS 1961–63*, vol. 1, *Vietnam 1961*, p. 605.

50. See Logevall, "Kennedy, Vietnam, and the Question," p. 42. For President Kennedy's comment to Taylor in 1961, see Hammer, *Death in November*, pp. 35–36.

51. September 3, 1963, President Kennedy interview with Walter Cronkite, *Public Papers: JFK, 1963*, pp. 651–52.

52. Jones, *Death of a Generation*, pp. 10–11.

53. See McNamara with VanDeMark, *In Retrospect*, p. 96.

54. Bundy's comment is recorded in the margin of Schlesinger, *Robert Kennedy and His Times*, p. 708.

55. McGeorge Bundy to William Bundy, November 14, 1969, Criticism and Comments, Box 5, Additional William Bundy Papers, Mudd Library, Princeton University. Cited in Kuklick, *Blind Oracles*, p. 131.

56. Blight, Vietnam Project File Memo, August 28, 1996.

57. Gordon Goldstein interview with McGeorge Bundy, December 5, 1995, p. 1.

58. Press Conference of September 12, 1963, *Public Papers: JFK, 1963*, p. 673.

59. "My own recollection is that remembered conversation in the airplane," he said.

Gordon Goldstein interview with McGeorge Bundy, November 28, 1995, p. 26. For a similar reference to opening a relationship with communist China in a second Kennedy term, see Langguth, *Our Vietnam*, p. 209.

60. Blight, Vietnam Project File Memo, August 28, 1996.
61. Gordon Goldstein interview with McGeorge Bundy, December 19, 1995, p. 13.
62. Ibid., p. 15.
63. Robert Dallek interview with McGeorge Bundy, March 30, 1993, p. 14, Internet copy, LBJ Library.
64. Gordon Goldstein interview with McGeorge Bundy, December 19, 1995, p. 13.
65. Bundy Fragment No. 39.

宋詞小札

刘逸生 著

中国青年出版社

（京）新登字083号

图书在版编目（CIP）数据

宋词小札/刘逸生著. —北京：中国青年出版社，2016.6

ISBN 978-7-5153-4299-3

Ⅰ.①宋... Ⅱ.①刘... Ⅲ.①宋词—诗歌欣赏

Ⅳ.①I207.23

中国版本图书馆CIP数据核字（2016）第151420号

责任编辑　曾玉立　岳　虹
装帧设计　瞿中华

出版发行　中国青年出版社
社　　　址　北京东四十二条21号　邮政编码：100708
网　　　址　www.cyp.com.cn
门　市　部　010-57350370
编　辑　部　010-57350402
印　　　刷　鸿博昊天科技有限公司
经　　　销　新华书店

规　　　格　889×1194　1/32
印　　　张　10.375
字　　　数　220千字
版　　　次　2016年10月北京第1版
印　　　次　2020年1月北京第4次印刷
定　　　价　46.00元

本图书如有印装质量问题，请凭购书发票与质检部联系调换
联系电话：(010)57350337

前言

在《唐诗小札》一举成功之后,朋友们就提出过写一部《宋词小札》的建议。但是,这一良好愿望,却整整等了二十年之后才得以实现。据逸堂老人说,这是由于自己当时对于宋词还未能深入了解。而另一个原因,他没有说,就是宋词中许多名篇,内容不外风花雪月,在那二十年中属于被批判对象,实在不好谈。

但《宋词小札》由此就成了老人心里的一个情结。当"文化大革命"中,他被打入"牛棚",押送"干校",又被暂时"解放"之后,在英德荒僻的山野之间,这沉埋已久的情结,便悄然萌动了。据老人回忆,他在一次请假返广州时,携回了龙榆生编的《唐宋名家词选》,之后,"偷偷阅读近一年之久",把唐宋名家的词作,翻来覆去读了几十遍,上百遍,终于豁然开悟。

《唐宋名家词选》是一部好选本,它不仅选词数量比较多,而且集合了历代以来词界公认的佳作,眼光比较开阔,选词比较全面,因此较好地体现出一代之文学——宋词的风貌。现在,我们手边还保留着逸堂老人研读过的这部著作,上面布满红笔、蓝笔批语,可以想见当年老人挑灯夜读的心思神情。老人所做的工作,大致分为两部分:一部分是对词家、词作的评论,另一部分是对历代以来,尤其是清代词界的谬误，予以分析、批评和纠正。以今人的历史观审视宋词的发展演变，拓清古人(主要是清"常州词派")过求深曲的主观理解。这是一种自出手眼的气度，与那些盲目地崇拜古人，匍匐于名人篱下者，真不可同日而语。正是由于有这种精神，逸堂老人敢于推翻清代词界巨擘的成说，直指其谬误;敢于说前人对词往往未曾讲透，只说一些不着边际的大话、空话，徒令后学听后如云里雾里，到头来对词家词作还是若明若暗，弄不明白。也正基于此，老人穷山孤往，发愤自强，入虎穴以得虎子，并将其所得写成《宋词小札》一书，通过对一首首宋词名作的条分缕析，疏通其意，揭示门径，令读者实实在在地把握"词家之心"。

老人曾说，《宋词小札》虽不似《唐诗小札》那样声名煊赫，却花费了他更多的心血。这绝非信口之言。因为诗歌自唐以下，流传不替，经过宋人、明人的收集整理和研究，唐诗的精微已然尽出。但宋词的情况不同，五代北宋的歌唱传统，到南宋已经大量失传，元代、明代，词的创作已是不绝如缕。清代号称"词之复兴的时代"，无论创作还是论著都盛极一时。然而，词毕竟已由可唱变成不可唱，由歌词变成了案上文本，这就深刻地影响了人们对词的写作传统、技巧的认识，也影响了对宋词的理解和认识。一句话，清代词坛的新统，遮蔽了宋词的真面。由于种种原因，宋词在社会上也远不如唐诗普及。群众基础不同，决定了作为普及性读物的《宋词小札》，较之《唐诗小札》，在写作上带来更多掣肘——必须要以"解释词意"作为每篇小札的基本任务，解说的压力增加了，加上宋词名作篇幅相对较长，内容相对狭窄，于是"知识性""趣味性"的发挥余地大受限制——这些客观原因，使老人写来不能像写《唐诗小札》那样得心应手，挥洒自如。但是，话又说回来，正由于它具有上述的"筚路蓝缕"之功，《宋词小札》的深层价值其实又在《唐诗小札》之上，对于喜爱宋词的读者而言，它是一部值得郑重推荐、不可多得的入门书。

刘斯翰

目　录

范仲淹

(989—1052)，字希文，吴县人。大中祥符八年(1015)进士。仕至枢密副使，参知政事。以资政殿学士为陕西四路宣抚使。卒谥文正。有《范文正公诗余》一卷。

渔家傲

范仲淹

塞下①秋来风景异，衡阳雁去②无留意。四面边声连角起。千嶂里，长烟落日孤城闭。　　浊酒一杯家万里，燕然③未勒归无计。羌管悠悠霜满地。人不寐，将军白发征夫泪。

范仲淹是北宋仁宗时代的"名臣"，从进士出身，官至参知政事，曾任陕西经略安抚招讨副使兼知延州，负责西北边防，使西夏的敌人不敢轻易来犯，被称为"范老子胸中有数万甲兵"。他少年时就以"士当先天下之忧而忧，后天下之乐而乐"自勉，后来又把它写在《岳阳楼记》中，至今为人所传诵。像这样一个立志高远，又身负一方安危，受到朝野重视的人物，照一般人想来，一定是面目严峻、神态凛然，使人望而生畏的吧。然而

① 塞下——这里指宋朝西北边疆。
② 衡阳雁去——传说雁自北南飞，到达衡阳就不再南下。
③ 燕然——燕然山，在蒙古人民共和国境内，即杭爱山。后汉时，将军窦宪追击匈奴，登上燕然山，勒石纪功。

他在所写的词中，却完全不是这种人物。不但他那"酒入愁肠，化作相思泪"，使人看到他柔肠婉转，便是描写边塞风光，也丝毫不似一个望高威重的统帅。表面一看，是很有些奇怪的。

这首描画边塞风光的《渔家傲》，其实在当时就有人提出不同意见了。魏泰《东轩笔录》便记述了这样一件事：

> 范文正公守边日，作《渔家傲》乐歌数阕，皆以"塞下秋来"为首句，颇述边镇之劳苦。欧阳公(按，欧阳修)尝呼为穷塞主之词。及王尚书素出守平凉，文忠(按，欧阳修谥号)亦作《渔家傲》一词以送之。其断章曰："战胜归来飞捷奏，倾贺酒，玉阶遥献南山寿。"顾谓王曰："此真元帅之事也。"

这段记载的真实性到底有多少，其实很难说。欧阳修这首《渔家傲》不见于他现存的词集中，固然可以说是结集时偶有遗失；可是欧阳修自己就写了不少内容并不那么昂扬奋发的词，怎么好去讥讽范仲淹，并且还有意同他唱对台戏呢！所以魏泰的记述颇难使人入信。不过也确实反映了某些人的看法，以为不应写得如此衰飒，尤其是身为主帅的人。

范仲淹这首词，反映了边塞生活的艰苦性和守边将士强烈的责任感。整首词紧紧围绕一个"秋"字，纵横上下地描绘了一幅严凝萧索的图景。将士们不是在战斗，而是长期戍守，生活平板枯燥，环境萧瑟荒凉，然而守卫边防的责任却十分沉重。因而人们的心情是复杂的。作为主帅的范仲淹，看出了将士们这种心情的复杂，在他的笔下也就恰好反映了这种复杂。

这是一幅"边塞秋风图"。那形象的强烈真是使人读了久久难忘。

不妨看看这段动人的描绘：

边塞的秋天是个异样的秋天。一到这时节，南归的雁儿便连头也不回地飞走了。塞上特有的边声——西风的呼啸，驼马的嘶叫，兵士的吟唱，草木的繁响，还衬上悲凉的号角……把秋天的气氛渲染得严凝肃杀。

四面耸立的都是高山，山脚沉重地横着茫茫的烟雾。太阳很快就沉落下去，剩下一座孤城更显得伶仃孤立。城门于是紧紧地关起来。

寒冷和孤寂构成一股迫人的气氛，让人感到难受。单靠一杯酒是抵挡不了的，思乡之念不断地涌起来。

然而，一想到守边责任的严重，敌人侵犯随时都可能发生，思乡之念又一下子压下去了。回乡不得，因为责任还没有完成呵！

夜已深了。在"万帐沉沉"之中，大家都没有睡着。将军抚循着头上白发，有些战士还偷偷拭去思乡的眼泪。外面是一片银也似的白霜，只听得慢悠悠的羌笛声在旷野中回荡……

多么感人的一幕！它不仅写出了边疆的典型环境，还写出了这种环境中的人的思想感情。它是一页真实的历史，没有造作，没有粉饰。而更重要的是，只有深知将士的甘苦哀乐的统帅，才有与将士同样亲切的感受，才写得出如此动人的篇章。试想想那些"战士军前半死生，美人帐下犹歌舞"的主军者吧！

边塞也有各种不同的生活情调。作为坐镇一方的主帅，难道不应该写那些使人感到昂扬奋发的事物吗？这样发问当然是有理由的。但是，作为一军的主帅，就不可以描写边疆生活的艰苦和战士心情的矛盾复杂吗?这样的反问又是同样有理由的。我们没有权利指挥作者只能这样写而不能换一种笔墨去写。

范仲淹这首词,渲染塞外秋来的气氛很有特色。你看他在开头那句点出时间、地点之后,立刻运用他那捕捉形象的大笔,先写天上的雁群,写一队队雁群正在结队匆匆南飞,便已使人感到一种浓重的袭人而来的秋气。跟着写四面边声。这边声,正如李陵《答苏武书》中所说的:"凉秋九月,塞外草衰,夜不能寐,侧耳远听,胡笳互动,牧马悲鸣,吟啸成群,边声四起。"进一步加重了这个特定环境的特有气氛。然后,作者才把焦点落在那座"孤城"上面。这孤城,正被包围在千山万峰之中,黄昏日落,暮烟横带,一片凄冷。而远戍的军士,正是在这样的一座孤城中艰苦守卫着边疆的。

在上片,作者是用大笔来进行渲染,虽是寥寥几句,却已给人鲜明的印象;而且,在整个景色的描画中,还分明透出作者的感情:那离去的鸿雁,分明带动下文"家万里"的乡思;那四面的"边声",又正是下文"人不寐"的伏脉;"千嶂里"紧闭的"孤城",更不能不引起征人"燕然未勒归无计"的感叹了。上片的"景"预伏着下片的"情",上下片之间便有潜脉暗通,从而浑融一体。

下片以抒情为主,然而,作者未忘形象的刻画。你看,"浊酒一杯家万里",人物的形象与感情同时传出;"将军白发征夫泪",更是一组带着强烈感情的人物特写。"羌管悠悠霜满地"七字,是"人不寐"的有力烘染。所有这些,都使整首词赋情深厚,气氛强烈。这正是此词之所以获得广大读者喜爱的原因。

作为北宋的著名词人,范仲淹是当之无愧的。就让我们从他开始,对宋词园圃中那些"小白长红"——各式各样奇花异草,来一番概略的然而又不无主观取舍的巡礼吧!

苏幕遮

范仲淹

碧云天,黄叶地。秋色连波,波上寒烟翠。山映斜阳天接水。芳草无情,更在斜阳外。　黯乡魂,追旅思。夜夜除非,好梦留人睡。明月楼高休独倚。酒入愁肠,化作相思泪。

这是范仲淹在外地思念家室的作品。

弄文艺的人似乎都懂得,在文艺作品中,情和景是不可能截然分割的,所以才有"情景交融""情因景见""景中带情",甚至有"一切景语皆情语也"的话。细想起来,天地间一切所谓"景色",有哪一样不是通过人才获得它的意义的呢?由于人具有独特的思维本领,不仅能够反映客观世界,而且还能改造客观世界。所以,一切自然界的景物,在艺术家的笔下,就被染上人的色彩。图画中的山水,不会完全同于自然界中的山水,诗词就更是如此了。

所以,我们一说到"景色",其实就已经带上人的思想感情,有了人力加工的成分,不再是纯粹的大自然。正如石头不再是地质学意义的石头,花草也不再是植物学意义的花草那样。

必须这样,我们才能充分欣赏诗词中的自然描写之美。

范仲淹是融情入景的能手。你看他这首《苏幕遮》又给我们描下一幅动人的秋景。但它和《渔家傲》不同,它是鲜艳浓烈的秋天;而就在这幅色调浓烈的画卷中,有一股强烈的感情扑人而来。我们看到的不仅是浓烈的秋色,更主要的是感受到它那深挚的怀人之情。

湛青,连云彩也变得湛青的天穹,它下面是一片铺满黄叶的原野。一眼看去就使人猛然感到秋天已经来临了。这充满秋色的天地,一直向前方伸展,同一派滔滔滚滚的江水连接融合起来。而大江远处还抹上一层空翠的寒烟,让江水和天空都显得迷蒙莫辨了。

正是斜日西下的时候,远近的峰峦各各反射着落照余晖,把夕阳的残光一步步带到更为遥远的地方。看到这一派景色,远游的客子陡然从心底里飘出一缕思乡之情,仿佛随着夕阳的残光远远飘荡开去,一直飘出斜阳之外,飘落在芳草萋萋的故乡,飘落在绿茵如染的自己的家院。

"芳草"为什么就是诗人的家乡呢?这里面暗中化用了《楚辞》的话:"王孙游兮不归,芳草生兮萋萋。"意思是王孙远游不归,只见家乡的芳草丰盛地生长。后来李商隐也说:"见芳草则怨王孙之不归。"(见文集《献河东公启》)可见,"芳草"远在"斜阳外",就不单是指自然界中的芳草,而是借芳草来暗示诗人的家乡远在天际,好像越出斜阳之外,比斜阳更要遥远了。

上片，真是好一幅阔大而又秾丽的秋色；但谁又能说它不是在强烈抒情呢！

于是我们又不禁想到《西厢记》。你看它这几句：

> 碧云天，黄花地，西风紧，北雁南飞。晓来谁染霜林醉？总是离人泪。
>
> ——第四本第三折

先勾勒一幅凄紧的秋景，然后在"霜林醉"下面加上点睛之笔——"总是离人泪"。于是，"恨成就得迟，怨分离得疾，柳丝长，玉骢难系……"强烈的感情就像流水落花，奔迸而来了。

这位杂剧高手是善于汲取前人掘出的美泉的。化用得真好啊！

范仲淹在上片融情入景，下片就顺着景物所构成的意境，让汹涌的情潮尽情倾泻出来：

"黯乡魂，追旅思。"——上三字是作者妻子的梦魂。下三字是作者自己的思家之念。妻子黯淡凄楚的乡魂，追寻着旅外游子的思家之梦。两种感情的化身在茫茫的空间互相寻找，互相吸引，"乡魂"终于"追"上了"旅思"，于是夫妻俩就在梦中蓦然相会。

"黯乡魂"三字，解为"思念家乡，黯然消魂"。或认为"乡魂、旅思是互文"。这当然也是一种说法。唐诗人储光羲《渭桥北亭作》诗："乡魂涉江水，客路指蒲城。"就是这种乡魂。可是在此词中，却很难处理那"追"字。按江淹《别赋》，先写"行子肠断，百感凄恻"，再写"居人愁卧，恍若有亡"。然后说："知离梦之踟蹰，意别魂之飞扬。""离梦"是一方，"别魂"又是一方。范仲淹此词也是双方并举，所以句中用一"追"字。这样来理解下片的开头，似乎更能贴近作者当时的心境。

"夜夜除非，好梦留人睡。"——不料非常短暂，而且还是梦中。然而显然是有了那次梦中相会，才引起这样的渴念；而且还可见，没有这样的好梦，便只有无尽的思忆。

"明月楼高休独倚"——看来又是"寻好梦，梦难成"，翻起身来，又靠在高楼的栏杆上。然而一轮明月，反而引起愁怀，所以又觉得"休倚"为好。倚是难过，不倚也同样难过。他在倚和不倚之间徘徊，真是"欲倚还休，欲休还倚"。

"酒入愁肠，化作相思泪"——终于还是"休倚"了。回到室内，借酒浇愁，忘却这分相思，也解决倚和休倚的矛盾。这该是没有办法中的办法吧！但那结果也不曾稍好一点。酒立即化成相思之泪，泪比往常还更多了……

让我们再回环细读两遍：秋浓似酒，乡思又更浓于酒；梦魂难接，明月更增添相思之苦；于是酒入愁肠，不料酒却化成相思之泪，越发无法开解了。

柔情似水，蜜意如绵，出自一位历史上有数的"名臣"口中，然而丝毫不曾贬损他那高大的形象。

"酒入愁肠，化作相思泪。"真是一语点破了艺术上客观和主观的微妙关系。

酒，不过是千万客观事物中的一种，然而一旦进入愁人的肠中，却化为主观的相思了。一切自然景物不是也有同样的转化能力？懂得酒可以化成相思泪，甚至"酒未到"也可以"先成泪"（见范仲淹《御街行》），景与情、物与我，在文艺作品中怎么可以截然分割呢？

这首词先从写景入手，写出很典型的高秋景色，境界开展阔大。这种开阔的境界，却用那句"山映斜阳天接水"

为关捩，转入"芳草无情"，轻轻传出作者思乡的念头，景与情之间的衔接是非常巧妙的。"芳草"无情而人有情。无情的芳草能远出斜阳之外，伸到自己的故乡，而人呢?富于感情的人反而不如芳草!这正是人生最无法开解的憾事。这里已不是写芳草斜阳，而是强烈地抒发沉重的怀人之情了。

下片在抒情中进一步刻画作者本人的形象。那思乡的梦魂，那梦里的欢笑，那倚楼的孤影，那带酒的泪痕，都是竭力渲染勾勒人物，让他的形象鲜明而突出。

在抒情与写景中完成对人物形象的塑造，这是我国古典诗词的特长。它很值得我们从中汲取经验。

张 先

(990—1078)，字子野，湖州人。天圣八年(1030)进士，尝知吴江县，仕至都官郎中。有《子野词》一卷。

一丛花

张 先

伤高怀远几时穷？无物似情浓。离愁正引千丝乱，更东陌、飞絮濛濛。嘶骑渐遥，征尘不断，何处认郎踪？　　双鸳池沼水溶溶，南北小桡通。梯横画阁黄昏后，又还是斜月帘栊。沉恨细思：不如桃杏，犹解嫁东风。

这是张先早年的作品。

据说，张先曾经同一个出家的少女相好，后来两人分了手，作者十分眷念，就写了这首词来排遣愁怀①。

词是模拟那少女的心情写的。

上片描绘了一幅送别的场面。

开头两句，是整首词的感情的概括。

人在登临高处的时候为什么会伤感？人为什么会怀念

① 宋皇都风月主人《绿窗新话》上引《古今词话》云："张先尝与一尼私约，其老尼性严。每卧于池岛中一小阁上，俟夜深人静，其尼潜下梯，俾子野登阁相遇。临别，子野不胜惓惓，作《一丛花》以道其怀。"字句与《张子野集》所载词小异。

远方?为什么这种伤怀又是无穷无尽的?诗人首先提出这个问题。随即他便回答道:"无物似情浓。"是因为人有情感;而这种情感是任何事物也不能比拟的。

虽然是一首小词,但也能提出人生的重大问题。人与人之间真挚的感情,该怎样认识和评价呢?欧阳修在《玉楼春》里写道:"人生自是有情痴,此恨不关风与月。"他认为感情自是人类的一种本性。晏殊在《踏莎行》里说:"当歌对酒莫沉吟,人生有限情无限。"便好像是"天若有情天亦老"(李贺《金铜仙人辞汉歌》)的换一种说法。他的"情无限",不就是张先的"伤高怀远几时穷"的呼应吗?所以欧阳修的《减字木兰花》又说:"伤离怀抱,天若有情天亦老。"感情丰富的词人,在对待人与人之间的真挚感情上,都是十分珍惜的。

在"无物似情浓"这样概括一笔之后,作者就进一步写出"离愁"。"离愁"怎样?是像"千丝乱",又是像"东陌"柳树上的"濛濛飞絮"。写愁情的无穷无尽,无边无际,同时就有李冠的"一寸相思千万绪,人间没个安排处"。又有晏殊的"无情不似多情苦,一寸还成千万缕"。两人好像如出一口。以后又有贺铸《青玉案》:"试问闲愁都几许:一川烟草,满城风絮,梅子黄时雨。"他的"满城风絮",应是受到张先的"更东陌、飞絮濛濛"的启发吧。

那为什么会有这段离愁呢?是回忆那回两位恋人分手时的情景:

那时候,正值暮春天气。在分手的时候,杨柳纷披,更增添了离情别绪。但不知是杨柳千条随风乱拂引得离人的心情更缭乱呢,还是离愁千缕使得风中的柳丝显得更缭乱呢?更何况,柳絮漫天盖地,濛濛一片,仿佛是漫天盖地的离人之愁，柳絮随风缭乱飞舞，也仿佛离愁缭乱得使人无法收拾。

看！情和景在这里织成一片了。不知是情加强了景，也不知是景加强了情，但觉这离愁是无限广阔，也无限缭乱。

下面是专就那女郎方面来写。这里使人看到有如《西厢记》杂剧"长亭送别"那一幕，但也许只是两人私下里话别罢了：

"嘶骑渐遥，征尘不断，何处认郎踪"——两人分手了。他骑着马儿一步一步去远了。在朦胧的光影中，只听到马儿的嘶叫。地面上腾起尘土，同漫天柳絮一搅拌，连人影都消失了。

以上是一段追忆。

下片，画面转入黄昏，她依旧回到自己居住的地方。

那是一座孤零零的小楼，楼前有一湾塘泊，密密长满了春草。塘水一直向前面伸展，远处横着一排树木。地方倒是挺幽静的。

"双鸳池沼水溶溶，南北小桡通"——她记起了她和他那段美好的生活。特别是当她从小楼上看下去，看见一对对鸳鸯在池塘里戏水，她就想起：在池塘的对岸，她一眼就能认出来的小船儿正在水面上慢慢飘近了来；而每一回都引起她心脏的强烈跳动……

"南北小桡通"五字，粗看真像是一句闲文。其实换头的文势十分紧迫，决然容不下一句闲文(描写一下与主角毫无关系的来往南北的小船儿)。这五个字是吃紧的。它暗暗递出了两人那段幽会的经历。所以先用"双鸳"来从旁衬托，又用"水溶溶"来增添欢乐的气氛。我们要细细体会，才能悟出这句话的意思。

"梯横画阁黄昏后,又还是斜月帘栊"——如今,那人已经远去了。每当黄昏过后,梯子便拉了上去,横搁在小楼一角(旧时有些建筑物的梯子是活动的,白天把它放下来,到夜里,靠地下那一头拉起,楼上楼下就隔绝了。李商隐《代赠》诗:"楼上黄昏欲望休,玉梯横绝月中钩。芭蕉不展丁香结,同向东风各自愁。"同"梯横画阁黄昏后……"是同一个意思。)楼上只剩下她独个儿。斜月像往常那样,依旧照进帘栊,只不过这回是投下了她的孤影。

她忽然产生了强烈的怨恨:

"沉恨细思:不如桃杏,犹解嫁东风"——一种无可开解的寂寞,使她诅咒那些让她变成"出家人"的恶棍:我真是连桃花和杏花都比不上,它们还能够嫁给东风,在春天的怀抱里结出果子来。自己呢,连起码的做人的幸福都给剥夺干净!

它是代表了千千万万被迫出家为尼的少女的怨愤的。

那是个吃人的社会。

"不如桃杏……"有人说是"无理而妙"。不知道这"无理"正是那摧残人性的社会,那笑脸吃人的宗教制造出来的。

便是从艺术构思来说,也不见得无理。唐代王建《宫词》有两句说:"自是桃花贪结子,错教人恨五更风。"李贺《南园》诗:"可怜日暮嫣香落,嫁与东风不用媒。"就是"桃杏嫁东风"的出处。后来贺铸的《踏莎行》:"当年不肯嫁春风,无端却被秋风误",则又是把韩愈的《落花》诗"无端又被春风误",加上张先的"不如桃杏,犹解嫁东风"加以点化,成为咏残荷的名句了。有些词人是善于玩弄这些伎俩的。

张先写了不少艳词，大都是感情浅薄，甚至是随手应付之作。这是因为他平生流连花酒，"多近妇人"。因此苏轼给他的诗，才有"诗人老去莺莺在，公子归来燕燕忙"的句子。不过，这首《一丛花》，比较深刻地体贴了少女的心情，反过来衬托自己对她的怀念，却是写得很成功的。

木兰花

张　先

龙头舴艋①吴儿竞，笋柱秋千游女并。芳洲拾翠暮忘归，秀野踏青来不定。行云去后遥山暝，已放笙歌池院静。中庭月色正清明，无数杨花过无影。

历代词选家大都认为"无数杨花过无影"是一时名句。它之所以得名，从艺术的角度看来，唯一的好处就在于观察事物的细致入微。

① 龙头舴艋（zé měng）——龙舟。

谁都知道，小说要求有细节的真实。但是在诗词中似乎没有人特别提出过。其实细节的真实在诗词中也一样用得上。只是诗词中细节的真实同小说的不完全一样，它主要是要求突出诗的意境，而不仅服从于故事情节人物行动的要求。

"无数杨花过无影"确是观察入微的。杨花(柳絮)在月光底下飘过有没有影子?乍问起来很难回答,因为平时不曾留意。如今经过作者点出,就觉得很新鲜,也颇有诗意。由此可见,尽管是很微小的事情,你能在别人还没有留意的时候展慧眼、舒妙手把它擒住,以诗的意象加以重现,同样能够收到耳目一新的效果。

这首词题为"乙卯吴兴寒食"。作者是浙江吴兴人,词中写的是他家乡寒食节日的热闹和个人的心理活动。乙卯是神宗熙宁八年(1075),作者已是八十六岁的老人了(据夏承焘《张子野年谱》)。

词的上片尽情写出节日的热闹。下片却转而进入极冷静的境界。在写这种冷静时,又用无数缭乱的杨花反衬出来,颇像王维的写景小诗,静境是通过热闹的事物来传达和感染读者的。

但也反映了作者晚年的特殊心境。青年人的心情和老年人的心情很不相同,对于热闹的节日、欢庆的场面,彼此之间也是反应不同的。青年人追求热闹,全身心都能融进热闹里,热闹过了,还保留着心情的兴奋。老年人却不同,在热闹中还忘不了安静,热闹过后更是要求安静下来。张先在这首词里,真实地写出自己这种暮年的感觉。

那时候,寒食节日有龙舟竞赛,这恐怕是吴地相沿的风俗。我们从寒食赛龙舟这个地方习俗,倒证明了赛龙舟是为了纪念屈原的无稽。因为相传端午是纪念屈原的节日,寒食是纪念介子推的节日。既然寒食也赛龙舟,可知它与屈原无关。它是东南水乡民间的旧俗,来历一定很古了②。

②宋吴自牧《梦粱录》卷二记载:"清明节……此日又有龙舟可观,都人不论贫富,倾城而出,笙歌鼎沸,鼓吹喧天,虽京都金明池未必如此之佳。"

相传寒食节玩秋千是北方山戎的习俗(《渊鉴类函·岁时部》引《古今艺术图》),《天宝遗事》又说是唐代宫女的游戏。不知何时流行到东南各省来。秋千这玩意,正如跷跷板在朝鲜族是女孩子的玩意一样,少女们凭借它可以大显身手。它可以由单人表演,也可以由双人表演。在郊外临时搭起几座秋千,装饰得五彩缤纷。女郎也穿上五彩缤纷的衣裳,凌空飞舞,能同秋千架子扯个齐平,大有"风吹仙袂飘飘举"的姿态,你隔着杨柳梢头都能看见她们飘扬起来的裙子。

以上,一句是写男子辈,一句是写女儿们。使人看到水上岸上一派热烈的气氛,听到一片喧呼的热闹。

江边的浅滩,河上的洲渚,都长满了各色各样的花花草草,那原是野鸟做巢的地方,平时人迹罕至,只有寒食清明这几天,女孩子们打伙儿来了,她们要找那种种色色野鸟的羽毛,看谁能找得最美丽、最出色的,看谁能找到最繁复的不同花样。她们披花拂草,专心细意地找,比较着、吵嚷着,那种兴致,简直连天黑下来都不知道了。原来"拾翠"这种风俗,来历也很古。三国时代曹植写《洛神赋》,已有"或采明珠,或拾翠羽"的话,杜甫《秋兴》诗也有"佳人拾翠春相问"的句子。可见从汉到宋,都有这个风俗。

至于郊野之上,人群就更多了,整天人来人往不绝。金盈之《醉翁谈录》说:"冬至后一百四日为大寒食,一百六日为小寒食。或以一百五日为官寒食,一百四日为私寒食。"幽兰居士《东京梦华录》说:"寒食第三节即清明日矣,凡新坟皆用此日拜扫,都城人出郊……四野如市,往往就芳树之下或园囿之间,罗列杯盘,互相劝酬,都城之歌儿舞女,遍满园亭,抵暮而归。"所以也叫"踏青"。

上片这种写法,像是国画里的四幅立轴。一幅画着水上龙舟,一幅画着柳阴中秋千上的少女,又一幅是"拾翠图",最后一幅是"游春景"。这种写法在律诗中常有。例如杜审言《奉敕咏南山》:"北斗挂城边,南山倚殿前。云标金阙迥,树杪玉堂悬。"张均《岳阳晚景》:"晚景寒鸦集,秋风旅雁归。水光浮日出,霞彩映江飞。"都是如此。在词里,这种写法却不多,因为容易显得平板。但张先此词是极力渲染节日气氛,这样下笔自有他的道理。

下片,画面来了个大转换,这位词人的情绪也来了一个大转换。

"行云去后遥山暝,已放笙歌池院静"——他从热闹的郊外回自己家里,正赶上歌儿舞女都已经表演完了,纷纷散队去了。天色暗下来,屋内屋外便显得一片平静。

句中的"行云"和天上的云无关,那是当时舞女的代称。在宋词里这种用法很多。如晏殊《凤衔杯》:"暂时间留住行云。"晏几道《临江仙》:"当时明月在,曾照彩云归。"指的都是歌舞伎人。张词中的"行云去后"和"已放笙歌"其实是同一件事,指歌儿舞女都已表演完毕。句中那个"放"字,正是指歌舞队伍散去。冯延巳《采桑子》:"笙歌放散人归去",是同一意思。宋代的歌舞,出场叫"勾队",下场叫"放队"或"遣队"。王国维《宋元戏曲史》引郑仅的《调笑转踏》后说:"此种词前有勾队词,后以一诗一曲相间,终以放队词,则亦用七绝。此宋初体格如此。"

老人这才觉得可以享受一下幽静的趣味。

这时候,月亮出来了,恰恰把它的清光洒在院子里。

微风吹拂,柳树上的轻絮随风飘舞,在月光底下,依稀可以看见它们在院子里游荡着、回转着,忽然又穿出墙外去。

可是，在地下，它们却不曾留下一点影子，仿佛它们都是没有影子的怪物。

这种细微的境界，在一个心情异常清静的老人眼中，分明给放大了。

没有更多的内容，也没有付出艰辛的构思。它好像是随意挥洒而成的小品画，轻巧自然，只有那么一点点艺术趣味，我们正不必追求它有什么更多的深意。

北宋词坛好以警句互相标榜，那也是一时风气。张先的"三影"③、宋祁的"红杏"④，以至贺铸的"梅子黄时雨"⑤……都是陆机《文赋》所谓"立片言以居要，乃一篇之警策"。作者以此自矜，别人也乐于称道。从提高作品的艺术性来说，自然无可非议，但也不能过分强调，否则也会引致单纯追求警句而忽视全篇的偏向的。

③三影——"云破月来花弄影"，"柔柳摇摇，坠轻絮无影"，"娇柔懒起，帘押残花影"。
④见本册宋祁《木兰花》。
⑤见本册贺铸《青玉案》。

晏 殊

(991—1055),字同叔,临川人。七岁能属文,景德二年(1005)以神童召试,赐进士出身。累擢知制诰、翰林学士。庆历中,拜集贤殿大学士、同中书门下平章事、兼枢密使。卒谥元献。有《珠玉词》一卷。

踏莎行

晏 殊

小径红稀,芳郊绿遍。高台树色阴阴见。
春风不解禁杨花,濛濛乱扑行人面。
翠叶藏莺,珠帘隔燕。炉香静逐游丝转。
一场愁梦酒醒时,斜阳却照深深院。

生活在承平时代的晏殊,自幼便以神童的声誉获得皇帝的赏识。登第以后,历任中枢和外郡官吏,一生没有受到很大波折。宋朝优待官吏的制度,又给他安排了优厚的生活条件;再加上他那"喜宾客,未尝一日不宴饮"(叶梦得《避暑录话》),"留守南都……日以饮酒赋诗为乐"(叶梦得《石林诗话》)的生活积习,使他的"及时行乐"思想显得特别突出。我们随手翻翻他的词集,就可以看到这类的句子:

座有嘉宾尊有桂,莫辞终夕醉。

不向尊前同一醉,可奈光阴似水声。

一晌年光有限身,等闲离别易销魂,酒筵歌席莫辞频。

在一部《珠玉词》中,这一类耽于享乐的篇章,几乎触目皆是。他怕的是年华易老,欢事无多,因此常常发出"夕阳西下几时回""何人解系天边日"的叹息。这并没有什么奇怪,因为地位、名声都有了,生活也够舒服,已经没有更高的奢求;只是对于不可抗拒的自然规律——衰老和死亡,不能不感到无可奈何,在抒发情感时往往不自禁地流露,而在宴乐中就更表现为"行乐须及时"了。

及时行乐或感叹时光易逝,其实都是一对双生子。不过一个的面孔是喜的,一个的面孔是忧伤的。但那忧伤也不过是淡淡的哀愁,同真正的忧伤不是一回事。晏殊这一首《踏莎行》就是一个明白的例子。

有人在五代北宋的词人中,硬求所谓讽喻寄托,于是出现了一种"凿之使深"或探幽索隐的解释。清代嘉庆年间,武进人张惠言特别提出这种宗旨。他在所录《词选》中硬是给那些本来就是花间、尊前的遣兴之作安上"莫须有"的思想。例如温庭筠的《菩萨蛮》变成《感士不遇赋》,韦庄的《菩萨蛮》也成为政治诗。这都是很难令人信服的。文艺作品的思想内容不可能脱离时代。任何一种文体也总有它成长、发展、变化的过程。词在开头的时候,封建士大夫不过以为它是不能登大雅之堂的小摆设,哪里想到在其中灌注政治的讽喻!即使灌注了,当时又谁能领会呢?晏殊这首《踏莎行》,张惠言也不过以为"亦有所兴",未作具体猜索,而晚清的谭献就硬是肯定为"刺词"了。再到了黄蓼园手里,索性大做文章,无中生有。他在《蓼园词选》中分析此词时说:

首三句言花稀叶盛，喻君子少、小人多也。高台指帝闻。东风二句，言小人如杨花轻薄，易动摇君心也。翠叶二句，喻事多阻隔。炉香句，喻己心之郁纡也。斜阳照深深院，言不明之日，难照此渊也。

这简直是随心所欲地胡猜硬套。照这样来"钻牛角"，那结果不过是把读者引入歧途，让后者成为又一种索隐派的俘虏罢了。

五代和北宋早期的词人，除了李后主这样极少数的例外，基本上还离不开在花间樽前即兴唱酬的门路，他们的作品绝大多数都是拿给歌女演唱的，写的时候本来就是"持酒听之，为一笑乐而已"（晏几道自序《小山词》语）。即使是抒写本人的感慨，也是直抒性灵，毋须隐讳，哪里就会动不动来个君子小人的讽喻！何况他们要有所讽喻，也尽有许多别的文体可供选择，何必在这种还"不登大雅之堂"的小词中进行寄托？岂不是白费心思！

常州派词论家周济也知道不应在北宋词中乱求寄托。他说："初学词求空，空则灵气往来。既成格调，求实，实则精力弥满。初学词求有寄托，有寄托则表里相宜，斐然成章。既成格调，求无寄托，无寄托则指事类情，仁者见仁，智者见智。北宋词，下者在南宋下，以其不能空，且不知寄托也；高者在南宋上，以其能实，且能无寄托也。南宋则下不犯北宋拙率之病，高不到北宋浑涵之诣。"（见《介存斋论词杂著》）北宋词的无寄托并不是它的缺点，因为这是时代的局限。我们既不该怪词人，也不必硬在他们的作品中求什么寄托，这才是求实的态度。

其实晏殊这首《踏莎行》，内容还是脱不了伤春光之易逝,感人生之短暂,和他写的同一类的作品的基调是一个样。

不妨逐句加以分析:

"小径红稀,芳郊绿遍"——这是春晚夏初的特有景色:人走在小路上,两旁长着许多高高矮矮的树木,却只有稀稀疏疏点缀着少数的红花;再看整个郊野,一望碧绿,野草灌木漫山满地连成了一大片。春色已经消逝衰谢,初夏的气息却已十分强烈了。

"高台树色阴阴见"——人走上高台,凭栏四望,远远近近的树木,幽幽阴阴,浓绿满眼。春天真是快要逝去了。

"春风不解禁杨花,濛濛乱扑行人面"——这是一幅活泼泼的春阴画图。它把上面的气氛用近景加以扩大:你看,柳絮飞扬,漫天漫地,还不断地夹头夹脸地向过路人扑过去。时候到了,杨柳凭着它的本能要繁殖后代,它们濛濛漫漫,随风乱舞,仿佛要加快速度把春天全部送走。

这上片,带有浓重的惜春之感。可是在作者笔下,春色仍然是很美的,一点也不显得衰飒。我们又仿佛看到唐代大诗人王维用活泼热闹的景物去描写幽静环境一样,真是很高的手法。

这整整的一大段,我们假如另外拿几个现成的字眼去形容它,那就正是李清照笔下的"绿肥红瘦"——绿的势力渐渐增强了,而相反,红的却渐渐消减了。

转入下片,诗人已经回到室内来了。

"翠叶藏莺,珠帘隔燕"——上句说,浓绿的树叶把黄莺儿的活动都遮掩起来。下句说,燕子早就定居在人家檐廊之间。是再点染一下春末夏初之景。

"炉香静逐游丝转"——人在春困之中睡着了。室内异常沉静，只有博山炉上的香烟，柔柔袅袅，像树上挂下来的游丝在空中飘荡。

然而，这只是表面一层，它还藏着潜台词，那意思是说：闲里的光阴一点一点地逝去，正如炉烟袅娜，逐渐消失于虚空之中。

"一场愁梦酒醒时，斜阳却照深深院"——本来是伤春，因伤春而小饮，因小饮而困眠。当他一觉醒来，原来夕阳已经斜斜照进深院之内。

上面反反复复写了许多晚春的景物，到此际才下了一个"愁"字，以此点出此词的基本情调。"愁梦"是春愁之梦。可见前面一大段，回环往复，写的尽是对春逝的惋惜。

"愁梦酒醒时"却接以"斜阳照深院"，诗人不过要告诉我们此时的感受：一醉醒来，斜日已经很低，一天的光景就如此悄悄地溜走；一天既是如此，一春岂不也是这样！短暂的人生就在夕阳光影之中一点点消磨净尽了。

诗人的想法不过如此而已。

整篇使用了委婉其词的手法，却不是神秘的比喻什么君臣、善恶。诗人只是巧妙地运用景物的暗示能力来烘托作品的主题，让读者细细去寻味它的含义罢了。它的艺术技巧是高明的，但它的思想却并不值得恭维。

两宋词坛中，像这样一类作品，委实不少，这是需要读者自己善于分辨、取舍的。

浣溪沙

晏 殊

一曲新词酒一杯，去年天气旧亭台。夕
阳西下几时回？　　无可奈何花落去，
似曾相识燕归来。小园香径独徘徊。

晏殊的词集叫《珠玉词》，这名字真是起得恰好。《珠玉词》里，像珠般圆转、玉似晶莹的作品委实不少。王灼说他的风格是"温润秀洁"；冯煦又说是"和婉而明丽"[1]，评价都很中肯。

这首《浣溪沙》是晏殊的名作之一。它很可以代表晏殊的基本风格。写得那么温雅，那么明净，恰好反映了在那个相对承平的年代，又是他那种身份地位的人的基本情调。

但是这首词却是以"无可奈何花落去，似曾相识燕归来"而知名的。

这一联基本上用虚字构成。人们都知道，用实字作成对子比较容易，而运用虚字就不那么容易了。所以明人卓人月在《词统》中评这一联时说："实处易工，虚处难工。对法之妙无两。"它虽然用虚字构成，却具有充实的、耐人寻味和启人联想的内容，这就更使人觉得难能可贵了。

为什么说它有耐人寻味和启人联想的内容呢？

你看它上句的"花"，既是指春天一开一落的花，又使

[1] 见王灼《碧鸡漫志》及冯煦《宋六十一家词选例言》。

人联想到其他许多一兴一亡的事情。下句的"燕",既是指春来秋去的燕子，又使人联想到像燕子那样翩然归来、重寻故旧的人或物。"花"和"燕"变成一种象征，让人们想得很开，想得很远。

举例说吧，"无可奈何花落去"，可以比拟去如逝水的年华，又可以比拟那无可回复的童心；但也可以喻指那些在历史上注定要消亡的东西。同样，"似曾相识燕归来"，人们也不妨作出不止一端的联想和比拟。不是有个小说就用《燕归来》为题，喻指小说中那个去而复返的女主人吗？

"无可奈何……"显得何其无情；"似曾相识……"又是何其有情！一无情，一有情，对照强烈，互相激射，这样也构成此联起伏跌宕的艺术美。

可见这一联之所以著名，并不是偶然的。

现在，让我们回过头来分析整首词的安排结构。

词的上片是写他持酒听歌的情景。

那个时代，富贵人家少不免都有自己的歌儿舞女，随时随地都可以演出。不要说大排筵席，便是家庭小宴或朋友清叙，都常有歌舞助兴。晏殊的小儿子晏几道曾追述自己的往事说：

> 始时，沈十二廉叔、陈十君宠家，有莲、鸿、苹、云，品清讴娱客。每得一解，即以草授诸儿。吾三人持酒听之，为一笑乐而已。
>
> ——《小山词自序》

这就可见当时社会风气之一斑。

晏殊是在自己私人的小花园里一面喝酒一面听歌，又趁着酒兴写些小词给歌儿们当场演唱的。所谓"一曲新词酒一杯"，写的正是这种场景。

但他在此时却忽然记起去年的事。

也是眼下那暮春时节，一样的风和日丽，一样的亭台楼阁，也同样是"一曲新词酒一杯"的场景。可是岁序匆匆，不觉之间一年又已过去了。去年这个时候，在醉意阑珊之中看着一步步西下的红日；如今，同样也是这个西下的红日，人却比前又老了。因而他不禁发出"夕阳西下几时回"的感想。这是人生短暂、年华不再的深沉叹息。

于是他站起身来，背剪双手，在园子里徘徊起来。

看见繁花纷纷落地，他不禁低头叹息："哎！真是无可奈何！"

小燕子飞来了，就在屋檐下并排歇息，他又似惊还喜："那不是旧年时的一对吗？似曾相识啊！"

冲口而出，构成一联。

难怪晚清评论家刘熙载说这两句是"触着"②。

"触着"是什么意思？就是所谓"文章本天成，妙手偶得之"。用现代语言来说，生活中本来便有无限可以构成文艺作品的素材，但有人能从生活中汲取，有人却缺乏这种本领；也有人冥思苦想，未必能把素材提炼筛选得好，有人却能在某种触发中写出精警的成品。然而不管是"触着"，还是"偶得"，没有平时的生活积累，没有一定的艺术素养，却又只是一句空话。

② 见刘熙载《艺概》。有人说此联下句是别人替他想出来的。见《复斋漫录》，未必可信。

所以尽管是一首小词，或诗词中的一联一句，要写得真好，总不能靠碰一碰运气的——我是这样来理解"触着"。

采桑子

晏 殊

时光只解催人老，不信多情，长恨离亭。泪滴春衫酒易醒。　　梧桐昨夜西风急，淡月胧明，好梦频惊。何处高楼雁一声？

　　这是晏殊一首脍炙人口之作。

　　短短四十四个字，写出人生一种深沉的感慨。音节如此嘹亮，情感如此郁勃，真像听到天际的一声雁唳。虽然是那样短促的数声，却悲凉凄紧，盘旋回荡，使你的心情无法立刻平息下来。不过，它虽然使你沉思，惹起你一缕闲愁，却不会使你觉得阴森恐怖。它那强力震撼的幅度，恰好维持在你情感能容纳的宽度之内，因而你的感动是在情感的振幅之内回荡，是引起深深的赞叹，浮起对人生的许多联想。正如一杯真正醇美的酒给你产生的魅力。

　　好的艺术作品就有这种效果：以它的力量强烈袭击你，你却紧紧迎抱它。就在这一刹那，你的感情忽地向上升华了。在惊喜交集中，你似乎进入一个新的境界。这也许便是艺术的力量。

　　晏殊是处在北宋承平时代的一位高级官吏，他的作品一般说没有很了不起的思想深度，生活的圈子也不阔大。他有一角安静而又并不沉寂的小天地。就在这一角天地里,他抒写了他的欢乐与悲哀,感情却是如此真挚,笔下又是如此光华。从来欣赏他的作品的人都由衷敬佩,不是没有理由的。

让我们看看他在这首小词里怎样来打动广大读者的心灵吧。

"时光只解催人老"——这是每一个珍惜时光的人同样都有的感受。看似平常,细想起来,所谓"时光",到底是怎么回事?它除了每时每刻催人老去,还有别的什么意义呢?诗人一入手就端出"时光"这个问题逼到人们眼前,逼着人们不能不点头承认:这是无可奈何的事实。这样就先把读者的感情有力地调动起来了。

"不信多情,长恨离亭"——人,是宇宙间富有感情的生物,照理在亲人之间,不应该永远彼此分开,永远在离别之中过日子吧。可是,尽管你不相信事情会如此不妙,事实却又正是如此。再想想吧,人一天天地老下去,又一天天地隔别着。如今,你不相信的不由你不相信了。这又怎能不使人为之慨叹不已?

"泪滴春衫酒易醒"——因为感时光之易逝,怅亲爱的分离,无可开解,只有拿酒来暂时麻木一下自己;然而不久便又"泪滴春衫",可见连酒也不能使自己暂时忘却烦恼。

以上三句,三层抒发,一层比一层迫紧。惊心于时光易逝,这是一。想不到有情人长期隔别,这是二。企图忘却而又不能忘却,这是三。三层意思,层层相扣,层层拉紧,把读者投入强烈的心情震荡之中。

于是,在下片,诗人进一步给你以更具体、更浓密的形象,使你的心灵震荡达到最高的频率。

"梧桐昨夜西风急,淡月胧明"——已经是"泪滴春衫酒易醒",忽然西风飒飒,桐叶萧萧,一股凉意直透人的心底。抬头一看,窗外淡淡月色,朦胧而又惨淡,仿佛它也受到西风的威胁。

"好梦频惊"——这好梦,是离人的重逢?是生活的欢乐?是美好事物的幻现?……然而每当希望它多留一霎的时候,它就突然破灭了。而且每当一回破灭,现实的不幸之感就又一齐奔集而来。此时,室外的各种音响,各样色彩,以及室中人时光流逝之感,情人离别之痛,春酒易醒之恨,把刚才的好梦全都打成碎片了。

这里,"好梦频惊"四字恰似点睛之笔,它一手拉着上面,一手牵起下面,把室中人此际的感受放大成为一个特写的镜头,让人们充分感受其中的沉重的分量。

"何处高楼雁一声"——杂乱的音响、色彩,室中人沉抑的情绪正在凌乱交织之中,突然飞出一声高亢的哀音。这一声哀厉的长鸣,是如此突如其来,使众响为之沉寂,万类为之失色。这是孤雁的哀唳,响彻天际,透入人心,它把室中人的思绪提升到一个顶峰了。这一声代表什么呢?是感觉深秋已经更深吗?是预告离人终于不返吗?还是加剧室中人此时此地的孤独之感呢?不管怎样,它让人们想得很远,很沉,一种惘惘之情使人不能自已。

伤离,难道就是不健康的吗?不!它是正常人的感情。也是对不合理的现象的控告。谁能容忍亲人的永远离别呢?谁能说它是"合理"的现象呢?因此,像反映这样的感情的作品,又怎能不引起广大读者的共鸣呢?

蝶恋花

晏 殊

槛菊愁烟兰泣露，罗幕轻寒，燕子双飞去。明月不谙离别苦，斜光到晓穿朱户。　　昨夜西风凋碧树，独上高楼，望尽天涯路。欲寄彩笺兼尺素，山长水阔知何处？

端正好

杜安世

槛菊愁烟沾秋露，天微冷，双燕辞去。月明空照别离苦，透素光，穿朱户。　　夜来西风凋寒树，凭栏望，迢迢长路。花笺写就此情绪，特寄传，知何处？

　　我特意把上面两首词并列在一起，让读者对照着看。我想读者看了以后，一定会觉得奇怪的。

　　两首词内容基本一样，不但写景抒情相似，连构思都是雷同的。可是作者和词牌却都不同。是谁抄袭谁的？年代孰先孰后?现在我们实在都无从回答。

但是有一点是很明显的:拿两首词对比研究,那高下精粗之别一眼就能看出。前者,晶光焕发,奇彩四射;后者,干瘪粗陋,黯淡无光。真像一件传世奇宝和一件蹩脚的赝品并列在一起。

本来,既然描写的内容相同,表达的情感差不多一样,连艺术构思也像从一个模子里出来,仅仅有些字眼儿变动,为什么艺术效果竟会完全不一样?这真是一个值得很好去探究的问题。

几个字眼儿看来不太重要。假如不是文艺作品,只要表达的意思准确无误,行文用字是不必太计较的。可是文艺作品,特别是诗词,情况就完全两样了。三几个字眼儿的变动,就会出现大不相同的效果。许多评论家都引用过"春风又绿江南岸"和"前村深雪里,昨夜一枝开"之类的例子。这些例子也都能说明问题。但到底只是一字之差。这两篇却不是一字之差,而是整篇作品艺术性的精粗高下。这里面牵涉到选字的技巧、语气的斟酌、意境的安排、字面的修饰这一系列属于艺术形式方面的问题,也就是形式对于内容的作用的问题。不要一听到形式就以为是形式主义,两者本来是两回事;也不要以为换掉个把字眼儿是微不足道,它可以把一首很好的诗或词弄得面目全非。

不妨就拿这两首词进行一番解剖。

晏:"槛菊愁烟兰泣露。"

杜:"槛菊愁烟沾秋露。"

这句只是借物起情。一层意思说,时节已是秋色渐深。另一层意思说,连花草也带上哀愁的情态。晏和杜的区别只是杜词少了一个"兰"字，多出一个"秋"字，又把"泣"改为"沾"。少了"兰"字，物象就缺乏丰满的感觉；多出"秋"字又反而成为蛇足了。但差别仍不算大，可以略而不论。

晏："罗幕轻寒，燕子双飞去。"

杜："天微冷，双燕辞去。"

这一下就差远了。首先，"罗幕"比起"天"来，内在的感情要强烈得多。罗幕不仅是燕子每天出入必经之地，同燕子的关系十分亲切，更重要的是点出罗幕的轻寒，从而暗暗透出画堂朱户中人所感到的秋意。用了"罗幕"，主体便是有情感的人，而燕子则是作为陪衬的物。正是由于主体是人而不是燕子，所以"燕子双飞去"就不在于客观地写出燕子，而是带上室中人物特有的感情色彩，写人及其感情了。由于这句透出了人，连同上文的"槛菊"和"兰"都染上感情的色彩，而并非泛泛之笔了。

反观杜安世的"天微冷，双燕辞去"，主体只在于双燕，它们不过因为天气寒冷就飞走罢了。生物界的自然规律，和人们的感情有什么相干？我们读了无动于衷，不是完全有理由吗？

其次，"罗幕""轻寒""燕子""飞去"八个字紧紧扣在一起，暗示室中人本已十分孤寂，加上秋意凄恻，不料连燕子也不辞而别，那苦恼更是可想而知。可是杜安世硬加上一个"辞"字，好像双燕还会向人辞行，这就反而把本来构成的强烈情感给削弱了。

晏："明月不谙离别苦，斜光到晓穿朱户。"

杜："月明空照别离苦，透素光，穿朱户。"

晏殊的意思，不但燕子不辞而别，这般无情，连月亮也不懂得人的离别之痛。这就比杜的"空照"更为深刻。正如契诃夫笔下的马车夫要向马儿倾诉自己失去儿子的不幸那样，不幸的人，总想有人同情自己的遭遇。就算是月亮也罢，如果还懂得同情，也是一种慰藉。不料竟连明月也"不谙"，只是冷漠地"斜光到晓穿朱户"，那么，他还能向谁告诉呢？句中还下了"到晓"二字，暗示离人由于思忆而一夜无眠，比之杜安世只说"透素光，穿朱户"，那感情的分量也沉重得多。

晏："昨夜西风凋碧树。"

杜："夜来西风凋寒树。"

这句虽然只有"碧""寒"一字之差（"夜来"就是"昨夜"，可以略而不论），但给读者的感受也是完全不同的。因为原是一片碧绿的树林，仅在一夜之间，就给西风整个地毁掉了。这是多么使人心灵震动的事，怎能不引起人们许多不幸的联想（正如鲁迅先生说的：把美好的东西毁掉给人看是悲剧。）但如果本来已是"寒树"，按照自然的规律，反正是要凋谢的，有什么值得可惜呢！所以，"碧树"的凋和"寒树"的凋，看来只换了一个字，给人的感受却完全不同。真是"差之毫厘，谬以千里"。

晏："独上高楼，望尽天涯路。"

杜："凭栏望，迢迢长路。"

在这里，晏殊突出了"独上"，而且是"高楼"。显示人物凭高远眺，四顾茫茫，万感交集，无可告语的悲哀。"望尽"二字，又可见此人怀念之深，离人相去之远。"天涯路"，说实在是无法看见的,它只存在于怀远的人想象之中。

回看杜安世的"凭栏望,迢迢长路",不但平淡乏味,而且人物毫无神采,不过是一个望远的影子面已。

晏:"欲寄彩笺兼尺素,山长水阔知何处?"

杜:"花笺写就此情绪,待寄传,知何处?"

两句是全首的结穴,因此晏殊使用了复叠句法。"彩笺"指诗词,"尺素"指书信。虽不全同,都是寄情的物事。不避重复,正是为了加强欲寄无由的可悲现实。"山长""水阔",也是复叠,同样为了强调"知何处"的怅惘。诗人在结尾有意用了重笔,使感情显得更加沉重了。我们回看杜安世的结句,就会发现它真是何其平淡,何其乏味!①

①晏殊此词又见侯文灿《十名家词》本《张子野词》。亦作"欲寄彩笺兼尺素"。而《词综》作"无尺素",恐非。

比较这两首词,人们不难看出,选词用字,排比句式,这些属于形式的东西,绝不像装潢粉饰那么简单,更不是故意玩弄辞藻,把芳草换成"王孙",月亮说成"嫠蟾",就可以"不同凡响"了。完全不是这回事。我们说的形式,是活泼泼的有生命的东西,运用得好时,形式就和内容紧紧融成一体,成为作品生命中不可缺少的一部分。正如缺少了太阳特有的形式就不能称为太阳,缺少了月亮特有的形式也不能称为月亮一样。试看晏殊这首《蝶恋花》,换掉哪怕是几个属于形式方面的字眼儿,就整个变了样,成为杜安世名下的《端正好》了。虽然从内容来说没有多大的不同,可是谁也不想提到它了。

形式的作用,值得我们深入去探讨。

杜安世,字寿域。《全芳备祖》称之为杜郎中。大略与晏殊同时或稍后。他的作品境界不高,欠缺韵味,言情之作较多,却又大都肤浅,还显出有意造作的痕迹。比起柳永来,风格是有不少相似之处,但柳比他才华高出甚远,反映生活也比他丰富。相形之下,他只能是柳派的二三流作手。我疑心他也像柳永那样,做官不成,却向秦楼楚馆写些嘲风弄月的曲子,替歌女伶工提供演唱材料。因而虽也流传下一本《杜寿域词》(有《宋六十名家词》本),其生平行谊却湮没无闻了。

宋　祁

(998—1061)，字子京，安陆人。天圣二年(1024)与兄庠同举进士。累官知制诰、工部尚书、翰林学士承旨。卒谥景文。有《宋景文公长短句》，赵万里辑。

木兰花

宋　祁

东城渐觉风光好，縠绉波纹迎客棹。绿杨烟外晓寒轻，红杏枝头春意闹。
浮生长恨欢娱少，肯爱千金轻一笑？为君持酒劝斜阳：且向花间留晚照！

这是小宋相公的唯一名作(指词而说)，其中"红杏枝头春意闹"又是此词的唯一名句。不仅作者当时就因此获得"红杏尚书"的美号，而且千载以来，仍然颇受倚声家的赏识。主张"境界说"的王国维甚至激动地说："'红杏枝头春意闹'，著一闹字而境界全出矣。"真是倾倒之至。

不过，人的口味有相同的，也有很不相同的。在一片赞颂声中，也有破口大骂的人。清代以研究戏曲得名的李渔便是其中一个。他说：

若红杏之在枝头，忽然加一闹字，此语殊难著解。争斗有声之谓闹。桃李争春则有之，红杏闹春，予实未之见也。

闹字可用，则吵字、斗字、打字皆可用矣。……予谓闹字极粗俗，且听不入耳。非但不可加于此句，并不当见之诗词。

——《窥词管见》

这位李老夫子真是颇有悻悻然的神气。说得那么激昂，还大有推翻千古定案的味道呢！可惜在这段话里，恰恰暴露了他的不懂艺术。

他只知道"争斗有声之谓闹"，不知道无声的繁盛也可以谓之闹。不信试举北宋时期的几个例子来说吧。苏轼说："睡眼忽惊矍，繁灯闹河塘。"黄庭坚说："车驰马逐灯方闹。"秦观说："纷披枳与棘，尔复鼓狂闹。"晏殊说："宿蕊斗攒金粉闹。"韩琦说："风定晓枝蝴蝶闹。"你看，灯火、枳棘、蝴蝶、金粉，这些难道不是无声的闹？它们都可以闹，为什么红杏在枝头就不可以闹呢？

而且"闹"又有什么粗俗，为什么不能用于诗词？历代诗词用所谓"俗字"的多得很，谁定出一条禁例，说俗字就不能用？龚自珍说得好："雅俗同一源，盍向源头讨……不见六经语，三代俗语多。"《诗经》《楚辞》满眼都是当时的俗语，不知李渔对此又作怎样的解释？

琢句用字自然要"新而妥，奇而确"。李渔认为"闹"字是不妥也不确。其实艺术是客观和主观结合的结果。客观事物本来没有声音，主观的感受却可以听出声音。"此时无声胜有声"，恰好说明主观不会完全受客观的局限，它有自己"能动"的天地。所以即使"闹"的本义是"争斗有声"，诗人仍然可以大写"灯火闹"、"蝴蝶闹"、"春意闹"。这和"不妥"，"不确"恰好相反，是不妥中的极妥，不确中的极确。不理解这层道理，就很难说他已经懂得了艺术。

举此为例，不过聊以"隅反"而已。

宋祁这首词是在宴会上写给一位歌女演唱的。他真是料不到居然能够流传千古。

上片写他春日游湖的所见。湖在城东，春色撩人；这一回的游比起上一回春意又浓了些，所以说"渐觉风光好"。湖面无风无浪，船儿经过只是蹙起一些细碎波纹，像丝织品中的绉纱，所以说"縠绉波纹"。

"绿杨烟外晓寒轻"——写一句远望。绿杨如烟，是从眼里看出；但晓寒却不能从眼里看出，至于晓寒的轻和重更不是能拿眼睛的视觉称量得了的。可是诗人却明明看出了"晓寒轻"，岂非奇事！其实，这不是眼睛可以代替皮肤的感觉，也不是眼睛可以代替砝码，它是人们长久的生活的积累，让眼睛具有这种本领罢了（当然，轻也是微弱的意思）。可是又不知谁人把"晓寒轻"改成"晓云轻"（见《增修妙选群英草堂诗余》卷上），也许认为"寒"是不可见的，只有"云"才能用眼睛分辨它的轻重吧！此人又未免把人对客观世界的感觉能力区分得太死板了。

"红杏枝头春意闹"——写一句近看。他看到的不仅是红杏在闹，而且是春意在闹。说"红杏闹"还有形象做根据，"春意闹"就连这个根据也没有了。可是"春意闹"却脱出形象的局限，令人感到的不仅仅是几株红杏在竞放繁花，而是整个眼前视野、整个天地都呈现春色。艺术的感染力量因此就更强烈了。所谓"著一闹字而境界全出矣"，看来便是这个意思。

下片，是一般的抒情。

"浮生长恨欢娱少，肯爱千金轻一笑"——西汉著名歌者李延年写过一首歌，有"一笑倾人城"之句。这里的"一笑"指的也是眼前一位歌女的媚态。诗人说他应该重视这一笑,这一笑比千金还重。因为人生欢乐的日子毕竟是不多的。这句话大抵也影响了《红楼梦》的作者,特意写了一回书叫做《撕扇子作千金一笑》。里面说:"古人云:千金难买一笑,几把扇子,能值几何?"小宋相公这两句,当然是反映了封建上层人物的玩乐思想。

"为君持酒劝斜阳:且向花间留晚照"——"君"是对那位歌女说的。"为了你,我持酒说斜阳:你慢点儿下去,把你那温暖的余光留在我们这个花丛里吧!"这种心情和晏殊一样,希望好光景能够多逗留一会儿。

五代、两宋的许多词,都是在酒边花间随手写下来的,写好了就交给歌女们即席演唱,作者并不曾拿它作为"名山事业"。所以向子諲《酒边词》胡寅的序言说:"词曲者,古乐府之末造也……然文章豪放之士,鲜不寄意于此者,随亦自扫其迹,曰谑浪游戏而已也。"他们大抵都不承认自己写的词曲有什么重要的作用。后来清诗人龚自珍也说:"词家从不觅知音。"至于有些花间酒边的作品给人传唱开来,流行久远,那常是连作者自己也没有料想到的。小宋这首词因"红杏"句而大受赞赏,在本人只是偶然得之,并未十分着意,我们也用不着埋怨它只有那么一点点空洞的内容。

柳 永

生卒年不详，初名三变，字耆卿，崇安人。景祐元年进士，官至屯田员外郎。有《乐章集》。

八声甘州

柳 永

对潇潇暮雨洒江天，一番洗清秋。渐霜风凄紧，关河冷落，残照当楼。是处①红衰翠减，苒苒②物华休。惟有长江水，无语东流。 不忍登高临远，望故乡渺邈③，归思难收。叹年来踪迹，何事苦淹留？想佳人妆楼颙望，误几回天际识归舟。争④知我、倚栏干处，正恁⑤凝愁。

宋王朝建国后，经过几十年的休养生息，农村经济有了长足发展。"自景德(真宗年号)以来，四方无事，百姓康乐，户口蕃庶，田野日辟。"(《宋史·食货志》)农村的安定蕃庶又促进了城市经济的繁荣。随着城乡物资交流的频繁，工商业得到较大的发展，也刺激了城乡间的文化艺术事业，杂剧、舞蹈、音乐、杂艺、讲唱、说书……不

①是处——处处，到处。
②苒苒——同冉冉，逐渐推移貌。
③渺邈(miǎo)——遥远。
④争——同怎。念平声。
⑤恁(rèn)——这样。广东口语的"咁"，疑从此出。

但出现于城市，也深入到农村。于是，在民间早有深厚基础、又为文人学者乐于接受的词，也进一步获得更广大的市场。那时不仅舞蹈需要词，音乐需要词，杂剧需要词，讲唱需要词，连说书的艺人，也往往在开场时唱上几段，在间歇时插入一阕，以显示自己的文雅。至于酒筵歌席之上，祖饯离亭之间，词曲更是少不了的点缀。

这样就当然造就了一大批词的撰作者。

在这些撰作者中，烜赫著名的就有一个柳永。

柳永虽然也中过进士，做过屯田员外郎，但一生穷愁潦倒，经常"流连坊曲"，过着放浪的生活。所以他的词多数还是写给歌女或伶工演唱用的。这些歌儿舞女主要是集中在都市献技，而三四流以下的角色却在农村集镇谋生，于是柳永的词便首先在都市、继而在农村流传开来，乃至"凡有井水饮处皆能歌柳词"，成为极有影响的作家。

有人说柳永的词属于市民文学。这自然是不错的。正因为他的词多是应伶工歌伎之求而撰，所以在内容上，也大抵是描写城市繁华、爱情邂逅、游子行役、远客思乡以及离筵别绪、妓女声容之类，带着浓厚的市民色彩。而伴随着这些内容而来的，是柳词的风格以及艺术手法，都不同于文人雅士之制，它是比较径直袒露，也比较浮薄和浅近，爱用白描，时杂俗语。它不可能深婉，也不适用幽窈，更不应该晦涩，否则听众将会"望望然去之"。

话本中有一篇《众名姬春风吊柳七》。说是柳永死后，每逢寒食节日，汴京妓女就到郊外集会，吊祭柳永。这个故事见于《古今小说》卷十二，其来历很可能是话本的"宋元旧篇"。这个故事之所以流传，显然因为柳永对歌伎伶工有过卓越的贡献，歌伎伶工们于是奉他为唱本的祖师爷，岁时致祭，相沿成风了⑥。

我们如能用评价市民文学的眼光去看柳永的《乐章集》，那便不难澄清许多误解，少说一些废话。历代不少评论家，对他不是毁誉参半，便是毁多于誉，如清人刘熙载说他"恶滥可笑者多"。冯煦说他"好为俳体，词多媟黩"。不知市民文学从先天便带来了这个"胎记"，我们没有必要拿看待文士词的眼光去看待柳词。

⑥宋曾敏行《独醒杂志》："（柳）既死，葬于枣阳县花山。远近之人，每遇清明，多载酒肴，饮于耆卿墓侧，谓之吊柳会。"枣阳县在湖北。又据清王士禛《带经堂诗话》："柳七葬真州仙人掌，仆尝有诗云：残月晓风仙掌路，何人为吊柳屯田？"真州即今江苏仪征县。传说纷纭难辨。

在两宋，一定还有同柳永一样专门为歌伎伶工撰写台本的文人，可惜其人大都失传，即有，亦难以确指。我就疑心那个被称为"杜郎中"的杜安世，便是其中的一人。可惜是"史阙有间"，只能从他现存的作品内容、风格加以推测，此外便找不出更多的证据了。

本来这些人物最容易遭到埋没。柳永之所以能够不受正统派文士的抹杀，除了因后者也常写些"词多媟黩"的东西，无法专责前者之外，恐怕主要还在于柳永虽然"涉俗"，却又能雅。连苏东坡也不能不承认，"霜风凄紧，关河冷落，残照当楼"数语，不减唐人高处。（见赵令畤《侯鲭录》）可见当时即使有人想加以抹杀也是无计可施的。

《八声甘州》是柳永名作之一，属于游子思乡的一般题材，不一定是作者本人在外地思念故乡妻子而写，据我看，为了伶工演唱而写的可能性倒还大些。然而，对景物的描写，情感的抒述，不仅十分精当，而且笔力很高，实可称名作而无愧。

词的开头，"对潇潇暮雨洒江天，一番洗清秋"，就给人以强烈的节届秋深之感。雨是暮雨，声是"潇潇"，势头又是

"洒",而背景是"江天",却又着一"洗"字,于是这"清秋"便在暝色暮雨中凉沁沁地出现了。句中的"洗",是个精选的字眼。清秋不是季节带来的,也不是自然而然出现的,它是"洗"出来的。一场凉沁沁的暮雨,把秋天给洗出来了。这就给人强烈的印象。

从这个"洗",我们可以看出,柳永的作品绝不是随笔挥扫的,他倒是不肯放过一个重要的字眼。"洗清秋"的"洗",和杜甫"万里风烟接素秋"的"接",刘兼的"寒菊年年照暮秋"的"照",李中的"一城砧杵捣残秋"的"捣",都是很有气氛的。"洗清秋"当然也有来历。韩愈《酬司门卢四兄云夫院长望秋作》诗:"长安雨洗新秋出,极目寒镜开尘函。"早已用过了。金代诗人段成己有《中秋》诗:"万籁声沉暮霭收,长河泻浪洗清秋。"怕也是从韩愈或柳永句中得来的。

接下去,"渐霜风凄紧,关河冷落,残照当楼",进一步将"秋"字逼紧。紧随秋雨而来的,是挟着霜气的西风。由于霜气,所以它比一般秋风不同,它是凄凉的,那凄凉还分明有一股紧逼着人的力量。"关河冷落",又推出一个大景。这冷落因霜风而来,这霜风却又把刚才的暮雨吹散了。于是,重露出一轮红日,把它的残光斜斜射入城楼之中。这时,人们便可以看到有人正站在城楼之上,放眼远处,心头涌起一派秋情,眼底出现一片秋色。句中"残照"固然呼应上文的"暮",更重要的是引出"当楼",也就是引出楼上的人。有了这人,全部秋景都染上人的感情,不再是自在的事物了。

这三句,苏东坡赞赏为"不减唐人高处";清人刘体仁则认为与"敕勒川,阴山下……"那首北朝民歌同妙。(见《七颂堂词绎》)都是感觉到它的气象阔大、境界超妙,在词中十分难得,而且写羁旅之情,则更为难得。即便说,这三句是从李白《忆秦娥》:"西风残照,汉家陵阙"和殷仲文诗:"风物自凄紧"变化出来,那也是化用得很高明的。

"是处红衰翠减,苒苒物华休。惟有长江水,无语东流"——从文势来说,上句是一泻直下,下句则是重新振起。在秋雨秋风中,一切红的绿的都已黯然失色,不可抗拒的自然力量把美好的景物一步一步推向消亡。可是,滔滔漭漭的长江却仍旧无尽地奔流着。作者下了"无语"二字,不知是道出天地的无情呢,还是描画大江的远阔,抑或认为长江对于这萧瑟的秋气也感到悲哀呢?恐怕都有一点吧!

"长江无语",是融景入情。长江东流,不可能没有一点声息,然而诗人有意撇开它那声息,反来强调它的"无语",主要还在于显示大自然的"无情"。因为"红衰翠减"本来便已引起游人的悲凉之感,但这悲凉只是人的感觉,无情的江水却丝毫也不加以理会,正因江水无情,就使登临的游子倍觉难堪。

歇拍至此已将游子的感情曲折传出,于是在转入下片时,便如水流花放,自然凑合。

下片转入抒情。

正面点出是游子思乡。本来"不忍登高临远",因为怕引起乡愁,但又终于要登高远望。可见心情矛盾,已到了无法自制的程度。而远望之后,那"归思"(要赶回家乡的念头)却更加难以收拾。行文一起一跌,忽扬忽抑,把游子的曲折心情,写得异常真切。

下面用一"叹"字进一步挑动感情。年来的"踪迹淹留",当然有不得不如此的苦衷。比方说,因为外出谋生,却总是百事无成,所以有乡也难回返;比方说,为了考取科举功名,却不幸落第,愧无面目回见乡中父老;又比方说,出外谋求一官半职,却迁延时日,迄无成就,自然难以回家。可是,作者却故意用了"何事"二字,好像不回家乡是不成理由的。其实那苦衷是不用明说,改用反问的语气,更富于含蓄。

"想佳人"两句,是用所谓"对面写来"的手法。正如王昌龄的《青楼曲》:"楼头小妇鸣筝坐,遥见飞尘入建章。"写的是楼头那少妇从高处远望夫婿飞马驰入宫门的情景,而不直接写那得意扬扬的夫婿。又如杜甫的"遥怜小儿女,未解忆长安",以小儿女不解忆父,反衬出自己在长安苦苦忆家。是加一倍的写法。柳永在这里也是以家中"佳人"的"凝望",以及"误几回天际识归舟"来做反衬,更显得游子思归之心切。

家中的思妇既然"误认"了好几回的"天际归舟",想必一定十分怨恨,以为夫婿在外流连花酒,简直不想回去,甚至连家中的妻子也忘记了。这话在词里没有明说,却用"争(怎)知我"三字暗中带出:她怎么知道我正在想念她,整日倚在栏杆,凝愁远望,实在是有家归不得啊!

这样,便把游子的痛苦心情加倍地揭示出来了。

最后的"正恁凝愁",呼应上文那一大段景物的描写。那暮雨江天,霜风凄紧,那红衰翠减,江水无语,便处处都带上了离人的感情色彩。有如"铜山西崩,洛钟东应",针线细密,组织严紧。这也是值得注意的地方。

这样的一首词,假如在秦楼楚馆中演唱,在都市的游子耳中听来,那该是多么移情动志啊!它在当时之所以盛行,连苏东坡也不禁为之叹赏,当然是不为无因的。

雨霖铃

柳　永

寒蝉凄切，对长亭晚，骤雨初歇。都门帐饮无绪，留恋处、兰舟催发。执手相看泪眼，竟无语凝噎。念去去千里烟波，暮霭沉沉楚天阔。　　多情自古伤离别，更那堪冷落清秋节！今宵酒醒何处？杨柳岸、晓风残月。此去经年，应是良辰好景虚设。便纵有千种风情，更与何人说？

　　这是柳永在汴京（今河南开封市）"留别所欢"的作品——然而谁又知道他是不是一种代人立言的拟想之作？

　　此篇在柳词中一向著名。作者通过景和情的浓重描写，编织了一个充满了离情别绪的"秋色的网络"，把听曲者的感情紧紧逮住。这就是它之所以动人的地方。

　　文艺作品的抒情，有人以含蓄见胜；也有人正好相反，以发露无余来取得效果。柳永这首词使用的正是后一种。它说得十二分赤裸，十二分尽情，绝不吞吞吐吐。多数市民文学都有这种倾向，因为它的欣赏者不耐烦去细品味那深微隐约的内在美，他们宁可喜欢一听就"入耳酸心"的情词，认为这样才能获得情感上的充分满足。

　　词在一开头就展开一幅带着别离情味的秋景。蝉在凄凉地嘶叫，郊外送客之处，天色渐近黄昏，刚下过一场骤雨，斜斜的落日射出无力的余晖。我们仿佛又读到唐代诗人王维的名句："渭城朝雨浥轻尘，客舍青青柳色新……"只是王维写的是春景，此词则鲜明地令人感到一股萧瑟的秋味；王维写的是早晨的气氛，此词则安排环境在黄昏之际；王维用"柳色青青"作点染，此词则用寒蝉的鸣声来增色；而一则"客舍"，一则"长亭"，字面上似异而实同。可见柳永在化用前人的名句时，很有办法，是活用而不是死套。

四、五两句，正面写出在江边的离别。"都门"是北宋京城汴梁城门。"帐饮"说明是饯别。古人为友人送行，或称"祖道"，或称"祖饯"，或称"祖帐"，因送别时设帷帐、供筵席，所以又叫"帐饮"或"张饮"。江淹《别赋》："帐饮东都，送客金谷"。便是此语出处。这一回是女的送男的走，双方都怀着沉重的离情别恨，所以总想多留恋一刻，俄延半晌。但这种俄延并不能使彼此高兴一些，所以又说"无绪"。尽管是"无绪"，还想俄延，好像盼望有奇迹出现，能够让行人意外地留下来。不料耳边猛然响起船要启碇的鼓声(古时客船启行，照例鸣鼓催客。范成大《晚潮》诗："东风吹雨晚潮生，叠鼓催船镜里行。")再想多留一刻也不可能了。这里写出两人既要留恋，却又"无绪"；既然"无绪"，又偏要留；而留恋之时，忽惊"兰舟催发"。写人物的感情矛盾，心潮起伏，形象生动，神情迫肖，确实是妙句。

"执手相看泪眼"两句，是一幅男女惜别的写照。"凝噎"是喉头梗塞，和眼泪的倾注，恰好成为对照。画面生动而真实。

"念去去千里烟波，暮霭沉沉楚天阔"——这是双方都一直没有说出口，却一直都横亘在胸中的话。这时候，他俩同时转头向南望着:那边是暮云浓重,连成一块,仿佛又是深不可测的沉渊。那边自古属于楚国,那天空是如此空阔,不知它一直要伸展到什么地方。彼此都感到不寒而栗了。那地方离京都如此遥远,何况人地生疏。他,心里毫无把握;她,实在放心不下。

上片写的是江头送别一幕,这一幕是男女双方担任主角。下片,画面转换,只剩下男主角一人了。

换头开始再把"清秋"一提。而"清秋"又与"伤离"联系起来,"清秋""伤离"更与"多情"扣上,于是构成了景中人的沉重的伤感。

"今宵酒醒何处?杨柳岸、晓风残月。"被认为是千古名句。船已在中流,旅人的酒气渐消,忽然清醒过来,刚才迷迷糊糊的温柔梦境仿佛还在跟前,船窗外一阵寒风扑人而来。定神一看,原来船正在缓缓划行,沿岸一带尽是萧疏的杨柳,远处微微出现鱼肚的白色,残月在天,清光如水……

读到这里,不禁使人想起《西厢记》那场惊梦的描绘。当张生怀着"离恨重叠,破题儿第一夜"的心情,在草桥店一梦醒来的时候,推门一望,"只见一天露气,满地霜华,晓星初上,残月犹明"。王实甫的用笔,同柳永这两句就像同一个模子里印出来的。所不同的,一个在船中,一个在岸上而已。

"此去经年"以下,是游子从心里涌出而口内并未说出的话,说的既是自己,同时也想到对方也必是如此。

他这一去整年才能够再回来。彼此各在一方,形单影只。什么佳节良辰,什么花朝月夕,都是如同虚设了。纵然有千种风情,又能向谁人卖弄呢?

这里的"风情",同《晋书·庾亮传》说庾亮"风情都雅",

及同书《袁宏传》说袁宏"曾为咏史诗,是其风情所寄"的风情都不相同,倒是和白居易诗"一篇《长恨》有风情"略近。"千种风情"指的是男女间的爱恋之情,或风月情怀。《红楼梦》第五回的《红楼梦引子》"开辟鸿濛,谁为情种?都只为风月情浓"就是。"风月情浓"和"千种风情",用意很近似。

但是柳永在词中用了"千种风情",便透出人物双方的关系。一方面,他和她显然不是正式夫妻,只属于草露般的爱恋;另一方面,那女的又并不是服从于"三从四德"的幽闺妇女,所以才触及到"千种风情"向谁人诉说的问题;假若是夫妇之间,说这话就太没有身份了。

可以看出,作者在这首词里,使用了尽情发露的手法,而且有分开说的话,也有合拢说的话。词中从头到底,让双方的内心感情赤裸大胆、旁若无人地暴露,完全扯下了含情脉脉的封建面纱。我们看到它那袒露和奔放简直是以近于狂放的面目向人们呈现的。

夜半乐

柳 永

冻云黯淡天气,扁舟一叶,乘兴离江渚。渡万壑千岩,越溪深处,怒涛渐息,樵风乍起。更闻商旅相呼,片帆高举,泛画鹢①,翩翩过南浦。 望中酒旆②闪闪,一簇烟村,数行霜树。残日下,渔人鸣榔③归去。败荷零落，衰杨掩映，岸边两两三三，浣纱游女。避行客，含羞笑相语。　　到此因念，绣阁④轻抛，浪萍⑤难驻。叹后约丁宁⑥竟何据？惨离怀、空恨岁晚归期阻。凝泪眼、杳杳神京⑦路。断鸿声远长天暮。

　　这是一百四十四字的长调。从这首作品中，可以看出柳永铺叙景物的艺术才能。

　　它抒写的仍然不外是游子思归之情，其内容无非就是"思归"二字。要填满这样一个长调，单用抒情语言，不但没有那么多话好说，而且就算勉强敷衍成篇，也一定使人觉得空洞可厌。柳永是很懂得这一点的。因此他索性把三分之二的篇幅放到景色的描绘上，以景染情。又因为它的主题是"岁晚归期阻"，于是铺开了一幅江南水乡特有的可爱冬景。

　　柳永有一个很出色的本领，就是善于捕捉画面优美、形态生鲜的景物放入他的景框之中。其中有主有次，有近有远，还有特写的镜头，交错变换，形象丰富。

　　请看下面这几个例子：

　　暮雨乍歇，小楫夜泊，宿苇村山驿。何人月下临风处，起一声羌笛。

——《倾杯》

①画鹢——古时在大船船头绘画鹢首怪兽以镇恶浪。见《晋书·王浚传》。后因称此种大船为画鹢。鹢，一种鸟类，似鹭而大。
②酒旆——酒旗。旧时酒店门前悬挂以招徕客人的标识。
③鸣榔——敲击木榔，使鱼惊聚一处，以便捕捉。
④绣阁——女子的闺阁。
⑤浪萍——形容旅客像水波中的浮萍。
⑥丁宁——叮嘱。
⑦神京——北宋都城汴京。

写夜宿山村的萧条寂寞，却用"一声羌笛"振起精神，使人如闻其声。

> 几许渔人飞短艇，尽载灯火归村落。
>
> ——《满江红》

这是写江上的暮色。用"尽载灯火归村落"，描画初夜的归舟，何其生动入神！

> 疏篁一迳，流萤几点，飞来又去。
>
> ——《女冠子》

带着诗意的凄清和神秘，十分耐人寻味。

这类很多，可以不必详举。

这首《夜半乐》的成功，也全是得力在"望中酒旆闪闪"一段和"浣纱游女"一段。作者着意用力去捕捉几个动人的连续画面，给整首词平添许多活跃的声音和色彩。特别是"败荷零落，衰杨掩映，岸边两两三三，浣纱游女。避行客，含羞笑相语"几句，一幅美妙的斜阳村落风物画分明如在眼前。

从文字的情趣去看，这些写景的句子，既是诗歌，又似散文。是散文的诗化，又是诗的散文化。两种文体在柳永手里似乎很调和地糅合在一起，呈现了一种综合的艺术美。在两宋词坛中可说是不多见的。

现在再就整首词略谈一下。

开头三句，先写一位游子在寒冬中乘舟南行。句中用了"乘兴"二字，暗暗捎带出他还没有感到离乡背井的苦处，所以还颇显出兴致勃勃的神气。

从"渡万壑千岩"到"樵风乍起",写航船正在经过浙西山区(所谓"越溪深处"),曲曲折折走在深谷巨壑之间,逐步来到开阔地带。由于地势平缓,所以说"怒涛渐息",山风强烈时见樵夫来往,所以说"樵风乍起"。通过景色的变换,暗示了游子在旅途中已经走过一大段地方。

上面用粗略的大笔概括了一段旅程,以下就换用细笔,转作细致的描写。

它分成三组镜头:

"更闻商旅相呼"到"翩翩过南浦"——这是一个热闹的小集镇,也是个交通繁忙的地方。可以看见许多船只正在启碇开航,也能听到旅客的叫嚷喧闹。有些船只很轻巧,绘画得很美,里面坐着高贵的客人。

"望中酒旆闪闪"到"渔人鸣榔归去"——他坐的航船如今靠近一个渔村了。看得见岸上有随风招展的酒旗子,酒旗下面是几行染霜的树林,隐隐显出一簇村舍,飘出了一缕缕的炊烟。这时日已沉西,许多渔船纷纷摇着桨回村去了。

"败荷零落"到"含羞笑相语"——他坐的船终于靠在岸边。隔岸就是一片莲塘,莲叶都东倒西歪,残破得不成样子;杨柳也落了叶子,光秃秃地剩下许多遮不住人的视线的枝条。可就在这一片萧条冬意中,却陡然出现了三两成群的少女。她们刚好到江边浣纱回来,挺快活地走着,远远看见有生面的男子汉,便赶忙绕开了走,却又带点害羞的神气,仍旧嘻嘻哈哈地边说边笑、边笑边跑。

她们可不料这一下陡地把离乡游子的思乡之情深深打动了……

这样,三段就有三种不同写法。先是远景,次是中景,然后是近景。一段比一段更鲜明,更强烈,也更放大。

它们仿佛能产生一种挑逗的作用:本来还没有思家念头的这位游子,眼看到那群愉快的姑娘的音容笑貌,不知怎地,埋在自己心底的情感,竟像火药给雷管燃引,一下子爆发起来。

美好生活的回忆,往往是只凭一响笑声,一个笑靥,就能牵出一大片来。这个游子正是这样。如今他强烈地怀念起家乡的生活来了。一幕幕往事恍如一串串零乱而又非常系人意念的镜头,在他眼前不断映现。

于是"绣阁轻抛,浪萍难驻"的叹息,"岁晚归期阻"的感慨,都一齐奔集心头。他回头北望,京师的道路杳在天际,泪眼远盼,总无踪影,只听得长空的雁声在黄昏中由嘹亮而逐渐消失。

词的最后两句,用"断鸿声远"带出怀念汴京之情,很能传神。后来辛弃疾的《水龙吟》(登建康赏心亭):"落日楼头,断鸿声里,江南游子。把吴钩看了,栏杆拍遍,无人会,登临意。"似乎也是由此处得到启发的。

运用长调填词,少不免要利用对景物的描画来铺叙和挪展。在这方面,柳永积累了较多的经验,也取得较好的效果。一部《乐章集》可供我们撷取的材料还是不少的。

凤栖梧①

柳 永

独倚危楼风细细,望极离愁,黯黯生天

际。草色山光残照里，无人会得凭栏意。

也拟疏狂图一醉，对酒当歌，强饮还无味。衣带渐宽都不悔，况伊销得人憔悴。

不知道别人怎么样，在我，是有过这样一段经历的：

在我年轻的时候，有一回，逼于情势的驱遣——那是在自己十分不愿意的情况下采取的行动——离开了所眷恋的人。分手时，彼此都不能倾诉这可怕的离别之忆。我随着一伙人便走向一个陌生的地方去。山深林密，道路崎岖，我老是落在大伙儿后面。走了大半天，已经傍晚了，大伙都停下来歇息。夕阳含山，暮色四合，一周遭莽莽苍苍，郊原全都笼上暗红的一层色彩，一阵阵凉沁的秋风，不断地吹着我头上的乱发。我步履蹒跚着还没赶到前面，只见四周是那样沉默、严紧，恍如面对一个冷漠得可怕的怪老人。郊野是旷阔的，在我看来，可就连一点依靠都没有，只有前面脚下，拦着自己的长长的影子。我停下脚步，回头看那落日，突然，一股强烈的忧郁之感向我扑来，我简直给它吓呆了，觉得这群山，这落日，这天空和地面所有特异的色彩，共同构成一个使人心脏收紧的巨网，无情地把我罩住。这可怕的黄昏，我还从来没有看见过。

这时，压在心头的忧郁之感仿佛一下子升腾起来了，它扩散弥漫在那阴郁的空间，和黄昏的景色搅和在一起。

① 这首词又见于欧阳修的《欧阳文忠公近体乐府》，词牌作《蝶恋花》。文字与柳永《乐章集》略有不同。我主张它是柳永的作品，但文字却按照欧阳的《近体乐府》，那只是个人爱好而已。

我多么怀念那段中断了的使人依恋的生活呵！然而，眼下的处境又使我不能不飘向远方，让自己的双脚把那段生活一步步踏成尘粉。

这时候，尽管周围还有同我在一起的人，可他们一点也不理解我此时的心境，我更无法向他们诉说。我只是长久地眺望着这暮色，长久地默默无言。

只是到了这个时候，我才真正懂得了黄昏，懂得前人诗词中写到思忆的时候，为什么常常同黄昏联系在一起。

后来，当我再翻开《乐章集》，重新吟诵这首《凤栖梧》的时候，我的体会就更深切了。

柳永写的那个人，不像我正走在半路上，而是站在高楼的一角。他是遥望那已经看不见的远行人呢？还是思忆远在异乡的漂泊者呢？已经不清楚了。但你看那"望极离愁，黯黯生天际"九个字，形象多么生动、真切。本来，唐代诗人皇甫冉早就写出了"暝色赴春愁，归人南渡头"这种意境，曾被许多人称为名句，其实那动人的力量远及不上这九个字。

人们都知道，离愁原是从离别者的内心发出的，看不见也摸不着，如今居然说它黯黯地从天边远处涌现，那想象难道不是十分奇特吗？只有曾在黄昏日落之中，真正体味过别离的苦味的人，才能够如此形象又如此生动地把那忧郁凄楚的情感表现出来。寻味着这九个字，我觉得所谓"化平实为奇崛，变浅易为深至"的技法分析都是多余的了。因为，不管是多么擅长技法的作者，假如他不曾经历过别离，无论如何是不会认为离愁竟是从远处的天际黯黯而生的。

下面用"残照里"三字点出黄昏；又用"草色""山光"作为黄昏的点染。这样，前面展开的景色就显得更加深厚了。"无人会得凭栏意"，进一步说明自己心头的苦恼是难以向人宣说的,而别人也实在无法理解自己的心事。正因如此,这种苦恼也就越发显得沉重纠缠,难以开解。

在"无人会得"之下,换头就转了一笔:"也拟疏狂图一醉"。要设法自开自解。"疏狂",在这里是豁达、洒脱的意思,即努力要让自己看得开些,但这样也还得借助于酒力。

于是他回到人群中去。

大伙儿对他的心事是毫无所知的,只是硬拉着要他喝酒,而他也真是喝了,而且喝了很多。因为可以图个暂时忘却。不想酒灌到喉咙里,是酸是苦都说不上。这说明,酒对他来说也失掉了力量。

在这里,作者又从侧面烘托自己离愁的深重,仿佛这世上的一切,都无法开解得了。

上文一开一合:"也拟"是荡开,"无味"仍合到离愁上。笔势十分飘忽;然而更精彩的一笔却还在后面。

他在丢开酒杯的时候,有两句古诗忽然从记忆中涌上心头。这两句诗是:

相去日以远,衣带日以缓。

这是《古诗十九首》中的两句。"是这样的!"他禁不住点头同意。"相思自然会令人瘦损。"然而,便算是"衣带日以缓",为了这个值得自己永远系念的人,便算瘦损至死,又算得了什么? 他(或她)本来是值得我为之憔悴的人呵!

衣带渐宽都不悔,况伊销得人憔悴!

真是惊心动魄,一字千金,比之《古诗十九首》又再扳高了一层。至于冯延巳的"日日花前常病酒,不辞镜里朱颜瘦",比起来已是显得逊色了("况伊",正是他;"销得",值得)。

为了抒发心中积蕴充塞的情感而选用表达形式,有时以含蓄见长,但有时却相反,是以尽情极至为佳的。正如在极度悲伤的时候,有人连一声也哭不出来,有人却尽情号啕。两者同样出自真情。柳永这首词,最后两句固然是采取极度开放的形式,但在开头仍然十分抑制:"独倚危栏","无人会意",以及"当歌强饮",都是运用含蓄的手法,直到最后,才突然一转,把感情像冲决堤防的洪水一样,猛烈倾泻出来。这恐怕比之完全含蓄或完全开放更能使人惊心动魄了。正如号称放达的阮籍,听说母亲死了,却还要同下棋的人把一盘棋下完,然后"饮酒二斗,举声一号,吐血数升"。将葬的时候,"食一蒸肫,饮二斗酒,然后临诀,直言穷矣!举声一号,因又吐血数升。毁瘠骨立,殆致灭性"(见《晋书·阮籍传》)。这种紧压式的爆发,同样是使人极度震惊的。

对爱情的态度是这样执着,这样激烈,在北宋的封建社会里原是很大胆的。直到晚清,曾服膺过德国哲学家尼采的王国维,还震惊于它的激烈,认为与其施之于爱情,还不如拿来比喻大事业和大学问。他的《人间词话》说:

> 古今之成大事业大学问者,必经过三种之境界。"昨夜西风凋碧树,独上高楼,望尽天涯路。"此第一境也。"衣带渐宽终不悔,为伊消得人憔悴。"此第二境也。"众里寻他千百度,回头蓦见,那人正在灯火阑珊处。"[②]此第三境也。……

他以为像"衣带渐宽终不悔"这种执着和激烈,是应该放在追求大事业和大学问上面的;至于爱情,他就略而不谈了。

然而,我们正好从这里看出这首词的不寻常的成就。

②《人间词话》引文有误。"回头蓦见",据辛弃疾《稼轩长短句》应是"蓦然回首",又,"正在"应为"却在"。

欧阳修

(1007—1072)，字永叔，庐陵人。天圣八年(1030)省元，中进士甲科。累擢知制诰、翰林学士、历枢密副使、参知政事，迁兵部尚书。卒谥文忠。晚号六一居士。有《六一词》，又有《醉翁琴趣外篇》。

蝶恋花①

欧阳修

庭院深深深几许？杨柳堆烟，帘幕无重数。玉勒雕鞍游冶处，楼高不见章台路②。　　雨横风狂三月暮，门掩黄昏，无计留春住。泪眼问花花不语，乱红飞过秋千去。

理解一首词，比起理解一首诗往往还要难些。尤其是五代、北宋人写的词，常常没头没脑，好像一首无题诗，不容易知道它是什么题旨，有什么含意。它只有一个词牌，其作用不过要指明属于音乐的某宫某调，或某一大曲中的某一段，便于依谱演唱而已。它不能帮助我们理解词的内容。正因如此，又往往引起后世读者的瞎猜，彼此的理解常常相差甚远。幸而南宋以后，作者

① 此词又见冯延巳《阳春集》，词牌作《鹊踏枝》。但北宋末年女词人李清照认为是欧阳修的作品。
② 汉代长安有章台街，是歌伎们集中的地方。见《汉书·张敞传》。后人常以章台指妓院所在地。

在词牌下面加上题目的做法逐渐推广，有些作者还生怕人家不明白，特意写了小序，那才方便多了。

对于无题的作品，如果一时不知作者用意何在，这里倒有一个可行的办法，那就是先设法找出它的头绪来。就像煮蚕茧那样，先抽出它的头绪，然后逐步理清它的线索。

头绪怎么找？我们须从作品中找出最能显示它的思想感情焦点的一两句话，细加分析，由此一步步扩大开去。不妨拿欧阳修这首《蝶恋花》做例子，看看这样找线头是不是行得通。

这首词过去是有争议的。清人张惠言在《词选》中说它是一首政治诗。他说：

> "庭院深深"，"闺中既以邃远"也。"楼高不见"，"哲王又不悟"也。"乱红飞去"，斥逐者非一人而已。殆为韩、范作乎！

他以为"庭院深深"等于屈原《离骚》里的"闺中既以邃远"，"楼高不见"则是"哲王又不悟"（意为王宫既已非常深远而楚怀王又不觉悟），所以再拿"乱红飞去"比喻大臣的受斥逐；那么又是哪些大臣呢？张惠言认为就是北宋的韩琦和范仲淹。

这显然是穿凿附会的。所以王国维在《人间词话》里批驳说："固哉！皋文之为词也。"（皋文，张惠言的字）并且指出欧阳修这首词只是"兴到之作"，别无寓意。

王国维这个见解是正确的。但又如何加以证明呢？

这首词要是找头绪的话，有两个地方值得注意。一是"楼高不见章台路"，另一是"无计留春住"。前一句暗示所想念的人，后一句透漏出人物的思想感情。

先说"无计留春住"。在古人的诗词中，"春"不仅指春天季节，常常还是美好生活或青春年华的代词。冯延巳《鹊踏枝》词："肠断魂消，看却春还去。"王安国《清平乐》词："留春不住，费尽莺儿语。"晏几道《木兰花》词："小蕶若解愁春暮，一笑留春春也住。"都是例子。我们由这五个字似乎可以猜出词中有伤青春之易逝的用意。

"楼高不见章台路"，这句话不太好理解。有人解作"游冶所在的高楼大厦遮盖了章台路"，实在难以令人满意。因为"游冶所在"即是"章台路"，两者是二也是一，它们岂能互相遮盖？即使真的那儿的高楼能遮盖下面的道路，又能说明什么问题呢？

所以这个"楼高"的楼，其位置一定不会是在章台路上，它与章台距离颇远。因距离颇远，所以"不见"。

于是我们抓住又一个线头：有人登楼远望那看不见的游冶处所。

一是伤春，一是怅望。在封建社会常常是发生在闺中少妇身上的。正如曹植《七哀》诗说的："明月照高楼，流光正徘徊。上有愁思妇，悲叹有余哀。"又如王昌龄《闺怨》诗："闺中少妇不知愁，春日凝妆上翠楼。忽见陌头杨柳色，悔教夫婿觅封侯。"都是说闺中人正在想念她的夫婿。

这两个线头是不是抓准了？我们且从头再看：

词的上片，先展示一个深宅大院的景象：那是一座幽深又幽深，说不上有多幽深的庭院。院子外面长着许多高大的杨柳，浓阴繁茂，绿叶纷披，就像堆起一片绿色烟雾。

房子又是一幢挺大的建筑物，重重门户，无数珠帘翠箔，一层一层把里外分隔开来，这就越发显得它既幽邃而又神秘。

这里连用三个"深"字,又加上"几许"二字,把这个宅院的神秘气氛,渲染得特别出色。"杨柳堆烟"既点出春景,又衬出宅院的环境。"帘幕无重数",显然是一所富家大宅,并非寻常的人家。

这重重的帘幕似乎是想把屋子里的人遮掩起来,既不让外面的人看见,也不让屋内的人看到外头的光景。可是,这时候偏偏有人站在高楼之上,掀开帘子,久久地眺望着远方。

我们如今才看清楚,原来是一位闺中少妇。她凝神眺望的是什么地方呢?原来是她夫婿经常游荡的地方。那地方是"秦楼楚馆"的集中地,王孙公子整天在那儿征歌选色,放荡淫佚。他们那些披着雕鞍的宝马就都系在柳阴之下,他们的仆从也都在街上逛荡。

"玉勒雕鞍"只有贵家公子才能有,是写出那人的身份。"游冶处"是歌舞伎乐集中的地方。李白诗:"岸上谁家游冶郎,三三五五映垂杨。"说的就是公子哥儿们征歌逐色的事。

可是,这位深闺少妇虽然站在高楼,而且极目远望,就是盼不到她夫婿的踪影。

"玉勒……""楼高……"两句用的是倒装的句法。假如把它条理一下,应该是:"楼高,不见玉勒雕鞍游冶处——章台路。"

游冶处即章台路,这里显然是重复;但作者是有意重复。因为上句是就那公子而言,下句是就那少妇方面说的。

上片,作者先把环境和人物交代清楚了,以下就展开一组特写式的镜头。

"雨横风狂三月暮"——景色突然起了变化,仿佛是电影的镜头转换:外面是连绵的春雨,雨越下越大,风也越刮越紧。闺中少妇已经不在楼上了。

"门掩黄昏,无计留春住"——她那夫婿终于没有回来。大门早已关上,她只好呆怔怔地坐在屋子里。春光似乎正在加快它离开的步伐,凭谁也挽留不了。而就在这"雨横风狂"之际,她的青春也正在悄悄地而又匆匆地溜走。

于是,诗人用浓烈的笔墨写出使人惊心动魄的两句:

"泪眼问花花不语,乱红飞过秋千去"——春天快要过完了,自己的美好青春同样也快要过完了,为什么它们都不能够留下来?她含着眼泪去问花儿,可花儿没有回答;不但不回答,而且把一片片花瓣洒落下来,不断地洒落下来,伴随着缭乱的风雨,飞过院子里那高大的秋千,飞得远远去了。

唐诗人严恽写过一首《落花》诗:"春光冉冉归何处?更向花前把一杯。尽日问花花不语,为谁零落为谁开?"虽然是此词"泪眼问花花不语"的出处,但此词的悲凉却远远超过了严恽的诗。请看:眼,是一层;泪眼,又是一层,花,是一层,问花,又是一层;泪眼问花,更又是一层;问花既已是痴想,而花不语则使痴想的人完全绝望了。这七个字,你看有多少层意思!

诗人以精深的构思,有限的笔墨,通过环境的点染和景物的衬托,揭出闺中少妇深沉的悲哀,以及她那不幸的命运,这就深深地把我们的心灵打动。"乱红飞过秋千去",这场景真是惊心动魄,强烈地显示那"天地终无情"的冷酷的现实。

但它绝不是有什么讽喻的政治诗。

玉楼春

欧阳修

尊前①拟把归期说，未语春容先惨咽。人生自是有情痴②，此恨不关风与月。离歌且莫翻新阕③，一曲能教肠寸结。直须看尽洛城④花，始共春风容易别。

欧阳修在离开洛阳的时候，写了几首词，表示对洛阳惜别之情。这是其中比较著名的一首。

它写的是在送别筵席上触发的对于人的感情的看法。在委婉的抒情中表达了一种人生的哲理。因而很受后人的注意。

送行的人是一个同他很有感情的女子。她是个什么身份的人，我们当然不清楚；绝不是他的妻妾，则是可以肯定的。为什么呢？因为全篇都不是对妻妾说话的口气。她也许只是个身份卑微的歌女之类，可是同他已经有了很亲切的感情，所以一听说分手就特别难过。

在送别的筵席上，他心里分明知道，这一回离开洛阳，不知道什么时候才能再回来。也许这一回便是最后的分手了。可是为了安慰对方，仍然打算虚构一个回来的日期，以免她过分悲伤失望。不料自己这话还没说出口，对方早已猜透他的心事。她那凄惨得说不出话的表情，分明知道这

① 尊前——筵席上。
② 有情痴——因情感丰富而使世俗人以为是发痴的行为。《世说·纰漏》："任育长……尝行从棺邸下度，流涕悲哀。王丞相问之。曰：此是有情痴。"
③ 翻新阕——另谱新的曲子。
④ 洛城——今河南洛阳市。

是最后一次见面,所以自己也不好再说假话了。

开头两句,假如容许插入几个字来加以补充,那便是:"(我在)尊前拟把归期说(与对方,不料)未语(之先),(她已)春容先(自)惨咽。"两句写的就是两人各自的心事和表情。这是一次既是生离又如死别的饯行筵席。

就因为这样,他已经没有别的话好说了,只好转而感慨深沉地叹道:"人生自是有情痴,此恨不关风与月。"诗人认为,人本身是个可以称之为"有情痴"的生命,情感是这样丰富,然而又这样脆弱,一提起离别,那愁惨就连天地都装不下了。这种丰富而又脆弱的感情,其实同风呀月呀这些外在的东西都没有什么关系,它是作为"有情痴"的人本来就具有的。

在这里,欧阳修朦胧地感到人生的缺陷才是痛苦的根源。他觉得,"有情痴"的人总是想追求美满的生活,只是由于在生活中发生了缺陷,才引起悲痛哀愁,而不是春风秋月这些外在的东西会引起人的感情变化。

在不合理的社会里,这确实是一个严肃的社会命题。人怎么会产生这许多悲哀痛苦?那是因为违拗了人的美好意愿,人为地制造了人生的种种不平和缺陷。

从送别而想到整个社会人生,这种跃进的幅度真够惊人。因为欧阳修并不只是一个词人,他既是文章能手,又是一位政治家,还是一位考古学家。他学识丰富,眼界很高,所以即使是通常送别的主题,在他的手里,却可以翻出很不寻常的意思来。

"此恨不关风与月",是说眼前的风月美景并非引起人们痛苦的因由。这是强调人本身的情感作用。"风月"在这里不应解作儿女爱恋的事,而是像《文心雕龙·明诗》所说的:"暨建安之初,五言腾踊,文帝、陈思,纵辔以骋节;王、徐、应、刘,望路而争驱。并怜风月,狎池苑,述恩荣,叙酣宴。"是风晨月夜或风月美景的意思。

下片的写法同上片一样,也是先叙眼前的情事,再由此推论开去。

"离歌且莫翻新阕,一曲能教肠寸结"——他耳里听到的不是老一套的离别之歌,而是不知谁新谱出来的。但不管旧有的也好,新翻的也好,都没有能力慰藉离别的人,反面增加了别离者的痛苦。那么,还是不要唱下去了。

于是他进一步提出了对于人的感情问题的见解。他认为,既然人的感情是丰富的,又是那样地经受不起挫折和损害,怎么办呢?那就应该让感情充分地抒发,充分地加以满足,只有这样,人生才能觉得没有遗憾。正如把洛阳城里城外的牡丹看到酣足以后,人就容易同洛阳的春风分手了。

我不想在这里讨论哲学或社会学的问题。关于人的感情是否可以充分满足?充分满足会不会导致社会结构的破坏?这一类问题我没有探讨的资格。我只是想说,欧阳修在这首短短的词中,竟然提出这样重大的社会命题,却是词坛中十分罕见的。王国维《人间词话》说:"永叔(按,即欧阳修)'人生自是有情痴,此恨不关风与月。''直须看尽洛城花,始与东风容易别。'于豪放之中,有沉著之致,所以尤高。"王氏很欣赏此词的豪放与沉着。而我更以为,北宋词人中,尤其是在欧阳修以前,绝大多数写的是流连光景、儿女悲欢的内容,思想境界比较低狭;而能够从这些内容推阐开去,涉及社会人生大问题的,却非常之少,甚至几乎没有。欧阳修这首词,居然从儿女柔情中提出带有哲理的大问题,不能不说是大胆的尝试。

法国近代革命活动家和文艺评论家拉法格有一句话说:"哲学是人的特点,是人的精神上的快乐。不发表哲学议论的作家只不过是一个工匠而已。"(《拉法格文论集》第157~158页,人民文学出版社版)这话说得很深刻。虽则作家未必都在作品中公开露面来申述自己的哲学观点,也不能要求作家在一个短章中发挥哲理;但在适当的场合、条件之下,作家应当发表自己的哲学见解,看来却不是过分的要求吧。

自然,这又不等于提倡"以议论为诗"。

踏莎行

欧阳修

候馆①梅残, 溪桥柳细, 草薰风暖摇征辔②。 离愁渐远渐无穷, 迢迢不断如春水。 寸寸柔肠,盈盈粉泪,楼高莫近危阑倚。平芜尽处是春山,行人更在春山外。

这是一首抒写离情别绪的作品。

前后两片主人公的形象是不同的。

上片,出现在读者眼前的是一位远行

①候馆——在交通点上接待往来官员的馆舍。
②征辔(pèi)——征途中的马。辔是缰绳,指代马。

的人。

他这时已经在半路上了。镜头展开，一所专门接待来往官员的馆舍；馆舍的短墙外面，疏疏植了几株梅树，曾经盛放过的梅花此时都已凋残了。

镜头移向溪桥。那是一道小溪，横跨溪上是一座不大不小的石板桥。桥的两头都种上杨柳，看上去给人一种纤细的感觉。因为柳叶都还没有很茂密。

就在这明妙的春之景色中，出现了远行的旅人。他坐在马上，拉着缰绳，有点行色匆匆的样子。迎面而来的风是暖和的，地上初长的草散发着一种使人清爽的香气。

可是这明妙的春景并没有给旅人增添半点快乐。相反，他觉得自己正在一步步离开家乡，越来越远，越远就越感到心头上那一片离愁的沉重；不只沉重，它似乎还逐渐扩散开来，越扩越大，变成了一片无穷无尽、无首无尾的浩浩江水，眼前的世界都给这离愁占满了。

上片行文，一扬一抑。先是将春色饱满地描写一番，让人觉得光景实在可爱，然后换转笔锋，折入游子的怀乡之情，把离愁浓重地、夸张地加以渲染。一前一后，强烈激射，于是产生了一种异样的光彩。

我们首先欣赏作者在选取景物中所表现的技巧：

"候馆"是用梅花来做装点；而且是用开残的梅花。一方面为了点出时令，一方面又是暗用了典故。据《荆州记》说："陆凯与范晔相善，自江南寄梅花一枝，诣长安与晔，因赠以诗：折梅逢驿使，寄与陇头人。江南无所有，聊赠一枝春。"此句特地写了驿梅，便含有怀念家中人的用意在内。

"溪桥"用细柳来做装点，既点出时令和描写了路上景色，又因杨柳是折赠行人之物，行人在路上看到柳色，自不免想到送行的亲人。这又是一层用意。

"草薰风暖"四字，进一步加深了春色的浓丽，下面却接以"摇征辔"，是半句一转折的手法。本来草香而风暖，正是游春的大好时光，假如人在家乡，自必有一番热闹；不料如今却骑着马远走他乡，于是大好春光，反而使人感触伤离了。这是一层曲折。"草薰风暖"，原是借用江淹《别赋》中的"闺中风暖，陌上草薰"。但《别赋》的"风暖"属于闺中人，此词却归于游子，已经加以变化。宋诗人钱惟演《许洞归吴中》诗："草薰风暖接长亭，一曲骊歌倒渌醽。"同样是《别赋》两语的变化运用。可见借用古人语言，必须为我所用，不能死搬死套。

"离愁渐远渐无穷"七字构思也巧妙。着意在"远"与"无穷"的关系上。离愁可以说轻重，像董解元《西厢记》说的："驴鞭半袅，吟肩双耸。休问离愁轻重，向个马儿上驮也驮不动。"如今却不提沉重，而是说它"无穷"，而且越远越是无穷(和越走目的地越近相反)。这就把游子在路上走着的感觉，既形象而又生动地写出来了。

用"春水"比喻愁情，大家都知道李煜的"问君能有几多愁，恰似一江春水向东流"。但早在晚唐时，诗人李群玉《雨夜》诗就已有"请量东海水，看取浅深愁"的话，可见诗人运用比喻，同中有异，异中也有同，便能各擅其胜。这也很值得我们去寻味。

下片的人物形象，已经不是天涯游子，而是楼头的思妇了。

我们可以看见在旧体诗词中常常出现的那位楼上的"倚栏人"。她的夫婿为了宦游或者别的什么原因，不得不离乡别井，远适他州。那时又没有如今那种邮政事业，捎一封家书是很不容易的。家中的妻子往往长年累月牵肠挂肚,得不到行人半点消息。她只能登上小楼,眺望远方,寻求一丝半缕未必可以得到的慰藉,结果是毫无例外的失望。

这位楼头少妇如今正在紧靠栏杆,满眼噙着泪水,呆呆地向前遥望。由于朝思暮想,也由于不断的失望,她简直柔肠寸断了。

纵然是"寸寸柔肠"、"盈盈粉泪",她能够看到什么呢?那原野的远方,草地的尽头,隐现着若浓若淡的春山,那若浓若淡的春山之外,又是连绵无尽的春山。尽管她眼力和想象力能伸展到远处的春山,她所想念的行人却远出于层层叠叠的春山之外……

唉!还是不要去倚栏吧!——仿佛远方的游子、她那丈夫对她这样恳切地劝告。

这是不是远方游子在征途中的虚想和模拟呢?也许是的。他很可能是替家中的妻子设想,而又劝说她不要过分地挂念自己。

在行文上,这是更深地跌进一层的写法。

最后两句重复"春山"二字,这春山是倚楼远望的闺中人穷尽目力所能及的地方,又是她的想象所到的极限,因为再远一些到底是什么样子,她就无从悬想了。然而行人偏偏越过了这春山,也就是越出了她的目力和想象能力所及之外,这样,她便已经无能为力了。既然如此,又何必倚那危栏呢?远行的夫婿如此地替闺人着想,就更显得感情的深厚,以及别离的苦痛了。这正是结句之能如此感人的原因。

毋怪明代词评家卓人月说:"'行人更在春山外',不厌百回读。"(《词统》)

李 冠

字世英，历城人。以文学称，与王樵、贾同齐名，官乾宁主簿。

蝶恋花

李 冠

遥夜亭皋①闲信步，才过清明，渐觉伤春暮。数点雨声风约住②，朦胧淡月云来去。　　桃杏依稀香暗度，谁在秋千，笑里轻轻语？一寸相思千万绪③，人间没个安排处。

　　这首词写一个青年人常会碰到的意外和因此惹起的无端烦恼。

　　事情本来是琐细的。他在春夜的闲行中偶然听到隔墙的笑语声，如此而已。但正因其琐细，要写得委婉动人，又实在不那么容易。作者的高明之处，就在于恰当地安排了一个同青年人的伤春情怀十分和谐的环境和气氛，然后让那感情自然地伸展开去。

　　季节是在清明过后，时间是在天黑以后，地点则在近

①亭皋——这里指城郊有宅舍的地方。储光羲《送沈校书吴中》诗："郊外亭皋远，野中歧路分。"王昌龄《九日登高》诗："雨歇亭皋仙菊润，霜飞天苑御梨秋。"用法均同。
②风约住——下了几点雨又停住，就像雨给风管束住似的。
③绪——丝头。

郊的楼馆建筑附近。

非常简单的情节,就是在这种特别能够撩动青年人的感情的环境和气氛中铺展的。

青年人往往会有突如其来的苦闷无聊,或者莫名其妙的忧郁孤独之感。碰上这时候,坐和睡都不是,连聊天和读书都缺乏耐性,就只有到外面毫无目的地走走,其实走也并没能解决心头的烦乱,不过总比待在屋子里好点罢了。词的开头,正是隐隐透出这位青年人的这种情怀。

才下了几点雨,打得树叶沙沙地响,给晚风一刮,却又停住了,仿佛风要把它拦回去。月亮淡淡地从云缝里穿出来,转眼又钻进云堆去,不一会重新探出头来,照出地上他这孤独而又淡淡的影子。他走在这一明一暗的月光底下,仍然可以感到四周春意盎然,可是并不曾解消他这无名的忧郁。是伤春吗? 也许有点儿是,可又不全是。自己也不知道是什么原因。

就在这时候,他走近了一座楼阁式的建筑物面前。还隔着一段路呢,鼻子里却闻到一阵强烈的香气,顺着风从对面飘来。是桃花还是杏花的香?他走近一堵短墙,香气分明就从隔墙飘漾出来。

也许他正在猜这香气,捉摸不定,耳边却忽然响起姑娘们的笑声;笑声才落,又听到细碎的悄语;悄语未了,更清亮的笑声又扬起来。他不觉骇退了两步。定神向前一看,隔墙可以看到一架秋千:笑语声正是打从那秋千架下传来的。

一个年轻人,当他的心情正在没处附着的时候,蓦地听到这种"笑里轻轻语",是会产生情感上的"催化"作用的。就像一杯烈酒碰上火花,霎时间化成了一团向上升腾的火。

当然不是说,他就会平白无端地恋上那些个还没有见过面的姑娘们。这种笑语声不过像一枚引信,把他平时积累下来的许多浮想或幻想、印象或回忆,一下子都调动起来罢了。

难怪佛教的书上会有这样的话:"隔墙闻钗钏声,名为破戒。"④一个修道学佛的人,是不许偷听隔壁传来的女性特有的钗钏声④语见《五灯会元》卷十法眼问道潜。的。因为这些声音会引起有情感的人的许多胡想,那清静皈依的念头会因之消失得无影无踪。

"一寸相思千万绪,人间没个安排处。"这句话用不着再加解释。事情的结局就是这样:青年人那种又灵敏又易于冲动的感情,一下子翻腾起来,构成一团烦恼,越扩越大,仿佛天地都容纳不下了。

对比晏殊《玉楼春》这四句:"无情不似多情苦,一寸还成千万缕。天涯地角有穷时,只有相思无尽处。"李冠这两句似乎更精炼,也更能打动人。后来苏轼又写了一首《蝶恋花》:"花褪残红青杏小,燕子飞时,绿水人家绕。枝上柳绵吹又少,天涯何处无芳草?墙里秋千墙外道,墙外行人,墙里佳人笑。笑渐不闻声渐悄,多情却被无情恼。"那下片似乎也是受到李冠这首词的启发的吧!

这首词《尊前集》也收入了,但是署名李煜。看来这是张冠李戴了(虽然李冠也姓李)。像词中所叙说的事情,所表露的感想,无论如何都不可能出自"生于深宫之中,长于妇人之手"的储君或帝王身上。李煜可以写他的"划袜下香阶,手提金缕鞋",却不会由于听到隔墙少女的笑语声而勾起如此强烈的相思之情,这几乎是用不着细细推论的。

顺带说句,《尊前集》究是何人所辑,尚无定论。有人说是唐人吕鹏,也有人说是宋初的无名氏。看来都不大可靠。把李冠的作品硬派到李煜头上,光凭这点,就不会是北宋初年人的眼光,何况唐贤!

王安国

(1030—1076)，字平甫，临川人，王安石之弟。熙宁元年(1068)进士，官至大理寺丞、集贤校理，坐郑侠事放归田里。

清平乐

王安国

留春不住，费尽莺儿语。满地残红宫锦①污，昨夜南园风雨。　　小怜初上琵琶，晓来思绕天涯。不肯画堂朱户，春风自在梨花。

谜语里有所谓卷帘格，谜底的安排是从下到上倒过来的，所以猜谜时也要倒卷珠帘似的去考虑。这种技法在诗词中也有，读时也须注意。

① 宫锦——一种进贡皇宫使用的锦缎。李商隐《隋宫》诗："春风举国裁宫锦，半作障泥半作帆。"

这首《清平乐》上片四句，正是用卷帘法写的。我们理解它的时候，就该从"昨夜南园风雨"这句开始：

昨天晚上，南园里又是刮风又是下雨，枝头上的花朵全给打下来了，残花狼藉满地，就像一幅给谁弄脏了的宫锦。尽管费尽黄莺儿的巧舌，毕竟还是无法把春天挽留住呵！

这是昨夜听到风雨,今晨看见落花,因落花满地而知春天已去,耳里恰又听到黄莺的啼唱,便忽然冒出"留春不住,费尽莺儿语"的念头来。可见"留春不住"是后起的,"昨夜风雨"是先来的。如今却反而先下了"留春不住"。这种手法,便可称之为"卷帘法"。

由此可以悟出一点:写诗填词时,适当地把镜头出现的次序颠倒一下,是完全容许的;不但容许,有时还可以显得不落常套,使句子峭拔些或奇崛些。我们在构思句子时,由于格律限制,难免会出现造句的困难,这时候如果使用卷帘法,便会取得意外的效果——当然,又不是万无一失的。

王安国是王安石的弟弟,神宗熙宁初年,以材行召试及第,官至秘阁校理。他虽是当朝宰相的弟弟,对于乃兄推行新法,却颇不同意。他的政治主张固然保守,但他并不想凭借哥哥的势位去猎取高官厚禄,为人还是耿直的。有一回,王安石看到晏殊写的小词,笑道:"做宰相的,也写这种东西吗?"安国听了,马上顶了一句:"晏公不过在高兴上头偶然玩玩罢了,难道他的事业就只有这些!"可见他不以为写词便有损大臣的风度,倒有点觉得哥哥过分古执了(王安石也填词,不过数量甚少。至于这个传说,真实性到底有多少,很难说。因为别人加在王安石头上的谣言讪语实在是太多了)。

王安国不但没有受到朝廷的重用,相反,在过了多年的冷署闲曹生活以后,终于被当朝的吕惠卿——一个先是谄媚逢迎王安石,其后得势,又反过来陷害王安石的小人——借事加害,夺去官籍,放归田里。他在官场上实在是很失意的。

俗语说："有人辞官归故里，有人漏夜赶科场。"受到放归田里的处置，热中仕宦的人会感到前途绝望；但也有人毫不在乎。这就要看他们对于头上那顶乌纱是怎么个看法了。王安国其人，显然是属于后者。这首《清平乐》就可以作为证明。

这首词在写了"留春不住"以后，转过笔来，描写一个第一次上台正式演奏的歌女的心情。着墨不多，内容却很深刻，真能反映作者本人的品格。

所谓"小怜初上琵琶"，正如白居易在《琵琶行》中写一位"十三学得琵琶成，名属教坊第一部"的新琵琶手那样，她如今有资格编进班子里，成为正式演员，第一次得到正式表演的机会。一个小学徒，熬了几年，终于获得这个机会，当然是既高兴而又充满对美好前途的憧憬的。苏轼有一首《诉衷情》，也是描写一个歌女的此际此情，竟是那么活灵活现：

小莲初上琵琶弦，弹破碧云天。分明绣阁幽恨，都向曲中传。　　肤凝玉，鬓疏蝉，绮窗前。素娥今夜，故故随人，似斗婵娟。

你看这个小莲，在第一次公开表演中，真是使尽浑身解数，给人以"弹破碧云天"的感觉。连月亮对她也投以钦羡的眼光。她那心情之得意当然是可以想见的。

但苏轼笔下这个歌女，毕竟是"人人意中所有"，并没有什么奇特之处。

王安国笔下的小怜，完全不是如此的一般化。她第一次正式登台，演出的效果很好，可是在获得满堂彩声以后，她并没有幻想着从此出入画堂朱户，博取主人的深怜痛惜,以便有朝一日能够"飞上枝头变凤凰"(清吴伟业《圆圆曲》)。相反,她却是"晓来思绕天涯"。表演成功以后,次日早晨,她一心只羡慕外头的自由天地,一心只想着"春风自在梨花"。

原来人生的幸福根本不存在于画堂朱户之内,而是在朱门大户以外的大自然里。你看那皎洁如雪、烂漫如银的梨花吧,它沐浴在温煦的春风之中,生机蓬勃,何其自由,何其幸福!

这种热烈向往自由的愿望,出自一位学艺初成的小姑娘之口,难道不值得我们特别重视吗?

王安国要描写这样一种人物,歌颂这样一种品格,自然有他的想法。这是和王安国平日的为人一致的:轻视世俗的荣华富贵,追求个性自由。他同情这位歌女,给她描绘了一帧很美的肖像。

乍看起来,词的上片同下片似乎说的是两码事。有人会问,前后怎么能够贯串起来呢?

仔细寻味,我以为它是一首送人之作,送给要走出画堂朱户的琵琶新手。很可能,主人是想挽留她的,可她的态度是那样坚决,终于挽留不住。王安国对此颇有所感,因此在词的开头,先从春天无法挽留写起。春天之终于挽留不住,也如同小怜的挽留不住。这样,前后片的内容就连接成一体了。

苏 轼

(1037—1101)，字子瞻，号东坡居士，眉山人，嘉祐二年 (1057) 进士，累除中书舍人、翰林学士，历端明殿学士、礼部尚书，绍圣初，坐讪谤，安置惠州，徙昌化。北还，卒于常州。有《东坡词》。

念奴娇(赤壁怀古)

苏 轼

大江东去，浪淘尽、千古风流人物。故垒西边，人道是、三国周郎赤壁。乱石崩云，惊涛裂岸，卷起千堆雪①。江山如画，一时多少豪杰！　遥想公瑾当年，小乔初嫁了，雄姿英发。羽扇纶巾②，谈笑间，强虏灰飞烟灭。故国神游，多情应笑我，早生华发。人间如梦，一尊还酹江月。

假如从历史发展的角度去看我国的词坛，那么，以苏轼的"明月几时有"和"大江东去"为代表的豪放之作，无可否认是标识历史进程的丰碑。

在此之前，词坛上已经结了不少金果。

①一作"乱石穿空，惊涛拍岸"。
②宋人戴复古《赤壁》诗有"千载周公瑾，如其在目前。英风挥羽扇，烈火破楼船"的话，以"羽扇"属周瑜，在宋代是通行的。

晚唐的温庭筠、韦庄且不说；五代以来，工于感慨的如李后主，善探幽窈的如冯延巳，都不愧为一代大家。入宋以后，词学大兴，范仲淹的边塞之作，晏殊的人生几何之叹，欧阳修的宛转言情，柳永的长篇铺叙，各各都能达到高度成就。可以说，词坛的正宗——婉约派，在一百多年的发展演化中，群芳竞放，各擅胜场，称得上是"蔚为大观"。

然而，像健翮摩空、天马腾骧这种风格，却还有待于苏轼的出现。此翁以其淋漓巨笔，翻万丈波澜，开一派先河，树词坛异帜。自从他写出一种崭新风格的作品以后，词的疆域拓土千里，蔚为大邦，完全可以和古体诗、近体诗分庭抗礼了。

比较，是最雄辩的。我们只需拿元人小令（不是杂剧）一比，便立刻分明。

元人小令也算得上应运而生的文学。然而它终不过是文艺长河中的一泓荡泊，偏促浅狭，无从施展。明代以后更是陷于涸竭了。此中原因自然不止一端，但缺少一个大刀阔斧广拓疆土的开辟手，却不能不是很重要的一个原因。

在苏轼之前，人们思想上总有那么一个局限，觉得词这个东西，无非像一种小摆设，放在幽窗雅座之间，固然十分合适；一旦拿到高堂敞厦去，可就不大放心，生怕它亵渎了谁的尊严似的。这确是词的致命束缚，假如不去打破，它就始终成为酒边花间的奴隶，永远无从伸腰展脚的。

苏轼的杰出之处，便是不去理会这一套。大家不敢写，他自己来写，而且一写再写。以他的艺术才华写出一种新的风格，启辟词坛的新局面。正像登高一呼，众山皆应，原来词境竟可以如此伸展、开拓，从此眼界大开，跟随者就接踵而来了。

说实在的,苏轼的词,不论内容和形式,都不那么拘于一格。有时放笔直书,便成为"曲子中缚不住"的"句读不葺之诗";有些从内容看也颇为平凡。正如泥沙俱下的长江大河,不是一道清澈流水。但正因如此,才能显出江河的宏大气势。人们可以如此这般地挑剔它,却总是无法否定它。在词境上,苏轼这座丰碑是不朽的。

苏轼这首《念奴娇》,无疑是宋词中有数之作。立足点如此之高,写历史人物又如此精妙,不但词坛罕见,在诗国也是不可多得的。

你看他一下笔就高视阔步,气势沉雄:"大江东去,浪淘尽、千古风流人物"——细想万千年来,历史上出现过多少英雄人物,他们何尝不烜赫一时,俨然是时代的骄子。就说那曹操吧,他也曾"酾酒临江,横槊赋诗,固一世之雄也"。再说那东吴大将周公瑾,也曾"摧曹操于乌林,走曹仁于郢都"。扬威大江南北。当时谁不赞叹他们的豪杰风流,谁不仰望他们的姿容风采!然而,"长江后浪推前浪",随着时光的不断流逝,随着新陈代谢的客观规律,如今回头一看,那些"风流人物"当年的业绩,好像给长江浪花不断淘洗,逐步淡漠,逐步退色,终于,变成历史的陈迹了。

"浪淘尽"——真是既有形象,更能传神。但更重要的是作者一开头就抓住历史发展的规律,高度凝炼地写出历史人物在历史长河中所处的地位,真是"高屋建瓴",先声夺人。令人不能不惊叹。

"故垒西边,人道是、三国周郎赤壁"——上面已泛指"风流人物",这里就进一步提出"三国周郎"作为一篇的主脑,文章就由此生发开去。

为什么又下了"人道是"三字?原来长江的赤壁不止一

地，有黄冈县的赤壁，也有蒲圻县的赤壁(以前属嘉鱼县)。据说武昌县东南也有赤壁，汉阳县也有个地方叫赤壁。诗人不同于考据家，反正是怀古抒情，谁理会它到底是哪个。只用"人道是"三字，轻轻带过它，把烦琐的考证都放到一边不去管它了。

"乱石崩云，惊涛裂岸，卷起千堆雪"——这是现场写景，必不可少。一句说，乱石像崩坠的云，一句说，惊涛像要把堤岸撕裂；由于乱石和惊涛搏斗，无数浪花卷成了无数的雪堆，忽起忽落，此隐彼现，蔚为壮观。

"江山如画，一时多少豪杰"——"如画"是从眼前景色得出的结论。江山如此秀美，人物又是一时俊杰之士。这长江，这赤壁，岂能不引起人们怀古的幽情？于是，由此便逗引出下面一大段感情的抒发了。

"遥想公瑾当年，小乔初嫁了，雄姿英发"——作者在这里单独提出周瑜来，作为此地的代表人物，不仅因为周瑜在赤壁之战中是关键性人物，更含有艺术剪裁的需要在内。

请看，在"公瑾当年"后面忽然接上"小乔初嫁了"，然后再补上"雄姿英发"，真像在两座悬崖之间，横架一道独木小桥，是险绝的事，又是使人叹绝的事。说它险绝，因为这里原插不上小乔这个人物，如今硬插进去，似乎不大相称。所以确是十分冒险的一笔。说它又使人叹绝，因为插上了这个人物，真能把周瑜的风流俊雅极有精神地描画出来。从艺术角度来说，真乃传神之笔。那风神摇曳之处，决不是用别的句子能够饱满地表现的。

这种手法应该能给我们一大启发。试想，在赤壁交争的许多人物中，小乔算得上个什么角色？论地位，她不曾有

半箭之功,论身份,无非是周瑜的妻子罢了。可是,作者在
这里不是复制历史,不是写人物传记,他是进行文艺创作。
这就要求作者从艺术角度去考虑人物的取舍、安排,让特
定的人物去完成特定的任务,因而他所选择的人物是不能
以大小高下而论的。小乔在这里恰好地烘托出赤壁之战的
神采。这决不是死扣历史事件的人所能领悟的。有人写怀
古诗,总想把所有重要的人物或情节都收罗进去。你看下
面这首七律:

> 云旗庙貌拜行人,功罪千秋问鬼神。
>
> 剑舞鸿门能赦汉,船沉巨鹿竟亡秦。
>
> 范增一去无谋主,韩信元来是逐臣。
>
> 江上楚歌最哀怨,招魂不独为灵均。

这是清人严遂成的《乌江项王庙题壁》。他的确把项羽
的主要事迹和同他大有关系的人物都写进去了。可是,除
了落得"索然无味"四字的评语之外,还有什么呢?

"羽扇纶巾,谈笑间,强虏灰飞烟灭"——从上面的分
析就可以知道,这里的"羽扇纶巾",决不是指诸葛亮。尽管
诸葛亮有"服纶巾,执羽扇,指挥军事"的记载。作者下这四
个字,充分显示周瑜的风度闲雅,是"小乔初嫁了"的进一
步勾勒和补充。而且从文势来说,这里也不可能忽然提出
诸葛孔明来。

"故国神游,多情应笑我,早生华发"——从这里就转
入对个人身世的感慨。"故国神游",是说三国赤壁之战和
那些历史人物,引起了自己许多感想——好像自己的灵魂
向远古游历了一番。"多情",是嘲笑自己的自作多情。由于
自作多情,难免要早生华发(花白的头发),所以只好自我嘲

笑一番了。在这里,作者对自己无从建立功业,年纪又大了——对比起周瑜破曹时只有三十四岁,仍然只在赤壁矶头怀古高歌,不能不很有感慨了。

"人间如梦,一尊还酹江月"——于是只好旷达一番。反正,过去"如梦",现在也是"如梦",还是拿起酒杯,向江上明月浇奠,表示对它的敬意,也就算了。这里用"如梦",正好回应开头的"浪淘尽"。因为风流人物不过是"浪淘尽",人间也不过"如梦"。又何必不旷达,又何必过分执着呢!这是苏轼思想上长期潜伏着的、同现实世界表现离心倾向的一道暗流。阶级的局限如此,在他的一生中,常常无法避免而不时搏动着。

综观整首词,说它很是昂扬积极,并不见得,可是它却告诉我们,词这个东西,绝不是只能在酒边花间做一名奴隶的。这就是一个重大的突破,也是划时代的进展。

词坛的新天地就是通过这些创作实践,逐步发展并且扩大其领域的。苏轼这首《念奴娇》,正是一个卓越的开头。至今为止,仍然像丰碑似的屹立在中国文学发展史的大道上。

水调歌头

苏 轼

丙辰中秋,欢饮达旦,大醉,作此篇,兼怀子由。①

明月几时有?把酒问青天。不知天上宫

阙,今夕是何年?我欲乘风归去,又恐琼楼玉宇,高处不胜寒。起舞弄清影,何似在人间! 转朱阁,低绮户,照无眠。不应有恨,何事长向别时圆?人有悲欢离合,月有阴晴圆缺,此事古难全。但愿人长久,千里共婵娟②。

这首传诵千古的名作,评论的人自然很多。在这中间,清人刘体仁说:"'琼楼玉宇',《天问》之遗也。"可谓中肯。其实还不只"琼楼玉宇",整首词都有《天问》的意味,可以说是屈原的《天问》体在词坛中的第一次尝试。

①丙辰——宋神宗熙宁九年(1076)。子由——苏轼的弟弟,名辙,字子由。时在齐州任掌书记。
②婵娟——体态美好。这里指月和人的美好。

本来,古代智人眼见天球运转,日月晦明,星象森罗,长彗出没,总不免产生许多疑问。而对于人间的一幽一显,一死一生,也总不免有许多迷惑与感慨。这些古代的聪明人,逐步以探究人生的观点去探究宇宙,反过来又以探究宇宙的方法探究人生。于是宇宙便和人生联系起来,形成了"天人相通""天人感应"的观念。那时候,哲学家和诗人往往是相兼的,诗人和天文家也不是绝不相通的。我们从远古诗歌遗集《诗经》中就可以看出他们的相通之处。到了战国末年,楚国诗人屈原第一个以"问天"的形式来抒发对宇宙人生的迷惘与愤懑,于是在文学史上便出现了"天问"体。

苏轼这首词当然不及《天问》规模的宏大,他只是向月亮提出几个疑问,但是同样反映了诗人此时此地的心情。

要知道苏轼为什么借用《天问》的形式来写词,我们首先须得了解他当时所处的地位和遭遇的环境。

北宋王朝于公元960年建立,在开头的几十年间,由于平息了长期的分裂、战乱,农业和手工业生产曾获得较快的恢复和发展,商业也有相当程度的繁荣,一度出现升平局面。但由于封建官僚制度的腐朽,不久就又转入停滞和衰退。到了神宗皇帝登位(1068)时,政治经济的危机都十分严重,已到了非变革不可的时候。由于神宗皇帝有变革的企图,任用王安石为宰相,而王安石又是有远见和决心的政治革新家,于是实行了一系列的改革措施——称为新法。这就触犯了大官僚大地主的既得利益,受到他们的强烈反对;并且这些改革必然遭到传统保守思想的抗拒;加上在执行时的错失和过火,又难免不引起骚动,因此立即就出现了反对新法的另一派——所谓旧派。旧派以司马光为首,得到神宗母亲高太后的支持,他们纠集起来,拼命攻击新法。于是王安石于熙宁七年(1074)一度被迫罢相,而由假充新派的吕惠卿继任。十个月后,王安石复相;但到熙宁九年,又再被迫引退。中央政局很不稳定,新旧两派之争却正未有艾。

苏轼站在旧派一边,原因当然是复杂的,这里不须细论,只需指出一点:苏轼原是在京城任职的,由于反对新法,自请出任外官,先为杭州通判,再任密州(今山东诸城县)知州。虽然是个外官,对于政局变化仍然十分关怀。王安石的起落,新旧派的较量,都不能不引起他的注意。他自己的期望,则是重返汴京,受到帝王的重用。这些思想活动,隐约曲折地反映在这首《水调歌头》中,成为一根伏脉。

熙宁九年,苏轼四十一岁,在密州知州任上,八月十五日，饮于超然台上，大醉之后，提笔写了此词。

我们且看他如何运用《天问》的形式来抒发自己的感情："明月几时有？"一开头他就提出一个从远古以来就有不少人提出过的问题。这自然不足为奇。唐诗人张若虚有"江畔何人初见月？江月何年初照人"的名句，李白也写过"青天有月来几时？我欲停杯一问之"。早就是这个意思。但是在这首词里，这一问仍不可少，因为文章要从这方面做起。

"不知天上宫阙，今夕是何年？"这是第二问。这一问才是问到节骨眼上。"天上宫阙"，明说月宫宝殿，暗里却指朝廷。"何年"两字，大有含蓄。月亮其实东升西落，亘古如斯，有什么今年去年之别；但是，朝廷中的政治气候则是变化不定的。王安石的起落，神宗皇帝的喜怒，新旧两派的明争暗斗，在苏轼看来，都有"不知今夕是何年"的疑虑。

"今夕是何年"，同样也有来历。托名牛僧孺撰的唐代小说《周秦行纪》，其中就有作者韦瓘写的一首诗："香风引到大罗天，月地云阶拜洞仙。共道人间惆怅事，不知今夕是何年。"苏东坡只是把"大罗天"换成"天上宫阙"而已。但是，两者的含意却截然不同。

"我欲乘风归去，又恐琼楼玉宇，高处不胜寒。"句子虽然不打问号，意思上仍然带着问号。"琼楼玉宇"等于"天上宫阙"，还是明暗两层。用"乘风归去"，意思更为明显，是指要再回朝廷中去。但随即又产生疑问："高处不胜寒"。朝廷的政治气候，还是如此"寒冷"，我能够适应得了吗？

看到天上明月，自然想到仙人的御风而行。但"乘风"不说前去而说"归去"，那便不是一般的所谓去玩玩的意思了。传说唐明皇因术士的引导，遨游月宫，这只能说去游，不能说"归去"。所以这里的"归去",便是另一种用意。不然,便使人误会以为苏东坡是吴刚的化身,如今突然想到归去月宫了。

"起舞弄清影,何似在人间!"这个疑问是顺着上面下来的。意思是说,既然朝廷的政治气候仍是"寒冷",我与其回到中央的漩涡中,不如在外地做个闲官,倒还安闲自在吧!

"人间"是对"天上"而言。正因为以"天上"比喻朝廷,才把在地方上做官比喻为"在人间"。

"弄清影"大有顾影自怜的味道,当然也是切合当时的情景的。

下片开头,先写一笔那东升而又西落的中秋明月:"转朱阁,低绮户,照无眠。"这是实实在在描写一下月亮。那月亮逐步上升,又逐步下落。它转上朱阁之上,又斜入绮户之中,照着那些彻夜无眠之人。在这些无眠之人中,当然有他自己和他弟弟苏辙在内。

"不应有恨,何事长向别时圆?"这又是一问。诗人以为月亮本来是没有恨事的,却常常在人们离别之时显出团圆的样子,它是有意嘲弄人呢?还是同情人呢?句中的"别"字,不止一层意思,既是指自己和弟弟的隔别,又是指自己和朝廷的隔别。"长向"二字,用意深曲。不是偶然如此,而是长时如此,常常如此。由此可见,"月圆人未圆"是普遍的现象,人间的缺陷也是普遍的现象。

"人有悲欢离合,月有阴晴圆缺,此事古难全。"又推进一层:不但"月圆人未圆",而且连月亮也难以长圆。大自然的事物也有缺陷,人的悲欢离合就更不奇怪了。用一"古"字,更肯定事情是从来如此。此句好像是肯定"古难全",其实骨子里仍然带着问号。人世的悲欢离合,天上的阴晴圆缺,难道一向都是如此,无法两全其美的吗?"人",是指自己和弟弟,但也可以泛指。"月",既是现景,也象征朝廷里的政治气候。

最后,只好以良好的祝愿来作结束。

"但愿人长久,千里共婵娟。"积累了许多疑问又无法作出解答,但他却不像屈原那样悲观,他还抱着良好的愿望。"人长久",有年寿的长久,也有感情的长久。"共婵娟",既是共明月之美好,又是彼此感情的美好。诗人以为,即使相隔千里,也不须悲观失望的。

正是因为这首词所包含的不止一层意思,所以神宗皇帝读了也颇受感动。《坡仙集外纪》说:"神宗读至琼楼玉宇二句,乃叹曰:苏轼终是爱君。"

他是处在不得意的政治生涯中,心头有许多疑惧,但又抱持着期望,所以使人读了觉得他还是一片诚恳。假如他又是有意向神宗皇帝表态,那这种表态也是很成功的。

我们应该佩服诗人把宇宙问题和人生问题融汇结合的本领,佩服他指物喻事的艺术技巧;更佩服他以豪放阔大的风格入词、开创词坛新貌的才华。

水龙吟(次韵章质夫杨花词)

苏 轼

似花还似非花,也无人惜从教坠。抛家傍路。思量却是,无情有思。萦损柔肠,困酣娇眼，欲开还闭。梦随风万里，寻郎去处，又还被莺呼起。　　不恨此花飞尽，恨西园、落红难缀。晓来雨过，遗踪何在？一池萍碎。春色三分，二分尘土，一分流水。细看来、不是杨花，点点是离人泪。

水龙吟（杨花）

章　楶

燕忙莺懒芳残，正堤上柳花飘坠。轻飞乱舞，点画青林，全无才思①。闲趁游丝，静临深院，日长门闭。傍珠帘散漫，垂垂欲下，依前被风扶起。　　兰帐玉人睡觉，怪春衣雪沾琼缀。绣床渐满，香球无数，才圆却碎。时见蜂儿，仰粘轻粉，鱼吞池水。望章台路②杳，金鞍游荡，有盈盈泪。

对于咏物诗词，好像有人说过，要"物物而不物于物"。意思是说，必须把握住对象（物物）而又不受对象所束缚（不物于物)。文艺作品之所以不能不注意这个问题，是因为文艺对于所描写的对象，绝不是纯客观地加以复制，它必须注入作者本人的精神，使客观物象带有作者本人的风格和个性，思想和感情。但这又不是把作者的主观强加给对象，以致歪曲对象的面目。正因这样，掌握得好也就并不容易。

①这三句《唐宋诸贤绝妙词选》作"轻飞点画青林，谁道全无才思。"此据《草堂诗余》。

②章台路——汉代长安有章台街，唐人小说有《章台柳》记妓女柳氏事。后人因以章台为歌伎聚居之所。这三句是说，闺中少妇看不见夫婿游荡的章台路，独居寂寞，只有暗自流泪。

比较，是分辨事物的好方法。我们不妨比较一下苏轼和章楶这两首咏物词。

对于这两首词，前人的议论是有很大分歧的。晚清的王国维说："东坡《水龙吟》咏杨花，和韵而似原唱；章质夫词，原唱而似和韵。才之不可强也如是！"(见《人间词话》)这种说法，代表了很大一部分评论家的意见。

宋人魏庆之说："余以为质夫词中所谓：'傍珠帘散漫，垂垂欲下，依前被风扶起。'亦可谓曲尽杨花妙处。东坡所和虽高，恐未能及。"(见《诗人玉屑》卷廿一)他同那些不分青红皂白、不作具体分析而笼统下结论的看法是有区别的。

苏轼当然是文章能手。他知道咏物而被物象所束缚，就不能陷于工匠似的死板刻画，何况在刻画方面，原作者章楶已经取得了相当高的成就，假如沿着这条路子去追赶他，显然是笨拙的，所以他才有意拔高一筹，让物象更多地染上人的主观色彩，更多地显示人的性情品格，于是杨花同人的感情就像是更加贴近了。

自然，就拿刻画物象来说，要刻画得出色也不是一件容易的事。所谓"栩栩如生"，其实包含两个内容：一是对于物象的准确把捉，一是在这个基础之上注入作者的精神血肉。没有前者,后者便成为架空的虚幻,没有后者,前者又将失去活的生命,同样"栩栩"不起来。

从刻画物象去看,章楶也是一个高手。你看下面这几段描写:

"闲趁游丝,静临深院,日长门闭"——那些轻飘飘的小家伙,它们打伙儿从树上蹦了下来,装出毫不在乎的神气,同在树梢头飘扬着的游丝作耍了一番,然后悄没声儿地溜进人家的院子里。看见人家把大门扇都关起来,他们就在院子里来回游荡,老是不肯停下来。

"傍珠帘散漫,垂垂欲下,依前被风扶起"——它们又爬到人家的阳台上,东一个西一个,在帘子前面窥探着动静,慢慢儿它们打算从帘子底下钻到里面去,冷不防给一阵微风撺了出去,翻了几个筋斗,却还是挨到帘前,硬要往里面钻。

"兰帐玉人睡觉,怪春衣雪沾琼缀"——它们终于钻进了人家的闺房,一个个粘在人家的衣服上面,硬赖下来不肯走了。

"绣床渐满,香球无数,才圆却碎"——还有另外一些小家伙,打伙儿跳到人家床上去了,你拉我扯,滚成一团,变成一个个小球儿。滚了一回,却又拆开,又变成一个个小伶仃。它们还不肯就此罢休哩!

这样的几段描画,真是新鲜活跳,抵得上"栩栩如生"的评语,经得起反复寻味。我们岂能轻视这位章老先生!

在这样的对手面前,如今,苏东坡要去跨越他。这不是一件简单的事情。

我们且看东坡怎样解决这个难题。

"似花还似非花"——这开头一句,就看出苏老先生立意要跳出物象之外。因为，说它既像花儿，却又不像花儿，那就非实行"抽象"不可。但又不是彻底"抽象"，因为还保留了那"似花"。

"也无人惜从教坠。抛家傍路"——先用事实证明它那"非花"的一面：没有人会对它的"坠落"产生怜惜心情，任由它离开本家，在大路上随风飘泊。假如真个是花，就不致如此了。

"思量却是，无情有思"——挽回一笔：虽然是"非花"，不过仔细想来，"道是无情还有情"，所以又不完全是"非花"，它也有自己的情思。

"萦损柔肠，困酣娇眼，欲开还闭"——索性进一步把杨花人格化，想象它是一位闺中少妇。在暮春的天气里，她因思念远人而柔肠萦结，因天气倦人而娇眼欲开还闭。有人说，柔肠是比喻柔弱的柳枝，娇眼是比喻柳叶的飞舞。看来并不如此。因为题目是杨花(柳絮)，作者必须在这吃紧之处紧扣题目，否则便有文不对题的危险。不过苏东坡的主观色彩未免过分强烈了些，颇有离开物象，凭空捏合的嫌疑。到底柳絮如何"萦损柔肠"，又如何"困酣娇眼"，实在是不大好领会的。

"梦随风万里，寻郎去处，又还被莺呼起"——这是顺着上面的想象下来的。这位少妇如今正在入梦，梦见自己去找寻夫婿，不料还在中途，就给可厌的黄莺儿吵醒了。虽然是暗用了唐诗人金昌绪的诗意③，但形容柳絮随风飘荡、乍去还回、欲堕仍起的动态，却是颇为传神的。

③金昌绪《春怨》诗："打起黄莺儿，莫教枝上啼。啼时惊妾梦，不得到辽西。"

以下，转入下片，作者索性撇开比喻，站出来抒发自己的感想。

"不恨此花飞尽,恨西园、落红难缀"——上文说过"似花还似非花",如今再从这层意思生发开去:杨花非花,所以不必怨恨飞尽;但是此花飞尽,却说明春光已逝,西园里的繁花从此纷纷飘零了,那却是很可惜的。

"晓来雨过,遗踪何在?一池萍碎"——本来漫天飞舞的杨花,只下了一场雨,便一下子消失干净。到底它们到哪儿去了?只看见满池子细碎的浮萍。曾经听人说,"柳絮入水化为萍",那么,这许多细碎的浮萍便是它们唯一留下的踪影?

"春色三分,二分尘土,一分流水"——如果柳絮可以代表春天,看起来,春天的气息三分之二已经变成尘土,剩下的三分之一又变成流水,一去不回了。

这真可以说是超凡脱俗的笔墨。春天可以分为三份,各有各的去向。这又使人想起唐诗人徐凝的"天下三分明月夜,二分无赖是扬州"的名句。"二分尘土,一分流水",细想又何其确切。春天的踪影忽地无处可寻,难道不是已随同杨花化成尘土和流水么!

"细看来、不是杨花,点点是离人泪"——回应上文闺中少妇那一段。只有思妇和游子的眼泪,才如此地纷纷扬扬、无穷无尽;才能够陌上闺中,无所不在;也只有思妇游子的眼泪,才如此漫天盖地,葬送了大好春光!

至此,诗人以强烈的夸张,浓挚的情感,把全篇收束得异常饱满。

不知道读者的看法怎样,在我则认为,章楶那几段刻画,只要稍加一点形象的想象,就是一组生动活泼的"卡通",比起东坡来实在并不见得逊色。

但是,从注入作者的情感的强度来说,东坡还是高了一头。英国湖畔诗人华兹华斯说过:"是情感给予动作和情节以重要性,而不是动作和情节给予情感以重要性。"东坡这篇和韵,正是以情感驱动对象的动作和情节,使后者显示其不平凡的意义的。这是东坡的高明之处。

在历史上,我国出现过无数的咏物诗词。如果要鉴别它们的精粗高下,除了看作者是否有章姿那样深入地把捉物象的本领,还须看他是否有苏轼那种以情感为驭手,让骏马充分腾跃的本事——而后者是更为重要的。

晏几道

（约1030—约1106），字叔原，号小山，晏殊幼子，曾监颖昌许田镇，又为开封府推官。有《小山词》。

临江仙

晏几道

斗草阶前初见，穿针楼上曾逢①。罗裙香露玉钗风。靓妆眉沁绿，羞脸粉生红。

流水便随春远，行云终与谁同？酒醒长恨锦屏空。相寻梦里路，飞雨落花中。

这是一首深情款款的怀人之作。从这首词中，我们可以看到，在那个"礼不下庶人"的封建社会，我们这位诗人却以截然不同的思想风貌出现。

①宗懔《荆楚岁时记》："五月五日，四民并踏百草。又有斗百草之戏。"又："七月七日，是夕人家妇女，结彩缕，穿七孔针，或以金银鍮石为针，陈瓜果于庭中以乞巧。"

晏几道是晏殊的幼子，当他睁开眼睛辨认周围的世界的时候，四面尽是珠光宝气，前后都有翠鬟云鬓。正如生长在荣府里的贾宝玉，从小就同家里的女孩子厮混在一起那样，晏几道在一群女孩子手里给提携长大起来。他熟悉她们的声音笑貌，感染了她们的喜怒哀乐。在他的心灵里，事物都是那么美好，人与人的关系也是温暖的。他没有歧视身边的那些所谓"下人",他想不到人会有那么多的尔虞我诈。加上他那生就的丰富感情,更使他觉得人与人的真挚的友谊是多么可贵。我们不妨这样说,晏几道是在贾宝玉这个理想人物诞生以前几百年就出现的贾宝玉型的真实人物。他在好些方面都有着同我们熟知的"宝二爷"相似的性格。

试看这一首脍炙人口的《临江仙》,就可以说明晏家公子那美好灵魂的某一侧面。

词是为了怀念一个已经离开自己的女孩子而写的。

这个女孩子显然是晏家中的一个婢女。她的身份,到底相当于贾宝玉身边的花袭人,还是贾母身边的鸳鸯儿,现在已经无法确定了。我们只能从词中的描述,知道她曾经在晏府里服侍过人,而后来又被遣嫁了出去的。

先请看上片。不过寥寥五句,可是一句一景,一景一情,景中不仅有人,也有人物的感情透出;而且,通过这情景交融的描写,又暗暗交代了双方感情的由浅而深,逐步递变。更妙的是,这个女孩子的音容笑貌,也仿佛可以呼之欲出。我们仅仅看了这么几句,便不难领略小晏的高妙的艺术手法了。

"斗草阶前初见"——女孩子初进晏府,看来是某一年的夏天。那时候,女孩子们在端午节日喜欢做"斗百草"的游戏。晏公子是在她同别的姑娘们斗草的时候第一次看见她的。

"穿针楼上曾逢"——转眼又到了七夕。七月七日是姑娘们的节日。《西京杂记》说:"汉彩女尝以七月七日穿针于开襟楼。"这种风俗就从汉代一直流传下来。那一天,晏家的女孩子——她们的身份大概就像贾府的丫头吧——都凑到楼上,对着牛女双星穿乞巧针。也就是在这天晚上,他同她又一次碰了面。

"罗裙香露玉钗风"——又一次见面是在庭院前。她的裙子沾了露水,玉钗在头上迎风微颤,正在同一群女孩子在花阴树下戏耍。

"靓妆眉沁绿"——她还没有发现他走近自己身边。

"羞脸粉生红"——她突然发现走近身边来的他。

以上是追述他和她的三次偶然的、不期而遇的见面。那时候,她进入晏府还没多久,而且,她还不是他身边的人。

进入下片,却已是女孩子已经离开晏府之后了。中间留下了一大段空白,小晏没有来得及加以描写。到底他同她有过一段什么样的关系,发生过什么样的感情……我们现在都无从知道。但是,从小晏那深情一片的忆念中,我们仍然能够探出一点消息。

"流水便随春远"——时光就像流水一样,把春天带走。也把他俩那段美好的生活一同带走。

"行云终与谁同"——如今,她究竟同哪些人在一起生活啊?

五代词人欧阳修的《蝶恋花》词,有"几日行云何处去?忘却归来,不道春将暮"的句子(此词一作冯延巳)。"行云"自然可以比拟为人的踪迹无定。可是这词儿是从宋玉《高唐赋》"且为行云,暮为行雨"来的。这个"行云行雨"的人,正是巫山神女。由于她同楚王有过一段男女之间的关系,后人提到"神女"时,常是作为一种代词,指倡伎式或近于倡伎式的人物;而"行云"一词,也多少带有同别人情恋的意思。宋词中的"行云"就常是如此。

我们仔细寻味上面这两句,就可以明白,上句是指光阴过得很快,转眼之间,他同她那段共同生活便中止了;下句是说,她如今像传说中的神女,不知又到哪个地方"行云行雨"去了。换句话说,她如今已经不知属于谁人了。

"酒醒长恨锦屏空"——人是早已走了,再也不回来了。可是,那情感却一直留了下来。每当夜阑酒醒的时候,总觉得围屏是空荡荡的,他永远也找不回能够填满这空虚的那一段温暖了。

很显然,他同她有过一段共同在一起的生活经历,这段生活使他永久无法忘怀。而且,他又多么希望她和他永远生活在一起啊!

于是,我们看到小晏写下了如此动人心魄的两句话:

"相寻梦里路,飞雨落花中"——是落花时节,在春雨飞洒中,他独个儿跋山涉水,到处寻找那女孩子。尽管这是在梦里吧,他仍然希望能够找到她。

这真是何等崇高的境界!

从近处看,这是小晏对那女子的强烈的怀念。单是从这一点看,晏家公子的深情一片,已经使我们异常感动了。须知在他生活的那个时代,封建等级制度是那样沉重地压在每个人的身上。被看成"贱民"似的婢女,连独立的人格也是不存在的;从正统的观点看,他们压根儿不是士大夫阶级所认为的真正的人,更不值得加以怀念。然而我们这位诗人却有着高出于同时代的一般士大夫的优美的灵魂。他不仅在心里镂刻着他和她之间的一段感情,而且还要"相寻梦里路",把对方看成自己所追求向往的理想的对象。在那个社会中,这难道不是绝无仅有的吗?

然而我们还要想得更远——"相寻梦里路,飞雨落花中",这是小晏有意无意之间向我们揭示他一心追求的一种崇高境界。他不满意眼前的现实,他要追求他的理想王国,但他又分明知道,他的理想王国似乎只能存在于"华胥世界"之中,能够无拘无束地驰骋的也只有自己的梦魂。于是他反复地咏叹自己的梦境:

> 梦魂惯得无拘检,又踏杨花过谢桥。

> 梦入江南烟水路,行尽江南,不与离人遇。

> 从别后,忆相逢,几回魂梦与君同?

> 莫道后期无定,梦魂犹有相逢。

> 如今不是梦,真个到伊行。

应该说,这不是偶然的,这正是小晏在封建制度的束缚下热烈向往自由、追求解放的心理反映。尽管他的想法非常天真,幻想的境界那么优美,但那是不可能在现实生活中存在,甚至也不可能永远在梦魂中出现的。然而,我们与其责备作者,毋宁赞美作者。因为一种思想的升华,总要排除妨碍其升华的杂质。人们幻想中的乌托邦,宗教圣光里的极乐世界,其实都是这样的。我们为什么不允许小晏追寻那"飞雨落花"的世界呢!

鹧鸪天

晏几道

彩袖殷勤捧玉钟,当年拚却醉颜红。舞低杨柳楼心月,歌尽桃花扇影风。

从别后，忆相逢，几回魂梦与君同？今宵剩把银釭照，犹恐相逢是梦中。

19世纪法国两位作家——福楼拜和乔治·桑，曾在1875年展开一场不大不小的争论。福楼拜坚持他对小说的观点，曾经说："艺术家不该在他的作品里面露面，就像上帝不该在自然里面露面一样。"

他这话可能说得绝对了一点，有些作家是不会服气的。可是，他这话到底在很大范围内归纳了小说的一个重要特点。因为小说家所努力塑造的典型人物，其中即使有作者自己的影子，他也不肯坦白地宣说出来。他仿佛是个冷眼旁观的第三者。正如写《红楼梦》的曹雪芹，明明那主角正是他自己的影子，他却把写书的人说是什么"石兄"，由空空道人抄来，而曹雪芹自己不过是拿来披阅增删罢了。

同小说家所避开的相反，抒情诗人所全力以赴的，却是塑造自己的形象。他不仅不应该避开自己，反而要把自己的灵魂充分显示，而且显示得越鲜明、越有个性就越好。似乎可以说，在这一点上，划开了抒情诗人与小说家之间的一道鸿沟。

古今中外的著名抒情诗人，都是自觉或不自觉地在作品中塑造自己的形象。因为形象是如此具体鲜明、个性突出，使读者对他感到十分亲切，为之念念不忘。然而这并不是所有写诗填词的人都能够做到的，有些人甚至故意隐瞒自己的感情，而把虚伪浮夸或言不由衷的辞藻加以堆砌，以为技巧就是一切。

从这个角度我们去看晏几道，就可以清楚地看到，在塑造作者自己的形象方面,他的成就是超卓的。试读读他的词集吧(晏几道的词集叫《小山词》,传世有汲古阁《宋六十名家词》本,晏端书刻《二晏词钞》本,朱孝臧《彊村丛书》本),你会看到一个性格鲜明的人物,决不会比你在一些著名小说中看到的人物逊色。

这里选的一首《鹧鸪天》,不过是随手拈来的例子。它写的是他同一个歌伎久别重逢时的喜悦。事情本来十分寻常,然而你注意看他那鲜明的性格,那无邪的品质。

词的上片,写分手之前一段往事。

小晏不知道是在哪家秦楼楚馆碰上这个歌女。他俩好像一见钟情。一方面,她是"彩袖殷勤捧玉钟";一方面,他是"当年拚却醉颜红"。从对方的"殷勤",小晏的"拚却",我们分明看见当时的情景。双方的柔情蜜意,通过这幅小小画面,十分形象地描画了下来。

他进一步饱满地写那段美好的往事:"舞低杨柳楼心月"——许多个夜晚,在轻歌曼舞的氛围中,他们彼此都忘却了时间的流逝,直到楼外的杨柳树梢坠下了金黄色的晓月,才发觉天快亮了(楼心月,指午夜,月低了,便近天明,所以说"舞低杨柳楼心月"。或说,杨柳是楼名,似无根据)。

"歌尽桃花扇影风"——清人孔尚任的《桃花扇传奇》是说杨龙友因着李香君的鲜血,在扇子上画了几朵桃花。我不知道孔尚任是不是把这首词的"桃花扇"理解为绘画着桃花的扇子,但何尝不可以说,他们在桃花盛开的日子,她拿着扇子,清歌数曲,让桃花洒满了一地呢!反正,当年小晏和那位女郎就在歌声扇影之中,非常愉快地度过了一段美好时光。

以上四句,一个承平公子和他所眷恋的歌女的形象,已经初步描画出来了。而且正如晁补之(比晏几道稍后的词人)说的:"自可知此人不生在三家村中也。"①当时的读者便已经触摸到小晏刻画人物的妙手了。

① 《诗人玉屑》引王直方《诗话》又认为这话是黄庭坚说的。

然而,形象的光辉毕竟还是出现在下片。

"从别后,忆相逢,几回魂梦与君同"——他俩不知道为什么会分手,分手之后又为什么会渺无音信。反正彼此是离开了,而且离开的时间不算太短。但小晏却始终没有把这段生活忘却,更没有把这位女郎忘却。不但不忘却,而且,"几回魂梦与君同",不知多少回在梦中同她一起,并不因为对方只是一个歌女,根本不值得回念那段往事。

这不正是一个活生生的小晏吗!(我说这句话,并不是只根据他的这两句。)

于是,一个更加动人的场面出现了:

他俩又意外地重逢了。我们这位晏公子这分惊喜过望就集中在这两句话里:"今宵剩把银釭照,犹恐相逢是梦中!"他把她拉到灯下来,再三端详着:"这是做梦吧!不!这不是做梦。但也许正是又在做梦哩!"

那是多么优美的一幅画像,那是多么高尚的一个灵魂,真不能不使人欢喜赞叹,不能自己。

是的,"夜阑更秉烛,相对如梦寐"。杜甫早就写过了。但在小晏笔下却另有一番光彩。它不是简单地仿效或复摄,而是赋予人物以新的精神面貌。这正是我们的小晏,一个勇敢地打破贵贱之分的青年人,一个感情深挚而又锲而不舍的青年人,一个平平凡凡然而又是使"天地为之久低昂"的人!

少年游

晏几道

离多最是，东西流水，终解两相逢。浅情纵似，行云无定，犹到梦魂中。　　可怜人意，薄于云水，佳会更难重。细想从来，断肠多处，不与这番同！

　　黄庭坚对晏几道曾经有过这样的评论："余尝论：叔原固人英也，其痴亦自绝人。"下面就谈到小晏有"四痴"。最后那一痴是："人百负之而不恨；己信人，终不疑其欺己。"黄庭坚和小晏是朋友，他的话是得自亲闻亲见，所以完全可信。对于这一点，我们在小晏的作品里也得到大量的印证。

　　生活在所谓承平时代，出身于世家大族的公子群中，的确有些人是颇有点儿"傻气"的，虽然具体的表现并不完全相同。在小晏来说，除了不懂得奔走于权贵门前，不肯写朝廷规定的应制文章，不懂得如何用钱之外，最显得突出的便是"人百负之而不恨；己信人，终不疑其欺己"这一点了。我们现在已经无从知道他是怎么盲目相信别人，而别人又是怎样欺负他的；可是，透过他留下来的作品，仍然可以看出他对人的信赖和尊重，同情和谅解，以及在对人感情上的真纯。比方说，他对于同自己相好过的女子，其中有些人，身份还被认为是"卑贱"的，他不仅始终寄与同情，而且即使对方辜负了他，他仍然不怨恨对方，甚至依旧强烈思念着。难怪许多人都说他"痴"。而这种"痴",在一般公子群中,却是非常罕见的。

他写过一首《醉落魄》,下片说:

若问相思何处歇?相逢便是相思彻。尽饶别后留心别(尽管对方分手以后已经恋上了别人),也待相逢,细把相思说。

分明人已经走了,而且并没有再惦念自己,可是小晏还是盼望着有朝一日,彼此相逢,把自己那一段思忆之情一点一滴向对方诉说。

还有一首是这样写的:

相逢欲话相思苦,浅情肯信相思否?还恐漫相思,浅情人不知。　　忆曾携手处,月满窗前路。长到月明时,不眠犹待伊。

　　　　　　　　　　　　　——《菩萨蛮》

他知道,对方并不是个深于感情的人,自己对她的深情厚意,她未必能够理解。既然如此,这股傻劲儿不是白费了吗?可是从前那段往事,又像用刀子镂在自己心上,以致一看见窗前的月亮,就重新回忆起来,还幻想她突然会回到自己的跟前,因而深夜还在守候着呢!

这种品格是很难拿别的事物去加以比拟的,只能重复黄庭坚那句话:"其痴亦自绝人。"

这首《少年游》用不着怎样解释,他同样是使用本人的艺术语言,表达他本人的"痴"。它的具体背景我们也不知道,也许是为一个女性写的,也许是为一个朋友写的。那种"薄于云水"的"人意"的感叹,也许是得到对方非常无情的回答,也许还有其他的事情。总之,是使他感到万分难过。

然而，受到这种不幸打击的时候，他仍然没有憎恨对方，而只是慨叹着"佳会更难重"，只是"细想从来，断肠多处，不与这番同！"让自己咽下这深沉悲痛的苦果，而不愿也不忍去触伤对方的心灵。

人，是应该有所爱憎的。对于薄情负义的人，也是应该鄙视的。然而，这终究不过是个人与个人之间的事；而且，当想到这不是某一个人本身能负得了的责任（这种原因是复杂的），当想到比个人远为强大而且顽固的某些势力的严重存在，那么，对于某个单独的人，你又能怨恨他什么呢？

这也许不是小晏的原意吧。我们对于他的了解毕竟还是那么浅薄，对他心灵的活动更是茫无所知。但他对社会的理念却总是高出于"个人"之上，甚至有些地方还超出他那个时代的一般水平。从他的大量作品里，从他朋友对他的评论中，我们还是多少可以体会得到的。

清平乐

晏几道

留人不住，醉解兰舟去。一棹碧涛春水路，过尽晓莺啼处。　　渡头杨柳青青，枝枝叶叶离情。此后锦书休寄，画楼云雨无凭。

深情的人很难不碰上倒霉的事儿。

小晏就是经常碰到这种倒霉事儿的。如今这又是一桩。

制造这种倒霉事儿的就是那些浅情的人。在他那个社会，在他遭遇的生活里，他碰到这种人委实不少。小晏却总是带着无可奈何的心情和惋惜的语气提起他们或她们，在他的作品中曾再三地这样说：

还恐漫相思，浅情人不知。

——《菩萨蛮》

懊恼寒花暂时香，与情浅人相似。

——《留春令》

欲把相思说似谁？浅情人不知。

——《长相思》

别来久，浅情未有、锦字系征鸿。

——《满庭芳》

对于那些拿别人的感情故意作践的人，他甚至说得更加激动：

相思本是无凭语，莫向花笺费泪行。

——《鹧鸪天》

回头满眼凄凉事，秋月春风岂得知？

——《鹧鸪天》

齐斗堆金,难买丹诚一寸真。

——《采桑子》

怅恨不逢如意酒,寻思难值有情人。

——《浣溪沙》

但虽然这样懊恼着,他可始终没有想到以牙还牙,向谁寻求报复;自然,他也不会忽然大彻大悟,从此"披发入山",当和尚去的。他不是曹雪芹或高鹗笔下能跟和尚道士出家的贾宝玉,他是活生生的一个晏家公子。

在这首《清平乐》里,晏几道对于那个"千留万留不住"的人,也是感到懊恼的。看他一开头就下了"留人不住"四个字,想见已经挽留过不知多少回,终于无法留得。"醉解兰舟去",她喝醉了,却毫无留恋之意,船缆一解,就决绝地走掉。他呢,仍然陪着她喝酒,仍然殷勤相送。

"一棹碧涛春水路,过尽晓莺啼处"——这一带的江上景色,原是他和她平时流连欣赏过的。那些春涛、晓莺、青山、杨柳,他是这样熟悉。如今还是这些景色,可那人已经把它丢在脑后,头也不回地走掉。眼看那船儿在碧波春水中飞箭似的驶了过去,转眼便"过尽晓莺啼处",可以想见小晏的心情是如何怅惘。

等到连"一棹"的影子都消失了以后,他猛地回过头来,只剩下"渡头杨柳青青",这时心情的寂寞和激动才到了顶点。一方面,看到堤边的杨柳就仿佛一枝一叶都染上离情别绪;另一方面,又恼着对方走得这样决绝,因而陡然涌起了"此后锦书休寄,画楼云雨无凭"的念头来。反正这些人物都是一走就完事的,自己又何必书呀信呀向她寄个不休呢!

但这又不过是一时激动,好像恍然大悟,从此割舍一切,而其实并非如此的。深情的人不会真正割舍,因为他常常想到对方曾经在自己心头留下的美好的印象。那些一时决绝的话,不过是更加执着的表面的反拨罢了。否则,在他的眼里,就不会出现"枝枝叶叶离情"的感觉了。

我们相信,小晏终于会在心灵里留下她那美好的印象,正如一位伟大的哲学家或诗人,尽情排除了在现实中还存在的渣滓,然后让思想境界获得最高的升华。

阮郎归

晏几道

天边金掌露成霜,云随雁字长。绿杯红袖①趁重阳,人情似故乡。　　兰佩紫,菊簪黄②,殷勤理旧狂。欲将沉醉换悲凉,清歌莫断肠。

从这首词的感情内容来看,它无疑是小晏晚年的作品。

人年纪大了,阅历也加深了,已经不再是"归梦碧纱窗,说与人人道,真个别离难,不似相逢好"那种公子哥儿的脆弱感情了。现在住在京城里,虽然也会想到从前的故乡,但是那感情显然不是用"思乡"两字包括

①绿杯红袖——绿杯指摆设的筵席。红袖指妇女。
②佩紫——在衣襟佩上紫色的蕙兰。簪黄——在头上簪戴黄菊。

得了的。于是,这一篇"重九词"也就显得感慨深沉,情怀凄冷,好像换上另外一种调子了。

词一开头,令节已在深秋。从"天边金掌"四字,可知地点是在京城汴梁。因为"金掌"原是汉武帝为了求仙而建立的。《三辅黄图·台榭》载:"通天台,上有承露盘仙人掌,擎玉杯以承云表之露。"这个汉代的古董久已毁失。北宋徽宗时,大兴道教,信神仙,徽宗自称为"教主道君皇帝",下诏天下所有"洞天福地"都修建宫观,塑造圣像。他是否曾建造承露盘仙人掌呢?据《宋史》记载,钦宗靖康二年,金人南侵,俘虏了徽钦二帝,还把礼器、法物、八宝、九鼎、圭璧、浑天仪、铜人、刻漏、古器等掠夺北去。其中"铜人"大抵就是承露的仙人掌。李贺诗有《金铜仙人辞汉歌》,"金铜仙人""铜人",应是同类之物③。再证以晏几道此词的"天边金掌",可见在汴京确曾建立过这种求仙长生的东西。

③如今北京北海公园琼华岛西北半山上有一汉白玉石柱,上立铜铸仙人捧盘像,有人说是金朝时从汴京移来的。

"云随雁字长",是说天上拖着长条形的卷云,还有一行飞雁,列成一字,向南飞去。这两句点出时序已是深秋,为下文的"趁重阳"先作衬垫。

晏几道虽说是丞相晏殊的幼子,但仕宦很不得意,曾做过一员小官——监颖昌府许田镇。《宋史·职官志》七载:"诸镇置于管下人烟繁盛处,设监官,管火禁或兼酒税之事。"略等于后代的一个镇长。他当这个官时间很短,不久就退休回家(但据说他还任过开封府推官)。此时是住在汴京,因为那儿有皇帝赐给他父亲的邸宅。

时逢重阳佳节,都中士女都纷纷到郊外游赏。《东京梦华录》载:"九月重阳,都下赏菊。"又说:"酒家皆以菊花缚成洞户,都人多出郊外登高,如仓王庙、四里桥、愁台、梁王城、砚台、毛驼冈、独乐冈等处宴聚。"陈元靓《岁时广记》引《岁时杂记》说:"都城人家妇女,剪彩缯为茱萸、菊、木芙蓉花以相送遗。"可见当时风俗。这一幕幕景色,一处处繁闹,都勾引起小晏对许多旧事的回忆,使他禁不住涌出了"人情似故乡"的感想。这故乡,也许就是晏殊的祖居临川(今江西抚州市)吧。

在重阳节的欢闹中,他也是照例出来应节的各色人物中的一个,但并没有人特别去讨好他,他也不想去讨好什么人。那些平日要好的朋友,如今死的死了,散的散了。但毕竟是重阳佳节啊!既然大家都这样兴高采烈,自己又何妨照例佩上紫兰,簪上黄菊,装成欢乐的样子呢!然而在搬弄这些玩意儿的时候,心情却是很复杂的。他想起从前的日子,年纪还轻,也是每年闹着这些个玩意。如今照样还是闹着,可是时间不同,心情也不同了。现在怎么能够像做公子哥儿的时候,那样傻里傻气地闹着啊!但从前那段生活,又是多么可恋,如今,当已经消失了那股傻劲儿的时候,反而觉得过去那股傻劲儿多么耐人寻味, 多么可珍可贵了。而且,从今以后,还有多少个年头的重阳可以闹着呢?倒不如尽情尽意地佩紫、簪黄,再闹它一番吧——这就是"殷勤理旧狂"五个字包含的复杂而又感慨深沉的内容。

"理旧狂",正是对悲凉心情的无可奈何的反拨;"殷勤"理它,又可见这悲凉是沉重的。为了摆脱这种悲凉,于是他想到:还是听听那些美妙的曲子,让自己沉浸在酒杯和歌喉的甜美境界中, 再不要惹起什么哀愁了!他好像是要追求一种解脱,一种忘却;然而, 恐怕连他自己也不会相信这能换来欢乐吧!

这才是小晏晚年的真正悲哀。

于是,他让我们看到:尽管也还是那种披肝沥胆的真挚,但在经历了多少风尘磨折之后,悲凉已经压倒了缠绵;虽然还有镂刻不灭的回忆,可是已经很害怕回忆了。

时间,对于一个人来说,非常有限,同时又是非常冷酷的。深情到像小晏,也给时光的流水冲刷到这种程度——拿它同"彩袖殷勤捧玉钟,当年拼却醉颜红"那种豪情胜概,以及"长到月明时,不眠犹待伊"那种向回忆强烈拥抱的心情比较起来,相隔是多么遥远啊!

阮郎归

晏几道

旧香残粉似当初,人情恨不如。一春犹有数行书,秋来书更疏。 衾凤冷,枕鸳孤,愁肠待酒舒。梦魂纵有也成虚,那堪和梦无!

我们现在可以转过来着重欣赏一下小晏的艺术技巧了。

弄文艺的人,都不会忽视技巧的掌握,并且大抵知道技巧是为内容而服务的,单纯追求技巧只是舍本逐末。虽则如此,技巧还是挺重要的。文,就是外表好看的东西;艺,就是专门的技巧。所以"文艺"本身正是要体现好看和有技巧的,否则,它不成其为好的文艺。

技巧自然掌握得越纯熟、越多门就越好。正如俗语说的:"长袖善舞,多财善贾。"

但有人似乎忽略了一层:长袖未必善舞,多财也会成为守财奴。正如巴尔扎克笔下那个葛朗台老头,黄金堆在屋子里,却没有给一家人带来半点儿快乐,连排场和阔气都谈不上。

技巧有了,用得不是地方,也就等于没有地方使用,在文艺史上,这并不是什么难以想象的怪事。

如今暂且撇开这个话头,先谈谈小晏这首短短九行的小词。

这首词抒写的仍然不外是一种思忆之情。但它同其他同类主题的作品比较,在技巧上却自有它的特色。小晏在这首词里,运用了层层开剥的手法,把人物面对的矛盾逐步推上尖端,推向一个绝境,从而展示了人生不可解脱的一种痛苦。

这词上下两片,九句话,可以分为六段。

第一段:"旧香残粉似当初"。人显然已经走了,但留下她用过的东西。在小晏看来,它们都并没有发生任何变化,只是"人情"却不是当初了。物和人对比,由此揭开了矛盾。

第二段:"一春犹有数行书"。盼来盼去,总算盼到一封信来了,这还是一种安慰,虽然不过仅仅数行而已。然而,"秋来书更疏",证明对方的感情越来越冷淡,越来越疏远。这就探进一步,事实上证明了"人情"的"不如"。

第三段揭示自己眼前的实境:"衾凤冷,枕鸳孤"。自己并没有别恋他人,当时的信誓自己是坚守着的。

第四段:"愁肠待酒舒"。还有什么别的办法呢?除了拿酒来使自己开解,使自己麻木。

第五段:"梦魂纵有也成虚"。于是矛盾进入白热化。他指出,自己便是进入梦魂中去找她吧,那也是白费的。为什么?因为她同自己的想法不一样,连梦中看见她的,她的感情也是冰冷冰冷的,让自己很不好受。

第六段:"那堪和梦无"。以"和梦无"三字向"梦魂纵有"反戈刺入,于是构成了心死魂断、完全绝望的境界。就像《红楼梦》写到林黛玉的结局:"一点泪也没有了。"

作者就是这样层层开剥,步步紧迫,把感情挤压到无可回旋的地步。使人产生了异样的黯然情绪。

有人也许会这样说:这种技巧,说来也寻常,不过是层层剥入罢了,在古人作品中是不乏其例的。自然,这话也有它的理由。然而技巧并不是独立存在的,我们不能忽视与技巧同时存在的作者深挚的感情内容。

没有相应的感情内容,技巧就成为一个空架子,正如没有真正敌人,军队的活动就不过是一种演习。常常看到有些人写东西,文字技巧是不坏的,可就不能打动人,最多只能说一句:技巧还好。正如说,这次演习获得成功。

拿小晏的作品作为例子,在北宋诸大家中,若纯从技巧来看,小晏并不算特别出色,所以有人拿他父亲比做牡丹,而小晏不过是文杏。更多的人则大赞周邦彦的技巧如何出神入化。假如从纯粹的技巧去看,这是无可非议的。而我则更加喜爱小晏,原因便在于他那感情的光彩在技巧的组绣中,有如"照花前后镜,花面交相映。"(温庭筠《菩萨蛮》)不仅仅是"花花相映发"而已。

再举个极端一点的例子吧。南宋有个叫谢直的人,写了一首《卜算子》给情人送行,你看他是怎样写的:

双桨浪花平，夹岸青山锁。你自归家我自归，说着如何过？我断不思量，你莫思量我。将你从前与我心，付与他人可！

这样的人，就算拥有再高明的技巧，你能对他说些什么呢？

生查子①

晏几道

关山魂梦长，鱼雁音尘②少。两鬓可怜青，只为相思老。　　归梦碧纱窗，说与人人③道：真个别离难，不似相逢好。

有些作者擅长于摹写人物性格，虽然寥寥几笔，因为掌握了对方的特征，一下子就把人物写活了。

有些作者又善于描绘自己，也不过是那么三两笔，就把自己的精神面貌活泼泼地勾勒下来。

这都是非有熟练的技巧不行的；但这决不只是词章文字方面的技巧。作者首先应该熟悉人，熟悉人的精神世界。有千万种人就有千万种不同的精神上的差别，而这种差别又是同千万种不同的客观条件加给他的影响分不开的。"千人一面"之所以是个严重的贬词，正因为他把多样简化成为一样；而有些人甚至蛮不讲理地否认多样，只承认他自己定下的那个一样。

我们多看看古今作者对人物性格的生动描写，不但对小说、戏剧等创作是有益的，对诗词的创作同样是有益的。

就以小晏这首词为例吧。

你看小晏在这首词里描写的这个人物多么有其特色！那个呼之欲出的人物的性格竟是如此鲜明，真不愧是摄神之笔。

它是作为一个远方游子的口吻说话的。这个游子，不是老于风尘的世故老人，不是常出经商的瞿塘贾客，也不是周游求食的落魄文人……而是平时并未离开过温暖的家庭，这次突然襆被出行，远涉关山，因此感到非常不习惯的少年公子。他一走到外面，只觉得整个大地都变了颜色，样样东西都不称心如意，干出许多傻事，闹了不少笑话。假如你是小说家或戏剧家，真可以把他这段生活写成一个绝妙的喜剧故事。

但小晏只是写他的词，他不可能使用许多笔墨。你看他只是拣出这位公子的两三个镜头，一两句说话，就把人物写活了。这就是他的本领。

开头四句，就已经透出了这位公子的傻里傻气：那青年人离开家乡以后，自然是满口埋怨。这里只是突出写他既怨魂梦思家之长，又怨家中音书之少；他不歇拿起镜子，对着满头黑鬒鬒的秀发，硬是埋怨说一下子就老了许多，还执拗说这是因为思念家人的缘故。

他这股傻劲儿继续发展了。他想着要做梦，因为那是能够见到他的家人妻子的绝妙而唯一的办法，而他却也居

①这首词既见于《小山词》，又见于《杜寿域词》，而《唐宋诸贤绝妙词选》又以为是王观的作品。我以为，《杜寿域词》所收作品相当庞杂，混进了不少冯延巳、晏殊和欧阳修的，甚至还有李煜的。至于王观的词，也是由后人裒辑而成，《绝妙词选》可能弄乱了作者的名字。此词定为晏几道作，似乎较妥。
②音尘——音书信息。宋谢庄《月赋》："美人迈兮音尘阙，隔千里兮共明月。"李白《忆秦娥》词："咸阳古道音尘绝。"
③人人——心爱的人。黄庭坚《少年心》词："似合欢桃核，真堪人恨。心儿里有两个人人。"又："心里人人，暂不见霎时难过。"均是。

然做到了。在梦里,他就对着妻子大诉其苦:

真个别离难,不似相逢好。

又是一句傻里傻气的废话。不过它又是这位公子哥儿在饱受苦楚之后,从内心中迸发出来的一句真心话。谁不知道别离难、相逢好呢?难得这位哥儿在此时此地说出这种最平凡的真理,让你恼也不是,笑也不是。我们只好说,这是一句"傻角的语言"。

傻角的语言,往往就是哲人的语言。就看你从哪个角度去评量它。秦二世时代的小丑优旃对皇帝说:"陛下想把皇城都上了漆,那多好哇!滑滑溜溜,敌人怎么也爬不上来。只是,漆器上漆以后,要放进阴黑的屋子里阴干的,我们怎么把皇城装进黑屋子里去呢?"你说他是傻角还是哲人?

照我看,小晏便是傻角和哲人的结合体。他平生的"四痴"和他留下来的作品的光彩互相辉映,便是一个明证。这首词也是一个明证。

御街行

晏几道

街南绿树春饶絮,雪满游春路;树头花艳杂娇云,树底人家朱户。北楼闲上,疏帘高卷,直见街南树。 阑干倚尽犹慵去,几度黄昏雨。晚春盘马踏青苔,曾傍绿阴深驻。落花犹在，香屏空掩，人面知何处？

　　这首词，按词牌是分成上下两片；但按内容，却是分成上、中、下三个段落的。作者灵活地打破了原来的局限。

　　从开头到"树底人家朱户"，是第一段，写的是街南。从"北楼闲上"到"几度黄昏雨"，是第二段，写的是街北。从"晚春盘马"以下，是第三段，回头再写街南。其中，第一段是眼下的街南，第二段是眼下的街北，第三段则是过去的街南。三段之中分成两段不同时间，这又是一个变化。虽然仍旧是忆旧的主题，在艺术安排上却是下了一番工夫的。

　　作者通过一系列有如电影镜头的处理手法，以街和树作为画面的主干，中间插入人物的活动，反复变换，给读者以形象性的暗示，然后在最末一句点出题旨，使读者获得艺术上的满足。

　　现在我们就从这个角度分析一下这首词的"蒙太奇"。

　　"街南绿树春饶絮，雪满游春路"——画面上出现一条街道的一部分，夹道绿阴，杨柳摇曳，树上和路上满铺着白蒙蒙的飞絮，仿佛刚下了一场雪。

　　"树头花艳杂娇云，树底人家朱户"——镜头前移，树上开着各样颜色的花，繁密得就像五色云彩。镜头继续前移，透过树阴，出现了朱门一角。

　　"北楼闲上，疏帘高卷，直见街南树"——画面转换，出现了街的另一端，即街北。树影中出现一座楼房，有个人孤独地缓步登楼。镜头随移，推近。楼上珠帘高卷，出现了登楼人的面影。他倚着栏杆，向前眺望，神情惨淡，若有所思。

镜头顺着他的目光,移到远处,那就是刚才出现的朱楼,如今隐约可见。

"阑干倚尽犹慵去,几度黄昏雨"——雨景,雨而又晴,斜阳下,树影变长。倚阑人凝神深思,并没有移动位置。

"晚春盘马踏青苔,曾傍绿阴深驻"——画面化为回忆。是另一个晚春,也是满路落花,也是那边街角,倚阑的人此时正骑着一匹细马,在画面上出现。马在绿树丛中停下,人在马上瞻望,若有所盼。朱楼上面,隐约出现一个女郎的秀影。

"落花犹在,香屏空掩,人面知何处"——画面又回到现在:朱楼的近影,空虚寂寞,重门深闭,绿窗低掩,悄然无人,下面是落花满地……

我对电影这一行全无研究,上面分出来的镜头,也许全是外行的胡闹,贻笑大方。不过,电影工作者显然是能够根据这首词的内容把它构成电影的片断的。

我倒是盼望从事电影工作的人,多留意一下宋词这一类的描写手法,它是有助于电影工作者的思考的。唐诗和宋词都长于运用形象。不论是抒情还是叙事,或者描写人物的思想、性情,常常都以景物的隐现变化来进行表达。这不单是我国诗歌的一份丰富遗产,也是电影工作者很可贵的参考资料。这里不过是聊举一例,而且未必便是最有代表性的。

蝶恋花①

晏几道

欲减罗衣寒未去，不卷珠帘，人在深深
处。残杏枝头花几许(红杏枝头花几许)?
啼红正恨清明雨(啼痕止恨清明雨)。
尽日沉香烟一缕 (尽日沉烟香一缕)，宿
酒醒迟(宿雨醒迟)，恼破春情绪。远信还
因归燕误(飞燕又将归信误)，小屏风上
西江路。

蝶恋花

晏几道

卷絮风头寒欲尽，坠粉飘红，日日香成
阵(坠粉飘香，日日红成阵)。新酒又添残
酒困，今春不减前春恨。　　蝶去莺飞
无处问，隔水高楼，望断双鱼信。恼乱层
波横一寸(恼乱横波秋一寸)，斜阳只与
黄昏近。

词,也叫做曲子,开头主要是供歌伎伶工们演唱用的,并不纯是案头文学。有人唱自然也有人抄,经过辗转的传唱传抄，难免不出现错误,所①以现存的宋词,不但错字和异文都不少,而且有些连作者的名字都弄乱了，或张冠李戴，或一首词出现几个作者名字。

清代以来,有人做了些校辑工作,有一定的成绩,可惜收效不大,存在的问题还很多。这份工作,将来有心人还是要继续下一番艰苦工夫的。

这里举出晏几道的两首《蝶恋花》作为例子,因为一则它有异文,二则出现两个作者名字,三则长期以来给选家们张冠李戴,尚未"物归原主"。

这两首《蝶恋花》,收在南宋初年曾慥编的《乐府雅词》,署上赵令畤的名字。但是传世的《小山词》也有这两首。历代许多选家都根据《乐府雅词》认为是赵令畤(也是北宋作者)的作品,反而把晏几道的名字湮没了(朱孝臧《宋词三百首》、梁令娴《艺蘅馆词选》、龙榆生《唐宋名家词选》等均是)。这是很不公平的。其实,这两首词的作者应是晏几道,它同赵令畤无关。我们研究一下词里的几处异文,就能够分辨出来。

先看第一首的异文:

《小山词》晏作"残杏枝头花几许,啼红正恨清明雨"。

《乐府雅词》(赵)作"红杏枝头花几许,啼痕止恨清明雨"。

初看似乎两者都说得通,但仔细分析,所谓赵作便显

出破绽。"红杏"和"残杏"先不管它,"啼痕"和"啼红"相差
便远。"啼痕"者,泪痕也。它是属于在"深深处"的人吗?为
什么人的落泪是"止恨清明雨"?是因为清明下雨而停止
了恨,还是别的不恨,只恨清明下雨?所以句子首先就费
解。若说这是杏花的啼痕,也一样难以索解,而且泪痕只
是一种现象,它本身怎么能恨得起来?晏作"啼红正恨清
明雨",那便非常清楚,指的是残杏因雨,零落更稀,花染
水珠,有如啼泣。作者想象它是在恼恨清明的雨,所以上
句用"残杏",下句则用"啼红"相应(啼痕不可能恨雨,啼红
则是杏花的代词,故可以恨雨)。意思十分明豁,绝不会引
起误解。

　　下片,赵作"宿雨醒迟"[②],晏作"宿酒醒
迟",一字之差,前者不通,后者明白。雨无所
谓醒与不醒,更何有于迟早?即使说,它指的
是人因宿雨而醒迟,也同样不通。"宿雨"者,
昨夜下过如今不再下之雨也。刚才还说"止
恨清明雨",如今忽又说"宿雨",到底是下雨
还是雨止?何况昨夜下雨,同今天人的醒迟,
有什么必然的联系?"宿酒醒迟"便不同了,
是指人在昨天晚上喝了酒(宿酒),因此今天
醒得迟了。这样同上下文都咬合得紧。

[②]《宋词三百首》及《唐宋名家词选》虽同据《乐府雅词》定为赵作,但"宿雨"均作"宿酒",则是据《小山词》校改的。《艺蘅馆词选》则将"红杏"改为"残杏","沉香烟一缕"改为"水沉香一缕","宿雨"亦改为"宿酒"。也是知道《乐府雅词》不可靠,但他们都不曾突破作者这一关。可见因袭势力是很可怕的。

　　下面,赵作"飞燕又将归信误",晏作"远信还因归燕
误",初看意思出入不大,其实两句意思不同。赵的意思是
燕子误了归期,就是说燕子还没有归来,或者还可以再添
一层意思:因为燕子不归,所以连远人托它带回家中的信
也耽误了。晏的意思却是,燕子归来太急,所以远人要托它
捎一封家信也来不及了;或像南宋词人史达祖《双双燕》说

的："应自栖香正稳,便忘了天涯芳信。"把人家托它捎的信也忘掉了。所以下文才以"小屏风上西江路"作结,意思是说,闺中人只有怅望着屏风上画的西江路,遥忆远人而已(这两句还可以与小晏的《虞美人》："去年双燕欲归时,还是碧云千里锦书迟"互参)。

我们再看第二首。

赵作"坠粉飘香,日日红成阵",晏作"坠粉飘红,日日香成阵"。仅仅"红""香"两字互调,就可以看出谁真谁伪。因为明明是"坠粉"——白色的落花,哪里忽然又来个"红成阵"?晏词则不然,既有"坠粉",又有"飘红",是说红花白花都纷纷坠落,自然出现"香成阵"的现象,句中的"香"也同上文"卷絮风头"的风互相呼应。

末二句,赵作"恼乱横波秋一寸",晏作"恼乱层波横一寸"。也许有人以为"横波"是眼的代词,好懂;"层波"却不好懂。其实用"层波"比喻眼睛,最早出于《楚辞·招魂》："娱光眇视,目层波些。"后来唐人也用,如刘禹锡《观柘枝舞》："曲尽回身处,层波犹注人。"便是一例。宋词里就更不少。如柳永《昼夜乐》云："层波细剪明眸。"《少年游》云："层波潋滟远山横,一笑一倾城。"《西施》云："万娇千媚,的的在层波。"李新《浣溪沙》云："素腕拨香临玉砌,层波窥客擘轻纱。"这些都是确证。晏词的"恼乱层波横一寸",形容黄昏远望仍然不见归人信息的神态,是富于形象的。反之,"恼乱横波秋一寸",实在不好理解。什么是"秋一寸"?整首词都不是写秋,而是写春;若说是"秋波"之省略,上面已有"横波",何必再来重复?

由上述的分析,可见曾慥《乐府雅词》所收的这两首词,是几经传唱传抄弄错了不少字的一份稿子,署名作者赵令畤,其可靠程度也应大打折扣。而《小山词》所录既无误字,风格又与小晏接近,我们与其相信《乐府雅词》,毋宁相信《小山词》。物归原主,这该是合理合法的。

秦 观

(1049—1100)，字少游，一字太虚，高邮人。元丰八年(1085)进士，元祐初，官秘书省正字、兼国史院编修官，绍圣初，削秩，监处州酒税，徙郴州，编管横州，又徙雷州，元符三年卒于藤州。有《淮海居士长短句》三卷。

千秋岁

秦 观

水边沙外，城郭春寒退。花影乱，莺声碎。飘零疏酒盏，离别宽衣带。人不见，碧云暮合空相对。　　忆昔西池会，鹓鹭同飞盖。携手处，今谁在？日边清梦断，镜里朱颜改。春去也！飞红万点愁如海。

清代词评家冯煦说："淮海(秦观)、小山(晏几道)，古之伤心人也。其淡语皆有味，浅语皆有致。"(味是回味，致是情致) 评价很高。在两宋词人中，这两位作者也实在当之无愧。但如果仅仅以淡语、浅语来概括秦观，那便远不足以说明秦观的面目。

许多人都认为秦观是"婉约派"，婉约固然是他一大特色,然而也只是大致上概括罢了。其实他有些作品,在婉约之中包含激烈,而且是异常的激烈。可以说他是外婉约而内激烈的。

王国维是看出秦观的内在激烈的,认为他有凄厉一面①,并且也肯定这种凄厉。这个看法是值得重视的。

然而,激烈也好,凄厉也好,如果只是出于个人的遭遇不幸,它的作品的意义毕竟有限。便拿秦观这首词来说,如果抒发的只不过是一人的身世之痛,难免使人觉得这种凄厉有些过分,但如果进一步观察,看出这首词是绍圣年间新旧两党因王安石变法引起的矛盾的激化的反映,而作者所代表的又是整个失败一派(旧派)的广大悲哀,那就不单不会认为它过于凄厉,反而会认为是理所当然的了。

① 王国维《人间词话》:"少游词境最凄婉,至'可堪孤馆闭春寒,杜鹃声里斜阳暮',则变而凄厉矣。东坡赏其后二语(即'郴江幸自绕郴山,为谁流下潇湘去'两句),犹为皮相。"按,少游"郴江"两句含意极为深刻。郴江本来是绕着郴山转的,为什么它又流到潇湘那边去了?这是一个打比。比喻自己原是一员小京官,在京安分守己地干下去就行了,为什么偏要卷进政治漩涡里去,落得这种可怜的下场呢?苏轼是领会这个意思的,所以有意把这两句写在自己的扇子上。(见《冷斋夜话》)还说:"少游已矣!虽万人何赎。"他自己不是也慨叹过"我被聪明误一生"吗?他应当也痛感到"为谁流下潇湘去"的失策。所以王国维认为苏轼欣赏此二语为"皮相"(即肤浅),那还是未真正领会秦少游心中的惨痛的。

看来,细心的读者已经发现,这首《千秋岁》开头才说"春寒退",又说"花影乱,莺声碎",分明是仲春天气,风物正佳,为什么下面忽然来个"飞红万点",大叹"春去也",不是很奇怪吗?

其实,这正是作者心情的形象的反映。

北宋新党和旧党之争,是一场需要认真分析的历史公案。在这里没有必要详论。简单地说,由于王安石的变法和司马光等人的反变法,进而形成宗派,演为派系斗争。这一派上台,不问青红皂白,把另一派统统打倒,一个不留。而当另一派抬头,又以同样手段进行报复。其结果是两败俱伤(参看本册苏轼《水调歌头》)。

元祐年间(1086—1093)正是旧派得势的时候。元丰八年(1085)三月,神宗崩逝。皇太子年仅十岁,由太皇太后高氏临朝听政。重用司马光。明年,改元元祐。以苏轼为翰林院学士,兼侍读。于是黄庭坚、苏辙、秦观等著名诗人都集中在汴京。他们都有共同或相近的政治主张。那时秦观虽然还是一名太学博士兼国史院编修官,但史官称他"强志盛气,好大而见奇,读兵家书,与己意合",可见他是个倔彊负气,勇于自信,有政治热情的人,不甘于只作为一个文人而已。但是,旧党好景不常,到元祐八年,太后高氏崩,哲宗亲政,改元绍圣,于是政局发生重大变化,新法中人如章惇、吕惠卿等恢复进用,旧派大量受到贬斥,苏轼兄弟、黄庭坚、秦观等都纷纷被逐出京师。在旧派看来,这自然是翻天覆地的巨变。牵涉在内的秦观,初则贬为杭州通判,再斥为监处州酒税。多年在汴京的一班旧好,霎时间风流云散了。

秦观这首词就是在处州(今浙江丽水县)当一名监酒税官的时候写的[2],他的内心正翻腾着极度的忧伤。

词的开头,写的是城郊的春日风光。他面对眼前的佳丽春光,却涌起了一股强烈的今昔之感。

在"绿水之旁,沙岸之畔",举目一望,城墙内外春寒已退,春色渐浓。"花影乱,莺声碎",那是一片热闹的好春。

这好像是眼前在处州的春景,但其实是他回忆中的春景。他记起在汴京时,同样是"水边沙外",同样是"花影乱,莺声碎",每逢这些佳日,便同一班友好(其中少不免有苏

②按汲古阁刊本《淮海词》此词下题为"谪虔州日作",虔州是处州之误。曾季貍《艇斋诗话》说:"少游'水边沙外,城郭春寒退'词,为张芸叟(按,即张舜民,时谪为郴州税)作。"曾敏行《独醒杂志》卷五,则说此词是秦观谪守藤州(今广西藤县)后,过衡阳为孔毅甫作。记载颇为混乱。

轼、黄庭坚等人),或骑马,或驰车,去到城郊园庭花木所在,诗酒流连,纵情玩赏。

可是,如今却变成"飘零疏酒盏,离别宽衣带"了。

由于人在外地飘零,彼此喝酒不在一起,所以彼此的酒杯也疏远了。

也是由于离别,彼此相思,正如柳永说的"衣带渐宽都不悔,况伊消得人憔悴"。(见本册柳永《凤栖梧》词)自己往身上一看,那衣带不也是这个样子吗?

面对眼前春光,人却憔悴零落。只剩下自己一个,老友都四散分飞了。这时候,同自己相对的,只有天边的碧云,碧云逐渐同暮色结合起来,形成一片凄迷黯淡的气氛——这就是"碧云暮合空相对"。

上片写的就是这样一段触景生情。

下片:"忆昔西池会,鹓鹭同飞盖",是追想当年朋友们在汴京的一段快乐的叙会。西池,据陆游《老学庵笔记》卷六:"故老言,大臣尝从容请幸金明池。哲庙(按,即哲宗)曰:祖宗幸西池,必宴射。朕不能射,不敢出。……后勉一幸金明,所谓龙舟,非独不登,亦终不观也。"可见便是汴京西郊的金明池。他是同朋友常到金明池游玩的。"鹓鹭",是两种鸟,古人用来比喻品级相差不远的同僚。如《隋书·音乐志》:"怀黄绾白,鹓鹭成行。"唐李峤《陈情表》:"思解鹓鹏之服,愿辞鹓鹭之行。"岑参《初至西虢官舍南池》诗:"空积犬马恋,岂思鹓鹭行。"都是。"盖"是车子上遮阳的帷伞。"飞"是形容车子在奔驰。你看他们几个老朋友,坐着马车,在绿阴无限的官道上,指点江山,议论时政,何等徜徉自得,何其豪情胜概!

不料转眼之间,政治局面发生巨变,朝廷中换上另一派政见不同的人物,原来的朋友们,一个都没有留下。他不禁惘然自失地问道:"携手处,今谁在?"

"日边清梦断"——传说伊尹受汤王之聘前,曾梦乘船经过日月旁边。"日边",即皇帝的身边。只有执掌权力的大臣才能靠近"日边"。如今,元祐这一伙人的"日边"好梦,显然已经断绝了,所以说是"清梦断"。

"镜里朱颜改"——同伙们都不是青春年少,这一番蹉跌,难道还有翻身的日子吗?只有眼看着逐年逐月地改变了镜中的红颜。

于是,作者把这场巨大的政治失败,凝聚成为一句凄厉的绝叫:

春去也!飞红万点愁如海。

"春",指的是人事方面的春,也就是好的光景。"飞红万点",那是一大批被斥逐的元祐党人。整个政治集团一下子给对手打垮了,就像满树繁英霎时化做飞红片片。他多么痛心,又多么伤悼!

这才是抱着一腔政治抱负的秦淮海感到无以自解的——愁如海。

应该从这个角度去看秦观这首词,才能感受到其悲伤的深度。

正因为这首词写得如此凄厉。他的朋友读了以后,都很有感慨。其中苏轼、黄庭坚、孔平仲、李之仪四人都有次韵《千秋岁》的词现存。苏词有"岛边天外,未老身先退"的话。黄庭坚在秦观死后,追和《千秋岁》词,更是凄婉,有"洒泪谁能会?醉卧藤阴盖,人已去,词空在……海涛万顷珠沉海"的话。李之仪的和韵,也有"叹息谁能会,犹记逢倾盖。

情暂遣,心常在"等句。可以看出秦观此词传出后,朋友们震动之大,感触之深。

秦观并不是一味"婉约"的,在必要的时候,他敢于掣出匕首,迎面搏杀。正如一个有非凡本领的勇士,当他集中全力进行狠命一击的时候,是足以使人目摇神骇的。请看这些句子:

> 郴江幸自绕郴山,为谁流下潇湘去?
>
> ——《踏莎行》

> 两情若是久长时,又岂在朝朝暮暮!
>
> ——《鹊桥仙》

都是"婉约"其表,而实则用全力搏击。这才是我们这位名家的非凡本领。

鹊桥仙

秦 观

纤云弄巧, 飞星传恨, 银汉迢迢暗度。金风玉露一相逢, 便胜却人间无数。 柔情似水,佳期如梦,忍顾鹊桥归路!两情若是久长时,又岂在朝朝暮暮!

牛女双星的神话不同寻常。因为它是远古以来我们汉族祖先构思的星象神话中，能够流传下来的仅有几个之一，所以就显得特别可贵。

本来，不论哪个古老民族，他们的祖先对于头顶上无比灿烂的星象，都曾产生过许多神奇的幻想，由此又构成各种各样的神奇传说。不过，传说和神话虽多，后来也有幸与不幸。有些民族虽有不少神话，却随着社会的逐步发展而大量失传、湮没了。我们汉族就是属于这种情况的。最幸运的恐怕是希腊人，他们在极目杳冥的地平远处，在浩荡无垠的海天会合中，看到了神秘莫测的星辰起落；又在圆穹深处，看到飞跃的流星，曳尾的奇彗，茫茫闪烁的银河，罗列成形而又永不移动的远方天体……于是在他们的头脑里，一个宙斯世界出现了。故事丰富而又曲折，真是色彩斑斓，神奇无比。而更难得的是，这些神话一直能保存至今，一直使亿万世人为之神往。

对后人来说，古代神话也是文艺创作的很好素材。假如我们祖先远古神话能更多地保存下来，这三千年的诗歌、两千年的小说、一千年的戏剧以及可以追溯得很远的音乐、绘画、舞蹈，其内容也许要比如今更加丰富多彩吧！

然而我又希望，随着今后各个民族(这里是包括各大洲的诸民族)的文化交流更进一步密切，乃至互相汇合交融，那么，其他民族的星象神话会很自然地被引进我们的文艺领域，从而茁生出更多和更瑰丽的鲜花。

神话，不管它怎么动人，对后人来说仍然只是创作的素材；问题还在于有了素材以后能否创作出真正能感动人、真正能传之不朽的好作品。

拿牛女双星这个神话来说，别的朝代且不论，单说在两宋词坛，人们歌咏这个爱情故事的篇章何止千万，可是照现存的名家作品来看，写得真正好的实在是少之又少，而能长久地脍炙人口传诵不衰的，恐怕就只有秦观这首《鹊桥仙》了。

双星故事本来人人皆知，情节并不曲折，寓意也是颇为简单。但正因如此，拿它来进行创作，便不那样容易打动人心；连名家也往往达不到应有的水平。要举例的话，请看下面这几位名家的手笔：

欧阳修《渔家傲》是这样说的：

……一别经年今始见，新欢往恨知何限？天上佳期贪眷恋，良宵短，人间不合催银箭。

他以为牛郎织女一年一度相逢，必然是"贪眷恋"的，因此人们不应该惊破他俩的好梦。这种构思说不上有什么高明。

柳永的《二郎神》是这样说的：

……愿天上人间，占得欢娱，年年今夜。

好像是明代高则诚《琵琶记》中"唯愿取年年此夜，人月双清"一语的出处。作为祝颂的吉词，自然是不错的，但也仅仅是吉词而已。

苏东坡的《菩萨蛮》又是这样说的：

相逢虽草草，长共天难老。终不羡人间，人间日似年。

这已经涉及天上爱情的长久了。可是，句子的构造还未能达到理想。

下面又是张先的《菩萨蛮》：

牛星织女年年别，分明不及人间物。匹鸟少孤飞，断沙犹并栖。……

他是以人间的恋情反过来傲视双星，立意恰同苏东坡相反，但其缺点却还是一样。

北宋名家，其成就不过如此。可见便是一个小小题目，考起试来也不是容易对付的。

于是也就突出了秦观这首《鹊桥仙》。

这首词开头，是一幅七夕的美景。天上织着一些纤细的云彩，偶尔暗暗飘过银河，偶尔又把一些星宿遮掩起来，好像有意显示它那灵巧的身段似的。忽然，长空划过一道闪亮的光辉，从东到西越过半个天空，又消失在冥冥的黑暗里。那是一颗明亮的流星，仿佛又是一位报信的使者，牛女的离别之恨，七夕的欢会之期，通过它的流光，带出了牛女双星通过鹊桥，渡过银河，作一年一度的聚合了。

这开头三句写得很空灵，笔触轻巧，着墨不多。因为故事是大家熟悉的，用不着多费唇舌，只是轻轻一笔把题目点出也就行了。

然后，重点出现在下面两句。你看作者浓蘸巨笔，在纸上大书特书道：

金风玉露一相逢，便胜却人间无数。

这才是双星故事所蕴藏的特有的思想光辉。

"一相逢"，指牛女双星的一年一度；"人间无数"有两种含义，一是世上的无数人，一指人间夫妻朝夕相会。"一"和"无数"是两极端。"无数"比"一"大上无数倍，照理，"一"

无论如何比不上"无数",可是,任何事物都不是永恒不变的,在一定的条件下,"一"又可以胜过"无数"。这个条件就是爱情的无限坚贞,无限纯洁。请想想吧!世间有多少男女爱情能够像双星那样永远也不亏损,永远如此诚挚呢?在这里,秦观不但高度概括了双星故事的爱情意义,而且嘲笑了世俗那些虚伪短暂的爱情,从而树立了牛女双星的崇高的形象。

下片,开头写双星的一段短暂的欢会。"柔情似水",形容双方感情深沉广大,浩渺无际;"佳期如梦",这一欢会又是似真如幻,并且是非常短暂的;"忍顾鹊桥归路",不能不又分手了。这里又有多少依恋,多少怅惘!

这是行文上的反跌,用以衬起下文的气势。

那么,应该怎样看待这种天上的离别呢?作者以更加昂扬的调子,振笔大书道:

两情若是久长时,又岂在朝朝暮暮!

真像是禅宗的棒喝,佛门的顿悟,使人为之猛然震惊。双星的品格获得高度的升华,"七夕"的纪念有了更大的含义,连读此词者的感情也顿然为之净化了。

"朝朝暮暮",也就是朝夕厮守,如此岂不甚好!然而关键却在于"两情"是否"久长"。如果是尔虞我诈的"朝朝暮暮",那还不如趁早决绝,省却烦恼。

法国作家罗曼·罗兰写过一部小说,那名字就叫《搏斗》。男女主人公是一对不同国籍的青年。在开头,那种"朝朝暮暮"简直达到疯狂的程度;然而不久,两人就在彼此猜疑、窥伺、嫉妒、敌视中过着痛苦的日子。罗曼·罗兰对人生的观察是深刻的;秦观同样也看出了永恒和短暂的辩证关

系。"朝朝暮暮"同幸福并不是同义语,而"金风玉露一相
逢",从某一角度去看,不等于就没有幸福。

而且,这两句诗给予人间的离别者以多么巨大的安慰和
鼓励啊!每当他们在离别之中读着"两情若是久长时……"的
时候,不是好像感到一股支持的力量吗?

就这样,秦观把牛郎织女的故事的意义进一步深化
了,人物的品格也显得更为崇高了。对比着前面引录的欧、
柳诸人的作品,秦观这首《鹊桥仙》,岂不像是高蹈银河、俯
视尘世的爱情之星!

浣溪沙

秦 观

漠漠轻寒上小楼,晓阴无赖似穷秋。淡
烟流水画屏幽。 自在飞花轻似梦;
无边丝雨细如愁。宝帘闲挂小银钩。

在寻味这首词的技巧的时候,我脑子里忽然涌出一首
晚唐人写的绝句:

碧栏干外绣帘垂,

猩色屏风画折枝。

八尺龙须方锦褥,

已凉天气未寒时。

——韩偓《已凉》

这是一首很有启发性的作品,在初唐、盛唐大大小小诗人中,似乎还没有谁敢于这样落笔。因为它实在过分"特写化"了,连盛唐的大师们也没想到就这样也可以算得上是一件完成的作品。

它只是写了几样陈设,一种天气,题目是从诗中随手拈来的:这能算是诗么?

我们回答说:是诗,而且是晚唐的诗。因为它体现了近体诗的高度技巧,是诗法已经进入完全成熟的阶段才出现的新派的诗。我们就说它是晚唐派吧,是新出现的。

乍一看时,这首诗似乎没头没脑,还没有说完一件事,很不完整。可是只要我们仔细寻味,那引人联想的空间就出现了;而且这空间是如此深邃、幽渺,仿佛一个捉摸不定的境界,其中似乎有人物的活动,却又藏在朦胧不定之中,因之你必须填充诗里不曾道破的内容。

你不禁要问:到底是什么东西能够发生这种作用?

回答是简单的:那是你自己的脑子。

你是一个有生活经验,又有一定的文化修养的人,你接触过一定数量的文艺作品,掌握它的规律,也懂得了不少表现技巧,因之你具有属于文艺范畴的思维活动;而由于具有这种思维活动,又使你掌握了一种特殊的本领:你能够从没有线条中看出线条,没有声响中听出声响,没有语言中领会语言,没有形象中体会形象。这是你比之缺乏文艺素养的人要高明的地方。

一个作家在进行创作的时候,决不可以忘记或低估作品欣赏者的艺术思维能力。不应该把欣赏者看成比自己低能的,应该承认他们的鉴赏能力不比自己差,要让他们与作者充分合作，一起发掘作品的内在蕴藏。

为什么画里的船儿可以飘在一片素白的地方?为什么纸上那一段白色就是云彩?为什么舞台上演员的表演是形神兼备,而布景却简单到几乎一无所有?为什么诗歌的语言有如此其多的省略、跳跃,同时又有如此之多的交叉、重叠?为什么音乐的旋律可以表现人物的性格?……类似的例子太多了,归结到一点,创作者都懂得尊重欣赏者的艺术思维能力,理解他们欣赏的本领。

韩偓那首《已凉》,对室中的陈设描写如此工细,连屏风是猩红色,上面画着折枝花,龙须席子方横八尺,锦褥是方形的,都细细写出,天气已凉而未寒,也是够具体的了。唯独就不曾下一个字去描写室中人,真是连痕迹都找不着。可是,由于作者细致而准确地交代了一个特定的环境和气氛,让读者恍如置身其中,于是读者就有把握驰骋自己的想象力,把室中人物"再创造"出来,使之切合这样的环境。

自然,那是些什么人物? 形象如何?是坐着还是睡着?读者的想象未必便与作者的原型完全相同,而且不同读者又可以有不同的想象。尽管如此,这一篇作品其实已经写完了,作者的目的达到了,而读者也不会认为它是"半成品"。这样,一种代表新派的艺术出现了。

晚唐的诗歌是不可忽视的,在艺术技巧上它颇有突破盛唐的地方。从前颇有人卑视晚唐,认为它纤巧,其实纤巧何尝不是一种艺术风格,何必加以歧视!何况所谓纤巧者,又往往是细腻精巧的东西,更是不应一律否定的。

理解了《已凉》,那么,秦观这首《浣溪沙》就好掌握了。

他这首词使用的也就是《已凉》的那种手法。也是细致地写了季节,写了画屏和宝帘,写了飞花和春雨,除此之外,也是没有一个字写到人,连痕迹都没有。可是这样的一个特定环境,它让你走了进去,你就能够看见处在这环境中的人物,甚至能够猜到他(或她)此时的心境。

真是多么奇妙!

那是春寒未退的时候,小楼里面有一个人(他,或她。姑且就认为是她吧)。她感到这小楼的气氛一片凄冷。为什么呢?楼里没有半点儿温暖,有的只是一阵阵似乎是无所不在的早春的寒意,这寒意好像是从楼外一步步进入楼中的,使得这春天的阴暗的早晨变成了凄冷的晚秋天色了。

她还依旧躺在床上,床头立着几曲屏风,屏风上面绘着一弯流水,几缕细烟……她怔怔地瞅着这些用轻柔的线条组成的东西,总觉得凄冷而又寂寞。

突然,一瓣两瓣飞花从窗口飞了进来,仿佛就在床前舞蹈着……

一忽儿,她便进入了梦境。那梦境迷糊恍惚,像飞花那样悠扬,那样自在。不知是这些飞花化成了一场梦境,还是梦境出现飞花。她这时才觉得自己是在追逐着那三片两片、霎时又化为千片万片的飞花,飞出窗外,飞在空中,随风上下。这才真是自由自在,无拘无束啊……

可是,正当她获得这少有的愉快的当口,梦却像泡沫一样,破灭了。

窗外正在下着一丝丝细雨,那雨细得宛如尘雾,在天空中交织成广大迷蒙的一片。她站到窗下,抬头看着这雨,雨仿佛成了一张忧愁的巨网,无边无际,无穷无尽!

于是,帘子依旧放了下来。人们只见帘钩空荡荡地摇晃着……

我能驰骋的想象大抵便是如此。比我聪明的读者自然还有很多可以回翔的天地，让各人自己去补充发挥吧！作者是会欢迎这种合作的。

那么，作者在这首词里打算告诉我们一些什么呢？

假如我在上面的"再创造"没有完全走入歧途，我以为作者要表现的依然是传统的"闺怨"的主题。词里描写了一位闺中少妇在晚春时节的无聊情绪和对禁闭似的生活的怨恨。主题并不新鲜，可是运用的手法却是吸取了晚唐新派诗人的成就。如果我们说，宋词中的婉约派是继承晚唐新派诗人的衣钵，而又加以发扬光大，恐怕不会是毫无根据的瞎说吧！

下面，让我们再对全词进行艺术分析：

用"漠漠"形容轻寒，是因为这轻寒无所不在，人无法把它甩开。这句中就含有人的愁意。而且"轻寒"又仿佛故意同室中人作拗，它毫不客气地侵入小楼，使室中更添上凄冷，那便使室中人倍觉难堪。开头这句，出现一种特殊的环境，让读者感到其中的不寻常的气氛。

第二句是进一步加强这凄冷的感觉。本来是春天，可是偏偏不像春天，而是浓阴四布，没有阳光，反而像是深秋的天气。"穷秋"是说秋天已尽，那天气是森冷的。句中还下了"无赖"二字，"无赖"是恼恨之词，室中人对于这样的天气，简直恼恨极了，所以直说它"无赖"。

第三句补充室内的环境。古代富贵人家的卧室，有一种小屏风，是围在床头的，用来挡风或遮光。晏几道《蝶恋花》词："斜月半窗还少睡，画屏闲展吴山翠。"周邦彦《隔浦莲》词："屏里吴山梦自到。"张先《清平乐》词："屏山斜展，帐卷红绡半。"晏殊《清平乐》词："双燕欲归时节，银屏昨夜微寒。"都是。屏风上多画人物、山水或禽鸟。温庭筠《菩萨蛮》词:"小山重叠金明灭",是说金色屏风上画了重叠的山,反映晨早的阳光。又《偶游》诗:"红珠斗帐樱桃熟,金尾屏风孔雀闲。"是说屏风画了孔雀。杜牧《屏风绝句》:"屏风周昉画纤腰,岁久丹青色半销。"是说屏风上画了仕女。秦观此词的"淡烟流水",也是屏风上面所画的。有了这句,点出人是睡在床上,或是躺在床上发愣。开出下片的梦境。

下片首句以飞花比梦境的悠飏,意境极美,用"自在"二字,反衬室中人物的不自在或不自由,是意在言外的一笔。"飞花轻似梦",解为梦似飞花那样轻,更为传神。次句,"丝雨"用"无边"二字形容,更显得春雨的使人烦闷,而室中人的"愁"则简直无可摆脱。这都是不寻常的笔墨。本来,愁无所谓粗细,但因下着丝雨,人又因雨而更愁,所以就有"愁如细雨"的比喻,新奇而又贴切。最后那句,用室中景物作结,让读者自己去伸展想象,更是余情袅袅的一笔。那时候,室中人在干什么呢?应当是更孤独吧? 但她又能怎么样?这都只有留给读者去体味了。

秦观这首词,意境迷离,辞藻优美,很能表现婉约派的特色。

贺 铸

(1052—1125)，字方回，卫州人。元祐中通判泗州，又倅太平州。退居吴下，筑室横塘，自号庆湖遗老。有《东山寓声乐府》三卷。

青玉案 (横塘路)

贺 铸

凌波不过横塘路，但目送、芳尘去。锦瑟华年谁与度？月桥花院，琐窗朱户？只有春知处！ 飞云冉冉蘅皋暮，彩笔新题断肠句。试问闲愁都几许？一川烟草，满城风絮，梅子黄时雨。

这是贺铸在暮春时节写的怀念一个女子的作品。

这首词一向名气很大，不仅当时有许多人极口称赞，像黄庭坚就为此写一首诗，内中说："解作江南断肠句，只今唯有贺方回。"(《寄贺方回》)据吴曾《能改斋漫录》卷十六："贺方回为《青玉案》词，山谷尤爱之，故作小诗以纪其事。"而且还有不少人步韵写词，表示倾倒。粗略一算，与他同时或稍后的人，用《青玉案》词牌而步贺韵的，就有苏东坡的"和贺方回韵送伯固归吴中故居"(首句是"三年枕上吴中路");李之仪的"用贺方回韵有所祷而作"(首句为"小篷又泛曾行路"),黄大临(首句为"行人欲上来时路";又"千峰百嶂宜州路"),黄庭坚的"至宜州次韵上酬七兄"(首句为"烟中一线来时路"),周紫芝的"凌歊台怀姑溪老人"(首句为"青鞋忍踏江沙路"),蔡伸的"和贺方回韵"(首句为"参差弱柳长堤路");王之道的"送无为守张文伯还朝"(首句为"逢人借问钱塘路");冯时行的"和贺方回《青玉案》寄果山诸公"(首句为"年时江上垂杨路");杨无咎的"次贺方回韵"(首句为"五云楼阁蓬瀛路");史浩的"用贺方回韵"(首句为"涌金斜转青云路");还有张元干的一首,有小序云:"贺方回所作,世间和韵者多矣……"(首句为"平生百绕垂虹路")等,足见贺铸这首词影响之大和爱好者之多。

但是话虽如此,因为这首词写得幽隐婉约,后来有些人就不大弄得清楚它写的内容是什么。黄蓼园说此词上片"第孤寂自守,无与为欢,惟有春风相慰藉而已。后段言幽居肠断,不尽穷愁,惟见烟草风絮,梅雨如雾,共此旦晚,无非写其境之郁勃岑寂耳。"(见《蓼园词选》)就是一例。

其实作者怀念前欢的感情是十分深沉的。

横塘路是苏州一个名胜。《中吴纪闻》说,贺铸在此地有一间别墅。可见词是在他这别墅写的。

从整首词看,作者在这地方曾经和一个女子相好,后来女的离去,就再也不回来了。如今又是春暮,时节引起他深深的回忆。他盼望她也许会在这时候回来,但是终于毫无踪影。开头一句——"凌波不过横塘路",正是写出了作者这种怅惘。

"凌波"一词从曹植《洛神赋》"凌波微步,罗袜生尘"借来,指代他认识的那女子。周邦彦《瑞鹤仙》词:"凌波步弱,过短亭何用素约。"亦用此意。

"目送芳尘"是凝望已久。用一"但"字,见得人是杳无踪影,满眼只有落花飞絮,红紫成尘,一片春去的景色。

人终于没有再来。他心头充满疑问:"她如今到底在什么地方?她同谁待在一起?她的生活是怎么过的?"这一串疑问,他都无法解答。于是,他不能不涌出"锦瑟华年谁与度"的念头来。这是一句深情的追问,然而没有人能够解答,他自己当然也无法解答。

"锦瑟华年",说的是她的年纪。瑟有二十三弦的,有二十五弦的。《汉书·郊祀志》:"泰帝使素女鼓五十弦瑟,悲,帝禁不止,破其瑟为二十五弦。"因此"锦瑟华年"说的是她年纪是二十来岁。

"月桥花院,琐窗朱户"——这八个字是猜测那女子的下落的疑问句。她是在月桥,还是花院?是在琐窗,还是朱户? 是哪一处似月的桥、堆花之院? 是哪一家青琐之窗、朱漆门户?谁知道呢?谁也不知道。

由于那女子的终不见来,他做了许多猜测:也许她已流落异地,也许她已嫁了他人,也许还是回到娘家去……但毕竟都只是猜测。

于是他终于发出这样的慨叹:"只有春知处!"也许唯一知道她的下落的只有春之神了。然而春之神只管忙着回到那天涯海角的老家,并不曾告诉他半点儿消息。

这是上片。那情怀之凄婉,心境的悲凉,已经深深打动了读者。真是"别时容易见时难",人生的遇合常常就是这样。

"飞云冉冉蘅皋暮"①——他追忆旧时的

① 蘅皋——长着香草的郊野。

欢好,怀念离人的行踪,反反复复,心情激荡,早就忘记时间的早晚了。直等看到飞云冉冉散去,草原暮色苍茫,才猛然发觉天色已经暗下来了。而那些往事,正如冉冉飞云,自己这颗心也越来越阴沉了。

"彩笔新题断肠句"——断肠的词句当然不是这一回才写的,因为想念她,早已写过不少断肠之句;本来打算再也不写了,谁知道如今拿起笔来,还是要写这些使人断肠的句子。

假如谁要问我:这种相思的苦闷到底如何……

那么,打些个比喻吧:请看"一川烟草",它是怎样的连绵弥漫,无边无际地生长;请看"满城风絮",它是怎样的蒙蒙一片,遮天盖地;也请看黄梅时节的雨,它是怎样的日夜飘洒,无休无止吧!

这些都是暮春时节的眼前景色,拿来和作者此时的愁情作比,真是形象丰富,穷情尽致,使人有难以超越的惊叹。我们知道,古来形容愁情的诗句,有南齐谢朓的"大江流日夜,客心悲未央",有唐代诗人杜甫的"忧端齐终南,澒洞不可掇",有杜牧的"楚岸柳何穷,别愁纷若絮",有李颀的"请量东海水,看取浅深愁",有冯延巳的"撩乱春愁如柳絮,悠悠梦里无寻处",也有南唐李后主的"问君能有几多愁,恰似一江春水向东流",以及欧阳修的"离愁渐远渐无穷,迢迢不断如春水"。都是脍炙人口的名句。贺铸却能在他们之外,别树一帜,独铸新词,那力量真是不容小视的。

这最后三句,技巧上前人称为勾勒。它不是一般的重叠,而是有目的的加厚。正如画家描绘山水,"有连皴数层而取深厚者,有重叠焦擦以取秋苍者"。似重叠而实不重叠。试看,"一川烟草",已是一层,"满城风絮",又是一层,

"梅子黄时雨",又更进一层。形象步步进展,步步丰满,感人的力量也就不断加深加厚。此词所取得的成功确实不是偶然的。

关于这首词的写作年代,据苏东坡《青玉案》("和贺方回韵送伯固还吴中"),写于元祐七年壬申(1092),是年东坡五十五岁,贺铸四十岁。则贺词应是四十岁或更前所作。曾有人说它作于晚年,看来是不对的。

赵令畤

(1051—1134)，字德麟，燕王德昭玄孙。历官营州防御使，洪州观察使，绍兴初，袭封安定郡王，同知行在大宗正事。

菩萨蛮

赵令畤

轻鸥欲下寒塘浴，双双飞破春烟绿。两岸野蔷薇，翠笼熏绣衣。　　凭船闲弄水，中有相思意：忆得去年时，水边初别离。

　　笔者往年初学摄影，常常碰到这种难题："一带江山如画"，可惜镜头收拢不尽，去取之间，大费斟酌；反复考虑，最后下了决心，对着一个方向，"咔嚓"一声按下快门。及至冲印出来一看，大失所望。原来这当中不单有眼睛选得准不准的问题，还有眼睛所收同镜头所收不完全是一个样的问题。

　　但也会出现这样的情况：你认为并不理想的那一幅，经过内行人的一裁一剪，给它来个去粗取精，就像是拨去障目的尘埃，一幅精彩的作品脱颖而出，使你为之惊喜不已。

　　创作诗词也会出现类似情形。当你徘徊于山水之间，似乎有所触发，想写下一点什么，可是一则不知如何选景，再则,即使选了,到底有什么意义,心里也不免踌躇。在这里,学习选择与剪裁同样是重要的功夫。

赵令畤这首《菩萨蛮》也许会对你有所启发。

一派滔滔江水,两岸繁花绿树,水上往来着各色各样的船儿;岸上,许多店户人家,还有种种不同人物在活动。景物可谓繁复了。为什么这位作者对这一切都不感兴趣,单独只选择下面这两样景色呢?

一种是:

轻鸥欲下寒塘浴,双双飞破春烟绿。

另一种是:

两岸野蔷薇,翠笼熏绣衣。

一双轻鸥从春烟中穿飞过来,转眼又回身飞入迷蒙的碧空,它们好像要落到寒塘中戏水,不料陡地向上一翻,又翩然向着远处去了。

野生的蔷薇,密密盖满了一江两岸。红花衬上绿叶,便仿佛在翠色的熏笼上(一种竹织的熏烘衣服用的工具)铺着红艳的绣衣。

这是为了描写春天的景色吗?是,可也不完全是。说它是,因为它确实写出了很动人的江上景色,前者生趣盎然,后者色彩绚丽。说它又不是,因为作者原是另有目的另有作用去选择这两种景色的,并非只为着写一写眼前所见。

这里一带江景,在作者并不陌生。原来去年此际,他就在此地同一个相好的女郎在江边分手;不料此次旧地重游,那女郎已经不在了。她到底是什么原因离开此地?是逝去还是给人带走?都无法知道,也打探不出一个究竟。如今他只好独个儿默默地凭在船边,无聊地逗弄着江水,强烈地回忆着在这江上同她分手的情景。这时候,眼前什么绿树人家,什么游船旅客——尽管这些事物以强烈的色彩和闪熠的动势在他眼前招展,他都好像一无所见,只有心头那股思忆之情正在促使他进行"情感的物化"。换句话说,他要从眼前的景物中寻求一种情感的再现。这种寻求说不上是很有意识的,但他是在苦忆当时的情景。就在这时候,江上那一双欲下不下、轻盈矫捷、互相追逐着的鸥鸟,就幻出他和那女郎的身影;而两岸的野蔷薇,红花衬着碧绿的叶子,看上去又宛如那女郎的绣衣——她留给他印象最深的那件绣衣——曾放在碧色的熏笼上面的。

于是我们领悟了,原来作者开头四句写景,绝不是随便拉来凑数应付的。因为这些景物是融和着人的感情而出现的。

有人说过:"一切景语,皆情语也。"从广义说,是这样;不过又未免过于浮泛。应该说,一切景语,都通过作者的选择、剪裁,使其成为我之情语。换句话说,使景物带上作者在一定条件下出现的感情色彩。正如蔷薇和绣衣本来是风马牛不相及的两回事,但是在特定的条件下,它们不但可以融合起来,而且还体现出作者此时此地的感情内容。

从一定的时间观念来说,景色是死板的,而人的思想感情却能给予这些死板的东西以新的生命。同样的景色,会有不同的思想感情内容,试一看唐代杜甫、岑参、高适、储光羲几位诗人登上慈恩寺塔时写的诗就知道了。他们各写各的,完全不相蹈袭。因为各有各的具体的思想感情。不是常常听到有人慨叹,说好景都给前人写尽了吗?看来他们还是只知其一,不知其二。

王 观

字通叟，如皋人，嘉祐二年进士。元丰二年为大理寺丞，坐知江都县受赇，除名永州编管。

卜算子(送鲍浩然之浙东)

王 观

水是眼波横，山是眉峰聚。欲问行人去那边？眉眼盈盈处。　才始送春归，又送君归去。若到江南赶上春，千万和春住！

在文艺作品里运用一些俏皮话，不是低级庸俗的打趣，既不损害风格，又能引起欣赏者的会心微笑，这在高明的作者笔下是常有的。

词在北宋，被一些人视为"小道"，有些作者因此也视词如小品文，并不把它堂而皇之地看待，他们在这种文体中有意表现自己的脱略不羁或滑稽风趣。王观便是此中之一人。

王观是如皋人，考开封府试第一名，中嘉祐二年(1057)进士，官翰林学士，后因应制撰《清平乐》词，被指为冒犯神宗皇帝，罢职，因号王逐客。著有《冠柳词》。他的生平记载虽然简单,也能看出是个脱略不羁的人物。

他的作品,风趣而近于俚俗,时有奇想。王灼说他"新丽处与轻狂处皆足惊人"(见《碧鸡漫志》)。他曾写过一首《天香》词,下片云:

呵梅弄妆试巧,绣罗衣、瑞云芝草。伴我语时同语,笑时同笑,已被金樽劝倒。又唱个新词故相恼。尽道穷冬,原来恁好!(这么好,咁好)

写一家人在冬天围炉喝酒、互相戏谑的情景,十分生动。

又有一首《木兰花令·咏柳》,后面几句是:

东君有意偏捆就(搓挪成就,成全),惯得(放纵得)腰肢真个瘦。阿谁道你不思量,因甚眉头长恁皱?

这样写柳腰和柳眉,都是别开生面,不落俗套的。

王观这首《卜算子》,颇受选家的注意,也是俏皮话说得新鲜,毫不落俗的缘故。

这首词是为送别一个朋友写的。这个朋友叫鲍浩然,不知是什么人,他同王观的交情似乎不很深,但也并非十分疏远;这次分手,既不是被贬谪,也不是去远行,而是同亲人团聚。所以此行还是愉快的。不过,王观同他的交情一般,没有太多惜别之感,又用不上那些虚浮的客套话,送行之作怎么能够写好,却是颇费斟酌的。

于是我们看见这位聪明的作者运用风趣的笔墨,把寻常的话头来个"化腐臭为神奇",居然能引起读者对它的喜爱。这可以算是"唯陈言之务去"的一个小小例子。

鲍浩然如今到浙东(浙江省以浙江为界,东南面地区称浙东),作者为他送行。(可能他有个爱姬在浙东,这回是去探望她)这类事情真是太寻常了,差不多每天都可以碰上。要写这种送行诗,随便凑和几句,也可以应付过去了。可是这位作者却不这么想,他有他的一套不落俗的构思:先从游子归家这件事想开去,想到朋友的妻妾一定是日夜盼着丈夫归家的, 由此设想她们在想念远人时的眉眼,再联系着"眉如远山"(《西京杂记》:"司马相如妻文君,眉色如望远山。时人效画远山眉。")"眼如秋水"(李贺《唐儿歌》:"一双瞳人剪秋水。")这些习用的常语,又把它们同游子归家所历经的山山水水来个拟人化, 于是便得出了这样两句:

水是眼波横,山是眉峰聚。

它是说,当这位朋友归去的时候,路上的一山一水,对他都显出了特别的感情。那些清澈明亮的江水,仿佛变成了他所想念的人的流动的眼波;而一路上团簇纠结的山峦,也似乎是她们蹙损的眉峰了。山水都变成了有感情之物,正因为鲍浩然在归途中怀着深厚的怀人感情呵。

从这一构思向前展开,于是就点出行人此行的目的:他要到哪儿去呢?是"眉眼盈盈处"。

"眉眼盈盈"四字有两层意思。一层意思是:江南的山水,清丽明秀,有如女子的秀眉和媚眼。又一层意思是:有着盈盈的眉眼的那个人(古诗:"盈盈楼上女"。盈盈,美好貌)。因此"眉眼盈盈处",既写了江南山水,也同时写了他要见到的人物。语带双关,扣得又是天衣无缝,实在是高明的手法。

上片既着重写了人,下片便转而着重写季节。而这季节又是同归家者的心情配合得恰好的。

那还是暮春天气，春才归去，鲍浩然却又要归去了。作者用了两个"送"字和两个"归"字，把季节同人轻轻搭上，一是"送春归"，一是"送君归"；言下之意，鲍浩然此行是愉快的，因为不是"燕归人未归"，而是春归人也归。

然后又想到鲍浩然归去的浙东地区，一定是春光明媚，配合着明秀的山容水色，越显得阳春不老。因而便写出了：

若到江南赶上春，千万和春住！

也许是从唐诗人韦庄的《古别离》："更把玉鞭云外指，断肠春色在江南"得到启发吧，春色既然还在江南，所以是能够赶上的。赶上了春，那就不要辜负这大好春光，一定要同它住在一起了。但这只是表面一层意思，它还有另外一层。

这个"春"，不仅是季节方面的，而且又是人事方面的。所谓人事方面的"春"，便是与家人团聚，是家庭生活中的"春"。

这样的语带双关，当然也聪明，也俏皮。

通看整首词，轻松活泼，比喻巧妙，耐人体味；几句俏皮话，新而不俗，雅而不谑。比起那些敷衍应酬之作，显然是有死活之别的。

仲　殊

名挥，姓张氏，安州人，曾举进士，后弃家为僧，居杭州吴山宝月寺，崇宁中自缢卒。有《宝月词》。

南柯子

仲　殊

十里青山远，潮平路带沙。数声啼鸟怨年华。又是凄凉时候、在天涯。　　白露收残月，清风散晓霞。绿杨堤畔问荷花：记得年时沽酒、那人家①？

《红楼梦》第二十二回，写薛宝钗把《鲁智深大闹五台山》戏文中的一支曲子《寄生草》念给贾宝玉听。宝玉听了，拍膝摇头，称赞不已。那曲子是这样的：

①年时——当年，那时。那人家——那个人。家，语尾助词，无义。

　　漫揾英雄泪，相离处士家。谢慈悲剃度在莲台下。没缘法转眼分离乍。赤条条来去无牵挂。那里讨烟蓑雨笠卷单行，一任俺芒鞋破钵随缘化。

也许是为了暗示贾宝玉原就有"解脱世尘"的佛家思想，也许曹雪芹本人欢喜佛法，或者对这支曲子本来很感兴趣，正好借宝钗之口表露出来。这些都很难确定，且不管它。

这支曲子写得好不好？单就文字而论，它写得还是好的。假如它不是由鲁智深唱的话。

因为这曲子并不符合那粗豪鲁莽、三拳打死镇关西、两回大闹相国寺的鲁智深的性格。一个"却不识字"的鲁提辖，怎么会一下子那么文绉绉，什么"谢慈悲剃度"，什么"没缘法分离"，什么"烟蓑南笠""芒鞋破钵"，一大套知识分子腔口。这能令人想到是一位莽和尚说的话吗？

比较起来，《西厢记》写惠明和尚还不脱英雄和尚的本色。

人的性格有多种，和尚的性格也有多种，不能都用一个马络头。《红楼梦》和《西厢记》都是以读书人的笔杆子来写和尚，是代人立言；我们不妨再看看和尚怎样写自己。

> 野僧自是闲，不复知闲味。譬如庵中人，不见庵外事。
>
> ——宋惠洪《次韵赠庵僧》

惠洪是个有文化的和尚，又是个闲不住的和尚。他写诗，甚至还写诗话，可见不甘寂寞。此诗"不复知闲味"五字，确是闲得发慌的和尚所特有的感受，不是碌碌尘世的俗人能够随便想得出的。

再看下面这个：

> 春雨楼头尺八箫，何时归看浙江潮？芒鞋破钵无人识，踏过樱花第几桥？

> 碧玉莫愁身世贱，同乡仙子独销魂。袈裟点点疑樱瓣，半是脂痕半泪痕。
>
> ——苏曼殊《本事诗》

154

是破钵,是袈裟,却又是樱花、樱瓣,又是脂痕、泪痕,岂不十分矛盾和十分可笑?但这只有出自从革命走向颓废的知识分子和尚之口,才算恰如其分。

可见所谓"写出本色",就是要写出其人的性格、气质或身份。即文艺学上的"这一个"。

如今言归正传。

仲殊和尚,俗姓张名挥,曾中进士,早年因放荡不羁,妻子对他极为不满,在食物里下了毒,得救不死,自此出家为僧。所食都拌蜜糖,所以又称"蜜殊"。与苏东坡为友。善诗词,词集七卷今失传,后人仅辑得三十首。

读了这首《南柯子》,真能看出一个早年放荡不羁而后半路出家的和尚的自我写照。

那是个夏日早晨,和尚独个儿在江岸走着,潮水涨平了沙路。远处一带青山,偶尔可以听见几声啼鸟。残月西堕,白露湿衣,拂晓的凉风把朝霞慢慢吹开了。这本来是很好的天气,对于旅行者来说,应该是愉快的;但他本是个感触特多、凡心未尽的和尚,于是就在走着听着的时候,觉得啼鸟好像在怨年光的易逝,他自己也不期而然地涌起又是"凄凉时候",又是"远在天涯"的感叹了。

仲殊和尚爱吃蜜,不吃肉。据说医生说过,吃肉可以使毒性再发作。但他还是要喝酒,显然不肯守那佛门清规。

现在,他来到荷花塘近旁。这里一堤杨柳,浓阴繁密,微风过处,荷香飘拂。那些荷花真是开得又大又好看。于是,他在塘边柳下停了脚步……他想起来了,原来有一年也是这个时候,他来过这地方,在附近的酒家买酒喝了一回,乘着酒意,还来看这些荷花哩!

他禁不住又是感叹又是高兴,于是向着塘里的荷花问道:"荷花啊!你可记得从前那个买酒喝的汉子么?"

这真是风情摇曳的一问。仅仅凭这一问,仲殊和尚的性格以至于气质,都充分流露出来了。

佛教徒认为莲花是圣洁的。《释迦氏谱》引《普曜经》说,释迦如来诞生时,在无忧树下生七茎七宝莲花,大如车轮。菩萨堕莲花上,不须扶持,自行七步。所以释迦如来的雕像都是坐在莲花上的。如今仲殊和尚看到莲花,想起的却是它那"世俗"的美艳,还同自己醉中赏花的往事联系起来。这就全不是一心皈依的和尚了。

同样是写和尚,有种种不同的写法;同样是和尚写的作品,也有种种不同的性格表现。这才使人感到它的真实。

再请看仲殊另外一首调寄《柳梢青》词,下片是这样写的:

行人一棹天涯,酒醒处、残阳乱鸦。门外秋千,墙头红粉,深院谁家②?

黄昏薄暮,看见人家门外耸立着秋千,墙头出现一个打秋千的少女,于是就猜测住在深院里的是些什么人。嘻!这哪里还像个出家的和尚呢!

②谁家——哪个人,什么人。

周邦彦

(1056—1121)，字美成，钱塘人，元丰中献《汴都赋》，召为太学正，徽宗时仕至徽猷阁待制，提举大晟府。卒于明州。自号清真居士，有《清真集》。

过秦楼

周邦彦

水浴清蟾，叶喧凉吹①，巷陌马声初断。闲依露井，笑扑流萤，惹破画罗轻扇。人静夜久凭栏，愁不归眠，立残更箭②。叹年华一瞬，人今千里，梦沉书远。　　空见说，鬓怯琼梳，容消金镜，渐懒趁时匀染③。梅风地溽，虹雨苔滋，一架舞红都变④。谁信无聊，为伊才减江淹，情伤荀倩⑤。但明河⑥影下，还看稀星数点。

在两宋词人中，周邦彦一向受到很高的评价。南宋时他已经得到不少好评，有些填词的人，甚至严守他的作品中的四声。到了清代，经过词评家和词选家的竭力表彰，结果是变本加厉,把他捧成"词中老杜",或"词家正宗""词人巨擘",甚至说,"后有作者,莫能出其范围矣"。简直伟大得无可再伟大了。

究竟周邦彦的作品是不是如此出神入化,无可比拟呢?

竭力表彰周词的人,大抵都有一种片面性,站在纯技巧方面来谈,完全抛弃了思想内容。就像看到一个很能修饰打扮的女子,仅仅从她的外表尽情夸赞,而且明知她在品德方面并不那么完美,也装做没有看见。

较中肯的倒是晚清刘熙载的看法:"周美成词,或称其无美不备。余谓论词莫先于品;美成词信富艳精工,只是当不得个贞字。""周美成律最精审,史邦卿句最警炼;然未得为君子之词者,周旨荡而史意贪也。"("旨荡",含意放荡。)

在周邦彦的作品中,除了有一部分比之"有分看伊,无分共伊宿"之类还更进一步,也就是更精细地描写色情,因而更显得他的"旨荡"之外,另有一部分则是用工细的笔墨来描述封建士大夫的无聊生活。这两部分占了他整个作品中相当大的比重。又由于他不像晏几道那样具有纯真的品性,在抒写男女之情的时候,尽管技巧上费了工夫,仍然无法掩饰内容的空虚和浅薄。这些都是周邦彦作品的致命缺点。

自然,这样说并不等于不要艺术性。应该承认,周邦彦的技巧是十分高明的。他不仅精通音律,对曲调有所创新,扩展了音乐的领域,提高了乐坛的水平,而且在填词的技法上也有不少新的创造。他对词坛中的格律派产生重大的影响,因为在选词下字、布局谋篇方面,他都有比前人更加

①清蟾——月亮。凉吹——凉风。

②更(gēng)箭——古代用铜壶滴漏报时,壶中有箭用以表示时间,称漏箭或更箭。

③匀染——梳妆打扮。

④梅风——初夏黄梅时节的风。溽——湿。虹雨——指雨后见虹的夏雨。舞红——风中摇荡的红花。

⑤这是两个典故。《南史·江淹传》:"江淹少时宿于江亭,梦人授五色笔,因而有文章。后梦郭璞取其笔,自此为诗无美句,人称才尽。"荀粲字奉倩,娶妻曹氏有艳色。妻亡,叹曰:佳人难再得。人吊之,不哭而神伤。未几,奉倩亦亡。见《世说·惑溺》注引《荀粲别传》。

⑥明河——银河。

精到的地方;在描摹物象方面,更是精工细腻,曲折周到,为许多名手所不及。

周邦彦的技巧是可以学习的,在指出他的作品内容的不良倾向以后,也应该指出他在艺术技巧上的长处,从而吸取其优点,为我所用。

我们就先看看他这首《过秦楼》。

这首词内容很简单,不过是追忆已经离去的恋人而已。但写得很有特色。它使用了类似现代电影的画面突转的手法,使时间、地点、人物、感情一齐起了变化,如此进行了数次变换,构成整个事件的因果关系,显示人物感情的发展过程。这是不是前人所说的"空际转身"?我说不准,因为"空际转身"指的是什么,实在不明确。值得指出的,是这种手法在词坛中由周邦彦首先创造,并且运用得十分灵活,开创了以后写长调的一个绝妙的法门。

整首词可以分为四大段,每段又分两小节。四大段是四次画面的大变换,两小节是前后镜头的小转移。

下面是具体的剖析:

"水浴清蟾,叶喧凉吹,巷陌马声初断"——这是一之一。画面是夏天的夜晚,月亮像从水里洗浴过,那么晶明莹彻,纤尘不染。凉风吹在树叶上发出沙拉的响声。夜的街巷非常寂静,人马走动声都完全停下来了。我们看到这画面似是用广角镜头拍下来的,一个广阔的然而幽静的境界首先呈现在读者(观众)眼前。

"闲依露井,笑扑流萤,惹破画罗轻扇"——一之二。镜头缓缓近移,于是出现了画面中心的人物。井栏边斜靠着一位男性青年,他此时的目光和笑靥都正落在院子中的一位少女身上。那美丽的女郎正在拿一柄纨扇去追扑在月光底下翔舞的萤火虫,扑得正起劲呢,不想一个不小心,扇子扑在蔷薇的枝桠儿上,嗤的一声,扯破了一大片。两人都一愣,跟着又一齐大笑起来⑦。

这是一远一近组成的画面,镜头是由远渐推向近。

"人静夜久凭栏,愁不归眠,立残更箭"——这是二之一。画面突然变换,不是在院子里,而是在小楼一角;不是两个人,而是男的一人;也不是笑容可掬,而是愁容满面。虽然同样是夏夜,景色、人物、感情都起了极大的变化。这个小楼倚立的人,神色惨淡,长久望向远方,长久没有动弹,只听得远处的更鼓低沉地响着,响了一遍又一遍,夜气很深了。

"叹年华一瞬,人今千里,梦沉书远"——二之二。镜头推成一个人物面部的特写。他,原来就是"闲依露井"那个青年人,风采如旧,却显出沉思怅惘的神气。过了一会,他轻轻叹息,自言自语:"想不到又是一年了,近来连梦里也没有见到她……怎么总没有一个音讯……哎!其实路也真远……"

"空见说,鬓怯琼梳,容消金镜,渐懒趁时匀染"——这是三之一。又是一个画面大变换,是从那青年人的苦思苦忆中化出来的另一个画面:开头出场的那位扑流萤的女郎,出现在她的闺房里。她神情憔悴,面容清瘦。好像刚起来不久,头发有点散乱,钗镮都没有整好,而且显然不施脂粉,只是呆呆坐着,心事重重,正在想些什么。

"梅风地溽,虹雨苔滋,一架舞红都变"——三之二。镜头逐步摇向窗外,人们可以看到那熟悉的井栏,那依旧的庭院,还有那一架划破扇子的蔷薇。还是初夏景色,不过不是晚上而是白天了。地上还可以看到刚下过雨的痕迹,湿润的土地,绿苔到处长了起来,把环境染成一片衰败荒凉。那满架蔷薇,给风一吹,花瓣纷纷掉在地上,剩下枝头的残英,零落得不成样子。很显然,女主人不知多久没有光临这个院子了。以上,还是幻出来的画面。

"谁信无聊,为伊才减江淹,情伤荀倩"——这是四之一。镜头又转,回到倚栏的青年人身上。这是第二段的回复。"才减江淹",是在暗示这位青年想写一首诗抒述此际情怀,却又心绪撩乱,老是写不成功。"情伤荀倩",自然是指他这时心情是非常恶劣的。

"但明河影下,还看稀星数点"——四之二。在更漏沉沉中,他眼前幻化出笑扑流萤那一幕;还是女郎的动作和那笑貌,还是他那含笑倚着井栏的风度和情态。渐渐人物隐去,只看见几点流萤在空中闪闪烁烁地飞舞。不料转眼之间,飞舞的流萤竟然凝结起来,再也不动了。原来那是明亮的银河附近闪烁着的几颗疏星。

那也许就是织女星座吧,她隔着银河同牵牛遥遥相对⑧,然而也只是遥遥相对,谁都没有办法跨过那明亮而又冷酷无情的银河……

⑧每年初夏半夜时,织女、牵牛两星座已在东天出现。

应该说,周氏这种手法是很新颖的。它只通过画面变换,许多可有可无的话就都省略掉了,然而情节却是分明清楚的,叙述也是秩然不乱的。一个寻常怀人的主题由于作了这样的处理而显得人物形象生动鲜明,景色富于变化,取得了很好的艺术效果。它之所以受到后人的高度赞美,当然不是没有缘由的。

应天长

周邦彦

条风①布暖，霏雾弄晴，池塘遍满春色。正是夜台无月，沉沉暗寒食。梁间燕，前社客②，似笑我、闭门愁寂。乱花过，隔院芸香，满地狼藉。　　长记那回时，邂逅③相逢，郊外驻油壁④。又见汉宫传烛，飞烟五侯⑤宅。青青草，迷路陌。强载酒、细寻前迹。市桥远、柳下人家，犹自相识。

这首词，前人的解释都含糊笼统，不甚了了。

明人李攀龙说：

上半叙景色寥寂，下半与人世睽绝。

又说：

不用介子推典实，但意俱是不求官，不徼功，似有埋光铲彩之卓识。

——《草堂诗馀隽》

近人陈洵说：

"布暖""弄晴"，已将后阕游兴之神摄起。"夜堂无月"，从闭门中见。"梁燕笑人"，

①条风——立春以后吹的风。《易纬》："立春条风至。"
②社——指旧时祭社神的日子。通常立春后第五个戊日叫春社，立秋后第五个戊日叫秋社。燕子在春社前从南飞来，所以叫前社客。
③邂逅——偶然相遇。
④油壁——油壁车。一种车厢油漆花纹的车子，供妇女乘坐。
⑤五侯——西汉时，王谭、王商、王立、王根、王逢时五个皇亲国戚同日封侯，世称五侯。

"乱花过院",一有情,一无情,全为"愁寂"二字出力。后阕全是闭门中设想。"强载酒、细寻前迹",言意欲如此也。"人家相识",反应"邂逅相逢"。

——《海绡说词》

李攀龙固然没有读懂这首词;陈洵说"夜堂无月,从闭门中见";下阕"全是闭门中设想",也是误解。

其原因是这首词有个关键的字传抄错了,以讹传讹;那些评论的人也没有弄清楚,以致整首词的意思都搞乱了。

这个字就是"夜台无月"的"台"字。现存周词的版本,统统错成"夜堂无月",只有清康熙的钦定《词谱》引此词时还保留原状,刊作"夜台无月"。"台"和"堂"乍看相差不远,实则相差甚远。因为"夜堂"指的是夜间的厅堂,而"夜台"却是指死者的埋骨之地,也就是墓穴。词中的"正是夜台无月,沉沉暗寒食。"乃是从李白《哭宣城善酿纪叟》诗"夜台无晓日,沽酒与何人"变化而来⑥。"夜堂"是活人的,"夜台"是死人的。不弄清楚这个字眼儿,这首词就无法正确理解了。

⑥李白这首诗上句,一作"夜台无李白",这比较合理。但另有版本作"夜台无晓日",当是周词所本。

怎么知道钦定《词谱》不是弄错呢? 可不可以"少数服从多数"呢?

钦定《词谱》所引用的宋词,错误较少,可以纠正许多其他版本的错字。这是读过清人万树的《词律》及恩锡、杜文澜的校勘的人都知道的。但更重要的是,从这首词的内容来看,作"夜台"则用意明显,作"夜堂"则简直无从索解。

不妨逐句加以分析。

　　这首词是周邦彦在某一年的寒食节日写的。从上年冬至节开始算一百零五天就是本年的寒食节。寒食节是游春的好日子，但在古代，这天也是人们上坟拜扫的日子，元人刘因有《寒食道中》诗："簪花楚楚归宁女，荷锸纷纷上冢人。"正是旧时的社会风习的写照。

　　"条风布暖，霏雾弄晴，池塘遍满春色"——一幅节日的光景："条风"即春风；"霏雾"指晨雾。春风给人以越来越暖的感觉，早雾又预示这天是个好晴天，放眼看去，池塘泛绿，春意盎然，本来是郊游的好日子啊！

　　"正是夜台无月，沉沉暗寒食"——可是，他却想起逝去的那位女郎。她正沉睡在墓穴之中，那地方一片昏暗，既没有太阳，也没有月亮。她过的只是昏沉黑暗的寒食节罢了。

　　这是一种陡然转折的手法，但在周词中却是常见的。

　　"梁间燕，前社客，似笑我、闭门愁寂"——一想起已逝的女郎，自己就禁不住心里悲哀，尽管是郊游的好天气，人人都兴高采烈到外面趁热闹，自己却不想出门。不料梁上的燕子——这些给人称为"前社客"的小家伙，像在冷冷地讥笑："这个傻小子呀！人家都成群结伙到外面玩儿去了，你发什么呆呀！"

　　"乱花过，隔院芸香，满地狼藉"——隔院飘过来一阵阵芳香，原来春风把花儿从枝头吹了下来，弄得满地都是散乱的花瓣。他怔怔地瞧着，残花仿佛是女郎的不幸身世。……

　　白居易有《夜惜禁中桃花诗》："坐惜残芳君不见，风吹狼藉月明中。"是说宫禁中的桃花零落了。曹唐又有《长安春舍叙邵陵旧宴》诗："狼藉梨花满城月，当时常醉信陵门。"是说梨花零落了。但是周邦彦为什么说到"芸香"呢？

原来他在哲宗时官秘书省正字,徽宗时又曾官秘书监。秘书和"芸香"是有关系的。唐诗人杨炯《登秘书省阁诗序》说:"命兰芷之君子,坐芸香之秘阁。"赵嘏《酬元秘书》诗:"官总芸香阁署崇,可怜诗句落春风。"可见"芸香"同秘书关系是密切的,已经成为典故。周邦彦在词里用"隔院芸香",很可能那时正在任职秘书省,用"芸香"便可以带出他那时的官职和所在的环境。

上片写的就是他"闭门愁寂"的事。

折到下片,画面又来一个大转换。

"长记那回时,邂逅相逢,郊外驻油壁"——从这儿开始,他已经走出大门,来到郊外了。

他来到郊外,便记起那回两人无意中相逢的旧事:她刚从一辆漆得很华丽的车子上走下来,恰好和他打个照面,这叫"不期而遇"。然后就互通情愫。那一天也恰好是寒食佳节。

以后呢?当然是一段不寻常的生活经历了。到底情形是怎样的,作者没有交代,我们自然也不清楚;可以肯定,经过了若干日月,她不幸夭逝了,这使他十分伤感,所以在寒食节追忆起来,连门都不想出了。

但是,人的思想往往是矛盾的,不想出去,又偏偏想出去。他的脑子进行了反复的思想斗争。最后,决定到外面去走一回。而到了外面,却又想重新找回那次初度相逢的地方。

"又见汉宫传烛,飞烟五侯宅"——想起唐代诗人韩翃那首诗:"春城无处不飞花,寒食东风御柳斜。日暮汉宫传蜡烛,轻烟散入五侯家。"京城的习俗还是那样,自己却只能引起"物是人非"的叹息,那段往事早已一去不返了。上面"长记",这里是"又见",可见他是一面走着,一面苦苦追忆。

"青青草,迷路陌。强载酒、细寻前迹"——"强",是明知不可为而为之。自己心里明明知道,人早已死了,但由于系心的忆念,仍然打算重寻旧地,奠一杯酒凭吊一番。可是,到郊外一看,满眼芳草萋萋,正是风景不殊,举目却有人事之异。他在路上绕来寻去,却再也找不回那年同她初见的那个地点了。

"市桥远、柳下人家,犹自相识"——虽然毕竟是找不到,不知不觉却走到市桥上来。在一棵大柳树下,住着一户人家。他正走近这棵树,忽听得有人向他打招呼,抬头一看,呵!原来是从前认识的……

这一结尾是什么意思呢?

是作者向我们暗示:这户人家曾经同他和那位女郎之间有过一定的关系或来往。自从女郎夭逝以后,这种关系便中断了;如今由于"细寻前迹",才又重新碰上。而重新见面后,更增添了他怀人的伤感。

这一结尾表面平淡,骨子里是沉重的。

这就是寒食节日的曲折。可见弄清楚了那个关键的字眼,这首词原是不难懂的。

这首词不能算是写得特别高明;它的技巧,在周词中也是属于常见的。尽管如此,还可以看出它那变换转折过渡的安排,举重若轻,颇见本领,仍然有值得后人学习的地方。

花　犯

周邦彦

粉墙低，梅花照眼，依然旧风味。露痕轻
缀。疑净洗铅华，无限佳丽。去年胜赏曾
孤倚，冰盘同燕喜。　更可惜、雪中高树，
香篝薰素被。　　　今年对花最匆匆，相
逢似有恨，依依愁悴。吟望久，青苔上、
旋看飞坠。相将①见、翠丸荐酒，人正在、
空江烟浪里。但梦想、一枝潇洒②，黄昏
斜照水。

　　这首《花犯》也是谈周邦彦的技巧时不
可少的例子。

① 相将——行将，即将。
② 潇洒——凄凉，凄清。

　　初看这首词，只觉它跳动得厉害。不容
易把捉住它的脉络。但仔细寻味以后，就会看出作者是分
成过去、现在、未来三个阶段去写梅花的，三个阶段各有不
同的情怀，委婉曲折；而且写梅花又是为自己写照。笔墨的
照应、映带、收放、开合，都十分讲究。从技法来说，确是大
可玩味的。

　　写这首词之前，作者正在地方上做官；写词的时候，他
已经准备离任他往了。客中孤寂，梅花曾经是他的唯一知
己，如今却又要舍它而去，心情实在难过。由此又想到自己
近年来行踪不定，宦情冷落，颇有身世之感，于是借梅花抒

发情怀。词的题旨就是这样。

我们看作者是怎样用笔的。

一开头，写自己在官舍里。官舍外面有一堵低矮的白粉墙，墙头伸出一棵大梅树。

现在花又映入自己眼中。这梅树他看过已经不止一回，如今枝桠上又缀满了珠子似的花朵，丰神韵味还是像往常一样。

这里，作者先透出一个"旧"字，便埋伏了下面许多文章。

跟着，就具体描写梅花。这些花轻轻沾着露水，就像洗净了脂粉的美人儿，有一种说不出的娇艳。句中下一"疑"字，是仿佛很像的意思。"铅华"，即铅粉，旧时妇女常用来搽脸。这三句显示了作者正在细心地欣赏着梅花。

"去年胜赏曾孤倚，冰盘同燕喜"——这两句点出了去年曾欣赏过梅花。那是在春初，正逢一个节日。自己客中寂寞，没有伴侣，就独自一人，持酒赏花。"冰盘"是白瓷盘，韩愈《李花》诗："冰盘夏荐碧实脆，斥去不御惭其花。"便是指冰样洁净的瓷盘。"燕喜"是过节的时候饮宴。句中下一"同"字，那意思说，同自己过节喝酒的没有别人，就只有梅花了。

跟着就对去年的梅花细写一笔：

"更可惜、雪中高树，香篝薰素被"——"可惜"这里是可爱的意思。"香篝"指里面放香用来熏烘衣服的熏笼。那时刚下过一场雪，雪还压在密密的枝桠上，衬着满树灿烂的白梅花，看上去就如同熏笼上面盖了一张白色的被子，好看极了！

这个比喻并不太新鲜。我们知道，同周邦彦同时的赵令時，在他的《菩萨蛮》中，就有"两岸野蔷薇，翠笼薰绣衣"的描写，恰好也用熏笼和衣服比喻枝上的繁花。

上片，先从眼前所见的梅花写起，然后回忆去年观赏梅花。这样，他就先写了一笔前后两年的情景。

转入下片，再又回到今年的情事上来：

"今年对花最匆匆，相逢似有恨，依依愁悴"——他从回忆中又回到眼前来。先用"匆匆"暗冒一笔，见得自己快要离开此地了；然后转笔写梅花有情，它似乎知道要同老朋友分手，所以也像是怀着满腔心事，既恋恋地依倚着故人，又显出愁闷憔悴的神气。这当然是以人的感情注入花中。因为上片还在说梅花"无限佳丽"，如今却忽说梅花"依依愁悴"，似有矛盾，实则因作者此时情怀惆怅而已。

下面索性转笔写自己对花的惜别之情。

自己看到梅花这种情态，心里就更不好开解。于是长久地凝望着它，也想吟咏几句诗去安慰它。正在呆着的时候，却看见枝梢摇曳，一阵风吹过，花瓣纷纷掉到青苔上。这是为什么？是梅花悲哀到不能自制吗？是梅花怨恨自己吗？……

这是同梅花最后一次见面的镜头。作者的无可奈何之情，都含蓄在此时的无言之中。

"相将见、翠丸荐酒，人正在、空江烟浪里"——"相将"是行将、快要的意思。他的思路又向着未来伸展开去；我快要离开这地方了，梅花会怎么样呢？梅花一定落尽了。花落以后，就结出梅子，那个时候，我早已坐着船儿，浮泛在空江烟浪之中了。我也许在船上会看到梅子，它还伴随我喝酒呢（"翠丸荐酒"，是拿梅子作为下酒的东西）。

结拍于是又追想梅花的形影，那心境更是苍凉了。因

为要再看见那粉墙外的梅花,除了梦中,已不可能了。远离
旧地,只有在梦里见得:一枝横斜的梅花,凄凉冷落,在淡
淡的夕照中,对着自己水里的影子。

整首词句句紧扣梅花,也句句紧扣作者自己。你看他
先从眼前写起,然后追到去年,又从去年绕回到眼前,再从
眼前推开去,写想象中的未来的情景。前后呼应,上下串
插,结构何其严密,笔墨又何其灵动!

作者分明意在写出自己年来落寞的情怀,却借了梅花
作为衬垫,委婉表达。人与梅花仿佛溶化成为一片。应该注
意的是,其中的"依然旧风味""无限佳丽""旋看飞坠"和
"一枝潇洒",都是既写了梅花,也暗暗透出作者自己的景
况的。

少年游

周邦彦

并刀如水,吴盐胜雪,纤手破新橙。锦幄
初温,兽烟不断,相对坐调笙。　　低
声问:向谁行宿?城上已三更。马滑霜
浓,不如休去,直是少人行!

这首词,不外是追述作者自己在秦楼楚馆中的一段
经历①,在当时士大夫的生活中,自然是寻常惯见的,所以
它也是一种时兴的题材。然而这一类作品大都鄙俚恶俗,

意识低下，使人望而生厌。周邦彦这一首之所以受到选家的注意，却是因为他能够曲折深微地写出对象的细微心理状态，连这种女子特有的口吻也刻画得惟妙惟肖，大有呼之欲出之概。谁说中国古典诗词不善摹写人物，请看这首词，不过用了五十一字，便写出一个典型人物的典型性格。

"并刀如水，吴盐胜雪，纤手破新橙"——这是富于暗示力的特写镜头。出现在观众眼前的，仅仅是两件简单的道具(并刀，并州出产的刀子；吴盐，吴地出产的盐)和女子一双纤手的微细动作，可那女子刻意讨好对方的隐微心理，已经为观众所觉察了。

"锦幄初温，兽烟不断，相对坐调笙"——室内是暖烘烘的帏幕，刻着兽头的香炉轻轻升起沉水的香烟。只有两个人相对坐着，女的正调弄着手里的笙，试试它的音响；男的显然也是精通音乐的，他从女的手中接过笙来，也试吹了几声，评论它的音色和音量，再请女的吹奏一支曲子。

这里也仅仅用了三句话，而室内的气氛，两个人的情态，彼此的关系，男和女的身份，已经让人们看得清清楚楚了。

但最精彩的笔墨还在下片。

下片不过用了几句极简短的语言，却是有层次，有曲折，人物心情的宛曲，心理活动的幽微，在简洁的笔墨中恰到好处地揭示出来。

请看：

"向谁行宿"——"谁行"，哪个人。在这里可以解作哪个地方②。这句是表面亲切而实在是小心的打探。乍一听好

①张端义《贵耳录》载："道君(按，即宋徽宗)幸李师师家，偶周邦彦先在焉。知道君至，遂匿床下。道君自携新橙一颗，云江南初进来。遂与师师谑语。邦彦悉闻之，隐括成《少年游》云……"这种耳食的记载简直荒谬可笑。皇帝与官僚同狎一妓，事或有之，走开便是，何至于匿伏床下，而事后又填词暴露，还让李师师当面唱给皇帝听。皇帝自携新橙，已是奇闻，携来仅仅一颗，又何其乞儿相！

像并不打算把他留下来似的。

"城上已三更"——这是提醒对方:时间已经不早,走该早走,不走就该决定留下来了。

"马滑霜浓"——显然想对方留下来,却好像一心一意替对方设想:走是有些不放心,外面天气冷,也许万一会着凉;霜又很浓,马儿会打滑……我真放心不下。

这样一转一折之后,才直截了当说出早就要说的话来:"不如休去,直是少人行!"你看,街上连人影也没几个,回家去多危险,你就不要走了吧!

真是一语一试探,一句一转折。我们分明听见她在语气上的一松一紧,一擒一纵;也仿佛看见她每说一句话同时都侦伺着对方的神情和反应。作者把这种身份、这种环境中的女子所显现的机灵、狡猾,以及合乎她身份、性格的思想活动,都逼真地摹画出来了。

这种写生的技巧,用在散文方面已经不易着笔,用在诗词方面就更不容易了。单从技巧去看,不能不叫人承认周邦彦实在是此中高手。

六丑(蔷薇谢后作)

周邦彦

正单衣试酒,怅客里光阴虚掷。愿春暂留,春归如过翼①,一去无迹。为问花何

②行(háng)阳韵。词中多从属于人,用作"那边"解。"谁行"就是"谁那边"。作者另有《风流子》句云:"最苦梦魂,今宵不到伊行",是指她那边。姜白石《踏莎行》"离魂暗逐郎行远"的"郎行"是指郎那边。

在？夜来风雨，葬楚宫倾国。钗钿堕处遗香泽。乱点桃蹊②，轻翻柳陌。多情更谁追惜？但蜂媒蝶使，时叩窗槅。　　东园岑寂，渐蒙笼③暗碧。静绕珍丛④底，成叹息。长条故惹行客，似牵衣待话，别情无极。残英小、强簪巾帻⑤。终不似、一朵钗头颤袅，向人欹侧。漂流处、莫趁潮汐。恐断红⑥尚有相思字，何由见得？

　　《六丑》是周邦彦自己创造的一个新调，也是宋词发展到灿烂时期的一个珍贵的产儿。

　　南宋词人周密在所著《浩然斋雅谈》中曾记载了这样一件事，他说：北宋末年，汴京（今河南开封市）有个著名的妓女李师师，有一回在徽宗皇帝跟前唱了一支曲子，那曲子很动听，可是连精于音乐的这位皇帝也不知道是一支什么曲子。他就问她：是谁人写的？李师师回说：这叫《六丑》，撰曲人是周邦彦。后来，徽宗皇帝召见周邦彦时，特意问起此事，还问他曲子的名字为什么叫《六丑》。周回答说：因为它犯了六个宫调（取各宫调的声律合成一曲，使宫商相犯以增加乐曲的变化），那都是最好听的章段，因此取名《六丑》；可是要唱得好听却不容易。

　　把六段好听的章段连接起来，却名之曰《六丑》，大抵

①过翼——飞过的鸟儿。
②桃蹊（xī）——桃花树下的小路。
③蒙笼——草树茂密的样子。
④珍丛——珍贵的树丛。此指蔷薇。
⑤巾帻——头巾、帽子。
⑥断红——指落花。

也像把可爱说成"可憎",把亲爱的伴侣唤作"冤家"那样,是"物极必反"吧。

不管怎样,这首词是写得成功的,而且很可以看出周邦彦那种展挪、铺叙的本领。整首词只写了园子里蔷薇花的凋谢,事情本来十分简单,但他却能写成一百四十字的长调,曲折委婉,圆转妥帖。没有深入生活、观察细微的功夫,是不可能做到的。

由此,我不禁想起金圣叹批点《第六才子西厢记》里的一段话:

吾少即为文,横涂直描,吾何知哉!吾中年而始见一智人,曾教我以二字法,曰"那辗"。至矣哉!彼固不言文,而我心独知其为作文之高手。何以言之?凡作文必有题,题也者,文之所由以出也。乃吾尝取题而熟睹之矣,见其中间全无有文。夫题之中间全无有文,而彼天下能文之人都从何处得文者耶?吾由今以思,而后深信"那辗"之为功,是唯不小。何则?夫题,有以一字为之,有以三五七乃至数十百字为之;今都不论其字少之与字多,而总之,题则有其前,则有其后,则有其中间;抑不宁唯是已也,且有其前之前,且有其后之后,且有其前之后,而尚非中间,而犹为中间之前;且有其后之前,而既非中间,而已为中间之后。此其不可以不察也。诚察题之有前,又察其有前前,而于是焉先写其前前,夫然后写其前,夫然后写其几几欲至中间而犹为中间之前;夫然后始写其中间,至于其后,亦复如是。而后信题固蹙而吾文乃甚舒长也,题固急而吾文乃甚纡迟也,题固直而吾文乃甚委折也,题固竭而吾文乃甚悠扬也。如不知题之有前有后有诸迤逦,而一发遽取其中间,此譬之以槌击石,确然一声,则遽已耳,更不能多有其余响也。盖

"那辗"与不"那辗",其不同有如此者。

——见《第六才子书·前候》

金圣叹其人应作如何评价,是另一回事;写文章也不仅仅是技巧问题,这些都可以另作议论。假如从艺术探讨出发,研究文章的做法,那么,他这番话却是有道理的。"那辗"决不是故意拖拉,更不是无中生有,而是像画家在纸上反复点染勾勒,乃是使主题深化、形象饱满的艺术技巧之一。从事文艺工作的人,对于这种技巧,是应该懂得的。

在两宋词人中,柳永和周邦彦都是善于运用"那辗"的。如今我们且来看看周邦彦的"那辗"。

一开头,他就从题目之前下笔。"单衣试酒",本来与蔷薇毫不相关。"单衣"无非点明季节已到了初夏;"试酒"则说明可以偷得空闲。就在喝着新酿好的酒之时,忽然想到"客里光阴虚掷",那为什么?那是暗暗点出正在那繁花盛开之际,自己牵于俗务,便把赏花的时间都挤掉了。

"愿春暂留,春归如过翼,一去无迹"——这一韵也仍然在题目之前盘旋。因为在春天无法欣赏园中名花,所以才"愿春暂留",不料春天却像不肯停留的候鸟,毫不留恋地飞走了。如今,自己走进园子里一看,原来连春天的影子都找不着了。

然后才出现落花的形象:"为问花何在? 夜来风雨,葬楚宫倾国。"前一句是作者的发问,后两句是作者的自答。通过一问一答,于是人们知道,昨夜有一件出人意料的事情:一场突然而来的狂风骤雨,把有如倾国倾城的绝色名花,一下子一扫而光了。"楚宫倾国",原是指春秋战国时代楚国的宫女们。李商隐《梦泽》诗:"梦泽悲风动白茅,楚王葬尽满城娇。"周邦彦是借用"楚宫"的美女比喻蔷薇花的。

但上面还只是粗略地下了一笔；略写之后，便进一步加以细写。你看作者正在细寻落花的踪迹："钗钿堕处遗香泽，乱点桃蹊，轻翻柳陌。"上面他把落花比作楚宫的美人，如今他又把落花比作唐宫的杨妃。正如白居易在《长恨歌》中说的，"花钿委地无人收，翠翘金雀玉搔头"。杨妃在马嵬坡这一幕，仿佛重现在他眼前：满地的花瓣，四散飞扬，桃花树下有的是，杨柳路上也有的是。原来蔷薇已经完全凋谢了，都从枝头上落下来了。

于是又从侧面描写一笔："多情更谁追惜？"游人都散尽了，谁也不来可怜这些残败的花朵。可是，这园子里还有一些恋恋不肯离开的，它们却不是游人，而是蜂儿蝶儿。那些蜂儿蝶儿时不时撞到窗槅子上，为什么呢？难道它们要凭吊可怜的落花吗？

我们分明看到，作者这一支笔也像蜂媒蝶使那样，不断地绕着"凋谢的蔷薇"转来转去。这是题目的中心，是必须着力去描绘的。

下面换头先提一句夏初的景色。"岑寂"是因为不仅没有赏花的人，也没有了花。如今有的只是暗沉的碧叶，这些叶子由于气候转热而越发密茂了。"蒙笼"是草树茂盛的样子。左思《蜀都赋》："蹁蹮蒙笼，涉蹁寥廓。"杜牧《叹花》诗："狂风落尽深红色，绿叶成阴子满枝。"便是这两句话的出处。

"静绕珍丛底，成叹息"——这就转入了自己。蔷薇花落后，如今只剩下自己一个人还对残花有所留恋。句中下一"静"字，可见除了自己，更无别人。"叹息"则是表现了对已逝的好景的无可奈何。应该注意，这是题后的初步"那辗"。

"长条故惹行客,似牵衣待话,别情无极"——又是把自己同蔷薇进一步牵系起来。自己既对蔷薇如此有情,蔷薇也就对这位诗人报以同样的情态了:它伸出长长的枝条,并且拿它的尖刺拉着诗人的衣袂,宛似无限依恋,要诉说一番情致缠绵的话。

这是又一番"那辗"。

"残英小,强簪巾帻"——给蔷薇枝条拉住,于是定神细看,这才看见原来枝头上还剩下没有开成的花蕾。想起自己错过了花期,如今又何妨补上一课:把小小的蓓蕾摘下来,再簪到自己的头巾上面。

可是,这怎么也比不上那开得正好的花儿在美人的钗鬟上轻轻颤动,还侧过身子逗引旁人向它注视呀!

这又是一种"那辗"。你可以说它是无中生有或翻空出奇。人爱蔷薇,蔷薇也恋着人,这是一环一扣;人簪残花,又不满意这残花,这是一正一反。通过如此这般的勾勒渲染,人和花的感情于是越来越深厚了。可见"那辗"决不是单纯地卖弄技巧。

结拍又再推开一层:"漂流处,莫趁潮汐。恐断红尚有相思字,何由见得?"他想到有些落花也许会随水漂流,也许会流进大海中去。又想到有些花片也许是哪一位情人在上面题了字,要它带给他心爱的人的。假如花片儿跟着潮水进了大海,不是辜负了情人的一番心事了吗?这里是化用了"红叶题诗"的故事。《云溪友议》记载,唐士子卢渥应试到了长安,偶然走到宫城御河附近,看见水面漂流着一片红叶,叶上题了一首诗:"流水何太急,深宫竟日闲。殷勤谢红叶,好去到人间。"在这里,周邦彦不过把红叶改成花片罢了。

作者从落花想到花片,从花片想到"题叶",又由"题叶"想到潮水,由潮水又想到情人。真是反复腾挪,极尽开合变化之能事。

有人说,这首词"借花起兴。以下是花是自己,比兴无端,指与物化,奇情四溢,不可方物。"(见《蓼园词选》)认为作者有意借花比人。不过据我看来,作者并无如此深意。实则作者能够把人和花之间的感情写得如此缠绵宛转,耐人寻味,比之借花喻人似乎还更加情意深沉些。

万俟咏

字雅言，号词隐。崇宁中充大晟府制撰，有《大声集》，不传。

诉衷情

万俟咏

一鞭清晓喜还家，宿醉困流霞①。夜来②小雨新霁，双燕舞风斜。　　山不尽，水无涯，望中赊。送春滋味，念远情怀，分付③杨花。

①流霞——酒。
②夜来——这里是指昨夜。
③分付——意为交付，发付，发落。

　　万俟(mò qí)咏这首词，《唐宋诸贤绝妙词选》题作"送春"，大抵是因为看见词中有"送春滋味"四字吧。但其实是错会的。这首词的内容完全不是写什么送春，它乃是描绘还家之喜。因为是写在即将到达家门之前，词中并无伤感，相反是洋溢着一团喜气。

　　一开头作者就点明题旨。那是一个早晨，他骑着一匹马儿，直向家乡的路上进发。这时，离家已经不远，甚至自己家门前那一列树林都隐约可见，他心里那阵子高兴就越发按捺不住了。

　　昨天晚上，他宿在最后一程的驿馆里，想到第二天就可以到达家门,不禁兴致勃勃,一个劲儿喝酒,不知不觉喝多了。今天一早起来赶路,宿酒还没全消,坐在马上还有点儿头脑昏沉。可是心里痛快。他睁开带着余醉的眼睛,瞧这四下里的风光。原来下过一场小小的夜雨,赶天亮以前恰好停住。在一阵阵清凉的晨风之中,一双小燕儿上下飞舞,一转眼间,便斜斜掠过马头,互相追赶着去了。

这当然不是意在送春。我们倒是可以通过这几句简单的描写,体味到作者流露在语言之外的一团喜气。他是带着惬意的心情去欣赏眼前景物的。"小雨新霁""双燕舞风",仿佛都是有意为他增添喜气。

下片是情中带景。

"山不尽,水无涯,望中赊"——他如今回过头去看那已经走过来的长途。那是无穷无尽的山峦,一山又一山,连绵不绝,总算也走过来了;还有那浩阔无边的河水,滔滔汩汩,伸向天外。那山程水驿真是悠长得很啊!

他在这儿下了一个"赊"字,是什么意思呢?"赊"是诗词里常见的词儿。张相《诗词曲语辞汇释》说它有相反的两义。一是有余,一是不足。由有余可以引申为远、长、空阔、多、宽等,由不足又可以引申为渺茫、短少、消、疏等。此词的"赊"是作为长远解的。因为万俟咏在返家的旅程中,已经走了很长的一段路,所以才说"望中赊"。

"送春滋味,念远情怀,分付杨花"——他想到马上就可以回到家里。回家以后,同妻子儿女一块儿团聚,从此,既不须再尝那种年年客中送春的凄凉滋味,而家中的妻子也完全可以放下那思念远人的愁怀了。

想到这儿,这位词人禁不住向蒙蒙扑面的柳絮开起玩笑来。他俏皮地向它们说道:"如今送春也罢,念远也罢,那难堪的滋味,那伤感的情怀,统统都交给你杨花去发落了!对不起,咱们再见!"

这样来描写还家途中的喜悦心情,不是比绘声绘影还更要生动逼真吗!

作品的风格是轻快的,遣词用字又轻清圆脆,恰好和作者此时的心情相应。

叶梦得

(1077—1148), 字少蕴, 乌程人, 绍圣四年 (1097) 进士, 累官中书舍人、翰林学士、吏部尚书。高宗朝, 除尚书右丞、江东安抚使, 兼知建康府行官留守。晚号石林居士。有《石林集》。

八声甘州 (寿阳楼八公山作)

叶梦得

故都①迷岸草, 望长淮依然绕孤城②。想乌衣③年少, 芝兰秀发, 戈戟云横。坐看骄兵南渡, 沸浪骇奔鲸。转眄东流水, 一顾功成④。　　千岁八公山下, 尚断崖草木, 遥拥峥嵘⑤。漫云涛吞吐, 无处问豪英。信劳生空成今古, 笑我来何事怆遗情? 东山老, 可堪岁晚, 独听桓筝!

苏轼在词坛中开辟了一个豪放的境界, 在北宋晚年, 已经有晁补之、贺铸等人尝试着效法, 可是在词坛的影响还不很大。只有到了金人南侵, 铁蹄战火震撼南北, 使许多士大夫的心理产生了巨大变化, 于是苏派的词风随着时代的激变而高扬起来, 叶梦得、张元干等词人在南宋初期便以豪荡激越的笔墨写下了与时代气息相通的篇章,并为此后辛弃疾、陈亮、刘过等词人开辟更广阔的路子。

叶梦得在南宋初年,是掌管东南数路财政的重要人物,面对异族侵略,他隐然以东晋的谢安自命,是颇为自负的。他在词中常自称为"东山老"(谢安曾隐居东山)。他也确实有点经济长才,为朝廷所倚重。最后出任福建安抚使,因年老退休。

叶梦得的词,风格颇近苏轼。虽然不及苏轼韵才气横溢,但也没有苏轼那种掩抑不住的颓唐。正像一个善于理财的人,别人只见他手段阔绰,排场不小,疑心他会闹亏空。其实他算盘很精,决不任意挥霍。叶梦得的豪放正是有这个特点,在豪放中时时计算到要掌握分寸,避免一放难收。但也正因为如此,就缺乏真正动人的宏大气魄和纵横跌宕的壮阔波澜,从而感人之力顿减。

这首词题为"寿阳楼八公山作",是作者在著名的历史战场——淝水附近八公山前(今安徽凤台县东南),怀古感今写下来的。

东晋当年的情况,同南宋初年颇有相似之处。人们面对女真族的侵略,很容易想到历史上的淝水之战,并用这个著名的以少胜多、以弱胜强的事例来鼓舞士气民心。词的上片便含有这种用意。作者一开头用"故都迷岸草"五字领起,所谓身在淮南,眼注汴京,立足点便已很高。第二句落入眼前现景,"依然"二字,句中见眼,照顾古今,手法也很老辣。

①故都——北宋都城汴京。作者写此词时,汴京已残破,所以用"故"字。

②长淮——淮河。当时宋、金以淮河为界。孤城——指寿阳城。

③乌衣——东晋时贵族王、谢两姓多住在南京乌衣巷,因称他们的子弟为乌衣年少。芝兰——《晋书·谢玄传》:"(谢)安尝曰:子弟亦何与人事,而政欲使其佳?玄答曰:譬如芝兰玉树,欲使其生于庭阶耳。"

④东晋初年,北方氐族奴隶主苻坚率九十余万大军,沿淮水南下,企图一举灭亡东晋。东晋大臣谢安派将军谢玄、谢石领兵八万迎战,在淝水大败敌军,史称"淝水之战"。

⑤峥嵘——山势险峻峻貌。

"故都"之所以是指汴京,因为作者此时是立足在八公山前,八公山西北遥望便是汴京。作者追想当年苻坚大举侵犯东晋,而东晋政权是在八公山一带抗击苻坚大军的。所以很自然也想到隔着淮河的金兵,从而引起对汴京残破的叹息了[6]。

下去便是追忆淝水之战。"乌衣少年"指谢玄、谢石(当年打败苻秦侵略军的少年将领);"芝兰秀发"指江东子弟兵作战精神昂扬;"坐看"是以逸待劳。"骄兵"指苻秦侵略军,"骇奔鲸"说他们来势汹汹。当年淝水两岸战争形势,用这五句话加以概括,也简练,也有气魄。而东晋这场大捷,则用"转眄东流水,一顾功成"九个字收拾干净。

从上片我们已经可以看到叶梦得风格的一斑。那就是豪放得相当稳健,下字颇有斟酌,正如他的善于理财。

下片转入感今。

"千岁八公山下,尚断崖草木,遥拥峥嵘"——句中暗藏当年苻坚与晋军接战时,"望八公山上草木,皆以为晋兵"的故事,以带出此地形势的险要。是以古照今的写法。

"漫云涛吞吐,无处问豪英"——也是借古感今。山川形势依旧,可是历史人物已成过去;如今,是不是还有这样的以弱胜强的豪杰呢?"云涛吞吐"四字,显然由苏轼的"大江东去,浪淘尽千古风流人物"这话化用过来。

"信劳生空成今古,笑我来何事怆遗情"——表面上看,好像忽然旷达起来:今古人生不过是那么一回事,我何必在这儿吊古伤今呢?其实骨子里有话。这里的所谓"怆遗情",指的是下面提到的一个谢安的故事。

谢安晚年,因为位高望重,加上小人播弄是非,同孝武帝司马曜发生了一些摩擦。有一次,孝武帝请谢安和桓伊

[6] 一说"故都"指寿春,寿春曾是楚国国都。

等人喝酒。酒席中间,孝武帝叫桓伊吹笛子,因为一向知道他精通音乐。桓伊奉命吹了一曲,然后说,我弹筝比吹笛还要拿手。于是一边弹筝,一边唱出了曹植的一首乐府诗:"为君既不易,为臣良独难。忠信事不显,乃有见疑患……"[7]谢安听了,感动得泣下沾襟,孝武帝也很惭愧。

[7]题为《怨歌行》,有些古书如《乐府解题》等认为是古辞,另外有些书如《艺文类聚》等则说是曹植所作。

　　这是个君臣之间不容易善始善终的故事。叶梦得词的末尾:"东山老,可堪岁晚,独听桓筝",指的便是这个"遗情"。显然,他写这首词的时候,已经离开中枢政府,所以"桓筝"只能独听了。这到底是惋惜自己不能在皇帝身边,还是君臣之间发生了什么问题?我们现在已经不很清楚。因为作者在豪放之中还保持了稳健。同辛弃疾的"蛾眉曾有人妒,千金纵买相如赋,脉脉此情谁诉"的写法,又不完全相同。

　　以苏、辛为代表的豪放派的词,苏的飘逸,辛的沉挚,都是各擅胜场;但也正因如此,要走这一派的路实在并不容易讨好(虽说这一派不限于这两种风格)。像叶梦得此词就只是得个稳健,而且还嫌它过分的稳健,意思是表达了,却未能给人多少艺术上的回味,总使人觉得不满足。这种毛病,在学豪放一路的词人中,恐怕是不少人会犯的。因为既有才力的限制,又有识力的限制,才识较差的人,难免陷入四平八稳之中,于是豪放的本色大减,反而给人以指摘的借口了。

　　豪放派的词,易学而难工。有人因其易学而走这一条路,其结果往往不是陷于平浅,便是陷于庸钝,比四平八稳还要更逊一筹。要走豪放一路的作者,是不能不认真注意的。

陈　克

(1081—?)，字子高，临海人，侨寓金陵。有《天台集》，不传。

菩萨蛮

陈　克

赤栏桥尽香街直，笼街细柳娇无力。金碧上青空，花晴帘影红。　　黄衫飞白马，日日青楼下。醉眼不逢人，午香吹暗尘。

　　那是一座繁华城市里的一角：河上横起一道桥面宽阔、两旁护着朱红栏杆的木桥，桥的尽头是一条笔直的长街，两旁满种杨柳，把街都笼罩住了。那绿油油的枝条随风飘摆，颇有弱不禁风的样子。人走在街上，隐约可以嗅到各种香气，有花香、草香，还有从人的衣鬓上飘过来的脂粉香，以及从房栊里透出来的炉香。

　　街两旁都是些精致的房子，朱帘翠幕，装饰得五彩缤纷，金碧射目。一片令人神迷的建筑，再衬上一个晴朗的蓝天，越显得它的精巧富丽。

　　这里是达官贵人常来走动的地方，也是他们的公子哥儿常来走动的地方。就在那些迷人的建筑物里面，住着各种各样的歌伎舞女，她们是官僚们和公子们寻欢取乐的对象。

作者就是通过赤栏桥、香街、细柳、楼台和花草、晴空和帘影的巧妙安排，把这纸醉金迷的一角渲染得艳而又冶，使人想象当年这个"狭斜之地"竟是如此富于魅力。

下片便突出一个少年公子来。此人身披黄衫，驰着白马，满脸得意扬扬的神气，是这儿一带的熟客了。人人都认识他，因为他天天都到这里来"上课"的。

我们注意到作者的点睛之笔，全在"醉眼不逢人"五字。这位气焰熏天的少爷，平时眼睛就已经长在头顶上，何况还加上七分酒意。他放开辔头，让那匹高头大白马横冲直闯，拿过路人来寻开心。直吓得老的少的鸡飞狗跳，闪躲不迭。就连平日和他厮混的一伙迎头碰上他，他也全像看不见，一径地翻起那双酒色过度失神僵白的眼睛，冲过人丛，只留下马蹄扬起的冲天尘土。

真是一幅绝妙的人物写生。那公子哥儿的气派、性格都活画出来了。

这得力于作者驱使辞藻的本领。他下字很有斟酌，也很有分寸，精练准确，兼而有之。不妨看看下面这三句：

"笼街细柳娇无力"——说的不过是杨柳，却既用"细"字写它的姿态，又用"笼街"写它的繁密，还添上"娇"字，补上"无力"二字，于是花街柳巷的特殊环境就富于形象地逗露出来了。

"花晴帘影红"——"红"字放在这里真是精光四射。人们通过它可以看到，花是红的，帘是红的，连晴天的气氛也是红的，甚至花影、帘影都是红的。因为花在晴光底下的红,增强了帘的红,花红和帘红映得影子也红,这一片红又使得晴天也带上红的色彩。真好像是一具激光装置,由于红的反射、震荡、激发,使它的能量以惊人的倍数增加了。这才是深得"花面交相映"的妙用。有了这五个字,连同那些个"上青空"的金碧楼台也更加绚丽了。

"午香吹暗尘"——写的是那少爷飞马过处,街上荡起一股香气。这香是花香还是衣香?恐怕都有。"香"前先下了"午"字,点出那是中午时分,于是前面的"青空""花晴""帘影"都因之带上一层热烘烘的色彩。再下了"暗尘",则不但加强了"香"的力量,又同"飞马"产生呼应。中间那个"吹"字,是"暗尘"送来了香,还是香给"暗尘"添上了特殊的内容,那就不妨请读者自己去体会了。

写景不难于绚丽,而难于显出生命的活泼;写人不难于形貌,而难于透出神情的毕肖。陈克这首词两者都能够"举重若轻",它能获得人们的喜爱当然不是偶然的。

徽宗赵佶

(1082—1135)，神宗第十一子，1101年继位，在位廿五年。1127年为金人所掳，后卒于五国城。

宴山亭 (北行见杏花)

徽宗赵佶

裁剪冰绡，轻叠数重，淡著胭脂匀注。新样靓妆，艳溢香融，羞杀蕊珠宫女。易得凋零，更多少无情风雨！愁苦，问院落凄凉，几番春暮？ 凭寄离恨重重，这双燕何曾、会人言语？天遥地远，万水千山，知他故宫何处？怎不思量，除梦里有时曾去。无据，和梦也新来不做！

中国北方的女真族于1125年(宋徽宗宣和七年)大举侵宋，到1127年(宋钦宗靖康二年)攻陷汴京(今河南开封市)，把徽宗、钦宗连同一大群皇子皇孙、妃嫔宫女全都俘虏了押送北方。这就是岳飞《满江红》指出的"靖康耻"。

1135年(宋高宗绍兴五年)，徽宗死于五国城(今吉林宁安县附近)[①]，前后一共过了九年的俘虏生活。

徽宗赵佶(jí)这个人，谁都知道是"昏庸得可以"，不必多谈。但历史上有些事情确是不知怎么阴差阳错造成的。他是神宗皇帝第

十一子，他哥哥哲宗赵煦十岁登位，他封为端王；哲宗在位十五年，死了，赵佶仅仅才二十岁；由于皇太后的坚持，这个被章惇称为"轻佻不可以君天下"的"御弟"，就被人捧上御座，成为北宋王朝第八位天子了。他在位的二十五年间，别的不说，单是为了他个人的享乐，就耗费了不知多少民膏民脂，终于在他手里葬送了赵家一百六十多年的天下。一个王朝的更迭本是常事，但由于金人的侵略引起中原地区的人民死亡和生产破坏，却不是容易用数字计算得出来的。

在历史上，宋徽宗是不能逃避谴责的，但我们不想多说题外的话，只能打住。

这首《宴山亭》(一作《燕山亭》)，据宋人《朝野遗记》说是徽宗的绝笔，也就是最后一首作品。我们从词里的描述，也可以看出是被囚了几年之后写的，而题目里的"北行"，不过是当上了俘虏的修饰代词，并非在北行途中的意思。

杏花，有人说是徽宗自比身世。看来似乎有这种意思，可又不能逐句一一比附，因为其中有些句子是只咏杏花，而有些句子却又有意无意之间比拟了自己，所以不好死看。

词的开头是只咏杏花。

杏花本来是大自然里的杰作，这位皇帝却把它人工化了。他说，好像谁运用了一双巧手，把洁白的丝绸裁成花样，叠做几层，然后淡淡匀上胭脂，于是枝头上就绽开了千万朵杏花。唐人贺知章咏柳诗："不知细叶谁裁出，二月春

风似剪刀。"是这几句的本祖,不过一个写的是柳叶,一个写的是杏花罢了。

第二韵再把杏花比作美女。"新样靓妆,艳溢香融",说它打扮是十分时髦的,洋溢着艳冶,融合着芳香。"羞杀蕊珠宫女",道家传说天上有一座蕊珠宫,杏花的娇艳使蕊珠宫里的仙女都感到了自愧不如。这是加重一笔,把杏花的艳丽再勾勒一番。

下面是一个转折:"易得凋零,更多少无情风雨"。就在它开得无比娇艳的时候,却不料接二连三地来了无情的风雨。本来已是娇嫩的弱质,哪里经得起无限的摧残呵!于是,它一下子就凋零残败,在枝头上显得憔悴不堪。

"愁苦",既是杏花的,也是爱惜杏花的人的感受。"问院落凄凉,几番春暮",既是杏花的处境,而又是爱惜杏花的人的叹惜。院子里一片凄凉的气氛,试问它已经度过了几回晚春天气?

以上两韵,依然是写杏花,但同时又带着写人。花有人的影子,而人又像是可怜的花。到底是花还是人?似乎已经搅浑在一起了。因为,从作者当时的处境和心情来说,他不可能单纯地、客观地去描写杏花而不带上个人身世的感慨的。

下片便转入了个人漂泊的哀怨。

诗里是有所谓托物寄兴的, 也有借物喻人的手法,有时这两者又交互运用,既是寄兴,又是喻人。徽宗这首词先是写杏花,跟着花和人两面夹写;再一转下去,就直抒个人的身世之感。

"凭寄离恨重重,这双燕何曾、会人言语"——这位道君皇帝(他原是信奉道教的)远离自己生活和享乐的地方;

可他还在想念那个地方。他看到燕子又飞来了。在囚徒的生活中,他曾经向燕子发问,可燕子并没有听懂他说什么;他经过多次尝试都失败了。如今,他对这一双檐间燕子,显然已经失掉了希望。他心里涌起的是绝望的感觉:"本来我是要委托燕子把我的许多离恨带回南方去,可是燕儿却怎么也听不懂我说的话。"

"天遥地远,万水千山,知他故宫何处"——便算它们懂得我说的话,它们怕也办不了这桩大事吧:隔开了万水千山,天遥地远的,它们能够知道我那故宫在什么地方吗?(其实,故宫早已落入敌人手中,他不是不知道的。然而汴京的故宫又曾是他安享生活过二十多年的地方,他怎么不日夕思恋呵!)

"怎不思量,除梦里有时曾去"——放不下对故宫的思量,可又连燕子也帮不了忙,剩下来只有偶然在梦里回去一趟了。

然而,"无据,和梦也新来不做"。梦境自然不是实在的,它本来就是不可靠的;可如今就连做个好梦也难了。新近来一些时候,连回到故宫徘徊一晌的梦儿也没一个了!

这真是悚人心魄的悲凉。那哀怨之深,使人不忍卒读。

显然,他开头时还抱着也许能够回到南方的希望,所以好梦还是时时出现的;可是经过几年之后,南方总是音信杳然。无论是战是和,自己回去的想望是幻灭了。

同样是亡国之君,李后主是明知自己没有复国的希望,所以在真实的王国已经不再存在的时候,他还能留恋在梦境里,还唱着"梦里不知身是客,一晌贪欢"。他能保留一个幻境,让自己在那儿自乐一番。宋徽宗却不是这样。他开头总以为淮水以南还是自己的朝廷,胜负也还未有最后决定,南边的君臣总会给自己想些办法,在某种条件底下让自己能够回去;不料这希望却逐步走向幻灭,终于,他连梦境中的一晌欢乐也保持不住了——毋怪乎说这是他的绝笔。

一阕亡国哀音,结束了北宋王朝一百六十七年的历史。这哀音是令人惨然不欢的;然而,也使人认识到:历史毕竟是冷酷无情的!

李清照

(1084—?), 号易安居士, 济南人, 赵明诚之妻。约卒于绍兴年间, 有《漱玉词》。

念奴娇

李清照

萧条庭院, 又斜风细雨, 重门须闭。宠柳娇花寒食近, 种种恼人天气。险韵诗成, 扶头酒醒, 别是闲滋味。征鸿过尽, 万千心事难寄。　　楼上几日春寒, 帘垂四面, 玉栏干慵倚。被冷香销新梦觉, 不许愁人不起。清露晨流, 新桐初引, 多少游春意! 日高烟敛, 更看今日晴未?

北宋末年, 词坛上众星罗列, 光辉灿烂。此时却忽如天上出现了光华夺目的织女星座: 济南人李清照——著名的金石家赵明诚的妻子, 以她惊人的才华, 高步词坛, 雄视侪辈, 成为我国有史以来最卓越的女词人。

李清照不但在创作方面具有独特的风格, 又是词坛上最早一个词评家。她熟悉音律, 掌握高度的艺术技巧, 高视阔步，目无余子，简直不把欧、晏、苏、黄等人放在眼下。但因此也得罪了不少人，当时便有人掇拾她"改嫁"的事，加以讥讽攻击。宋代的道学家本来就瞧不起妇女，强调"三从四德""夫为妻纲"，不料李清照却是个在言论和行动上都不受这种羁勒的人，道学家自然把她看做眼中之钉，再嫁一事，竟成了她的一条罪案。

李清照的创作，以曲折细腻见长，能把一些非常纤细的事物或感情，通过高妙的艺术手法加以再现，不但使以豪放见长的词人望尘莫及，便是一般婉约为宗的作手，也相形见绌。有人称赞她的"宠柳娇花""绿肥红瘦"，也有人赏识她的"帘卷西风，人比黄花瘦"。这些固然都是警策的句子，标举出来，未尝不可以看出作者的功力，但还不能说是李清照的最大特色。她的最大特色，乃是开辟了词坛中的"微观世界"。她能从极微细处写出人物，传出感情，文心之细，是前人所未曾到过的，也是后人不容易学步的。我们如果不从这方面去观察李清照，仅仅欣赏她那些警句，实在远不足以理解这位历史上享誉最高的女词人。

不妨先看看下面这首短短的《诉衷情》：

夜来沉醉卸妆迟，梅萼插残枝。酒醒熏破春睡，梦远不成归。　　人悄悄，月依依，翠帘垂。更挼残蕊，更捻余香，更得些时。

此词写的只是这样一件小而又小的事：

这天晚上，她喝了不少酒，醉得厉害。回到卧室卸妆的时候，夜已经深了。她自己固然醉意醺醺，侍女也是一时大意，把她插鬓的一枝梅花给忘了，没有卸下来。到得她酒意渐退，已经是下半夜。在朦胧中，只闻到一阵阵强烈的香气。这香气弄得她很不舒服，不久竟醒过来了，而且再也睡不着。她心里恨这股香，因为刚才恰巧做了一个好梦，看见丈夫从远地归来，蓦然聚首，彼此都十分高兴，不想一句话还没出口，一阵香气冲破了好梦，变成个"好梦不成归"了。

醒过来不打紧，却勾起了强烈的念远的情怀，睡意早就跑得无踪无影，闲愁却缠绕不开。真是没有办法呀！她只好披衣起床。这时天还没亮，四面静悄悄的，窗前翠帘低垂，只有那孤零零的月亮，透过天窗，把柔和的清光洒进屋子里。

到底哪儿来的阵阵香气？她向床上翻了翻，却发现一枝压着的残花，那正是自己鬓上插的，这才明白过来了。

把花枝拿在手里，她又出了神（刚才的梦境还盘绕在她的眼前），她下意识地一瓣一瓣撕下花枝上的残蕊，慢慢一点一点地把花瓣捻碎，这样来一分一秒地打发这伤情的忆人的残夜……

整首词写的就是这些。你看，事情有多么琐屑，而写来却多么细腻，表达的人物感情又何其曲折幽深，耐人寻味。

不知道这首小词是不是为了寄给她丈夫的。可以想象，假如赵明诚读了它，决不会不受感动。妻子这一缕细微委婉的柔情，难道会比"帘卷西风，人比黄花瘦"更逊色吗？

从古以来，不知多少男子汉写过闺情诗或闺怨诗，其中当然不少还是写得好的；可是，曾有哪个进入如此纤微幽隐的境界？我以为是没有的。

所以说李清照在词坛上开创了一个"微观世界"，恐怕不会说得过分。

现在，让我们再来看看她这首《念奴娇》：

这首词只有一个词牌，没有题目。它写的内容是什么？乍看是不明白的，须得下工夫仔细找一找①。

从表面看，此词描写的是一场春雨。既是写春雨，我们就不妨拿它同南宋词人史达祖的咏春雨名作《绮罗香》对照一下，看看两者之间的异同之处。

史达祖的《绮罗香》，基本上是属于咏物性质，手法是从正面着笔，客观抒述，渗入作者个人的感情较少；李清照这首《念奴娇》却不同，运用的是从旁烘托的手法，透过人物的行动和心理变化，既写了一场漫长的春雨，更写出人物的精神状态，它是纯然属于抒情的。

那么，李清照在词里到底要表达什么样的感情呢？细读之下，我们便可以体味出来：那是晚春时节，连日下着无休无止的雨，天气又潮又闷，就像囚禁似地，人老待在家里。加上丈夫离家日久，闺中孤寂，平日已是无聊，如今就越发感到那无聊的重压了。词中下了"别是闲滋味"五个字，恰好从正面点出了题旨。

我们且按韵分段，逐段加以分析，

"萧条庭院，又斜风细雨，重门须闭"——先写环境，然后由环境引出风雨，再由风雨又回顾环境，真有电影蒙太奇的手法。你看，那是个小小宅院，平时已经是冷冷落落的，里面住的人，男的出外去了，只剩下女主人和几个侍女，在斜风细雨之中，门庭更显得冷落不堪。这就只好把几重门户都关闭起来。

这一韵是先把环境和气氛带出，让人知道是这么一个庭院，又是这么一种天气。

①有些词集如《花草新编》《古今词统》《林下词选》等题作"春情"，《彤管遗编》等题作"春日闺情"。都是后人加上的。但即使加上了，对整首词的理解也帮不了多少忙。

"宠柳娇花寒食近,种种恼人天气"——原来这不是潇潇的秋风秋雨,时令却是在寒食节之前(寒食节是从上年冬至后计一百零五日,常同清明节连在一起)。这本来是个好季节,人们每年都要举行盛大的游春会,到水边郊外去热闹一番。如今,外面的园林亭榭,想必到处长着繁花嫩柳,准备人们玩赏了。不料老天爷却有意跟人闹别扭,偏生就在这个时候又是刮风,又是下雨,总不肯停下来,可真把人烦死了。

"宠柳娇花",是受到春天宠爱的柳和因受宠而更娇的花。这四个字一向受到称赞,认为是形容得好的。

"种种恼人天气":不是风,就是雨,既是可恼;像放晴,却不曾晴,又是可恼;本来是游春季节,却硬把人拦住,就更可恼了;何况风雨还会拦阻着出门的丈夫的归程呢!

"险韵诗成,扶头酒醒,别是闲滋味"——从这一韵开始,就一步步突出写人,写人的感情,写感情的发展和变化。这位闺中少妇闷在屋子里显然已经不止一两天了,觉得日子越来越不好打发,人也越来越闲得发慌。怎么办?总得找点事情消遣消遣才好呵!她想啊想的,终于想到,写几首险韵诗是消磨时光的好办法。

什么叫险韵诗?我们知道,诗是讲押韵的,近体诗只能押同韵部的字,不许换韵。有些韵部字数多,称为宽韵,像支、先、阳、庚之类;有些韵部字数少,称为窄韵,像微、文、罩、盐之类;此外还有称为险韵的,像江、佳、肴、咸,字数既少,又不容易押好,写诗时选这几个韵,非得多花点心思不可。还有,自己在宽韵的韵部里故意挑几个难字当韵脚写诗,也算是用险韵。李清照如今就是由于要消磨时间,才故意选险韵用的。

可是,连险韵诗也写好了,一看天色,却还早哩。没有办法,只好再喝两杯闷酒,让头脑暂时麻木一下。

"扶头酒"看来不是什么名酒,也不是一种酒的名字。杜牧《醉题五绝》诗:"醉头扶不起,三丈日还高。"姚合《答友人招游》诗:"赌棋招敌手,沽酒自扶头。"大抵酒性烈了,喝下去头就有点沉,所以叫"扶头"吧。

不料连这种扶头酒也不能解决问题,不久就醒过来了,天还亮着,看来连云里的太阳也是够懒洋洋的。这种闲得没完没了的时光,简直不知道该怎么打发才好。

"征鸿过尽,万千心事难寄"——这一回却想到正题上面了。既然生活这样寂寞,这寂寞又是离别造成的,那么,向远地丈夫诉说近日的心事,不是也可以驱除心头的沉闷么!她真的拿起笔来写了。不料写好又涂掉,涂掉又再写,再写还是写不下去。也不知道到底为什么,只觉得心头上有千言万语,纸面上却一字难成。终于是把笔丢下算了。

这一韵很重要,因为它向读者交代一个情节:她的丈夫正在离家远行,她的种种闲愁都是由此而起的。

于是进入下片。

"楼上几日春寒,帘垂四面,玉栏干慵倚"——为什么她要倚栏?倚栏是为了盼望夫婿归来。盼望并不是近来才出现的,早就如此了;可是由于连日春寒侵袭,加上连绵春雨,帘子四面拉了下来,连倚栏也受到影响,这也就更加增添闺中人的苦恼。我们读过史达祖的《绮罗香》(咏春雨),其中说:"沉沉江上望极,还被春潮晚急,难寻官渡。隐约遥峰,和泪谢娘眉妩。"便知道春雨是很妨碍游子归程的。这里的"玉栏干慵倚",多少也是因为知道倚栏是无用的吧。

本来下片的起韵也叫换头,既然叫做换头,自然可以另起新意，或荡开去说。如今李清照却有意安排得与上文欲断还连。可见这位女词人运用的艺术手法是很有讲究的。

"被冷香销新梦觉，不许愁人不起"——还是闲得没有办法，连想赖在床上多睡它一会儿也办不到。因为被子是冷的，熏的香气也消散了，好梦更无从继续，不起来又怎么样呢?这自然是第二天早晨的事。时间总算暗暗在流转。

"清露晨流，新桐初引，多少游春意"——原来第二天早上外面的光景竟然和昨天有很大不同。你试掀开帘子看看庭院里的景色吧!多美好的春之晨呵!露珠儿在叶子上，在花心里，聚拢成一团一簇，然后又一滴一滴往下淌，弄得地下的泥土都汪上一摊水了。再往树上看，原来梧桐树到处茁出了新芽，树梢顶上的枝条好像一下子长高了许多。这景象，引起人们多强烈的游春念头呵!

"清露晨流"两句，原是从刘义庆的《世说新语·赏誉》里引过来的，却又颇得词评家的称赏，认为用得恰切，确是词里的俊语。这八个字，恰好能透出一种新鲜的气氛，暗示天气开始向好的方面转变了。

"日高烟敛，更看今日晴未"——她凝神望着眼前的景色，陡然觉得非常高兴了。烟雾正在一点一点地消散，起得很高的太阳偶尔从云缝中探出半面来，于是满院子忽然充满了日影。有点放晴的味儿了!这是多少天来没有过的呵!

于是她索性站着不走，像监视似的瞧着这薄薄的烟雾，淡淡的日影;瞧着这初引的新桐以及滴沥的晨露……她要看今天是不是真的会晴朗起来。

以上，曲曲折折，反反复复，就是整首词所要描写的人物的行动及其幽隐的心理。你看它一层一转，一转一深，把少妇在此景此情中的心理及其变化刻画得多么细腻,多么真切。这种闺阁笔墨,岂能是心粗气浮的男子汉所能够描摹得出的!

我们又不妨拿这首词同她的另一首名作《永遇乐》对照一下。《永遇乐》是李清照晚年写的。那时,她已经是老太婆了,明明有好玩去处,也不想走动;然而这首《念奴娇》却充分反映了一个少妇的青春跃动。两相比较,情调是迥然不同的。

如梦令

李清照

昨夜雨疏风骤,浓睡不消残酒。试问卷帘人,却道海棠依旧。知否?知否?应是绿肥红瘦!

这首词有些选本或题作"春晓"(《古今词选》),或题作"春晚"(《草堂诗余》等),或题作"暮春"(《彤管遗编》),反正是随便安个题目,在选者的心目中,也许以为这可以方便读者,却不知道是一种画蛇添足,甚至把作者的原意都弄得浅薄简单了。

也有人只欣赏它的"绿肥红瘦",不过是标题警语而已,对读者仍然没有多大帮助。

至于说它表达出作者惜花的心情,也是肤浅的。

倒是清人黄了翁说得较为中肯:"一问极有情,答以依旧,答得极淡,跌出'知否'二句来。而'绿肥红瘦',无限凄婉,却又妙在含蓄。短幅中藏无数曲折,自是圣于词者。"(《蓼园词选》中评语)大致如此,但是还要作进一步的探索。

我以为词中表达的无限凄婉,不是没有原由的。这原由就是因伤别而惜春,又因惜春而更伤别,两种情绪紧紧扣在一起。不过表露得很含蓄就是了。

试作一些疏解。

"昨夜雨疏风骤,浓睡不消残酒"——初看只是闺中少妇早晨醒来以后,酒意未消,脑子里还留下昨夜雨声风势的印象;细味之下,却分明还有含蓄未说的一番语言。暮春时节,伤离的少妇在"雨疏风骤"中分外容易引起念远的情怀,借酒消愁,不觉就喝多了。如今一觉醒来,酒意还未全消,离情却如残酒仍然压在心上。这是她"欲说还休"的心事,隐隐约约,教人家捉摸不着,却可以意会得来。秦观的《满庭芳》有两句颇近此意:"漫道愁须殢酒,酒未醒,愁已先回。"不过李清照却把这层深意化得更开,便更似不着痕迹罢了。通过这两句,闺中生活的寂寞,闺人心情的苦闷,便已轻轻烘托出来了。

于是,下文便带出少妇和卷帘人(一个小丫头)的一问一答。

回忆昨夜的雨疏风骤,她忽然记起窗外的海棠。来不及披衣起床,就先向卷帘人追问。因为这小丫头正在拉起帘子,一眼就能够看到阶前的景象。不料得到的却是漫不经心的回答:"海棠花?还不是跟昨天一样!"

她这样关心海棠,显然自有缘由,但小丫头哪里懂得女主人的用意,冷淡地回了一句,不幸却加重了女主人的伤感。伤离的人,本来希望有人像她关心海棠那样同情自己,不料身边的侍女却木然无动于衷。

淡淡两句,显出不同人物不同的内心感情:闺中少妇说不出来的伤春伤别,小丫头的天真无邪,恍如双峰对峙,彼此不让。于是更进一步逼出了下文:

"知否? 知否? 应是绿肥红瘦!"——她这样来纠正对方。其实也不是真要去纠正,她不过自己回答自己罢了。

"绿肥红瘦",是说经过一夜风雨,叶子长得更饱满,相反,花朵却比前憔悴了。作者用"肥""瘦"二字摹写花叶经历风雨之后的不同意态,是富于形象美的。不过它的真正用意却是透露自己隐约的心情。

思妇本来容易睹物思人,看见阶下的海棠,也会联想到自己,或者比拟着自己。这样她就把自己和海棠的命运联系起来。在一场骤风疏雨之中,给予她的又是青春易老的感触。自己这样,海棠何尝不是这样!这正是"试问卷帘人"的含蓄用意。她纠正侍女的回答,也并非出自主观臆测,而是拿花同人联系起来之后所下的判断。

"绿肥红瘦"四字,做到了人情物态的高度深化;虽也含有时序变迁、春色又减几分的感触,但仍侧重于"红瘦",亦即人物此时此际的精神状态。

伊世珍《嫏嬛记》说:"易安结褵未久,明诚即负笈远游,易安殊不忍别。"他们夫妇的关系是很好的。在现存李清照的四十多首词里,送别和念远的作品占了不小的分量,而这首《如梦令》可以说是最含蓄的了。

永遇乐

李清照

落日熔金，暮云合璧，人在何处？染柳烟浓，吹梅笛怨，春意知几许？元宵佳节，融和天气，次第岂无风雨？来相召、香车宝马，谢他酒朋诗侣。　　中州盛日，闺门多暇，记得偏重三五。铺翠冠儿，捻金雪柳，簇带争济楚。如今憔悴，风鬟霜鬓，怕见夜间出去。不如向帘儿底下，听人笑语。

　　李清照晚年同早年过着截然不同的生活。

　　她原来出身于仕宦之家。父亲李格非，宋神宗熙宁九年进士，官至京东路提点刑狱，著有《礼记精义》及文集等数十卷。母亲王氏，也能文章。她自小就受到文学的熏陶，诗文修养很深。丈夫赵明诚是世家子弟，自幼爱好金石文字。二十岁以后，更有"尽天下古文奇字之志"，是个嗜古如狂的人。婚后夫妻生活相得，文史切磋，指事赌茶，真是清贵而又高雅。不料当她四十三岁时，突然来了一场"靖康之变"，中原随告沦陷，夫妻仓皇南奔，赵明诚又不幸在建康逝世。她的生活从此发生殊绝的变化，不但生平积蓄尽化云烟，而且只身飘零，毫无倚仗。过了几年，回到临安(今杭州),据说一度再嫁张汝舟,不久又离异。此后晚年常在临安,有人说她依弟以老。

这首《永遇乐》便是叙述作者晚年在临安的一段生活。它写在哪一年,已不可考,但是可以肯定,此时宋金双方都已暂停交战,南宋临时首都出现一片升平景象,在过节的日子里,人们又可以热闹地玩乐了。此词写的不是她什么不幸遭遇,而是述说在元宵节日,她不愿与来邀的朋友到外间游玩,宁肯待在家里听听人家笑语。事情本来琐细,可是通过这样一些微细情节,却十分深沉地反映了作者在历尽沧桑以后的晚年的悲凉心境。

这首词一开头就设下三个疑问。从这三个设疑中,人们正可看出一个漂泊者的内心活动,它是从一颗饱受创伤的心灵发出的。

那天是元宵佳节,太阳刚好下山,和太阳正好相对的月亮就从东方升起来,它透出轻纱似的云霭,恍如一片浑圆的璧玉,晶莹可爱;西边低空,太阳却像是熔开了的金块,一步步沉落下去,景色真是美丽极了。人们都知道,这样晴朗的元宵,正是看灯的好机会,可以痛痛快快玩它一个晚上了。

可是,她却别有心事。看了这天色,突然涌出了"我如今是在什么地方呵"的询问。

这真是情怀惨淡的一问,是曾经在繁华世界度过多少个热闹元宵,而今却痛感"物是人非事事休"的沧桑之客的特有问号,更是带着她特有的孤身流落的情怀而发出的问号。

有人以为这"人"是指她丈夫赵明诚。细看不对。因为整首词都没有忆念丈夫的意思,这里孤立用一个"人"字去指丈夫,违反一般行文习惯,所以还是以指作者自己为确。

下面再写两景,点明春天。"染柳烟浓",便透出暖和的春意。初春柳叶才刚出芽,因为天气较暖,傍晚雾气低笼,柳便似罩在浓烟之中。"吹梅笛怨",此时梅花已开残了,听见外面有人吹起笛子,因想起古代羌笛有《梅花落》曲(李白《观胡人吹笛》诗:"十月吴山晓,《梅花》落敬亭。"又《与史郎中饮听黄鹤楼上吹笛》诗:"黄鹤楼中吹玉笛,江城五月落梅花。")但由于自己心情忧郁,所以听起来笛声凄怨。虽然春色很浓,她心里却浮起又一个疑问:"这时节,到底有多少春意呵?"言下之意:不管有多少春意,自己还能去欣赏吗?这个疑问又恰好反映了她垂暮之年的心境,别人认为这正好是游玩的时光,她呢?却已不感兴趣了。

下面似是一邀一拒的对话:"元宵佳节,融和天气",是邀请她外出的人说的:"难得的元宵节,还碰上难得的好天气,还是到外面玩玩吧!"可她是怎样回答的?"天气太暖了,暖得不正常,难道不会忽然来一场风雨吗?"(张相《诗词曲语辞汇释》:"李清照《永遇乐》词:'次第岂无风雨。'言转眼恐有风雨也。"按,秦观《蝶恋花》:"屈指艳阳都几许,可无时霎闲风雨?"李清照也用此意。)这是她推托的借口。这时候她的心情实在不便明说,只好临时拿这句似有理似无理的话来搪塞。然而这话又正好反映了她经历了国家和个人的巨劫之后,自此便怀着世事难料、横祸随来的疑惧心理了。

以上三个问号,确能真实地写出作者晚年的心境,同早年(例如反映在《念奴娇》里的)那种受不了寂寞的心情相比,一动一静,非常鲜明。

于是她终于推辞了朋友们的殷勤邀请。

看来,"香车宝马"是如实写出这些朋友的身份。李清照晚年在杭州虽然生活贫困,但名气还是有的。例如绍兴十三年(1143)端午节,李清照还亲撰《端午帖子词》(一种向皇帝、皇后、夫人阁门祝贺节日的颂扬文字),并获金帛之赐,可见一斑。她的朋友,她称之为"酒朋诗侣",她们并不粗俗;以"香车宝马"相迎,又知必是富贵人家的内眷。不过她终于谢绝了这番好意。

到了下片,换头是进一步说明自己不去玩赏的理由。

"中州盛日,闺门多暇,记得偏重三五"——"中州"原指河南省一带,这里专指北宋首都汴京(今开封市);"三五"原指农历月的十五日。古诗:"三五明月满",可见自古就有这种说法。这里则专指正月十五元宵节。宋代不论官方民间,对元宵节都很重视,是一年一度的灯节。孟元老《东京梦华录》有一则专门介绍元宵的热闹情景,那种繁华盛大,凡是亲自参加过的人,都要留下极深刻的印象。宋人刘昌诗《芦蒲笔记》曾录下十五首《上元词》,其中一首写道:

> 忆得当年全盛时,人情物态自熙熙。
>
> 家家帘幕人归晚,处处楼台月上迟。
>
> 花市里,使人迷,州东无暇看州西。
>
> 都人只到收灯夜,已向樽前约上池。

李清照在汴京过了许多年元宵节,印象当然是抹不掉的;如今虽然老在临安,却还"忆得当年全盛时",自己年纪还轻,兴致极好,"铺翠冠儿,捻金雪柳,簇带争济楚",认真热闹过一番。

"铺翠冠儿"是嵌插着翠鸟羽毛的女式帽子,当时富贵人家流行这样的穿戴。"捻金雪柳",是在雪柳(一种纸或绢制成花样的饰物)上加金线捻丝,端也是富贵人家才有的。"簇带"即插戴。"济楚"等于说整齐端丽。

她从记忆中又回到现实里来。今昔对比,禁不住心情又凄凉又生怯。

"风鬟雨鬓"四字原出唐人小说《柳毅传》,形容落难的龙女在风吹雨打之下头发纷披散乱。李清照在词里换了一个字,改为"风鬟霜鬓",借此说明自己年纪老了,头上出现白发,加上又懒得打扮,因而也就"怕见夜间出去"。(怕见,张相《诗词曲语辞汇释》:"凡云怕见,犹云怕得或懒得也。")

"不如向帘儿底下,听人笑语"——结束得好像很平淡,可是在平淡中却包含了多少人生的感慨!"人老了,懒得动弹了。"这是一层意思。"经历多了,大场面都不知见过多少,如今怎么及得上旧时呵!"这是又一层意思。"自己这样的身世,有什么心情同人家玩儿呵!"又是一层意思。作者满腹辛酸,一腔凄怨,通过这平淡的一句,反而显得更加沉重了。

读了最后一句,我们还能知道李清照已经不再住在深宅大院,同外面隔得很远;而是住在寻常人家里,可以在帘子下面听得见街上人家的笑语之声了。她生活的贫困,也是不难由此窥见的。

张元干

(1091—?)，字仲宗，长乐人，自号芦川居士，官至将作少监。绍兴中，坐以词送胡铨，得罪除名。有《芦川归来集》。

贺新郎 (送胡邦衡待制赴新州)

张元干

梦绕神州路，怅秋风、连营画角，故宫离黍①。底事昆仑倾砥柱②，九地③黄流乱注，聚万落千村狐兔？天意从来高难问，况人情老易悲难诉。更南浦④，送君去。　　凉生岸柳催残暑。耿斜河⑤、疏星淡月，断云微度。万里江山知何处？回首对床夜语⑥。雁不到、书成谁与？目尽青天怀今古，肯儿曹恩怨相尔汝⑦！举大白，听金缕⑧。

南宋初年，抗战派和投降派曾展开过激烈的和战问题的斗争，由于金人初时想用武力消灭南宋，南宋小朝廷即使很想同侵略者谈判也是谈不拢的。但到了绍兴八年(1138)，情况已有了变化，宋高宗赵构在南方站定了脚跟，就让秦桧复任丞相,并派计议使王伦赴金国谈判条件。那时,任枢密院编修官的胡铨(邦衡)愤然上书,要求斩秦桧、王伦和参知政事孙近三人之头,以表示朝廷抗战的决心。因此触怒赵构,被贬为监广州盐仓,再改调福州签判。到了绍兴十一年,韩世忠、岳飞等都被解除兵权,岳飞随后被杀,投降派气焰不可一世。次年,胡铨再受迫害,被遣送新州编管(押送到广东新兴县交地方官看管)。就在这种政治局面下,张元干写了这首《贺新郎》为胡铨送行。这件事更激怒了投降派,张元干受到削除名籍的处分,从此失去做官的资格。

①故宫——汴京的宫殿。离黍——《诗经·王风》有《黍离》篇,叙周室东迁后,大夫行役至于宗周,见故宫尽为禾黍,悲而作诗,有"彼黍离离"句。
②砥柱——旧日黄河中流有砥柱山,即三门峡的三门山。
③九地——意为大地。
④南浦——借指送客之地。江淹《别赋》:"送君南浦,伤如之何。"
⑤斜河——斜落的银河。
⑥对床夜语——白居易《招张司业》诗:"能来同宿否?听雨对床眠。"
⑦尔汝——韩愈《听颖师弹琴》诗:"呢呢儿女语,恩怨相尔汝。"指小恩小怨的争执。
⑧金缕——《词谱·贺新郎》注:"叶梦得词,有唱金缕句,名金缕歌,又名金缕曲,又名金缕词。"

这首词写得激昂悲愤,充满了对侵略者的仇恨和对投降派的愤怒,同时对胡铨的备受迫害寄予无限同情。

"中原的故乡啊,多少人魂梦难忘地思念着你!在秋风萧瑟的日子,军号凄凉地响着,到处是侵略者的营垒,故宫已经长满野草了。"

作者一开头就把人带进一个悲凉的境,使人回忆悼念,引起对于侵略者的痛愤。

跟着,进一步提出疑问:"昆仑山倒下擎天柱,污浊的河水倾泻泛滥,淹没整个大地。为什么会这样?千村万落人烟寂灭,狐兔横行。为什么会这样?"

这两韵虽然用提问的形式,含意却远超于质疑之外。它是对侵略者的痛恨,又是对投降派的严斥。侵略者制造了中原的严重灾难,这固然不用说,但如果不是投降派把岳飞、韩世忠等大将杀的杀贬的贬,摧折了国家的"砥柱",局面又何至于这样?

再下去,"天意从来高难问,况人情老易悲难诉",把感情再引申一步。"天意高难问,人情老易悲",原是杜甫的两句诗⑨,作者添上五个字,把原作的含意进一步丰富和深化了。老杜写这两句时,原是慨叹个人的不幸遭遇;张元干用在这里,就显出家国之感,人事之痛,交错纷杂。"天意高难问"加了"从来",显见得世上许多事情是无法按常理解释的。比如对丁侵略者,竟然会有人主张投降,甚至连皇帝也这样;反对投降的人,竟会受到一再贬斥,甚至于受到杀害。"老天爷"到底安的什么心肠?你怎么去问他!"人情老易悲",老年人本来就容易伤心动情,而这种伤情却又"难诉",又可见朝廷上的事情如今连讲实话也不行了,真是何其颠倒!

> ⑨杜甫的诗题是《暮春江陵送马大卿公恩命追赴阙下》,为老杜晚年漂泊江陵时所作。

以上两句,充分表达了作者胸中一股说不出来的悲愤。而这便是"更南浦,送君去"的心情。

作者在颇似低沉的音调中,分明带着沉重的吼声,仿佛来自谷底的雷鸣,有点悲凉,却充满力量。这也许就是文艺批评家所说的"郁怒",是一种被压抑着而又坚强挣扎着的力量的撼动。

下片,先作一个转折,把初秋的景色描写一番。既是点出时序,又是借景抒情。

当时,送客的筵席大抵都是设在晚间,相叙到五更天气,客人才起程。所以宋词中的送客之作,多描写夜间或凌晨景色。此词换头"凉生岸柳催残暑",便是暗点作者到江岸上送胡铨南行。时值新秋,堤岸柳下已有凉意,天上银河显得十分明亮,在疏星淡月之中,偶然可以看到几缕断云飘过。两位朋友就在这清爽的秋夜中谈着话,互相倾诉惜别之情。

"万里江山知何处?回首对床夜语"——补出两人平日在议论国家大事时,常常提到中原的万里江山,如今大好中原河山落在谁人之手?为什么朝廷当政者不思量恢复?这些都是两人平日"对床夜语"中的话题。

"雁不到、书成谁与"——折入胡铨此去,是雁飞不到的地方,连托雁儿捎一封信也办不到。那时候,广南东路的新州,是号称最为山僻荒远的地方,而且瘴疫流行,外来的人很易受染。被贬到此的官员,常感不易生还。所谓"书成谁与",还带有担心胡铨是否能够生还的微意在内。

以上一段,专就两人交情方面着笔,写得很沉着,很深切。

但是下面忽然抛开眼前个人的荣辱,改从高处远处设想。诗人仰首苍天,想到往古来今的许多历史,许多人物。特别是在历史的紧要关头,那些临大节而不辱、赴刀锯而不辞的仁人志士。他对这位朋友说:你我是用不着悲伤的,从古仁人志士都不肯像小人物那样,为了个人的恩怨宠辱而互相争吵,耿耿于怀。我们今天何必做出可怜的样子?相反,应该"举大白"——把酒斟得满满的,碰杯!"听金缕"——听着激昂的《金缕曲》,慷慨地分手!

这样的一结,意气昂扬,表现了作为一个爱国者的骄傲,也是对那些投降派的高度轻蔑。这样的一结,使人仿佛看到作者的横眉冷眼,也仿佛听到一曲历史的胜利者的壮歌。

文学之所以有贡献于人民,正是在后者需要它出现的时候,它就挺身而出,为此一时代留下不可磨灭的声音。张元干这首《贺新郎》便是属于这类作品。它在战和两派激烈搏斗、而且投降派气焰正凶之际,敢于举起如椽之笔,突出描述了抗战派正气凛然的精神面貌和蔑视宵小的英雄气概,真是金声玉振,大长爱国者的威风。如果在赵构和秦桧毒焰狂煽的时候,文坛却像死水似的沉默,那实在是令人丧气的。

岳 飞

(1103—1141)，字鹏举，相州汤阴人。建炎初投效勤
王，与金人战，屡建功勋。历少保、河南北诸路招讨使。
绍兴间，以不附和议，下狱死。孝宗时，复官，谥武穆。

满江红①

岳 飞

怒发冲冠②，凭阑处、潇潇雨歇。抬望眼，
仰天长啸，壮怀激烈。三十功名尘与土，
八千里路云和月。莫等闲、白了少年头，
空悲切。　　靖康耻，犹未雪；臣子恨，
何时灭？驾长车、踏破贺兰山缺。壮志饥
餐胡虏肉，笑谈渴饮匈奴血③。待从头、
收拾旧山河，朝天阙。

　　在谈岳飞《满江红》之前，我想先扯开一个问题，谈另
外一首《满江红》。

　　拂拭残碑，敕飞字、依稀堪读。慨当初，倚飞何重，后来
何酷！果是功成身合死，可怜事去言难赎。最无辜、堪恨更
堪怜，风波狱。　　岂不惜，中原蹙；且不念，徽钦辱！但徽
钦既返，此身何属？千载休谈南渡错，当时自怕中原复。笑

区区、一桧亦何能？逢其欲。④

这是明代书画名家文徵明在看见刻在碑上的宋高宗敕赐岳飞的御札后写的。当初倚仗岳飞抗金的是这位高宗(岳飞原是高宗担任兵马大元帅前投效的嫡系军官)，后来杀掉岳飞的也是这位高宗。岳飞为什么会落到这样悲惨的下场？光是秦桧的陷害吗？不是那样简单。文徵明尖锐地指出一件南宋人不大清楚或者不敢明说的内幕，那就是宋高宗的私心。是什么私心呢？作者说，假如岳飞收复了中原，把徽、钦二帝迎接回来，问题马上就变得非常复杂，高宗本人的位置就不知往哪里摆了。这才是事情的关键。

徽宗是高宗的父亲，钦宗是高宗的哥哥，父亲和哥哥在上，你自己还能够安然南面称孤吗？你让位吧，前途吉凶难保；不让位，一样是吉凶难保。从历史上看，安禄山之乱，唐玄宗可以传位给肃宗，因为自己年纪大了；徽宗自然也可以传位(已经传位给太子即钦宗赵桓了)，因为同样年纪大了；可是拿钦宗怎么办？他是皇帝，又是哥哥。而且肃宗原来就是太子，继位是名正言顺，你高宗不过封个康王，本来就没有登基的资格，既迎了皇帝哥哥回来，还好意思继续坐你的龙位⑤？

想是这样想，话却说不出口。站在朝廷

①关于岳飞《满江红》词，已故的学者余嘉锡先生在《四库提要辨证》卷廿二《岳武穆遗文》条下，曾提出疑问。他指出这首词从来不见宋、元人的记载或题咏跋尾，却于明代嘉靖年间忽收入于徐阶所编《岳武穆遗文》中，徐氏是据弘治间浙江提学副使赵宽所书岳坟词碑收录的，而赵宽却不言其源流来历。故深为可疑。又，岳飞之孙珂，曾编辑《金陀粹编》，搜罗其祖遗文不遗余力，但书中却不曾收录这首《满江红》。余氏因此怀疑此词不是岳飞所作，而系明人为了某一目的写后托名岳飞的。这一考辨颇值得注意。虽则岳珂所著的《桯史》已把此词收在附录中，但《桯史》今存版本是明人刊刻的，极可能在明人刊刻此书时才把《满江红》收作附录，我们不能以《桯史》证明此词确属岳飞所作。尽管如此，这首《满江红》却是久已归在岳飞的名下，流传广远，并为广大群众所承认。即使有上述疑点，我们似乎也不必多此一举，非要把它排除在岳飞著作之外不可，因为这已不是考证的问题，而是涉及民族历史感情的问题了。
②怒发冲冠——因愤怒激动使头发直竖，顶住帽子。
③壮志两句——是极度愤恨和轻蔑敌人的表示。"匈奴"，汉代生活在我国北方的民族，这里借指金人。
④此词见《词统》，又见《坚瓠乙集》卷三。平步青《霞外捃屑》引王之宾《绍兴府志》亦载此词。并谓词中所谓"残碑"，即宋高宗谕岳飞敕碑，在绍兴卧龙山顶越望亭侧。
⑤钦宗赵桓是徽宗长子，高宗赵构是第九子。徽宗于绍兴五年(1135)四月死于五国城，七年七月凶问至江南。钦宗则死于绍兴三十一年(1161)五月。

里的书呆子也不敢这样大胆推测他们的君王。幸而有个秦桧,深懂此中奥妙,力主和议,君臣之间心照不宣。于是,坚持抗战的岳飞就只能落个身首异处的下场了。

让出了帝位,吉凶难保,是容易理解的,为什么不让位也同样吉凶难保呢?

这个问题只有到了明代才找到一个无可辩驳的答案。

明朝正统年间,建国在阿尔泰山山麓的瓦剌部族,兼并了蒙古高原上许多部族之后,成为元朝以后最强大的蒙古帝国。正统十四年(1449),瓦剌首领也先南下进攻,在土木堡(今河北怀来县西)一战,俘虏了御驾亲征的明朝皇帝英宗朱祁镇,随即包围北京。这时,以兵部侍郎于谦为首的抗战派拥立英宗的弟弟朱祁钰,是为景泰帝。几场接战,打败了瓦剌侵略军,后来还迎回了英宗。由于景泰帝没有把皇位让回给哥哥,英宗初时勉强当了太上皇,但复辟的阴谋却在暗中进行着。到了景泰八年(1457),英宗的死党徐有复、石亨等趁景泰帝患病之际,突然发动政变,拥英宗复辟,废朱祁钰为郕王,杀于谦等大臣。不肯让位的景泰帝当年就不明不白地死掉了。

⑥清人郑板桥(燮)有《绍兴》诗:"丞相纷纷诏敕多,绍兴天子只酣歌。金人欲送徽钦返,其奈中原不要何!"那已是不算新鲜了。

这件事让一些书呆子擦亮了眼睛。因而,在景泰帝死后十多年出生的文徵明,拿这件暖热的史实同岳飞之死对照一下,就把宋高宗的私心和盘托出了⑥(至于文徵明如此揭露还有没有其他的用意,那是另外一回事)。

这算是岳飞《满江红》的一个插曲。

岳飞这首词,一开头就用了荆轲的故事。《史记》记载荆轲入秦,在易水上同朋友话别的时候,唱了一支曲子:

"风萧萧兮易水寒,壮士一去兮不复还。"于是"士皆瞋目,发尽上指冠"。(这便是"怒发冲冠"的来历)虽然岳飞这时看到的不是易水寒,而是潇潇雨,但他为了驱除入侵者,抱着"壮士一去兮不复还"的意志,则是一样的。荆轲唱出"变徵(zhǐ)之声"(一种激越的腔调),他则是"仰天长啸",那壮怀也是一样的。

"三十功名尘与土"——在岳飞看来,自己虽然是三十以上的年纪,可是对于世人十分钦羡和渴求的功名富贵,却以为不过如同泥土一样,是微不足道的。为什么?岳飞的意思是说,如今最重要的,还是抵抗金兵,驱逐入侵者,恢复北方大好河山,而不是为了追求人生的功名富贵。因为两者是不可能相提并论的。

"八千里路云和月"——回顾自己过去那段经历,尽在沙场上度过。大白天,抬头看的是白云,到晚上,抬头看的是明月。年年月月如此,计算起来,那路程足够有八千里远了。当然,八千里也不过是个大概数,极言路程之远而已。

但也不妨屈指一算:岳飞从靖康元年(1126)在故乡汤阴应募勤王,正式在军队中参加对金兵作战,那时顶多不过当一名相当于现在的班长;到建炎二年(1128)他转入著名将领、开封留守宗泽的麾下作战,英勇立功;再过一年,便已提一旅孤军,到南方转战于宜兴一线了。到建炎四年(1130)他又挥军北上,一举收复建康(今南京);绍兴元年(1131)复转战南下,在江西讨伐叛将李成;又次年,进军广西,讨伐游寇曹成,然后再入吉州、虔州,镇压农民军;此后渡江北上,在金人手中收复郢、随、唐、邓、襄阳、信阳六座州郡,威震敌胆,并以功升为清远军节度使,置身于中兴名将之列。那时他还只有三十二岁。

"莫等闲、白了少年头，空悲切"——这样的生涯，自然是奔波劳顿的；可是，假如平白放过了大好时光，到老来一事无成，不是更加可悲么！

看了上面他这段不寻常的经历，我们就不难领会他在这几句话里的不寻常的分量。一个"崛起垄亩"的农村青年，仅仅八九年间，便已成就了如此惊人的功业。即使他自己视功名如尘土，但他那"莫等闲、白了少年头"的进取精神，难道不值得我们认真领略吗？

在词的下片，岳飞又提起那使汉族人民万分愤慨的事：

"靖康耻，犹未雪；臣子恨，何时灭"——靖康元年，金兵攻破汴京，次年，把俘获的徽宗、钦宗挟持北去，太子、公主、六宫妃嫔、皇孙、驸马以及一切宝器、图书，尽数北迁。这真是汉民族的奇耻大辱。这个耻辱，至今还未昭雪，作为臣子，自然抱恨不消。

岳飞早已立下志愿，"不斩楼兰誓不还"，入侵者必须驱逐，失地必须收回。如今只有一个决心："驾长车，踏破贺兰山缺"。"长车"是一种兵车；"贺兰山"，在今宁夏东部，西汉时汉民族同匈奴连战于此，宋代却是西夏的辖地，不在金人手中。词中不过以贺兰山指代北方要塞之地，表示一往无前消灭敌人的决心。

"饥餐胡虏肉，渴饮匈奴血"，是对敌人表示高度的民族义愤。《左传·襄公廿一年》："然二子者，譬于禽兽，臣食其肉，而寝处其皮矣。"作者借用，抒写对侵略者的极端愤恨。再用"壮志"表达气概的昂扬，而"笑谈"则反映了战胜强敌不在话下的信心。读了这两句，真使人意气风发，斗志更坚。

"待从头收拾旧山河，朝天阙"——"旧山河"，是原属于汉民族的山河；"天阙"，不是宋高宗临时栖托的临安(今杭州)，而是那已经沦陷的汴京(今开封)，那儿有宋家历朝祖宗的庙寝，原是全国政治经济中心。

整首词充满了爱国的激情，真是慷慨悲歌，使人为之起舞。

岳飞毕竟想要做一个忠臣。他懂得打仗，也懂得填词，可惜就是没有领会那个高宗皇帝的心事。也许他虽然多少懂得，却又无法违背自己生平立下的誓言，因而终于形成了历史上的一场悲剧吧！

陆 游

(1125—1210)，字务观，号放翁，山阴人，以荫补登
仕郎，历枢密院编修官。绍兴三十二年赐进士出身，通判
建康府，范成大帅蜀，辟为参议官。后以宝章阁待制致仕，
卒。有《渭南词》。

钗头凤

陆 游

红酥手，黄縢酒，满城春色宫墙柳。东风
恶，欢情薄。一怀愁绪，几年离索。错！
错！错！　　春如旧，人空瘦，泪痕红浥
鲛绡透。桃花落，闲池阁。山盟虽在，锦
书难托。莫！莫！莫！

1962年10月，诗人郭沫若来到浙江绍兴市，29日特地
游了位于城东南角的沈园，参观了陆游纪念室；后来又填
了一阕《钗头凤》，作为此行的纪念。

这首词的上片是这样写的：

宫墙柳，今乌有。沈园蜕变怀诗叟。秋风泉，晨光好，满
畦蔬菜，一池萍藻。草，草，草。

原来曾经占地十余亩的沈园，已经大部分成了稻田；

当年的亭台楼阁亦已倾圮无余；园墙内一片树木掩映，仅有一个葫芦形水池；园墙外稻田中还有一个方形池塘：这就算是沈园仅余的故物了。沧海也化桑田，何况一个小小花园呢！

沈园，即使早已大异于当年，可是它在历史文献上还有一定的价值。而且它的意义也不仅在于纪念陆游，还有揭露封建礼教的罪恶的作用。

陆游是在沈园写下他那首著名的《钗头凤》的。诗人用笔虽然委婉含蓄，但内蕴很深，对于封建社会的吃人礼教，仍然有抨击揭露的作用。直到现在，凡是读过陆游一曲《钗头凤》的人，都会产生对陆游和唐琬遭遇不幸的深厚同情，从而鄙弃制造这场婚姻悲剧的封建制度。

《钗头凤》的故事是这样的：

1155年，即南宋高宗绍兴二十五年，陆游正在家乡山阴(今绍兴市)闲居，一个好春天气，他偶然到城南沈园游玩，蓦然和前妻唐琬在园中相遇。

这是给封建礼教硬生生地拆开了的小夫妻俩。

陆家早年曾发生一场家庭悲剧。据周密《齐东野语》卷一、陈鹄《耆旧续闻》卷十以及刘克庄《后村诗话续集》卷二等书的记载，陆游初娶表妹唐琬为妻，夫妇间的感情本来是很好的，在小两口的心中，都以为可以偕老百年，不料正如陆游后来那句诗说的："不如意事常千万。"也不知是什么缘由，陆游的母亲很不喜欢这个媳妇(唐琬是她的外甥女)。更不幸的是事情越来越糟，婆媳的感情逐步恶化到不可收拾。终于婆婆下了一道不可违抗的"母命"，迫使陆游休弃了他的妻子。

唐琬离开陆家后，有些记载还说，陆游曾经另外找了一个地方把唐琬藏起来，暗里来往。不料这也给他母亲知道了，带了人马登门"问罪"。到了这个地步，双方只好彻底分手了。

陆游后来另娶了妻子，唐琬也改嫁了赵士程。

然而悲剧并没有到此了结。

过了几年，也就是绍兴二十五年，陆游三十一岁，已经是三个孩子的父亲了。偶然就在沈园和唐琬再遇。双方那时是什么样的心情，谁也说不清楚。我们只知道，唐琬是同丈夫赵士程一起来沈园游玩的，她见到了陆游，还遣仆人致送酒肴，却再也无从互通情愫了。这里值得注意的是"遣仆人"，不是邀陆游同坐在一起。因为不仅在当时是不可能的，而且这样做也使三方面都非常难堪。

陆游的《钗头凤》就是在这种情景下写的。写好以后还把它题在沈园壁上。

据说，后来唐琬看了这首词，也和了一首①。不久便郁郁逝去。

陆游一直没有忘记这位无辜被弃、郁郁早逝的妻子。在他的诗集里，曾再三提到沈园那次最后的会面，表示难以消释的悲痛。直到他八十四岁，也就是去世的前一年，他写了几首《春游》七绝，其中一首是：

> 沈家园里花如锦，半是当年识放翁。
>
> 也信美人终作土，不堪幽梦太匆匆！
>
> ——《剑南诗稿》卷七十五

"美人作土"是说唐琬久逝；"幽梦匆匆"，当然是叹息夫妻生活的短暂了。

据近人于北山撰的《陆游年谱》：陆游和唐琬结婚是在

① 唐琬的和词："世情薄，人情恶，雨送黄昏花易落。晓风干，泪痕残，欲笺心事，独语斜栏。难！难！难！
人成各，今非昨，病魂常恨秋千索。角声寒，夜阑珊，怕人寻问，咽泪装欢，瞒！瞒！瞒！"

绍兴十四年,那年陆游只有二十岁。《年谱》说:"上元在临安,从舅光州通守唐仲俊招观灯。与唐氏结婚,盖在此时。"又说:"考续配王氏生长子子虡时,务观(陆游字)二十四岁,则务观与王氏结婚,绝不能晚于二十三岁,而唐氏被弃之年,略可知矣。"陆、唐的夫妻生活大抵不会超过三年。一对诚挚相爱的夫妻,仅仅由于婆婆的不满意,硬生生给分拆开了,更导致女方的含恨早逝。怪不得鲁迅先生把封建礼教说成是吃人的。

如今且来分析这首《钗头凤》。

"红酥手,黄縢酒,满城春色宫墙柳。"这是新婚不久一段美好生活的回忆。

那是一个明媚的春日,陆游和唐琬来到郊外游玩,在一道宫墙旁边,柳阴底下,摆开仆人带来的酒菜,两人坐下小酌。在陆游的记忆中,唐琬一双红润细软的手,捧着满满一杯黄縢酒②,宫墙旁边是一片杨柳的长条,眼前花繁叶茂,春色盎然。

②黄縢酒到底是什么酒,不详。縢有缄封义,有人认为就是黄封酒。
③郭沫若词:"宫墙柳,今乌有。"似乎也以为"宫墙"是在山阴县的。

是哪一处宫墙呢?从《嘉泰会稽志》卷七,我们知道,山阴县东南二十五里有一座龙瑞宫,"宫正居会稽山南,峰嶂道崒"。所谓"宫墙"大抵就指这个地方吧。陆游《剑南诗稿》卷七十五《春游》诗注说:"予年十四,始到禹祠、龙瑞。"可见龙瑞宫是游览登眺的地方③。

然而,这种美好生活并没有能维持多久。

"东风恶,欢情薄。一怀愁绪,几年离索。"这里暗暗点出一场家庭惨变。陆游不敢直指母亲的不是,只好说是"东风恶"。夫妻的关系不能维持下去,所以说"欢情薄"。"东风恶"呼应上文"满城春色",刚才还是满城的春色,转眼之间,却忽然东风横吹,把一切美好欢情,都吹成了泡影。"一怀愁绪",说明自己遗弃妻子完全是被迫的,自己的心情一直是非常悲凉的。"几年离索",如今一晃眼又过了几年,自己总是感到一种分离的痛苦。

夫妻俩落得如此不幸的结局,当然不是事先所能预料的。但为什么当时没有把各种因素都考虑清楚,就匆匆忙忙结下这段姻缘呢?为什么婆媳关系会越弄越糟,终至不可收拾呢?为什么……他自己实在无法解答,只有一迭声地长叹:错!错!错!

于是画面又转到现在:"春如旧,人空瘦。泪痕红浥鲛绡透。"

这几句是指唐琬。也是陆游眼中所见的前妻的形象。仍然是美好可爱的春天,可是她却比从前消瘦多了;这几年,她的心情显然非常不好过,想必她的眼泪时常把手帕都湿透了。"红泪"指女子的眼泪。王嘉《拾遗记》:"薛灵芸闻别父母,歔欷累日,泪下沾衣,至升车就路之时,以玉唾壶承泪,壶即红色。既发常山,及至京师,壶中泪凝如血。"这是红泪的典故。"鲛绡",手帕的代词,它常是男女间赠送的信物。

"春如旧"呼应上文的"满城春色"。"人空瘦",呼应上文的"红酥手"。行文针线细密,不可不知。

"桃花落,闲池阁。山盟虽在,锦书难托。"这几句写出陆游此时此地的心情。桃花已经落了,池台亭阁也冷落起来了。是暮春光景吗? 是的。然而更是陆游此时情怀的真实写照。美满的姻缘已成过去,纵然春光大好,又有什么用呢?

再想起从前夫妻俩的山盟海誓,彼此曾经表示永远相爱。是的,那些盟誓绝不是虚假的。直到如今,彼此仍然认为决不是假的。但如今就连托人捎一封信给她也变成不可能了。

难道真的不可以互通情愫吗?连写封信安慰一下也不行吗?难道这生死不渝的爱情就不可以冲决堤防吗?徘徊在沈园的春色里,眼看着唐琬遣人送来的酒食,陆游心情非常激动,简直想冲上前去,拉着唐琬着实痛哭一番了。

然而这毕竟是不可能的。他终于只好又长叹几声:"莫!莫!莫!"(不行,不行,不行呵!④)

④或解为"罢,罢,罢!"亦可。

封建礼教的威权是厉害的。你想公然触犯它,不单要冒着丧失生命的危险,还要冒着丧失生命以外的东西(比方名誉)的危险。陆游是没有这个勇气的。

这一对夫妇就这样给后人留下了悲剧的形象。

但陆游写下的有关此事的诗和词,毕竟又成为对吃人的封建礼教的有力控诉。

卜算子 (咏梅)

陆 游

驿外断桥边,寂寞开无主。已是黄昏独自愁,更着风和雨。　　无意苦争春,一任群芳妒。零落成泥碾作尘,只有香如故。

宋人黄大舆辑有《梅苑》十卷,把从唐代到南北宋之交这段期间他能收集到的咏梅的词,全都收辑进去。可称是对梅有特殊爱好的一位"雅士"。可惜这十卷梅词,佳作并不多见。

陆游出生较晚,已经赶不上刊入《梅苑》作者之林。可是他在前人的林林总总的作品之前,却能自树一帜,写出超群脱俗的梅词。而且只用了寥寥八句,就达到思想性和艺术性的高度结合,真是能够以少胜多,以简驭繁的。

这首词之所以写得成功,是把物象充分升华了的结果。他不斤斤于追求梅的形态,却把它作为人的高尚品格来描写。梅花与人,是二又是一。

不过,光是这样,问题还没有完全解决。因为高尚品格不止一端。这就需要再进一步,具体树立一个主脑。

作者在这首词里树立的主脑,一句话,就是"孤芳不变"。上片突出"独自"的意思,就是"孤芳";下片突出"如故"的意思,就是"不变"。借用屈原两句话:前者,是"众人皆醉我独醒";后者,是"虽九死其犹未悔"。

这是很重要的一着。因为,客观事物通过主观的改造,染上个人主观的色彩,这只是大概的说法。问题还在于,你是怎样改造它,给它染上怎么样的色彩。梅花,你可以把它说成是高士,是美女,是弄珠人,都是从梅花这个特定的物象升华起来的,但最好还是写出性格,而不止于一般高士、美女的比喻。

这首词一开头,"驿外"和"桥边"的环境,已透出独自的气氛。"寂寞"和"无主",进一步渲染这种独自。下去"已是黄昏独自愁",正面提出了独自,又用"黄昏"和"愁"加强它的色彩。"更着风和雨",就不仅仅孤独,而是在颠沛的环境之中了。后面一句已为下文"不变"埋下了伏笔。

下片:"无意苦争春,一任群芳妒。"不说梅花先春而开,反说它无意于争取在春天开放,为的是不愿同群芳争妍斗宠。立足点既高,而且缴足了上文的"独自",开出下文的"故"。"故"者,不管别人怎么样,我始终是这样子也。然后以"零落成泥碾作尘,只有香如故"作再跨一层、再深一步的收束。"更着风和雨",本来已经是足够颠沛的了,"零落成泥"之后,还要"碾作尘",简直粉身碎骨。然而,"香如故"。多么坚韧,多么自信!

这就是在树立主脑方面取得成功的效果。李清照曾经讥笑过一些作者:"世人作梅词,下笔便俗"。为什么会下笔便俗?作者本人的情操是一个原因,但不善于树立主脑,恐怕也是一个原因。

不言而喻,这个"孤芳不变"的主脑之建立,同作者对于自己的信念的坚持不变,有着密切关系。

陆游反对对敌投降妥协,坚持恢复中原失地,这种信念,贯彻毕生。不论是在诗歌、散文中,不论是在行动上,他都是始终不变的。可是,他也有过感到孤独的时期,有过受到排挤打击的遭遇,更多的时候是受到朝廷的冷落。因而他的寂寞、孤独乃至于"零落成泥"的感觉,就经常盘旋在心里了。这首《卜算子》虽是咏梅,却不啻是替自己塑造了一个肖像(参阅本册晏几道《鹧鸪天》释文)。

夜游宫 (记梦,寄师伯浑)

陆 游

雪晓清笳乱起。梦游处、不知何地。铁骑无声望似水^①。想关河,雁门西,青海际。　　睡觉寒灯里,漏声断、月斜窗纸。自许封侯在万里。有谁知,鬓虽残,心未死。

　　陆游从乾道九年至淳熙元年(1173—1174)做过一任摄知嘉州事(代理嘉州知州。嘉州,今四川乐山县)。赴任途中经过眉山(今四川眉山县),认识了一位他称为"天下伟人"的名士师伯浑。师伯浑是具有爱国思想的人。据陆游说,四川宣抚使王炎想引荐他做官,因"忌者"排斥而罢。所谓"忌者",大抵便是朝中的主和派,由此也可知师伯浑的为人。

　　这首词是陆游以"记梦"为名寄给师伯浑的。

　　近人李淡虹写了一篇《陆游梦游黄河、潼关、太华诗初探》(见1963年版《文史》第二辑),他认为陆游在乾道八年(1172)在四川宣抚使王炎幕下当属员时,曾经奉命化装深入

①似水——《尉缭子》:"胜兵似水,至柔弱也。故所触必为之阤(破坏)。性专而触诚也。"又《诗·常武》:"如山之苞,如川之流。"
②这首诗全文是这样的:"杀气昏昏横塞上,东并黄河开玉帐。昼飞羽檄下列城,夜脱貂裘抚降将。将军枥上汗血马,猛士腰间虎文韔。阶前白刃明如霜,门外长戟森相向。朔风卷地吹急雪,转盼玉花深一丈。谁言铁衣冷彻骨,感义怀思功挟纩。朣朦窟穴一洗空,太行北岳原无恙。更呼斗酒作长歌,要遣天山健儿唱。"

关中的潼关、华山以及中条山、崤山一带(这些地方那时都在金人控制下)进行刺探活动。由于这是秘密进行的,并且连中枢当局事前也许不知道,所以他这一活动,无法公开,事后亦只能托于梦境。他的诗集里屡次提到梦游华山、河潼,就是这个道理。

这种探索自然是很有意思的。

但是这首《夜游宫》却不属于上述这一类。它只是寄托了一种希望,以及对于这种希望之脆弱的感慨。

陆游同师伯浑在眉山一见如故,到了嘉州之后,师伯浑曾去拜访他,逗留了十天。那是乾道九年的深秋。这期间陆游有一首诗,题为《九月十六日,夜梦驻军河外,遣使招降诸城,觉而有作》②。可见他实际上是做了一个收复西北失地的美梦。这首词所描写的梦境,同诗里写的颇有点近似(时间都是下雪的冬天),很可能写的是同一个梦。不过那首诗没有写到梦破以后的感慨罢了。由此看来,这首词的写作日期,似乎可以定为乾道九年的冬天,也就是师伯浑回到眉山故乡以后。

先看作者怎样描述他的梦境:

"雪晓清笳乱起"——是一个下雪的早晨,原野上忽然飞起一片嘈杂的军号声。"乱起"是描写军号声突如其来,各营此起彼应,军中已接到立刻出发的命令。

"梦游处、不知何地"——点出这是梦境。"不知何地"四字,恰好写出初入梦境时迷离恍惚的神态。

"铁骑无声望似水"——这句承上"清笳"而来,是定一定神之后才看清楚的战地景象。作者用了"铁骑无声"四字,极力写出一支威武的骑兵正在列阵候命,阵上一片肃穆,人马都悄然无声,使人感觉到正是决战之前一瞬间的静默。"望似水"三字,再把军队的气势形容一笔:它看去就像一片沉着而又汹涌的潮水,沉静中有动势,显示出一股令人望而生畏的力量(这句可以作另外一种解释:铁骑像流水似的进行着)。

于是作者再以自问自答的口气指出这是一支什么部队:"想关河,雁门西,青海际"。雁门关在今山西省代县北,北宋时是宋、辽两国的边界,雁门以西,则属夏国。青海在今青海省,宋时属吐蕃辖地。这两处都不是宋、金双方的战场。但正如岳飞《满江红》以贺兰山指代北方沦陷地区一样,诗人不过借用而已。陆游在梦中出现的这一支部队,正为收复北方失地准备向敌人冲杀。(可以参考附诗:"腥臊窟穴一洗空,太行、北岳原无恙。")

以上是一片梦境。写得仿佛确有其事。在艺术技巧上,这叫做蓄势。正如把强弓拉得满满,使旁人看了也觉得异常紧张。然后在下片突然来个转折,文章就有"兔起鹘落"的动人效果。

下片,他从美丽的梦幻中惊醒过来。一盏摇晃不定的残灯,惨淡的月光洒在窗纸上。侧耳一听,计时的漏壶好像也停止了活动。自己是躺在宁静得使人发慌的山城之中。这几句写梦醒后环境的凄冷和个人的孤独。因为他虽是嘉州的摄知州事,但州务闲简,心情也是孤独而寂寞的。

"自许封侯在万里……"作者不由得说出心头的感慨:本来满心满意为了恢复失地、驱逐侵略者,老远跑到汉中前线,要尽自己一点微薄的力量,谁知道反而被逼着从前线撤退下来,跑到四川一个山城当一员闲官;更有谁知道,自己虽然已是近五十岁的人,头发都变得稀疏了,这颗重回前线杀敌的雄心,还没有死去呢——也许只有梦魂才能够知道了。

"鬓虽残,心未死"六字,几层意思:少年时便已有壮心,这是一;壮心却至老还未实现,这是二;如今老了,本不应有壮心,这是三;偏偏老了壮心还未死,这是四;这壮心无从实现,只有在梦中才有实现的可能,这是五。

作者心情有多么沉重,从结拍这几句话里,我们是掂到它的分量的。

陈　亮

(1143—1194)，字同甫，永康人，1193 年策进士第一，授签书建康府判官厅公事，未至而卒。有《龙川词》。

念奴娇（登多景楼）

陈　亮

危楼还望，叹此意今古几人曾会？鬼设神施，浑认作、天限南疆北界。一水横陈，连岗三面，做出争雄势。六朝何事，只成门户私计？　　因笑王谢诸人，登高怀远，也学英雄涕。凭却江山、管不到，河洛腥膻无际。正好长驱，不须反顾，寻取中流誓。小儿破贼，势成宁问强对！

陈亮，字同甫，学者称他为龙川先生。他是南宋一位杰出的思想家，是向当时的道学"举起投枪的一个封建异端学派"。他坚决主张北伐收复中原失地，反对苟安一隅，以言论警策震惊天下。他是辛弃疾的密友，在词坛上又是"不作一妖语媚语"的硬汉。他精研了古代军事历史，撰作《酌古论》，作为中兴、"复仇"事业的借鉴。尝称"推倒一世之智勇,开拓万古之心胸,自谓差有一日之长"。他要把自己锻炼成为文武兼备的人才,"欲为社稷开数百年之基",鄙弃徒发空论的文人和只凭匹夫之勇的粗汉。他的填词,也是因为可以作为政治斗争的武器而不是刻红剪翠,或弄些几案上的小摆设。

这首《念奴娇》是他登上多景楼时写的。从词里所表现的思想,所发抒的感慨来看,真能"起顽立懦",使人振奋。

多景楼在江苏丹徒县北固山甘露寺内,北临长江,隔江可以遥望军事重镇扬州,这一带是历史上军事必争之地,熟研军事历史的陈亮,登临这里,慷慨淋漓地抒发了感今怀古的豪情。

那时候,南宋的疆土最北面是淮河,淮河的形势,对南宋来说是无险可守的,必须倚靠长江天险来保护淮南地区。因此南宋朝廷便把长江视作"天限的南北疆界"。但这不过是小朝廷偏安江左的借口,在主张收复中原的陈亮看来,单靠长江之险而不思进取,那只是保护统治集团内部少数人私利的政策而已。因此作者一开头就提出:"叹此意今古几人曾会?"登临多景楼瞻望的人,今古不知凡几,其中多少人能真正认识这里的山川形势,不把它作为偏安局面的凭借,而是把它作为进取中原的根据地来看待呢?这是一句意味深长的话。

紧接着,作者就阐述自己的观点:"鬼设神施,浑认作天限南疆北界"。句中有一个典故:曹丕代汉以后,曾想南下扫平东吴。他"御驾亲征"来到广陵(今扬州市),临江阅兵时,却见巨浪滔天,洪流滚滚,使这位生长在戎马之间的北人胆战心惊,不知如何飞渡。他叹息说:"此固天之所以限南北也!"于是引兵北归。这便是"长江天堑"一语的最早来历。"鬼设神施"是自然形成不关人力的意思。作者又下了"浑认作"三字,带有鄙视之意,意思是说,长江固然具有天然险要,难道就可以认为这是上天注定不能打破的南疆北界么！这话其实是针对朝廷上那班保守求和的人说的,话里颇含有讽刺的意味。

他又进一步分析地方形势:"一水横陈,连岗三面,做出争雄势。"是说这地方形势险要,前面横着一条大江,可以阻拦北来军马;而且沿着长江南面还有一系列山峦,从三面向北围拢,仿佛是为了保卫长江,又是为了争夺优势似的(从南京到镇江一带,有钟山、汤山、大华山等,都不高峻)。地理形势既能争雄,为什么人却不能争雄呢？

"六朝何事,只成门户私计"——想起从东吴、东晋到宋、齐、梁、陈,在建业(南京)建都,只是划江自守,毫无壮志雄心;甚至为了一门一户的私人利益,甘愿退缩江南一角,这真是可嗤可笑了。

上片是作者在多景楼上放眼河山时,从眼前景色想到许多历史事实。在字面上虽是指摘六朝,骨子里却是针对现实的。

东晋时,有王谢两姓大族,从中原南迁而来。其中不少人成为东晋朝廷里的核心人物,掌握军政大权。后人提及东晋这些权势人物时,往往省称"王谢"。《晋书·王导传》记载了这样一件事:西晋政权灭亡后,统治集团在长江以南重建朝廷。有一回,南渡的士大夫在新亭(在今南京市南)宴饮,有个叫周𫖮的叹息说:"风景不殊,举目有山河之异。"(西晋建都洛阳,南京的自然环境有一部分同洛阳的相像。所以唐诗人许浑《金陵怀古》诗说:"英雄一去豪华尽,唯有青山似洛中。")在座的人都相对流涕,只有王导还勉强说几句豪言壮语。下片开头,作者便讥笑这种人物,因为他们并没有恢复山河的雄心壮志,却又假惺惺地洒些眼泪,模仿着英雄的样子,其实骨子里全不是那回事。这话的目的当然不在讥古,而在讽今。

接下去,"凭却江山,管不到、河洛腥膻无际"("腥膻",同膻腥,牛羊的膻气,此指北方敌人,因为他们原都是牧羊放马的)是说小朝廷利用长江的地理形势,并不是为了恢复北方失地,尽管中原大地一片牛羊的腥膻,老百姓在敌人铁蹄之下呻吟,他们也充耳不闻,甚至若无其事。

以上是借古讽今,用六朝的旧事把南宋当时划江自守的政策给予辛辣的讽刺。说是含蓄,其实用意是很明显的。

因此,下面笔锋一转,转到当前。作者索性站出来申述自己的主张。

"正好长驱,不须反顾,寻取中流誓。"——"长驱"是毫不停留向前进发的意思。作者认为,长驱北向,恢复中原失地。这种民心士气是无时不在的,所以应该行动起来,不要徘徊瞻顾,迟疑不决了。"中流誓"又是运用东晋一个典故。《晋书·祖逖传》载:祖逖自西晋覆亡后,移居丹徒的京口,"以社稷倾覆,常怀振复之志",晋元帝于是封逖为奋威将军、豫州刺史,由他自己招募兵马。于是祖逖带着一批原居江北的勇士渡江北发。"中流击楫面誓曰:'祖逖不能清中原而复济者,有如大江。'辞色壮烈,众皆慨叹。"作者希望南宋朝廷也让一些像祖逖的人才发挥力量,为恢复中原而献身效力。

"小儿破贼,势成宁问强对"——他认为,如今"破贼"之势已成,不要以为敌人是"强对"(强大的对手。出《三国志·陆逊传》)就不敢去碰它。要知道,东晋当年,谢玄、谢石以寡敌众,带领八千子弟兵打败北方敌人苻坚的数十万大军,那正是利用了民心士气这个有利形势的。句中又用了一个典故。《晋书·谢安传》说,谢安当苻坚以数十万大军进攻东晋时,使弟谢石、侄谢玄率军迎战,当时强弱之势悬殊,京师震动,谢安却"夷然无惧色",沉着地部署军事。"玄等既破(苻)坚,有驿书至,安方对客围棋,看书既竟,便摄放床上,了无喜色,棋如故。客问之,徐答云:小儿辈遂已破贼。既罢,还内,过户限,不觉屐齿之折。"作者使用这个典故,目的在于鼓励南宋朝廷,不要以为北方敌人貌似强大就不敢去碰它。

陈亮在《上孝宗皇帝第一书》中,曾经指出:"人才以用而见其能否","兵食以用而见其盈虚";并且大声疾呼:"今乃驱委庸人,笼络小儒,以迁延大有为之岁月,臣不胜愤悱!"他反对株守退缩的懦夫行径,强调了人的主观能动作用:"天下大势之所趋,天地鬼神不能易,而易之者人也。"这些都可以作为"正好长驱不须反顾"等语的注脚。

读罢这首词,我们便能感觉到它那气魄磅礴、志雄万夫的威势。陈亮的词风,在南宋词人中,是很突出的。

辛弃疾

(1140—1207)，字幼安，号稼轩，历城人。耿京聚兵山东，为掌书记，奉表来归。授承务郎，累官浙东安抚，加龙图阁待制，枢密院都承旨。有《稼轩词》。

菩萨蛮 (书江西造口①壁)

辛弃疾

郁孤台下清江水②，中间多少行人泪？西北望长安，可怜无数山。 青山遮不住，毕竟东流去。江晚正愁予，山深闻鹧鸪。

读完一本诗词集或散文集之后，我们往往会涌起一种带着形象的印象，觉得有些作者的作品，就其整个内容来说，很像是一座结构小巧的园亭，它能使你怡情悦目，心神舒畅。也有些作品，像是深林古寺，一派清远幽深，使你心情也变得宁静起来。也有些作品像是古堡残墟，严凝森冷，你感到又是吃惊，又是好奇，不知其内里有多少神秘。另外有些却又像重楼复阁，到处绮窗绣户，结构精奇，给你以目迷五色之感。……可是这些都比喻不上辛

①造口——在今江西万安县西南，皂口溪水自此流入赣江。
②郁孤台——在今江西赣县西南。《赣州府志》："郁孤台，一名贺兰山。唐李勉为刺史，登台北望，慨然曰：予虽不及子牟，心存魏阙一也。郁孤岂令名乎！乃易匾为望阙。"因为郁有忧郁的意思，孤有孤独的意思，所以说不是令名。清江——江西袁江与赣江合流处，旧亦称清江。

弃疾的作品。辛弃疾这位出身于农民武装队伍,带有豪侠气质,南归后又是驰驱战场,又是出任大吏,又是啸咏园林的词人,称得上才识双全,允文允武。他给后人留下了六百多篇词作,在数量上是如此丰富,我们一旦走了进去,就仿佛置身连峰叠嶂的大山脉之中,那里面群峰插天,百川盘地,奇花异鸟,乱石惊涛,无处不奇,无所不有。这才称得上是雄深厚大,极词坛的伟观。

对于这个庞然大物,就算指出几座峰峦,仍然不能说它们就是代表。所以我在这里选释时,只能随便捡出其中的几首,姑且谈谈个人的一点读后感。

先来介绍这首《菩萨蛮》。

事情应当追溯到南宋初年。高宗建炎三年(1129),金兵分两路南下,要消灭大江以南的小朝廷。他们以东路为主力,攻陷建康(今南京),直指临安(今杭州),目的是赵构这个新登基的皇帝。另一路从湖北进窥江西,目的在隆祐皇太后(哲宗的皇后,姓孟)。金兵这一路前锋一直进到泰和。当时官僚百姓纷纷南逃,万安、赣州一带沿路都挤满了难民,其中也有隆祐太后在内。情势是危急的,只是由于金兵忽然后撤,才算是脱了险(按,隆祐太后,据《宋史》。罗大经《鹤林玉露》作"隆裕太后",恐误)。

辛弃疾写这首词,在淳熙二、三年间(1175—1176),上距这场战乱已是四十多年了。那时作者在江西任职,赣州西南的郁孤台和万安西南的造口,都是他到过的地方。

郁孤台是个平地崛起数丈的土山。《名胜志》云:"郁孤台一名贺兰山,在府治,丽谯坤维,百步隆阜,郁然孤峙,故名。唐李勉为刺史,更名望阙。"苏东坡有《虔州八境图》诗,第七首写郁孤台。王文诰《苏文忠公诗编注集成》云:"赵清献记云:'望阙郁孤,轩豁于前'。乃二台名,曹能始谓更名望阙者,讹也。"两说不知孰是。

苏东坡另有《郁孤台》诗,有句云:"山为翠浪涌,水作玉虹流。日丽崆峒晓,风酣章贡(二水名)秋。丹青未变叶,鳞甲欲生洲。岚气昏城树,滩声入市流。烟云侵岭路,草木半炎州。"可见此台附近的风景。辛弃疾此词上片从"郁孤台"写到"望长安",似乎便带有李勉"望阙"的意思。

"郁孤台下清江水,中间多少行人泪"——登上郁孤台的人("行人"指作者自己,但又不限于自己),怀古吊今,想起当年李勉还有长安宫阙可望,如今连汴京的宫阙都烟消灰灭了,谁能不惨目伤怀,把眼泪滴到江水下面呢!

"西北望长安,可怜无数山"——放眼西北,那是沦陷在敌人手中的中原地区,我也想看看如今故都汴京是个什么样子(长安,原是汉、唐建都之地,即今陕西省西安;但以后"长安"在诗词中常用以指代首都。这里的"长安"便是指北宋首都汴京)。可惜山岭重重,把我的视线阻挡住了。"无数山",既是阻挡视线的山,又是想象中的中原大地的山;"可怜",也有可爱的意思。这些可爱的群山,如今却已落在金人之手。两层意思彼此映射,作者的心情惨淡,可想而知。

"青山遮不住,毕竟东流去"——此句回应"清江水"。青山虽然遮住我的视线,却毕竟遮不断滔滔江水。它冲破重重障碍,终于向前滚滚流去。这两句是从"清江水"生发开来而又暗指自己的处境。清江水不断向东奔流,什么山都拦不住它;可是人却给拦住了。句中实在有无穷感慨。

"江晚正愁予,山深闻鹧鸪"——我如今怎么样?我从北方投奔回来,已经十多年过去了。当初原是指望借助朝廷的力量,建立一支强大的民众武装,在黄河南北打击敌人,收复失土,不料从此流滞南方,再也回去不得。当年的志愿,如今眼看越来越是渺茫,我真不如这清江之水,它还能自由地滚滚东流啊!"愁予",初见《楚辞·九歌》:"帝子降兮北渚,目眇眇兮愁予。"陆机《思归赋》又有"风霏霏而入室,响淋淋而愁予"的话。是本人心中十分忧愁的意思。

黄昏日落,暮色苍茫,正在满怀愁绪的时候,却传来了山中一声声鹧鸪的啼叫,那声音正像是:"行不得也哥哥!"

在辛弃疾听起来,这种鹧鸪的啼声就像是朝廷里面的投降派的口吻。他们老是嚷个不停:"恢复之事,行不得也!行不得也!"罗大经《鹤林玉露》引此词并解释说:"'闻鹧鸪'之句,谓恢复之事行不得也。"近人邓广铭反驳说:'所谓'山深闻鹧鸪'者,盖深虑自身恢复之志未必即得遂行,非谓恢复之事决行不得也。"③

③这自然比罗大经的解释合理。但个人以为这些鹧鸪之声应该是指投降派的叫嚷,因为这更近于作者写此词时的心情。把鸟儿的啼叫比喻为某一些人的叫嚷,这种手法并不是辛弃疾首创的。宋人吴曾《能改斋漫录》记载过一件事:南宋初年,汪藻在翰林院时,常常遭到谏官的弹劾,他十分不快,曾写了一首《点绛唇》,有"乱鸦啼后,归兴浓于酒"的句子。有人问他,为什么归兴要在乱鸦啼后?他答说:"无奈这一队畜生聒噪何!"这就是把鸦啼比作谏官的叫嚷。

他们纠集了一股庞大的势力,掌握了朝廷的大权,硬是长敌人的志气,灭自己的威风。其实生怕战争一打起来,又扰乱了他们的尊荣富贵,倒不如彼此相安无事更好。

听到连续不断的鹧鸪叫声,心情还能够不加倍沉重吗?

于是填了一首词,还奋笔把它写在造口的墙壁上。

摸鱼儿

辛弃疾

淳熙己亥，自湖北漕①移湖南，同官王正之置酒小山亭，为赋。

更能消几番风雨，匆匆春又归去。惜春长怕花开早，何况落红无数！春且住！见说道、天涯芳草无归路。怨春不语。算只有殷勤，画檐蛛网，尽日惹飞絮。　　长门事，准拟佳期又误。蛾眉曾有人妒。千金纵买相如赋，脉脉此情谁诉？君莫舞！君不见玉环飞燕皆尘土。闲愁最苦。休去倚危栏，斜阳正在、烟柳断肠处。

淳熙六年己亥，是南宋孝宗即位后的第十七年。即1179年，辛弃疾在朝廷任职已有十八年之久。这十多年间，他东迁西调，席不暇暖，生活很不安定。淳熙五年他由江西安抚使转为湖北转运副使，还不到一年，忽又改为湖南转运副使，真是来去匆匆，使他思想上毫无准备。这次调动，内情如何，我们无法知道；但在辛弃疾看来，却是有人在孝宗皇帝跟前说了他什么坏话，所以才把他从湖北调开的。这使他十分不快。

①漕：宋代转运使的简称

在同官王正之为他饯行的筵席上，他感触很深，即席挥毫写下这首《摸鱼儿》。

那是一个晚春天气，刚来过一场风雨，于是春天的气息又淡薄了几分。这使他的心头更添一层感慨。他觉得，用不着几番风雨，这春天就会一去无踪了。风雨就像是催归的无情使者，不把春天送走是不肯干休的。

春是什么?在这里，春是代表人间美好的事物，良好的愿望，却又实指不得。作者想的范围也许很宽广，但因不着迹象，我们只能够加以意会。

下面便突出一个"惜"字。由于爱惜春光，便害怕春光早逝，所以他又曾经怕春花开得太早，然而春天毕竟来得匆匆，去得匆匆，当到处是一片落花飞絮的景象时，春天显然已经无法停留，这便使人更觉得惋惜了。

那么，春要归向何处?他禁不住向春提出疑问。"见说道"是听说得;"天涯"是春要去的远处;"芳草"象征美好的事物。苏轼《蝶恋花》词:"天涯何处无芳草?"是情怀豁达的话;辛弃疾"天涯芳草无归路"，却是伤心的话了。既然"归路"是没有的，春又归向何处呢?而它偏又归去了!

"怨春不语"——提出疑问，却得不到任何解答，于是他只好默然埋怨这春之神。

如今，能把春的残余脚步留下来一点儿的是什么呢?那是粘在蜘蛛网上的一星半点的飞絮。那些挂在人家屋檐底下的蜘蛛儿也真算是殷勤的了，它们张开网儿，整天忙着兜揽那漫天飞舞的柳絮，仿佛怕春天去得一无踪影，硬是要把细碎的春痕保留一些下来。

上片，一层一折，一折一转，层层深入，把对春光的珍重、悼惜，写得情意缠绵，笔墨宛折。他是悼惜那大自然春天的消逝吗?是有那么一层意思;可是,说实在的,他是借春光作为比喻,抒发他对南宋朝改的不满。开头,朝廷上当权者似乎有点奋发有为的样子,不料政治上的风风雨雨,阴晴无定,转眼之间,便换了另一种气候,使有志之士不能不悲愤慨叹了。作者这层意思,是可以意会的。

下片,再通过一些典故的运用,进一步指出朝廷政治的败坏以及朝中小人的丑态。

"长门事",是用汉武帝陈皇后的故事。据司马相如《长门赋》序说,陈皇后"得幸,颇妒。别在长门宫,愁闷悲思。"听说司马相如很会写文章,就叫人送去黄金百斤,请他"为文以悟主上"。司马相如为此写了《长门赋》。作者运用这个典故,是比喻有些臣子受到敌对者的打击陷害,因而皇帝对他疏远。"准拟佳期又误",是说,像陈皇后这些不幸的人物,蛮想同皇帝恢复过去的关系,如今他们想望的"佳期"不知怎地又耽搁下来了。

为什么呢?因为"蛾眉曾有人妒"。这话来自屈原的《离骚》:"众女嫉余之蛾眉兮,谣诼谓予以善淫。""蛾眉"原指容貌美好,后人诗词中常指品质高尚良善的人。南宋朝廷内部派系复杂,争权夺利,互相倾轧;加上利用最高统治者的阴暗心理,那些主和派人物更竭力迫害主战派,使不少善良的人无辜受害。他们纵使把司马相如的《长门赋》买了来,高高在上的皇帝便能回心转意吗? 没有的事。"脉脉此情谁诉",受陷害打击的人,只有把满腔冤苦吞下肚子里罢了。

这一段话,是指哪些人呢? 我们虽然不必坐实便是辛弃疾本人,但辛氏在南宋朝廷里受到某些人的排挤打击,甚至造谣中伤,却是极有可能的。淳熙三年,辛弃疾调任京西转运判官的时候，他的朋友罗愿送他一首诗，有句说：
"公今有才气。功名安可涯。愿低湖海豪，磨砻益无瑕。"所
谓"湖海豪"，是指他那不受羁勒的豪气；所谓"磨砻"，是劝
他收敛锋芒。从这些话里，正可看出辛氏的艰危处境。

下面又是笔锋一转："君莫舞！君不见玉环飞燕皆尘
土。"是对那些在官场上扬扬得意的小人说的。争妍也罢，
斗宠也罢，其实都不过是眼前的霎时光景。得意什么呢！你
们不看杨玉环和赵飞燕，她们当日受到君王的宠爱，声势
何其烜赫，如今又怎样？她们不是都已化成尘土了吗？话中
含意非常冷峻，也是十分尖刻的。

"闲愁最苦"——这是一句总括，把上文的种种，归结
为一个"苦"字。作者认为，这些事情不去想它也罢，因为这
种局势是很难改变的。

结拍更抒发了作者的满腔怨愤：

"休去倚危栏，斜阳正在、烟柳断肠处"——为什么不
要去倚那危栏(高楼上的栏杆)呢？因为一倚栏就会看到斜
阳正留恋在那"烟柳断肠"的地方。这话的意思是说，自己
实在不愿看那统治者一派醉生梦死的生活。

这个解释，相信会有人不同意。这里的关键在于"烟柳
断肠"四字当如何理解。"断肠"，一般的解释是因愁苦而肠
断，但正如"销魂"可以用于"黯然销魂者，唯别而已矣"。也
可以用于"销魂当此际，香囊暗解，罗带轻分"。义正相反。
"断肠"也有哀乐不同的二义。唐人刘希夷《公子行》诗："可
怜杨柳伤心树，可怜桃李断肠花。"从上下文看，句中的"伤
心""断肠"都和本意相反；杜甫《阆水歌》："阆州胜事可肠
断，阆州城南天下稀。"李商隐《柳》诗："曾逐东风拂舞筵，
乐游春苑断肠天。"韦庄《丙辰年鄜州遇寒食》诗："肠断入

城芳草路,淡红香白一群群。"以及卢仝《小妇吟》:"门边两相见,笑乐不可当。夫子于傍聊断肠。"都是把"断肠"作为欢乐的意思用。辛弃疾这里的"烟柳断肠处"也是说,那含烟带雾的杨柳,正是使人为之销魂荡魄的地方。同样作为欢乐的意思用的。然而,斜阳(太阳常常是比喻帝王的)偏偏就留恋在那个地方,那怎不令人丧气呢!(许昂霄《词综偶评》说:"斜阳,以喻君也。")这样的一个结尾,在皇帝看来,当然是大不敬的。所以罗大经《鹤林玉露》说:"闻寿皇(宋孝宗)见此词,颇不悦。"这位皇帝是看出此词内里的意思来的。南宋统治者留恋着江南的湖光山色,"直把杭州作汴州",大有安居下去的决心,对于收复北部河山,已经越来越不感兴趣了。而这正是生长在北方的辛弃疾最感到痛心的。

这首词贯串着一位英雄人物对国事的忧危和怨愤,却写得如此宛转深沉,使人为之低回感慨,所以一向都获得好评。清人陈廷焯说:"词意殊怨;然姿态飞动,极沉郁顿挫之致。"又说:"怨而怒矣;然沉郁顿宕,笔势飞舞,千古所无。"梁启超说:"回肠荡气,至于此极。前无古人,后无来者。"评价很高,也是中肯的。

青玉案 (元夕)

辛弃疾

东风夜放花千树,更吹落,星如雨。宝马雕车香满路,凤箫声动,玉壶光转,一夜鱼龙舞。　　蛾儿雪柳黄金缕,笑语盈盈暗香去。众里寻他千百度。蓦然①回首,那人却在,灯火阑珊②处。

　　这首词描绘了都市里的元宵景象,写了大街小巷的喧腾热闹,也写了作者看见的一位少女。其实,作者是在词里寄托了另外一层用意的。

①蓦(mò)然——猛然,突然。
②阑珊——衰落,零落。

　　宋代的大都市,特别是北宋汴京(今开封)和南宋临安(今杭州),由于城市经济的畸形发达,表面上显得一片繁荣。元宵节日,统治阶级趁机点缀升平,那热闹就更不要说了。满城张灯结彩,鼓乐喧天,车马交驰,到处人山人海。翻开《东京梦华录》等书,我们还能仿佛看到当年盛况之一二。词的上片,便是生动地描下了元宵的一幅景象。

　　"花千树""星如雨",指的都是花灯。是富豪之家为了争奇斗艳而精心制作出来的灯彩。有些像千万棵树上绽出来的瑰丽花朵,有些又像流星飘扬于夜空之中。《东京梦华录》说:"诸营班院……各以竹竿出灯球于半空,远近高低若飞星焉。"便是"星如雨"的注脚。

　　"宝马雕车香满路",写一句大摆排场出来看灯的富贵人家。又是车,又是马,所过之处,连街道也充满了香气。

　　再下去,用"凤箫声动,玉壶光转,一夜鱼龙舞"三句,把城中的热闹景象着重再勾勒一笔。元宵的灯色,自然以皇城最为烜赫。我们不妨看看周密在《武林旧事》中的描述:"灯之品极多……其后福州所进则纯用白玉,晃耀夺目,如清冰玉壶,爽彻心目。"这正是"玉壶光转"的注脚。

"禁中尝令作灯山，其高五丈……又于殿堂梁栋户间为涌壁，作诸色故事，龙凤噀水，蜿蜒如生。遂为诸灯之冠。"这又是"鱼龙舞"的注脚。"仙韶内人迭奏新曲，声闻人间。"则是"凤箫声动"的说明了。

封建统治者的豪华奢侈是惊人的，尽管已经晏安江左，过了长江便可以看到敌人戎马驰骤，依然不肯放过一个可以享乐的机会。作者这样来铺叙，并不是没有用意的。

《四库全书总目提要》对《武林旧事》评价时就曾指出："而湖山歌舞，靡丽纷华，著其盛，正著其所以衰。遗老故臣恻恻兴亡之隐，实曲寄于言外。"这首词上片作了如此浓重的描写，正是隐含贬义；同时也为下片的另一境界树起一个很强的对立面。

下片是耐人寻味的一幅彩绘。

人丛中忽然出现一位少女，头上戴着节日的装饰(闹蛾儿和雪柳，是元宵节日妇女戴在头上的饰物，什么样子现在已经弄不清楚。参看本册李清照《永遇乐》词释。词中这句是以饰物指代人，在修辞上叫借代。)和同伴笑着说着，轻盈地掠过他的身旁，空气中隐约飘过来一阵香味。可是转眼之间，她便消失在人丛之中了。他把她找了很久。起初，以为她一定和大伙一起凑着热闹，不想后来猛地回头，才发现她悄然站在灯火零落、游人稀疏的所在……

这可能是作者给自己制造的一个幻景罢了；虽然也不排斥他偶然碰见如此的一幕。这点不关重要，因为词中的这位少女，已经成为作者的一种感情的化身，她本身并不是以独立的资格出现的。

事情很明白。那时南宋朝廷主张对外屈辱投降的一派得势，而坚持抗战的一派是失意的。前一派人，忙的是歌舞湖山,怕的是"和盟"破坏,千方百计要排斥后一派人。这不能不引起作者的愤慨。因此他在词中铺张了元宵的繁华之后,忽然转过笔头,特意塑造了一个异于那群醉生梦死之徒的少女形象。这姑娘是美丽的,又是高洁的。正如屈原以美人香草作为寄托一样,作者也把微意寄托在人物身上。姑娘的影子正是作者本人。

《西游记》里的孙悟空善于运用元神出窍的手段,让自己的元神从高处向下俯视着自己,于是形象显得分外清楚。这里作者也是在俯视自己。"笑语盈盈暗香去",自己的灵魂是美丽的。"却在灯火阑珊处",是不愿同那些醉生梦死之徒胡混着过日子的。这一含义,只因运用了"离魂"的技巧,便显得形象生动,给人以很大的寻味的余地了。

沁园春(灵山齐庵赋,时筑偃湖未成)

辛弃疾

叠嶂西驰,万马回旋,众山欲东。正惊湍直下,跳珠倒溅;小桥流水,缺月初弓。老合投闲,天教多事,检校①长身十万松。吾庐小,在龙蛇影②外,风雨声中。 争先见面重重,看爽气朝来三数峰。似谢家子弟,衣冠磊落③;相如庭户,车骑雍容④。我觉其间,雄深雅健⑤,

如对文章太史公。新堤路,问偃湖何日,烟水濛濛?

诗人往往是喜欢驰骋想象的。

但是驰骋想象,首先得有艺术修养。没有绘画的艺术修养(或鉴赏能力),没有音乐的艺术修养(或鉴赏能力)的人,很难在符合艺术规律的范围内去驰骋想象,因为找不到一个立脚点。在诗词中驰骋想象也一样,没有文艺的修养,单凭胡思乱想,写不出好作品来,也很难说得上真正能欣赏别人的作品。

在文艺作品中驰骋想象,要受到艺术规律的制约,而艺术规律只有从艺术修养中得到。

①检校——查察。隋炀帝《遣使巡省方俗诏》:"虽有侍养之名,曾无赒赡之实,明加检校,使得存养。"词中有察看、管理之意。

②龙蛇影——松树的枝干曲折蜿蜒有如龙蛇。苏轼《戏作种松诗》:"我昔少年日,种松满东岗……不见十余年,想作龙蛇长。"

③磊落——神态俊伟。句指衣冠整洁使神态更为俊伟。

④雍容——态度从容不迫。《史记·司马相如传》:"相如之临邛,从车骑雍容闲雅甚都。"

⑤雄深雅健——《新唐书·柳宗元传》:"(宗元)其才实高,名盖一时。韩愈评其文曰:雄深雅健,似司马子长。"司马迁,字子长。

这种修养又不是从天上掉下来的,只能多读多看,多接触社会生活。

我们细读辛弃疾这首词,便可以看出他如何驰骋想象,以及捕捉形象的本领。

辛弃疾四十二岁以后,曾罢职闲居十年之久,其间曾卜居于江西上饶县,所居附近有带湖之胜;到五十六岁时,又再罢官归来,另在铅山县期思市建筑新居,铅山东面便是上饶,境内灵山是一座大山,"高千有余丈,绵亘百余里"(《广信府志》)。辛弃疾在齐庵地方建了一座草堂。此词正是描写灵山齐庵一带风光。

这一带地方最惹人注目的是山。因此作者便从描摹眼前那一列山峦着手。

开头三句,写的是群山的气势和它们的动态:远处那一带峰峦,一层叠一层,一山接一山,你挤我拥,从东向西奔驰而来。仿佛是集中了一万匹骏马,飞腾着,追逐着,连绵不断,气势惊人。它们奔驰到离诗人眼前不远之处,却猛地兜转了身,扭头伸颈,朝向东方,那姿态是要转回原路去了。

于是在齐庵面前,便呈现了群山飞腾回旋的壮观。

这样来写灵山那簇拥着的峰峦的态势,真可说是笔墨淋漓,形象生动,气势不凡。

山本来不会走动,如今偏说它在"奔驰",而且是向西奔驰,这是作者把群山想象为群马。作者曾带领过马队作战,那战马奔腾的形象,平日已十分熟悉,如今看那群山的气势,很像自己久已印在心中目下的马群,于是自然地写出"叠嶂西驰,万马回旋"两句生动的比拟来。这样下笔便显得落想不凡,笔墨飞舞。

下面画面一转。作者从近景落笔,细致地写出齐庵四面的美好景色:

"正惊湍直下,跳珠倒溅"——这是从山上下来的一道湍急的瀑布,白练一匹,水花万点。

"小桥横截,缺月初弓"——这是横跨在溪流上像一弯新月的板桥。

"老合投闲,天教多事"——转一笔,抒发感情:大抵人已经老了吧!人老了就应该投闲置散了吧——这里明显看出有点发牢骚;可是老天爷却不肯让自己闲下来。

"检校长身十万松"——老天爷给自己干些什么呢?是

管理那些伸着长长的腰杆的松树。那数量居然还有十万之多。回想自己从前行军打仗，不是曾带领过十万"貔貅"吗？如今不过把"貔貅"变成十万松树罢了。

句中用"检校"二字，又确是当过官的人的本色。"检校"原来是考核的意思。晋置检校御史，是监察御史的前身；唐、宋均有检校官，是属于加衔的。如今作者说：我检校的只有松树，言外之意，不甘心于投闲置散，用意很明显。

"吾庐小"三句，以小景反衬大景。我住的房子固然很小，可是四面都长满松树，松树的枝干映着日光，投下了无数如龙似蛇蜿蜒游动的影子；松涛发出宛如狂风骤雨的声音，这些声音简直要把草堂重重包围起来。

这样，一座小房子就不觉其小，反而是很有气势了。这也显出作者处处不脱其英雄本色。

上片是先写远景大景，次写中景近景，然后拉到自己周围。层次分明，形象丰满。

转入下片，作者就集中笔墨，着力去写那最精彩的"三数峰"。

这几座山峰对这位诗人似乎特别亲热。每天早上，当晨雾逐步消失的时候，它们就都带着清爽的气息争着同诗人见面。

它们的风度也是不同凡响的。

有时候，诗人觉得这几座峰峦正像晋朝谢安的子弟（也许其中既有谢玄，也有谢石，他们曾经在淝水之战中打败苻坚的几十万大军），风度翩翩，衣冠楚楚，神情磊落，和那些庸俗的贵家子弟硬是不同。

有时候，它们却又像汉朝著名文学家司马相如的随从，不论是控着马拿着鞭，还是守立在车子上，都显得那么从容不迫，温文尔雅。

可是诗人认为这还不够确切。他把想象力伸展得很远很远：

这几座山峰，仔细品评，它们既是雄浑的，又是深秀的；既有文雅的风度，又呈现刚强的气势。这样的峰峦啊，简直就是汉朝的太史公司马迁写的文章，它能使人百读不厌，这些峰峦同样也使人欣赏不厌。

这真是对山的高度赞美。我们如果读过宋人王十朋写的《诗史堂荔枝歌》，准会对于他拿杜甫的诗歌比喻荔枝的风味感到惊奇。诗是这样的：

少陵伤时泪成血，一点丹心不磨灭。散成朱实满炎方，风味如诗两奇绝。

但这还是因成都的杜甫草堂种了荔枝，由此获得触发；而宋人方岳的《食荔枝》诗就凭空而来了：

风枝露叶走筠笼，玉润冰寒斅绛红。自往胸中评史记，久闻格调略相同。

居然以荔枝比拟司马迁的《史记》，不知道他是不是从辛弃疾这首词学过来的。如果荔枝是有智力的，它也会感到惊奇的吧！

在高度赞美灵山齐庵的山容之后，诗人觉得美中还有不足之处，那便是山多而水少。他希望在这里有一个湖泊。他已经在山下修筑了一道新堤了，可是打算开凿的偃湖还没有完成。他最后就以提问作为结束："新堤路，问偃湖何日，烟水濛濛？"

用力写了群山之后，回过头来，捎带一笔湖水，可说是照顾周到了。不过，也可以由此悟出行文的一种手法，就是有主有宾。山是主，水是宾；山写得着重，水只是略带一笔；山写得实在，水写得空灵；写山富于想象，写水不作想象。这些都是所谓文章的"一虚一实"，读者是不可不注意的。

鹧鸪天

辛弃疾

有客慨然谈功名，因追念少年时事，戏作。

壮岁旌旗拥万夫，锦襜①突骑渡江初。燕兵②夜娖银胡䩮，汉箭朝飞金仆姑③。追往事，叹今吾。春风不染白髭须。都将万字平戎策，换得东家种树书④。

这是辛弃疾晚年的作品，那时他正在家中闲居。

一个老英雄，由于朝廷对外坚持投降政策，只落得投闲置散，避世隐居，心情的矛盾苦闷当然可以想见。忽然有人在他跟前慷慨激昂地大谈功名事业，这位老英雄禁不住又慨叹又有点好笑了。想起自己当年何尝不是如此满腔热血，以为天下事情容易得很，哪里知道并非如此呢！

此词上片忆旧，下片感今。上片追摹青年时代一段得意的经历，激昂发越，声情并

①锦襜（chān 搀）锦织的襜褕。襜褕，短衣，武人所服。
②燕兵——此指北方的金兵。
③金仆姑——箭名。《左传·庄十一年》："公以金仆姑射南宫长万。"
④种树书——《史记·秦始皇本纪》："所不去者，医药卜筮种树之书。"

茂。下片转把如今废置闲居、髀肉复生的情状委曲传出。前后对照，感慨淋漓，而作者关注民族命运，不因衰老之年而有所减损，这种精神也渗透在字里行间。

辛弃疾二十二岁时，投入山东忠义军耿京幕下任掌书记。那是宋高宗绍兴三十一年(1161)。这一年金主完颜亮大举南侵，宋金两军战于江淮之间。明年春，辛弃疾奉表归宋，目的是使忠义军与南宋政府取得正式联系。不料他完成任务北还时，在海州就听说叛徒张安国已暗杀了耿京，投降金人。辛弃疾立即带了五十余骑，连夜奔袭金营，突入敌人营中，擒了张安国，日夜兼程南奔，将张安国押送到行在所，明正国法。这一英勇果敢的行动，震惊了敌人，大大鼓舞了南方士气。

上片追述的就是这一件事。"壮岁"句说他在耿京幕下任职(他自己开头也组织了一支游击队伍，手下有两千人)。

"锦襜突骑"，也就是锦衣快马，属于侠士的打扮。"渡江初"，指擒了张安国渡江南下。

然后用色彩浓烈的笔墨描写擒拿叛徒的经过：

"汉箭朝飞金仆姑"，自然是指远途奔袭敌人。大抵在这次奔袭之中，弓箭("金仆姑"是古代有名的箭，见《左传》)曾发挥过有力的作用，所以才拿它进行艺术概括。

至于"夜娖银胡䩮"，却要费一些考证。

胡䩮是装箭的箭筒。古代箭筒多用革制，它除了装箭之外，还另有一种用途，夜间可以探测远处的音响。唐人杜佑《通典》卷一五二《守拒法》说："令人枕空胡禄卧，有人马行三十里外，东西南北皆响见于胡禄中。名曰地听，则先防备。"宋人《武经备要前集》卷六说法相同："犹虑探听之不远，故又选耳聪少睡者，令卧地枕空胡鹿——必以野猪皮为之——凡人马行在三十里外,东西南北皆响闻其中。"胡禄、胡鹿、胡騄,写法不同,音义则一。"婼"(chuò绰):《说文》:"谨也"。是小心翼翼的意思。这里作动词用,可以释为戒备着。"燕兵"自然指金兵。燕本是战国七雄之一,据有今河北北部、辽宁西部一带地方。五代时属契丹,北宋时属辽,沦入异族已久。所以决不是指宋兵。由于辛弃疾远道奔袭,擒了叛徒,给金人以重大打击,金兵不得不加强探听,小心戒备(这两句若释为:"尽管敌人戒备森严,弃疾等仍能突袭成功。"也未尝不可)。"夜婼银胡騄"便是这个意思。

这是一段得意的回忆。作者只用四句话,就把一个少年英雄的形象生动地描绘出来。

下片却是眼前情况,对比强烈。"春风不染白髭须",人已经老了。但问题不在于老,而在于"都将万字平戎策,换得东家种树书"。本来,自己有一套抗战计划,不止一次向朝廷提出过(现在他的文集中还存有《美芹十论》《九议》等,都是这一类建议,也就是所谓"平戎策")却没有得到重视。如今连自己都受到朝廷中某些人物的排挤,平戎策换来了种树的书(暗指自己废置家居)。少年时候那种抱负,只落得一场可笑可叹的结果了。

由于它是紧紧糅和着对民族命运的关怀而写的,因此就与只是个人的叹老嗟卑不同。正如陆游所说的:"报国欲死无战场",是爱国者共同的悲慨。

贺新郎 (别茂嘉十二弟)

辛弃疾

绿树听鹈鴂，更那堪、鹧鸪声住，杜鹃声切？啼到春归无寻处，苦恨芳菲都歇。算未抵人间离别。马上琵琶关塞黑，更长门翠辇辞金阙。看燕燕，送归妾。　　将军百战身名裂，向河梁、回头万里，故人长绝。易水萧萧西风冷，满座衣冠似雪，正壮士悲歌未彻：啼鸟还知如许恨，料不啼清泪长啼血。谁共我，醉明月？

这是辛弃疾很著名的一首词，但前人对它的评价颇有不同。王国维在《人间词话》说："稼轩《贺新郎》(送茂嘉十二弟)，章法绝妙，且语语有境界，此能品而几于神者。然非有意为之，故后人不能学也。"清人刘体仁却说："稼轩词：'杯，汝来前'《毛颖传》也；'谁共我，醉明月'，《恨赋》也。皆非倚声本色。"(见《七颂堂词绎》)他以为辛词的前一首不过仿效韩愈的《毛颖传》，后一首又无非仿效江淹的《恨赋》，写词是不应如此的。这话反映了他的偏见。不知辛弃疾正是有意去打破这种所谓"本色"，在词坛中进行大胆的尝试和创新。若以《花间》《尊前》的风格去限制辛弃疾，适足为辛氏所笑而已。

这首《贺新郎》的写法确是前辈词人所未有的。词中罗列许多离别的故事,彼此之间似乎没有必然的联系,而且同茂嘉十二弟更无关涉,手法确是特殊。应该怎样理解它的艺术特色呢?

前人评释虽多,我以为还是刘永济《读辛稼轩送茂嘉十二弟之〈贺新郎〉词书后》解释基本中肯,虽然还有可以补充的地方。

刘氏认为,这首《贺新郎》的写法来源于唐人的"赋得体"。唐诗中有"赋得"某某的一种格式,赠别诗中也常用到这种格式。如韦应物《赋得暮雨送李胄》云:"楚江微雨里,建业暮钟时。漠漠帆来重,冥冥鸟去迟。海门深不见,浦树远含滋。相送情无限,沾襟比散丝。"高适《赋得征马嘶送刘评事充朔方判官》云:"征马向边州,萧萧嘶不休。思深应带别,声断为兼秋。歧路风将远,关山月共愁。赠君从此去,何日大刀头?"韦诗有六句赋雨,高诗中四句征马与送友两面夹写,都是到结句才表出赠别之意。稼轩此词也是到结句才点出送行之意。又李商隐《泪》诗云:"永巷长年怨绮罗,离情终日思风波。湘江竹上痕无限,岘首碑前洒几多?人去紫台秋入塞,兵残楚帐夜闻歌。朝来灞水桥边问,未抵青袍送玉珂。"诗题只是一个"泪"字,其实也是赋得泪来送别。诗里列举古人挥泪的六件事,每句一事,彼此并无联系,到结末两句才表出送别之意,打破前人律诗起承转合的成规。稼轩这首词列举几件别恨,也打破前后两阕的成规,彼此是很相似的。又,李诗用"未抵"二字来承上作结,辛词用"未抵"二字承上"啼鸟",并起下别恨;李诗典故在前,辛词典故在后,这又是有继承又有变化的。

以上是刘氏该文的节略详见邓广铭《稼轩词编年笺注》卷四附录。

这可以说是找出了辛词这种写法的来历和继承关系了。在辛弃疾的词集里，这种手法还不止一首。例如也是《贺新郎》(凤尾龙香拨)，题曰"听琵琶"，也用"赋得体"，所以梁启超说它"琵琶故事，网罗胪列，乱杂无章，殆如一团野草。"(见《艺蘅馆词选》)但是刘氏举出李商隐《泪》诗，认为是赋得泪来送别，却是可以商榷的。《泪》诗是赋得泪，却没有送别之意。"朝来灞水桥边问"两句，是说最让人伤心掉泪的，无过于穿青袍的下级僚吏去灞桥给那些高官显宦送行了！这一群如此卑躬屈节，那一个如此气焰熏天，看了简直使人为之痛哭呵！这是作者对自己沉沦于下僚、有才难展的深沉慨叹，而不是真正去送某上司时掉下眼泪来。这是想补充的一点。

辛弃疾以一个爱国者的身份，从沦陷了的北方(他是山东济南人)建节南归。他少年时代在沦陷区生活，耳闻目睹了在敌人铁蹄下出现的许多惨痛事实：不知多少人在这场民族大灾难中或是生离，或是死别；也不知多少人痛苦到泪尽继之以血。如今，不过是兄弟之间的暂时分手，算得上怎么回事呢？

这是本词历述许多历史上的诀别，而对茂嘉十二弟之别，仅仅捎带一笔的原因。

作者一开头用三种鸟的啼叫为下文先作铺垫。一种鸟是鹈鴂，即伯劳①，一种鸟是鹧鸪，一种鸟是杜鹃。古人讨厌伯劳的鸣叫。《渊鉴类函》引《梦书》说："伯劳为忧口舌，声可恶也。"鹧鸪的啼声，俗说像是"行不得也

① 鹈鴂 (tíjué) 一般都认为就是杜鹃。作者在自注中说"鹈鴂、杜鹃实两种。见《离骚补注》。"查洪兴祖《离骚补注》引《尔雅》，认为鹈鴂就是鴂 (jué)，又叫伯赵。伯赵就是伯劳，同杜鹃自然不一样。

哥哥"。杜鹃相传是啼至口中出血的鸟,声音就像"不如归去"。这三种鸟儿不停地啼叫,此伏彼起,使人听了心里发愁,所以句中有"更那堪"的话。

这些鸟儿直啼唤到春天归去了,它们还要啼叫什么呢?它们都在痛惜百花的凋残吧?

鸟儿们只知道痛惜百花凋零,却不知人世间的离别是更加使人痛苦的。"算未抵人间离别",一句兜转过来,下面便把人间的恨事,逐一罗列。

我们且看这位满腔悲愤的词人是怎样列举人间的别恨的:

"马上琵琶关塞黑"——汉代王昭君远嫁匈奴,想象她离乡背井,远赴荒漠,在马上弹琵琶时的心情,该是如何凄苦!

"更长门翠辇辞金阙"——汉武帝的陈皇后失宠以后,退居长门宫,她从尊贵的地位跌落下来,离开了紫阙金殿,那景况真是凄凉。

"看燕燕,送归妾"——春秋时代,卫庄公的妾戴妫养了一个儿子,名叫完,卫庄公把完当做自己的儿子。庄公死后,完继立为君,却被臣下州吁杀死。戴妫被追回娘家去。庄姜亲自给她送行,两人临别痛哭,至今流传下一首《燕燕》诗。这是又一种痛苦的离别。

至此,上片完了,但作者的文意未完,笔势并没有为此停住。

"将军百战身名裂……"——汉将军李陵苦战兵败,投降匈奴;后来留在北方的苏武南还了,李陵为他饯行,在河桥分手的时候,对苏武说:"异域之人,一别长绝。"这是陷身异域的朋友的生死诀别。

"易水萧萧西风冷……"——战国时,荆轲受燕太子丹的委托,入秦行刺秦王。在易水边上,朋友们白衣冠送行,荆轲唱着壮别的歌:"风萧萧兮易水寒,壮士一去兮不复还。"这是另一场"一去不还"的悲壮的离别。

作者一一叙述了五种不同人物、不同情况的离别,认为都是人间最悲惨的。他们或是长辞自己的国家,或是失去了尊贵的位置,或是由于死去最亲近的人,或是沦落在异国,有些人则是为了慷慨赴义。历史上这些痛苦的离别,长久地震撼着人心,也咬啮着人心。

不料历史上这许多惨别,在一个极短时间内全降临到汉民族的头上了!自从靖康年间女真族人南侵以来,历史上的惨剧重新一幕幕又在重演。

看吧!汴京沦陷,徽、钦二帝当了俘虏,数以千计的妃嫔宫娥全部被金人掳掠北去,从此流落异国。这不比"马上琵琶关塞黑"的旧事更加悲惨百倍么!

皇帝被囚禁了,皇后也成为阶下之囚,许多龙子龙孙一个个从宝座上跌落下来,沦为敌人的奴隶。对比起来,陈皇后仅仅贬入长门宫,还算是幸运的呵!

中原沦陷,多少人骨肉流离,家破人亡。像卫庄姜和戴妫的悲惨故事,到处都在重演。

中原沦陷,许多文武官员流落异国,或在沦陷地区过着屈辱的生活,他们也和李陵、苏武一样,或则是"百战身名裂",或则是"故人长绝"。

中原沦陷,不甘于亡国的仁人义士,弃家别友,深入敌人占领区开展武装斗争(当年山东、河北许多忠义军人马就都是这样的),比之荆轲入秦,情景更为壮烈。他们慷慨与亲友分手,分明又是一阕"易水哀歌"。

唉！这种种悲惨的离别，在旦夕之间到处涌现，大量重演，假如啼鸟还真个懂得人间恨事的话，它们将不是啼出眼泪而是啼出鲜血来了。细看这两句，我们就更加知道作者指的是当前的现实，而不是追忆历史。

如今茂嘉弟走了，他走后，有谁陪我在明月之下，喝酒谈心，议论这许多人世间的恨事呢——作者没有在这上面多费笔墨，那理由，前面已经说过了。

在这首词中，作者是借着一个题目，来抒发家国兴亡之感。由于南宋小朝廷以偏安求和为上策，对于从皇族到小民所受的无数屈辱，或则淡忘，或则故意掩饰，大江以南，早是一片升平气象。然而，辛弃疾偏偏没有忘记，还再三在他的作品中提出来。这也许正是他受到南宋小朝廷的当国者切齿痛恨的原因吧！

水龙吟

辛弃疾

爱李延年歌、淳于髡语，合为词，庶几《高唐》《神女》《洛神赋》之意云。

昔时曾有佳人，翩然绝世而独立。未论一顾倾城，再顾又倾人国。宁不知其、倾城倾国，佳人难得①。看行云行雨②，朝朝暮暮，阳台下，襄王侧。　　堂上更阑烛灭,记主人、留髡送客③。合尊促坐,罗襦襟解,微闻芗泽。当此之时,止乎礼义,不淫其色④。但啜其泣矣,啜其泣矣,又何嗟及⑤!

宋人填词,不怕照抄唐代诗人的句子,也没有人指摘这是"偷古人句",可以说是"立法甚宽"。所以贺铸写《行路难》(小梅花)时,照抄李白、李益、李贺、韩综的诗句,组织成篇,不仅毫不脸红,而且居然还说"吾笔端驱使李商隐、温庭筠,常奔命不暇"。周邦彦善于运化唐诗,陈振孙于是称赞他"多用唐人诗语,隐栝入律,浑然天成。"沈义父也说周邦彦"下字运意,皆有法度,往往自唐宋诸贤诗句中来。"抄袭不算坏事,甚至还是一种本领。其他文体似乎还享受不到如此破格的宽容哩!

当时人的看法既是如此,到了辛弃疾手里,索性就大做起来。"稼轩词别开天地,横绝古今,《论》《孟》《诗小序》《左氏春秋》《南华》《离骚》《史》《汉》《世说》《选》学、李、杜诗,拉杂运用,弥见其笔力之峭。"(吴衡照《莲子居词话》)他不仅在词里大量运用这些古代的散文、诗、赋,并且运用得十分灵活,富于变化,使

①昔时曾有佳人——《汉书·外戚传》:"李延年性知音,善歌舞。武帝爱之。尝侍上,起舞而歌曰:北方有佳人,绝世而独立。一顾倾人城,再顾倾人国。宁不知倾城与倾国,佳人难再得。"
②行云行雨——宋玉《高唐赋》:"昔者先王尝游高唐,怠而昼寝,梦见一妇人曰:妾巫山之女也,为高唐之客。闻君游高唐,愿荐枕席。王因幸之。去而辞曰:妾在巫山之阳,高丘之岨,旦为朝云,暮为行雨,朝朝暮暮,阳台之下。"
③留髡送客——《史记·滑稽列传》:"淳于髡者,齐之赘婿也,滑稽多辩。数使诸侯,未尝屈辱……威王大悦,置酒后官,召髡,赐之酒,问曰:先生能饮几何而醉?对曰:臣饮一斗亦醉,一石亦醉……日暮酒阑,合尊促坐,男女同席,履舄交错,杯盘狼藉,堂上烛灭,主人留髡而送客,罗襦襟解,微闻芗(xiāng)泽。当此之时,髡心最欢,能饮一石。"

之具有新的生命。他最突出的一点是能够做到使古人为我所用，而不是抄袭拼凑。我们从这首《水龙吟》中，便分明看出这一特色。

这首词，没有一句话是辛氏自己的创作，真可以说是另一种形式的"集句"（见注文）。

④止乎礼义——《毛诗·关雎传序》："故变风发乎情，止乎礼义……忧在进贤，不淫其色。"
⑤啜其泣矣——《诗·王风·中谷》："中谷有蓷，暵其湿矣。有女仳离，啜其泣矣。啜其泣矣，何嗟及矣！"

竟然都是古人的话！我们真有点替作者担心：从前有些家无长物的穷汉，有时为了撑撑门面，东家借一件长袍，西家借一顶帽子，南家借靴，北家借裤，把自己打扮一番。可是这样拼凑起来的一个人，会像什么样子呢？怕会成为谁也不认识的"四不像"吧！

其实问题不在于借与不借。假如借贷者不是家无长物的穷汉，而是"长袖善舞"的大贾，情况就不同了。东西虽然都是借来的，却没有使他穿戴起来局促不安、举止失措；相反，他的精神面貌同样会显得活泼而鲜明。可见关键不在于是否"借"。

我们说，辛弃疾也是有这种本领的。但这个结论自然需要进一步加以说明。

辛弃疾这首词是有所寄寓的。

事情须从当时的政治情势说起。

南宋小朝廷偏安江南，而北方广大地区人民却呻吟于异族的铁蹄之下。是积极进行收复中原的工作，还是苟且偷安，对敌屈服妥协？正是摆在南宋君臣面前的第一主题。在这个主题面前，划分出两派人物：抗战派和主和派。朝廷上，所谓"最高一人"的高宗赵构，我们都知道是个什么货色，无须多作介绍；便是第二任的孝宗赵昚，似乎在和战之间左右摇摆，举棋不定，实际上还是认为偏安一隅是更为稳当的。所以主张北伐的名将张浚，一旦在符离之役受到挫折，马上就被斥出政府；此后的四十多年，直到韩侂胄北伐之前，皇帝换了两个，可就不曾有过较大的一次军事行动。

不幸辛弃疾一生最重要的活动时期，恰好介于符离之战和韩侂胄北伐这四十多年间，也正是主和派得意扬扬、官僚们歌舞湖山的时候。一方面的人得势了，当然就排斥另一方，所以主张北伐收复失地的人，即使不致遭受贬逐，也是被摒于无所作为之地。辛弃疾本人就是一个好例。他在南归四十多年中，就有二十年被迫赋闲家居；朝廷即使授予官职，也是东迁西调，使他难以有所建树。朝廷上两派人物，受着两种截然不同的待遇，当时谁也看得清清楚楚。

这首《水龙吟》便是运用讽寓的手法，来刻画这两种人物所受的不同待遇。

上片的那个"佳人"，是君王所宠幸的。为什么要宠爱她呢？因为她"绝世独立"，换句话说，是敢于犯天下的大不韪，力主对敌屈辱投降。这个"佳人"，大家都知道她能够"倾人之城，倾人之国"，也就是可以导致亡国覆家的地步，可是君王却全不计较这个，反而认为她是"难得"的人物，对她宠眷不衰。

试看这位"佳人"所受的宠遇吧。她就像宋玉笔下那个巫山神女，"朝为行云，暮为行雨，朝朝暮暮，阳台之下"。一直留在君王的身边，受到无比的信任。

这样的一大段描写，当然不是为了复述汉武帝和李夫人的故事，也不是重复宋玉的《高唐赋》（那是绝无意义，也无必要的），它的矛头所指，乃是以秦桧为代表的那一派人物。这一派人物因为投合了君王的心意，自然就大受宠幸，尽管他们的所作所为足以"倾城倾国"(以后的历史已经证实了这一点),君王也毫不在乎。

转入下片,却又出现了另一种人。辛弃疾用淳于髡来做代表。

淳于髡是个什么人呢?《史记》把他安插在《滑稽列传》中。其实他是个很有本领的人。他"滑稽多辩,数使诸侯,未尝屈辱"。齐威王"好为淫乐长夜之饮,沈湎不治,委政卿大夫,百官荒乱,诸侯并侵,国且危亡,在于旦暮",他敢于犯颜进谏。楚国发兵攻齐,他奉命出使赵国请求救兵,迫使楚军半夜退走。

据《史记》记载,淳于髡计退楚军之后,齐威王大悦,"置酒后宫,召髡赐之酒",于是淳于髡乘机进谏,劝威王停止"长夜之饮",而威王果然接受了。但是辛弃疾引用这个故事,并不是原样照搬,而是另有深意。

这是南宋朝廷上另一种人物,他们是有本领的,可是君王并不需要这种本领,只是在"长夜之饮"的时候,邀他也来参加一份,到"更阑烛灭"之时,还特地把他留下;为了拉他同流合污,甚至让他"合尊促坐,罗襦襟解,微闻芗泽"。不料只因他"止乎礼义,不淫其色",也就是坚持自己的主张,不肯在政治上与前者同流合污,其结果,便落了个"嚅其泣矣,嚅其泣矣"的下场。

这样解释这首作品,决不是任意附会的。

王炎就是其中一个例子。宋孝宗乾道五年,参知政事王炎出任四川宣抚使。他是主张从川北、陕南出兵,首先收复关中,然后以关中为根据地,进一步进取中原。乾道七年七月,孝宗忽然对他表示十分信任,拜为枢密使仍兼四川宣抚使。枢密使是掌管军事的宰相。这个任命,颇使人出于意外,连宰相虞允文也感到困惑不解。不料正如大诗人陆游所慨叹的:"不如意事常千万,空想先锋宿渭桥。"乾道八年九月,正当王炎在陕南积极筹备军事行动的时候,孝宗突然来个一百八十度的转变,把王炎的四川宣抚使撤销,调回临安枢密院。于是前线军事行动随之瓦解。过了五个月,王炎连枢密使的官也丢了。这件怪事,不是很像词里说的,忽而"留髡送客",忽又"啜其泣矣"那种情状吗?

到了淳熙五年,王炎逝世。消息传到辛弃疾耳里。据辛弃疾说:"坐客终夕为兴门户之叹。"(见《水调歌头》"我饮不须劝"词序)什么叫"门户"? 用现代语说,就是派系。他们以为王炎的失败,是由于派系斗争的失败,其实在派系斗争后面还存在着一个更重要的背景,那就是孝宗的倾向。

现在我们可以看到了,辛弃疾虽然把别人的东西借过来,可是这些东西穿戴在他身上,却出现了异样光彩,仿佛退了色的衣服重新鲜艳起来, 发了黄的珠翠重新显出光泽。这决不是用什么"点铁成金"的比喻能够解释的。可以这样打个比喻;作者把这些旧的东西拿过来,注进了新的生命,给予了新的灵魂,让它在新的环境下表演一场现代剧。那些斑斓的古代衣冠,能使被嘲笑的统治者眼睛迷糊,而真正欣赏的人却能通过那些富于暗示力的动作,领会它那深刻的含义,并且为之击节称叹。

汉宫春(立春日)

辛弃疾

春已归来,看美人头上,袅袅春幡①。无端风雨,未肯收尽余寒。年时燕子②,料今宵梦到西园。浑未办、黄柑荐酒,更传青韭堆盘③? 却笑东风从此,便薰梅染柳,更没些闲。闲时又来镜里,转变朱颜。清愁不断,问何人会解连环④?生怕见花开花落,朝来塞雁先还。

这首词不知道作者是在哪一年写的。从内容看,情绪极为愤懑,用笔却深沉曲折。有些词选家也没有把它完全弄懂,以为作者是想到"五国城旧恨"和"党祸"。其实词中并没有牵涉如此之广。它从立春起兴,想到故都,想到自己平白浪费光阴,对统治集团的歌舞湖山投出强烈的冷嘲,是一篇讽刺作用很强的作品。

开头两句,点出立春。古代的风俗,立春那天,民间剪裁做人形或燕子形,戴在头上,这种东西叫做春幡,又叫幡胜。宋代皇帝还向百官赐金银幡胜,让他们戴着回家。后来虽然逃到杭州,旧例还是沿袭下来。作者说,一看到美人头上摇摆着的春幡,就知道春天已经回来了。

①春幡——《岁时风土记》:"立春之日,士大夫之家,剪彩为小幡,或悬于家人之头,或缀于花枝之下。"
②年时燕子——从前来过的燕子。
③黄柑、青韭——苏轼诗:"辛盘得青韭,腊酒是黄柑。"
④连环——《庄子·天下》:"连环可解也。"《战国策·齐策》:"秦昭王尝遣使者遗君王后玉连环,曰:齐多智,而解此环否?君王后以示群臣,群臣不知解。君王后引锥椎破之,谢秦使曰:谨以解矣。"

可是作者反挑了一笔："无端风雨，未肯收尽余寒。"不管满城怎样点缀春光，事实还是冷酷的。你们不看，"风雨"（隐隐指的是侵据北方的异族）依然威胁着人间么?轻轻一句，作者的微意就透露出来了。

下面，这层意思又推进一步：

"年时燕子，料今宵梦到西园"——从江南风物想到北方沦陷地区。"年时"是当年或前时。"西园"指的大抵是汴京西门外的金明池和琼林苑，那是从前游玩的好去处。自从汴京沦陷，它早已荒凉满目，旧时燕子，大抵只有做梦才能够看到那个地方了。"年时燕子"，也许便是作者自喻。因为他少年时是曾经到过沦陷后的汴京的。

在过去的日子里，每逢立春，汴京的人家照例喝黄柑酒，互送春盘(《四时宝鉴》："立春日，唐人作春饼生菜，号春盘。"可见是个古老风俗)；但如今黄柑酒固然无法备办，连春盘也说不上彼此馈送了。"更传"是疑问句，等于说岂能传。杜甫《春日梓州登楼》诗："战场今始定，移柳更能存!""更"一作"岂"，便是一例。这两句承接"西园"而来，是痛惜故都荒凉，同时也就反衬南宋临安的统治集团安于半壁河山，再也不去想念中原地区了。

下片，又再伸进一步。"却笑东风从此，便薰梅染柳，更没些闲。闲时又来镜里，转变朱颜。"表面上指春风，说它忙着把梅花、柳树都装扮起来。其实影射的还是那批人。是那批忙着观灯、赏梅、踏青、修禊、歌舞升平的朝中权贵。他们"更没些闲"，不过是"薰梅染柳"，尽情享乐；等到他们闲起来了，也没有别的作为，除掉让镜子里的朱颜逐日衰老之外。而且更为可悲的是，他们不但浪费了自己的年华，也误尽了有志者的青春!

这几句表面是调笑东风，实则笔锋四射，极富于暗示力。

于是作者十分感慨地说,面对着这种种情况,愁闷不断袭击着自己,就像是无端无绪、彼此紧扣着的连环,不知道从何开解。

最后,作者无限感触地说:花开了,花又落了,时光无情地消逝。自己过去以为很快可以驱逐金人,回到济南老家,想不到再三蹉跎,此愿不知何时实现。如今一春又到,眼见雁儿又一次先自己而北归,实在难过得很呵!

辛弃疾投奔南宋朝廷,本来不是为了捞取一官半职,更不是为了安享田园生活,如今却落得个留也不是,走也不行的局面,他的愤慨和苦闷实在是无法消解的。于是他又一次拿起他这支"投枪"。

刘 过

(1154—1206)，字改之，号龙洲道人，吉州太和人。
放荡江湖，卒。有《龙洲词》。

沁园春 (寄稼轩承旨①)

刘 过

斗酒彘肩②，风雨渡江，岂不快哉！被香
山居士③，约林和靖④，与坡仙老⑤，驾勒
吾回。坡谓"西湖，正如西子，浓抹淡妆
临照台⑥。"二公者，皆掉头不顾，只管传
杯。　　白云"天竺⑦去来。图画里峥嵘
楼阁开。爱纵横二涧，东西水绕；两峰南
北，高下云堆。"逋曰"不然，暗香浮动，
不若孤山先访梅。"须晴去，访稼轩⑧未
晚，且此徘徊！

这首词的来历是这样的：

嘉泰三年(1203)，作者在杭州，接到辛弃疾邀他到绍兴
见面的一封信，他因有事无法赴约，就填了这首词作为答
复。词是写得那样新颖奇特，辛读了十分高兴。据《挥史》的

作者岳珂说："辛得之,大喜,致馈数千百,竟邀之去,馆燕弥月。"可见辛弃疾对这位落拓而又豪纵的文人是十分赏识的。其原因是从文字交契发现对方的思想、气质同自己有相通之处,从而获得"同声相应,同气相求"之乐。

　　辛弃疾填词喜欢追求新颖的构思,也喜欢找寻新颖的形式。他绝不囿于前人已得的成就,或甘受旁人的清规戒律的束缚。他生平所作的尝试比任何一个词人都多。例如《水龙吟》(听兮清佩琼瑶些)之只押"些"字,《粉蝶儿》(昨日春如十三女儿学绣)之全用长句,《木兰花慢》(可怜今夜月)之用《天问》体,《踏莎行》(进退存亡)之全用四书五经,以及《鹊桥仙》之赠鹭鸶和《沁园春》的戒酒杯使勿近, 等等, 都可以看出辛氏有意打破陈规, 开辟词国广阔天地的志愿。这种思想解放的精神,在文艺领域中是十分可贵的。

　　刘过这首词,正是刻意仿效辛氏的创新。在这里,他比辛弃疾还要敢于冒犯古人,也就是更显得狂些。他公然把自己置于三个古代大诗人之间而不以为僭越。他有本领做到让人家读了以后不觉得他狂妄自大,因为在放纵中仍有分寸。词中把辛弃疾也拉进古人行列中去,又显示他善于处理作品主题,为对方留下地步。所以并非是一味叫嚣浮躁可比。

　　"斗酒"三句,先点出辛弃疾邀请他到绍兴,他的第一个反应是"岂不快哉!"因为得到大词人的赏识,可以谈诗论文,各抒抱负,何况他还携了一斗酒,一个猪前腿,趁着

①承旨——官名,辛弃疾六十八岁时进枢密都承旨。
②斗酒彘肩——《史记·项羽纪》记樊哙冲入鸿门军门中,见项王。项王曰:壮士,赐之卮酒。又赐之彘肩。彘肩是猪的前腿。《仪礼·少牢馈食礼》:"肩臂臑"注:"肩臂臑,肱骨也。"肱就是臂。
③香山居士——唐代诗人白居易。
④林和靖——北宋诗人林逋,隐居不仕。
⑤坡仙老——北宋诗人苏轼。
⑥照台——镜台。
⑦天竺——地名,在杭州市西湖之西飞来峰之南。
⑧稼轩——辛弃疾。

这股豪兴,在狂风大雨中渡过钱塘江。

景象是颇为豪壮的。

不料"事与愿违",正要上路的时候,曾经在杭州做过郡守的唐代大诗人白居易(号香山居士),约定了在西湖孤山隐居的宋诗人林逋(字和靖),还加上曾在杭州任知州的大诗人苏东坡(后人曾称他坡仙),一下子拉住了自己不放手。

于是,预算的"风雨渡江"就无法实现了。

这当然是不能赴辛弃疾邀约的一个借口。这个借口真够有力。谁能摆脱这样的三位诗人而兼"居停主人"的阻拦呢?

"驾勒"的驾,同绑架、架走的架一样;勒是勒令的意思。因此"驾勒"就是受到拘勒,身不由己。

拉出三位早已逝去的古人来,当然有点"白日见鬼"的味道。但因为他们既是著名的诗人,而又都在杭州生活过,更因为他们都曾写下有关西湖山水的诗,所以这"鬼"也"见"得有理。

下面就利用这三位诗人在西湖写下的诗句,融入词中,算是彼此的对话。

那是颇有风趣的。

他先引了苏东坡的诗。苏有《饮湖上初晴后雨》诗:"水光潋滟晴方好,山色空濛雨亦奇。欲把西湖比西子,淡妆浓抹总相宜。"此词的"坡谓西湖,正如西子,浓抹淡妆临照台。"便是从苏诗中化出。

可是刘过到底有自己的创造。下面说:"二公者,皆掉头不顾,只管传杯。"这二公是林逋和白居易。刘过以为林、白二公对苏轼的诗不感兴趣,所以"掉头不顾",也就是不予理会。

上片是辞尽而意不尽,因此下片并未转换意思,便一滚地说下去。

换头先提白居易。白居易诗有"楼殿参差倚夕阳"(《西湖晚归回望孤山寺》),"湖上春来似画图"(《春题湖上》)及"东涧水流西涧水,南山云起北山云"(《寄韬光禅师》)等句;又天竺山在灵隐山飞来峰之南,分上中下三竺,附近有三座天竺寺,是杭州胜处之一。作者把白居易的诗句,凑成一段话,强调天竺山的美景;随即又引林逋的话来反驳,写得像煞有其事。

林逋是北宋钱塘人,隐居西湖孤山,写过不少梅花诗,其中一首说:"众芳摇落独暄妍,占尽风情向小园。疏影横斜水清浅,暗香浮动月黄昏。霜禽欲下先偷眼,粉蝶如知合断魂。幸有微吟可相狎,不须檀板共金尊。"这又是现成的材料。

把上面这些现成材料加以剪裁,为我所用,既不失古人的风貌,又容易组成一个崭新的画面,这自是聪明的做法。

最后那三句:"须晴去,访稼轩未晚,且此徘徊",到底是归谁说的话?有人以为是林逋说的,也有人不以为然。照我看来,可以不必确定是一个人说的。开头既是白、林、苏三位"驾勒"他,最后也是这三位挽留他,作为三位的一致意见,甚至也是刘过自己的意见,我以为都未尝不可。

把自己插身在古人之中,更把辛弃疾也放到里面,让古人和今人打成一片,构成了一种前人未有的新的"会合",以此来撩动在古人的圈子里寻求知音的辛稼轩,自然"搔着痒处"。难怪辛氏"得之大喜"了。

　　但这毕竟是可一不可再的玩意。

　　文艺上有一类"彗星式"的作品，只许出现一次。它出现时，使人因其新奇而惊异，但以后就不会再来了(这个比喻是把周期彗星排除在外的)。换句话说，有些作品因其手法新颖，构思独特，在历史上只能成为孤例而不可效法的。俄国小说《杜勃洛摩夫》的主人公，一开头就躺在床上，小说写了三分之一，他还没有起床。这种手法别人是不许仿效的。同样，唐人小说《南柯太守传》写淳于梦梦入蚁穴，做了驸马，尊荣富贵数十年。假如再有人写梦入鼠穴或蜂巢，只能使仿效者成为蠢材而已。刘过这首词也属于"彗星式"的，在它面前仿佛树起了"禁止复制"的碑示，谁如果不识时务，也去照搬，其结果一定像岳珂对刘过开玩笑时说的："恨无术疗君白日见鬼症耳。"

史达祖

字邦卿，号梅溪，开封人。有《梅溪词》。

三姝媚

史达祖

烟光摇缥瓦①，望晴檐多风，柳花如洒。锦瑟横床，想泪痕尘影②，凤弦常下。倦出犀帷③，频梦见王孙④骄马，讳道相思，偷理绡裙，自惊腰衩。　惘怅南楼遥夜⑤，记翠箔张灯，枕肩歌罢。又入铜驼⑥，遍旧家门巷，首询声价⑦。可惜东风，将恨与闲花俱谢。记取崔徽⑧模样，归来暗写。

南宋晚期词人史达祖，是一位值得注意的作家。他的《绮罗香》(咏春雨)和《双双燕》(咏燕)，早已脍炙人口。在两宋的咏物词中，能够写得这样形神兼备的，实不多见。其实史达祖不只以咏物见长，他的抒情之作，也是写得妥帖细腻，情词兼胜。清人戈载曾经说过："予尝谓梅溪(史达祖)乃清真(周邦彦)之附庸。若仿张为作《词家主客图》，周为主，史为客,未始非定论也。"这是颇有眼光的话.我们试看史达祖这首《三姝媚》,就可以看出他在章法的运用上,完全是汲取了周邦彦的特长;而文字的色泽,寄意的婉媚,同周邦彦的某些作品也是不相上下的。

这首词写的是一个恋爱故事。

女主角是一位风尘女子,男主角就是这位作者史达祖。

史达祖的生平事迹非常简略,只知他是汴(今河南开封市)人,曾为韩侂胄的省吏,韩失势被杀,他牵连受黥。别的事迹都不可考。所以他的恋爱史,我们只能从这首词中略窥一二。由于作者在叙述这段恋爱故事时,使用了错综的手法,乍看起来便不那么显豁,这便需要加以疏解。

故事情节大致是这样:

作者曾经在杭州同一个风尘女子相好,彼此都有很深的感情。后来他因事离开杭州,经过了很长时间,而且双方断绝了音信。等他再回到杭州,寻访这个女子时,才知道她已经逝去。别人告诉他,自从她同他分手以后,因为极度忆念,就得了不治之症,郁郁而亡。他听了十分伤感。走进旧日的妆楼,看见她生前用过的锦瑟和其他遗物还搁在那里,已经封满了尘土。两人旧日的恩情于是一幕幕又在眼前重现。最后,他决心像供奉爱人的遗容那样,把这段爱情永远留在自己的心坎里——永远纪念着她。

这段情节只是从词里看出来的,因为其他记载都不存

①缥(piāo)瓦——淡青色的屋瓦。皮日休《和早春雪中见寄》诗:"全吴缥瓦十万户,惟君与我如袁安。"或说是琉璃瓦,恐非。

②尘影——前尘影事的省文。《楞严经》:"纵灭一切见闻觉知,内守幽闲,犹为法尘分别影事。"此谓记忆中的旧事如影未灭。

③犀帷——旧以犀形物镇住帷幕,因称帷幕为犀帷。杜牧《杜秋娘》诗:"虎睛珠络褓,金盘犀镇帷。"

④王孙——借指贵游子弟。

⑤遥夜——深夜。

⑥铜驼。《此指南宋临时首都指杭州。《晋书·石虎载记》:"徙洛阳钢虡九龙翁仲铜驼飞廉于邺"。同书《索靖传》:"知天下将乱,指洛阳宫门铜驼叹曰:会见汝在荆棘中耳。"

⑦声价——原指人物的声名,此指歌伎的名气。

⑧崔徽——唐代河中府妓女崔徽,同裴敬中相恋。后敬中返兴元,崔徽不能同行,因绘己像托人送与敬中,表示坚贞相爱。后人常以借指女子的肖像。

在。至于他为什么离开杭州,一直断绝信息。是不是因为他受黥刑后离开杭州,才构成这段悲剧?今天已经无法查考。

作者在开头写的是深巷人家户外的春景。"缥瓦"和"晴檐",暗示如今又看见那女郎的住宅。"柳花如洒",说明这是暮春天气——这是倒叙法,先写自己重新回到杭州,马上就访寻这位女郎的踪迹。

接下去就转入妆楼内景。"锦瑟横床",是那女郎的遗物,也是他印象最深的一件乐器。看见这件乐器,于是一连串的往事,都一一兜上心头。

"想泪痕尘影,风弦常下"——他想到自从两人分手以后,她再也不接近任何客人,只是独个儿守着这寂寞的深闺,整天发呆。许多前尘影事,一幕一幕在眼中重现,每一想起那些往事,再对照目前的情景,她就禁不住流下眼泪。因而,锦瑟的弦卸下来了,她再也无心弹奏了。

"倦出犀帷,频梦见王孙骄马"——"王孙"是作者自比。他继续在想:她同自己分手以后,连屋子也懒得出去,常常做着缭乱的梦,好像他又来到自己门前,她已经听见了马叫。可是每次醒了过来,都发觉那只是虚幻,那些梦无非是往日生活的复现罢了。她如今只有在梦里才能重温那段过去的爱情了。

"讳道相思,偷理绡裙,自惊腰衩"——她是要强的人,在别人面前,她不愿说出自己的满腔心事。可是别人都说她瘦得不成样子,她还给自己勉强辩解。但当捡起旧的裙子私下穿上的时候,裙腰是那样宽松,这才吃惊地发觉自己真的瘦了许多。

以上几句,是作者从旁人口中听到她别后的情况,再加上自己的想象补充然后描摹下来的。笔墨用得很空灵,手法也很变幻。

下片开头，又跳到另一段回忆之中。

"惆怅南楼遥夜，记翠箔张灯，枕肩歌罢"——他再想起从前同她曾经有过一段甜蜜的生活。那时候，在翠色的帷箔里，点起明亮的灯烛，夜色正深。她枕着他的肩膀，曼声唱着……而现在，只剩下无限怅惘。

"又入铜驼，遍旧家门巷，首询声价"——画面又转回到眼前。回到杭州，他的第一件事，就是寻找她的下落。（"声价"是名声。名士有声价，名妓也有声价。《后汉书·姜肱传》："吾以虚获实，遂藉声价。"这是名士的声价）他到处打探，在曾经行走过的地方，询问过许多人，却总是找不到她的踪影。

终于，他得到了使他心碎的消息：

"可惜东风，将恨与闲花俱谢"——她原来带着无穷的怨恨，像一朵无主的闲花，在本来是百花盛开的季节，永远凋落了。

这也许是他平生仅有的、无法从心底抹掉的一段伤心史吧！一个风尘女子，如此坚贞地忠于自己的爱情，这难道不是人间罕见的吗？

这时候，他记起唐代裴敬中和妓女崔徽相爱的故事。崔徽临死的时候，曾画下自己的肖像叫人送给敬中，如今，自己的崔徽却连一帧肖像也没有留下来。

最后，他只好向她的在天之灵默默起誓："我要把你的模样永远描绘在我的心坎里，永远纪念着你！"词里的"记取崔徽模样，归来暗写"，不是真要请人画一幅肖像，无非是一种形象性的说法罢了。

这首词于是在无限低回中结束了。

我们可以看到，这首词是以组织细密见长的。作者有意把几个画面交错穿插，作大幅度的跳动，以求取得更好的艺术效果。其中有正叙，有追叙，也有倒叙；有实景，有虚景，又有实景中的虚景。在写景和叙事中，让感情一步步扩展，一层层深入，而对景物的勾勒，亦即借以使感情展开。寓情于景的手法运用得十分巧妙。这正是本词成功的原因；而这些手法，是从周邦彦的作品中汲取过来，那痕迹又是很明显的。

双双燕 (咏燕)

史达祖

过春社了！度帘幕中间，去年尘冷。差池欲住，试入旧巢相并，还相雕梁藻井，又软语商量不定。飘然快拂花梢，翠尾分开红影。　　芳径，芹泥雨润。爱贴地争飞，竞夸轻俊。红楼归晚，看足柳昏花暝。应自栖香正稳。便忘了天涯芳信。愁损翠黛双蛾，日日画栏独凭。

从咏物的角度来看，南宋词是比北宋词更有进步的。史达祖的《春雨》和《咏燕》便可以作为南宋的代表。所谓"极妍尽态"反有秦(观)、李(清照)未到者。(王士禛《花草蒙拾》)这两首咏物之作便是最好的说明。

诗词当然以抒情为主。描写物象,其目的也是为了抒情。但是随着艺术趣味的扩展,便有以描写物象为主的作品出现,进一步还派生了为咏物而咏物的一支。

为咏物而咏物,这是欧、晏诸公所不屑为的。不过也不是说这就根本不可以。把艺术的范围放宽阔些,即使是单纯刻画物象,刻画得好,也算是一种成就。有些人在工余之暇,拿点竹皮织只蚱蜢儿玩玩,就广义来说,也是一种艺术品。不过他们又决不至于认为这是什么了不起的盛业。他们对这些玩意儿自有正确的衡量。问题正是在于,有多少斤两就还它多少斤两,不要凭空加码。无聊文人之所以无聊,便是对于本来微不足道的东西,偏要装腔作势,说得如何关系重大,仿佛一篇之成,可与日月并其不朽。像郑文焯赞扬姜夔的《齐天乐》(咏蟋蟀),硬说"白石别构一格。下阕寄托遥深,亦足千古已",就是过分了。

史达祖这首《双双燕》,重现了燕子的生动形象,确能做到形神兼备,而又没有刻意造作、卖弄花巧的痕迹,所以是十分成功的作品。

一开头,"过春社了! 度帘幕中间,去年尘冷"——先交代时间和地点。时间是过了春社(古代有春社、秋社,春社是祈求丰收的日子,通常是在立春后的第五个戊日),地点是帘幕中间,燕巢是"尘冷"的。此时燕子虽然没有出现,但既过了春社,燕子该回来了。去年它不是来了又回去吗?想那帘幕中的燕巢,已冷落了一年,如今又该恢复它那暖和了。这样空灵用笔,便使人产生"呼之欲出"的感觉,可说是空际传神("度"音duó,是揣度的意思,不是飞渡的意思)。

"差池欲住,试入旧巢相并"——你看,燕子真的飞来了。"差池"是形容它们摆动双翼和尾羽的样子。它们先在檐下似飞还住地徘徊了一阵，然后在旧巢上双双停了下来，亲密地靠在一起。句中"欲住"二字，写燕子要寻旧巢，却又有点生怯的神情，确是妙笔。

"还相雕梁藻井，又软语商量不定"——它们转侧着小脑袋，相一相屋梁和天花板（"藻井"是绘着花纹的天花板。旧时有些建筑，在天花板当中开个方形或圆形的洞口，似井，又加上彩绘图案，故称）。就唧唧喳喳地商量个没停。是讨厌这儿不好吗?还是别的?

这一韵更是传神。燕子本来没有那么多考究，可是在人们看来，它真有那样的"人性"，会商量个不了的。

"飘然快拂花梢，翠尾分开红影"——一转眼间，它们就冲了出去，飞快地掠过花树梢头，绿色的尾剪把枝头的红影蓦地剪开。"飘然"已是快了，句中还加个"快"字。这是形容燕子的轻捷;"拂"字下加"花梢"，真能写出燕子的本领。使人心目中的燕子形象更加突出。

"芳径，芹泥雨润。爱贴地争飞，竞夸轻俊"——在草绿花香的小路上，春雨润湿了泥土。小燕儿可快活了，它们从天空中直冲下来，贴近地面飞着，你追我赶，好像比赛着谁更轻巧，谁最机灵。"芹泥"，是带草的泥。杜甫《徐步》诗:"芹泥随燕嘴。"温庭筠《寒食日作》:"盘上芹泥憎燕巢。"句中捎带了燕子衔泥补巢的细节。

"红楼归晚，看足柳昏花暝"——一直玩到天黑了才转回家来。在黄昏薄暮里，那些花呵柳呵，早就给它们看了个饱。"柳昏花暝"，是用力锻炼出来的警语，比"花明柳暗"另是一番景色。用"看足"二字衬起，既显得燕子整天在外飞翔来往，又带出天色逐步昏暗下来。用字既简又练。

　　"应自栖香正稳,便忘了天涯芳信"——它们也实在疲乏了,回到巢里,一下子就睡得甜甜的。这一来可真糟!它俩回来之前,那位天涯游子托它俩捎回家里的书信,它们全给忘了。

　　这又是天外飞来的一笔。燕子双宿双栖,这层意思容易想象;可是说它俩"忘了天涯芳信",却是亏杀作者的匠心。虽然江淹《杂体诗拟李陵》已有"袖中有短书,愿寄双飞燕"句,却还没有想到它俩不曾交到收信人手中这一层。只有晏几道的"远信还因归燕误"和他"异曲同工"。

　　"愁损翠黛双蛾,日日画栏独凭"——只苦了托书人的妻子,双眉都皱损了,还天天倚着栏杆,等候远方丈夫的音讯呢!

　　不用燕子来结束本词,却用人来结束,也是出人意料的。"日日画栏独凭",那燕子竟是把别人的嘱托忘个一干二净了!作者好像有意留下一些不了之情,让读者自己去找答案。

　　词里的"还相雕梁藻井,又软语商量不定",以及"红楼归晚,看足柳昏花暝",都是极用力的句子,也是特别耐人寻味的句子。但前人也引起过一些争论。有人说"软语商量"好,也有人认为"柳昏花暝"才是真好①。其实这种争论都免不了是寻章摘句,大可不必。因为从整体来看,没有"软语商量"的细腻,就突出不了"柳昏花暝"的情趣;而没有"柳昏花暝",单是"软语商量",也显得细碎单薄。两者原是互相衬托,相得益彰的。我们正不必拆碎下来,扬此抑彼。

①黄升《花庵词选》:"姜尧章(夔)最赏其'柳昏花暝'之句。"贺裳《皱水轩词筌》:"常观姜论史词,不称其'软语商量',而赏其'柳昏花暝',固知不免项羽学兵法之恨。"(按,意谓不到家)王国维《人间词话》则谓:"然'柳昏花暝'自是欧、秦辈句法,前后有画工、化工之殊。吾从白石,不能附和黄公(即贺裳)矣。"

绮罗香 (春雨)

史达祖

做冷欺花，将烟困柳，千里偷催春暮。尽日冥迷，愁里欲飞还住。惊粉重蝶宿西园，喜泥润燕归南浦。最妙它佳约风流，钿车不到杜陵路。　　沉沉江上望极，还被春潮晚急，难寻官渡。隐约遥峰，和泪谢娘眉妩。临断岸新绿生时，是落红带愁流处。记当日门掩梨花，剪灯深夜语。

史达祖这首咏春雨词，向来被推为咏物的上乘之作。它描写春雨，层层烘托，把物象的精神曲折传出，而且画面优美，色泽和谐，情趣比较高尚。这种作品不能以为是"玩弄文字游戏"，因为作者在词中虽然没有表现深刻的思想，可是用了严肃的态度来摹写物象，这就不能说在艺术方面一无好处。

现在逐韵来谈。

本来是暖和晴朗的天气，但一场春雨却制造了寒冷，似乎有意要欺负那些刚开不久的花。春雨细得如烟似雾，又好像要把正在长叶的杨柳困住。而且它又伸展千里之遥，一片无边无际，半点阳光也不让透露出来。它打算就在这"欺花""困柳"中,暗暗把春天打发走了。

这一韵,先摄住春雨之魂。

跟着,"尽日冥迷"两句,进一步写春雨的特有形态。上句说它的水点又密又小,把天地搅成一片迷糊,下句说它在天空中忽而纵横飞舞,忽而停住不动。用一"愁"字点染色彩,增强气氛。

这一韵,形象性很强,真能传出春雨的动态。

"惊粉重蝶宿西园,喜泥润燕归南浦"——从蝶与燕的活动侧面烘托春雨。"粉"是蝶翅上面长的鳞片,因为雨点微细,所以能沾在蝶翅上,使得粉蝶觉得双翅沉重,起飞无力。至于燕子,此时刚从南边飞来,趁这春雨,泥土润湿,衔泥营巢方便,连找吃也不太费力,它们自然够高兴了。

蝶因粉重而"惊",燕因泥润而"喜";蝶又因惊而"宿",燕却带喜而"归"。用字既准确又细腻,而且紧扣春雨的特有气氛。这一韵从旁烘托春雨,也少不得。

下面"最妨它"两句,再从人物的活动来刻画春雨。由于春雨连绵,就把仕女们的游春的"佳约风流"都妨碍了。因为满地泥泞,她们的车子都已无法行走。句中的"钿车",是拿螺钿(蚌类的壳制成的镶嵌之物)装饰的车子,通常是妇女乘坐的。白居易诗有"曲江碾草钿车行"句。"杜陵"原是长安南面的一个风景区,和附近的杜曲、樊川、韦曲等处,又都是高级住宅区,亭榭台阁,依山临水,景致优美。在唐代,正是春游的好去处。词中借用"杜陵"指代杭州的郊区,如同上文用汴京的"西园"指代杭州西湖的园林一样。

上片从几个侧面描写春雨,都不曾牵入自己。下片便转到自己身上。这就把春雨和人的关系更拉近了一步。

"沉沉江上望极,还被春潮晚急,难寻官渡"——春雨固然不大,但加上春潮,江水就显得汹涌了。站在江边看去,水势越来越大,傍晚时分,连渡口的渡船都难以找到了。"春潮带雨晚来急,野渡无人舟自横。"这是唐诗人韦应物的名句,作者借用得恰好。"官渡"是官方设置的渡口,"难寻"既是难寻渡口,又是难寻渡口的船,一词两用。

这一韵,先透出自己在春雨中难以归家的情怀。周邦彦《大酺》(春雨)有句说:"行人归意速,最先念、流潦妨车毂。"也是这个意思,史达祖也许便是从周词得到启发。

下面又转从家中妻子落想:"隐约遥峰",他看见远山因春雨而变得隐约模糊,又因远山隐约,联系到卓文君"眉如远山"的典故,从而想象女子的眉态。"和泪谢娘眉妩",远山因雨而湿,仿佛女子带泪的神情。这个女子是什么人呢?作者用"谢娘"来表示。谢娘是谢安的侄女、王凝之的妻子谢道韫,这里指代自己的妻子,说她正在家中怀念自己。又因看见春雨连绵,心知丈夫难以回来而更添愁闷。(有人认为"谢娘"是唐代的歌伎,这里也是指歌伎,那便与下文衔接不上)"眉妩(wǔ)"出自《汉书·张敞传》,原作"眉怃",意为眉装。

"临断岸新绿生时,是落红带愁流处"——这两句已带一点哲理味道:那新生事物在成长的当儿,正是衰亡的东西消逝的时候。作者因眼前事物的变化,颇是感触地写下这两句。在春雨中,新绿的生长和落红的飘逝是如此明显,很自然使人产生了时光难再,美好事物不可复回的感触。于是带出下文,并作了圆满的收束:

"门掩梨花",句意脱胎于"雨打梨花深闭门"(李重元《忆王孙》);"剪灯深夜语"原出于"何当共剪西窗烛,却话巴山夜雨时"(李商隐《夜雨寄北》)。是从眼前的春雨回想起从前在家中的一段情景。那时候,也是这样的春雨,自己同家人在一起,剪着灯花,谈到深夜。如今却独自在外,回忆那时的欢叙,不能不触动许多愁绪了。

从上面的分析,可以看出作者并不是单纯描画春雨,还把个人的感慨也融了进去。特别是"临断岸新绿生时,是落红带愁流处",不仅切合春雨,也能概括社会和人生,收到了"诗一样的哲理"的艺术效果。

张 镃

(1153—1211)，字功甫，号约斋，陕西西秦人，居临安，累官大理司直、司农寺主簿。以罪除名，编管象州，卒。

满庭芳（促织）

张 镃

月洗高梧，露溥[①]幽草，宝钗楼外秋深。土花沿翠，萤火坠墙阴。静听寒声断续，微韵转，凄咽悲沉。争求侣，殷勤劝织，促破晓机心。　　儿时曾记得，呼灯灌穴，敛步随音。任满身花影，犹自追寻。携向华堂戏斗，亭台小，笼巧妆金[②]。今休说，从渠床下，凉夜伴孤吟。

这首词是作者同姜夔一起写的。据姜词小序，我们知道写作的经过是这样："丙辰岁(1196)，与张功父(张镃)会饮张达可之堂。闻屋壁间蟋蟀有声。功父约予同赋，以授歌者。功父先成，辞甚美……"可见是在酒酣饭饱之余，找个题目写写，让歌儿去演唱的。

①溥（tuán 团）——露水湿润的样子。
②笼巧妆金——唐宋时，富贵人家喜欢斗蟋蟀，用象牙做成笼子，竞逐奢华。

平心而论,张镃这首词比姜夔写得好些。有人震于姜的名气,摒弃张氏此作,那是不公平的。

张词上片写景叙物,层层深入,笔触细致;下片追昔感今,发抒了人生的感慨,收结得也很自然。

作者先布置一个秋夜的明净的环境。梧桐在如银的月光照射之下,仿佛是浸在水里;在幽暗中的小草,渐渐凝结了露滴。一句写夜空,一句写空庭。夜空是如此明亮,空庭则如此幽深,恰好描画出秋夜庭院的特有气氛。

《满庭芳》这两句通常都是制成一联,像秦观的"山抹微云,天粘衰草""红蓼花繁,黄芦叶乱",周邦彦的"风老莺雏,雨肥梅子"都是。但偶也有八字一气的,如苏轼的"三十三年,今谁存者"。

第三句的"宝钗楼",同刘克庄《沁园春》"何处相逢?登宝钗楼"不同。这里是用"宝钗"修饰楼字,表示它是一座华丽的楼。这句仍是继续为主题布置一个合理的环境,别无深意。

"土花"句指墙脚下的苔藓之类,这些小植物沿着墙根直伸过去,成为一道翠色带子——还是在布置环境。

"萤火坠墙阴"——上面已将读者的视线向下牵引,引向墙角。本来便可以引出蟋蟀了,可是作者偏要再留一笔,先写萤火,这就显得从容不迫;而且又借萤火之坠,飘出一线暗向蟋蟀过渡,更是颇有巧思的。

"静听寒声断续,微韵转,凄咽悲沉"——正面写蟋蟀,写它的声音。"断续""微韵",是蟋蟀这个客观事物所具有,而"凄咽悲沉"则是人的主观感受。一客一主,恰好传达出人与蟋蟀之间的关系。

可惜接下去忽然跳出"争求侣"三字,把原来作者要构造的意境打乱了。真是很大的败笔。

　　道理本来很简单。既然"凄咽悲沉",便不是"争求侣"的声音;既然说它"争求侣",下面又不应说它是"殷勤劝织"。"争求侣"固然是这种昆虫鸣叫的原因,而"凄咽悲沉"和"殷勤劝织"却是人对它的鸣声的主观感受。你说这也是一种主客观的结合吧!不是的。因为主客观的结合,要统一在意境的整体之中,不是随便牵扯都可以称之为主客观结合的。把昆虫的生理本能搅进"凄咽悲沉"的主观感受里去,便成为不伦不类的杂凑,连原来构造的意境都遭到破坏了。

　　"促破晓机心"这句也下得草率。它意思是说,蟋蟀的鸣声在织布到晓的织女听来,就好像尽情催促她不要懒惰似的。因为古语有"促织鸣,懒妇惊"的话,所以作者随手凑合。"破"是尽的意思。相当于杜甫诗:"读书破万卷"的"破"。

　　《满庭芳》过片二字,一般说都应押韵。如秦观"山抹微云"过片的"销魂";周邦彦"风老莺雏"过片的"年年";苏轼"三十三年"过片的"拟拟"都是。但也有人不押韵,却连下面三字作成五字句,如张镃此词便是。

　　下片是追忆儿时的乐趣,反衬今日情怀的落寞。人老了,旧时的兴味都已成为过去,只落得让它来伴我的孤独的吟唱了。感慨不算是太深沉,但这样的题目,也不必要求作者写出了不起的感慨。我们倒是欣赏他"呼灯灌穴,敛步随音。任满身花影,犹自追寻"几句,描写一幅儿童捕蟀图,颇为生动。小孩子的热情与天真,仿佛如在眼前。下面"携向华堂戏斗"三句,把当时情事又勾勒一番,使情味更为满足。最后,用"今休说,从渠床下,凉夜伴孤吟"收束,颇有人生的感慨。整个题目于是收拾干净了(暗用《诗经》"十月蟋蟀入我床下"典故)。

清人贺裳在《皱水轩词筌》中指出这首词比姜夔的《齐天乐》(咏蟋蟀)还写得好:"不惟曼声胜其高调,兼形容处心细如丝发,皆姜词之所未发。"评论是中肯的。

姜　夔

（约1155—约1221），字尧章，号白石道人，鄱阳人。
不仕。有《白石词》。

疏影

姜　夔

苔枝缀玉，有翠禽小小，枝上同宿[①]。客里相逢，篱角黄昏，无言自倚修竹。昭君不惯胡沙远，但暗忆江南江北。想佩环月夜归来，化作此花幽独。　　犹记深宫旧事，那人正睡里，飞近蛾绿。莫似春风，不管盈盈，早与安排金屋[②]。还教一片随波去，又却怨玉龙哀曲。等恁时、重觅幽香，已入小窗横幅。

　　姜夔有《暗香》《疏影》词两首，是南宋光宗绍熙二年（1191）到苏州范成大家做客时写的。范成大字致能，号石湖居士，是南宋四大诗家（尤袤、杨万里、范成大、陆游）之一，曾官中书舍人、广西经略安抚使、四川制置使等，晚年隐居苏州的石湖。姜夔是通过杨万里的介绍同范认识的。据说，姜撰了《暗香》《疏影》二曲,因其音节清婉,为范所称赏,于是赠以侍婢小红。姜携小红归吴兴,过垂虹时,在大雪中赋诗:"自琢新词韵最娇,小红低唱我吹箫。曲终过尽松陵路,回首烟波十四桥。"很有点扬扬得意的神气③。

可是他在浅吟低唱时,万万料不到在他身后这首词会引起如此之多的猜测和争论。只因其中有"昭君不惯胡沙远"一句话,从此"是非蜂起",索隐家纷纷为此词索解,硬说其中有什么影射,什么家国之恨。这里有张惠言的"此章(指《疏影》)更以二帝之愤(指徽钦二帝蒙尘事)发之,故有昭君之句"(见《词选》)。邓廷桢有"乃为北庭后宫(指被金人俘虏的宋室后妃)言之"(见《双砚斋词话》)。郑文焯说得更明白:"此盖伤二帝蒙尘,诸后妃相随北辕,沦落胡地,故以昭君托喻,发言哀断。"还骂不同意此说的人为"不自知其浅暗"(见所校《白石道人歌曲》)。真可谓武断得惊人了。

本来这首词并不难懂,也没有寄托什么"君国之思"。作者只是明明暗暗地运用一些典故,为梅花的姿态进行勾勒罢了。

开头的"苔枝"指梅的枝条,因为上面长着苔藓;"缀玉"指梅花开在枝头,"翠禽小小"两句,说树上栖宿着小鸟。这三句平平而起,穿凿不得,所以各家都无异说。

"客里相逢……自倚修竹",句中递入作者自己。姜夔是到范成大家做客,在范家看到梅花,所以说"客里相逢";梅树旁边还长着竹子,正如苏轼的诗:"竹外一枝斜更好",所以又说"无言自倚修竹"。暗用了杜甫《佳人》诗:"天寒翠

① 王铚《龙城录》载,隋开皇中,赵师雄游罗浮,见一美人,言极清丽,与之叩酒家共饮,一绿衣童子歌舞于旁。"师雄醉卧,久之,东方既白,起视,乃在大梅花树下,上有翠羽啾嘈。月落参横,但惆怅而已。"这是梅和翠禽同在一起的典故。
②《汉武故事》:"(武帝)数岁,长公主嫖抱置膝上……指其女问曰:阿娇好否?于是乃笑对曰:好!若得阿娇作妇,当作金屋贮之也。"
③ 此事见《砚北杂志》(下)。

袖薄,日暮倚修竹"诗意。这一接也是题中应有之义,更无深意。

再下去,"昭君不惯胡沙远,但暗忆江南江北",是借一个具体的古代美人比拟梅花。为什么要拿王昭君来比拟?问题很简单,梅花是犯寒而开的,使人很容易想象它是一位在严寒的北方呈现特有丰姿的美人;而昭君正是远嫁匈奴,生活塞外,所以便拿来比附。唐王建《塞上梅》诗:"天山路边一株梅,年年花发黄云下。昭君已没汉使回,前后征人谁系马……"郑文焯把此诗持作立论的根据,不知这首诗正好说明用昭君牵入梅花中,丝毫也没有什么"后妃相随北辕"的用意。王建不过由塞上的梅花想到塞上的王昭君而已。还有韩偓的《梅花》诗:"龙笛远吹胡地月,燕钗初试汉宫妆",也是若明若暗地拿梅花比拟昭君,并无深意。

姜夔因为是咏江南的梅花,为了牵合眼前事实,所以用了"昭君胡沙"之后,立即笔锋一转,说昭君是"暗忆江南江北",而且"月夜归来"以后,便"化作此花幽独"。花和美人结合成为一体了。这是出力地写花,还运用了杜甫《咏怀古迹》诗中"环佩空归月夜魂"的意思。

通看上片,我们可以知道,用昭君比拟梅花,不是作者的新创造,他只是在运用前人说过的意思中,添上"北地胭脂"化作"江南梅萼"的一层构思罢了。

下片开头用了另外一个梅花典故:

"犹记深宫旧事,那人正睡里,飞近蛾绿"——梅花飞到翠眉附近。那是宋武帝女儿寿阳公主的故事。据说这位公主在人日睡在含章殿檐下,梅花落在额上,成五色花,拂之不去,直过了三天才能洗掉,以后宫女就学着在额上作梅花妆了。这是常见的梅花掌故④。虽用了"深宫"字样,已与昭君无关，那就更与宋室的后妃无关。

"莫似春风，不管盈盈"，八字一气。意说梅花开在寒冬，春风本来不去管它；可我们却不要像春风那样。古诗："盈盈楼上女，皎皎当窗牖。"是形容美人的风采。"早与安排金屋"——因为已连用两个宫中美人的典故，这里就索性再用汉武帝"金屋藏娇"的故事(又是一个宫中美人)来表示对梅花应该特别珍惜。这是顺着上面文势下来，不得不是这样。若把它扯到被俘北行的后妃身上，那就简直荒谬了。

以下，又由寿阳公主梅妆而想到梅花的飞坠。"一片随波去"，写出梅花逐水漂流；"玉龙哀曲"，因古乐府《江南弄》中有《龙笛曲》，传说此曲奏时声似龙吟，故名；另外李白诗："黄鹤楼中吹玉笛，江城五月落梅花"，作者两事合用，通俗点说，不过是因梅的坠落而想及《落梅花》笛曲罢了。这固然是咏梅的一笔，但也与象征皇室的"龙"无关。

最后，转到画幅里的梅花。意思是说，等到梅花落尽，枝头上看不见它了，假如要寻觅它的踪迹，那只有到小窗上的横幅之中——画着梅花的画图，细细欣赏它那幽艳丰姿了。句中"恁时"，等于说那个时候。

整首词的意思就是这样。

为什么要反对"二帝蒙尘，后妃相随北辕"这类附会之谈呢？因为它是完全站不住脚的。

我们先看作者写这首词的动机。这个动机作者自己说得很清楚。

姜夔是最善于在词前写小序的。在小序中，事情的经过，感情的生发，写词的用意，都交代得十分明白。有些虽然没写小序，仍然有"寓意""感梦"字样向读者打招呼。这

④此事见《太平御览》卷三十引《杂五行书》。

确是便于我们理解作意的。例如《扬州慢》(淮左名都)，小序先写到扬州所见，最后说："予怀怆然，感慨今昔，因自度此曲。"《翠楼吟》(月冷龙沙)小序，先交代写词的因由，然后说："兴怀昔游，且伤今之离索也。"《一萼红》(古城阴)又先序他在长沙游玩，然后"兴尽悲来，醉吟成调"。那么，《暗香》《疏影》两首的小序又是怎样的?请看：

> 辛亥之冬，予载雪诣石湖，止既月，授简索句，且征新声。作此两曲。石湖把玩不已，使工妓隶习之，音节谐婉。乃名之曰《暗香》、《疏影》。

分明是范成大请他谱两首曲子，谱成以后，分明是"音节谐婉"，丝毫没有悲慨的意味；范成大"把玩不已"，又全没有指出其中"君国之哀"；姜夔本人更不像在《扬州慢》那样自称有"黍离之悲"；何况他在偕同小红还家时，诗中明明说"自琢新词韵最娇"，这新词便是《暗香》《疏影》，为什么只说"韵最娇"?如果是感慨"后妃北辕"，能用一"娇"字概括吗?

假如是悼惜后妃沦落异地，作者在"昭君"数句前后，一定多少有些照应，决不会只有那么孤立的两句，这是写诗填词的常识；而事情正相反，一开头，"苔枝缀玉，有翠禽小小，枝上同宿"，便与后妃毫不相关；若说有关，那么"同宿"的"小小翠禽"，又是指什么人物? 帝王还是异族?下文更有所谓"早与安排金屋"，难道说，北方的奴隶主早已给徽钦二帝的后妃们安排了"金屋藏娇"? 这是什么话!

作者本来没有的东西，别人硬要加上去，虽也说得煞有介事，总是无法弥缝得好的。

刘克庄

(1187—1269)，字潜夫，号后村，莆田人。淳祐六年(1246)赐进士出身，官龙图阁直学士。卒谥文定。有《后村长短句》。

沁园春 (梦孚若)

刘克庄

何处相逢？登宝钗楼，访铜雀台。唤厨人斫就，东溟鲸脍；围人①呈罢，西极龙媒②。天下英雄③，使君与操，余子谁堪共酒杯？车千两④，载燕南赵北，剑客奇才。　饮酣画鼓⑤如雷，谁信被晨鸡轻唤回。叹年光过尽，功名未立；书生老去，机会方来。使李将军⑥，遇高皇帝⑦，万户侯何足道哉！披衣起，但凄凉感旧，慷慨生哀。

有人说，在南宋的百年中，刘克庄和陆游、辛弃疾有如鼎的三足。"拳拳君国，似放翁；志在有为，不欲以词人自域，似稼轩"(清冯煦《宋六十一家词选·例言》)，这话是颇有见地的。刘克庄生当南宋后期，主要活动在宁宗、理宗两朝。那时南北分立已经近百年，朝廷上许多官僚都满足于半壁河山的现状，他却不忘恢复，时时发出"男儿西北有神州"的呼声。他要求朝中文武以民命为重，因为"草间赤子俱求活"，希望当权者做到"要史家编入循良传"。他的词继承辛弃疾的豪放、激扬的传统，读了真可以起废立懦。但也有人认为他的词议论过多，未免损害了艺术的形象性。这也是事实。

①围人——古代养马官。
②龙媒——骏马之称。《汉书·礼乐志》："天马徕，龙之媒。"杜甫诗："君不见金粟堆前松柏里，龙媒去尽鸟呼风。"
③天下英雄——《三国志·先主传》："今天下英雄，唯使君与操耳，本初之徒，不足数也。"
④两——同辆。
⑤画鼓——绘有花纹的鼓。
⑥李将军——西汉名将李广。
⑦高皇帝——汉高祖刘邦。

刘克庄这首《沁园春》是为了忆念一位老朋友而写的。题目叫"梦孚若"。这个孚若就是方信孺。方信孺曾经做过枢密院参谋官，出使金国，不受对方的威吓，以此著名。他曾在接近敌占区的江北地区做官，安详镇定，守土有方。可惜仅仅活了四十六岁，未能大展抱负。刘克庄对这位朋友是十分敬佩的。方死后，他亲自撰写行状，表示悼惜。这首词也是写于方信孺死后。所谓梦中忘其已死，款接恍若平生。词的开头就从梦境写起。

宝钗楼，《咸阳县志》说是汉武帝时建造，到宋代仍是有名的酒楼，故址在今陕西咸阳市。诗人陆游《大雪歌》："长安城中三日雪，潼关道上行人绝。黄河铁牛僵不动，承露金盘冻将折。虬须豪客狐白裘，夜来醉眠宝钗楼。"也是指这个著名的酒楼。铜雀台，是建安十五年曹操所造，旧址在今河南临漳县。南宋时，这两处地方都落入金人手中，刘克庄和方信孺都没有到过。但刘克庄故意举出这两个地方，意在表示两人平日都没有忘怀北国河山，两地名胜于是很自然就在他二人的梦中出现了。

"唤厨人斫就"四句，写出梦境里的浪漫性。你看，才呼唤厨子把东海鲸鱼砍了做成鱼羹,便又命令马夫牵来西域的天马。这是着力写出梦中人的豪情壮志,写法上很有点浪漫主义气派;又因为是写梦境,所以使人不觉得是过分夸张失实。

在梦中,作者和方信孺议论天下人物,他们痛感人才寥落,实在找不到有几个爱国忧民怀抱大略的同道者。所以他们只好仿照曹操对刘备的口气:"天下英雄,惟使君与操耳",因而叹息说,如今只有你我二人还可以坐在一起喝酒,痛痛快快议论天下大事;其他的人,简直就没有这个资格了。"谁堪共酒杯",是不堪同在一起喝酒谈天的意思。

"车千两"三句,眼光转向北方,因为在南方已经找不到人才。南方既无人才,就转而寄望于沦陷的北方,或生长于北方的豪杰之士了。"燕南赵北",泛指中原地区。正如韩愈在一篇序文中说过:"燕赵古称多感慨悲歌之士。"作者希望能够有千辆大车,迎接这些燕南赵北的剑侠奇才,共同收复北方的失地。

点出"燕南赵北",又回应了上文的"登宝钗楼"和"访铜雀台",使人了然知道作者"登"与"访"的用意,并不只是看望一下祖国北部河山。所以在文字结构上,又是彼此呼应,正如"常山之蛇",击其首则尾应,击其尾其首又应。足见作者行文的细密。

上片是叙述梦中的景象和他同朋友方信孺的胸襟抱负;但是,作者对于南宋小朝廷那种求和屈辱的政策之不满,已洋溢在纸墨之上,语气在含蓄之中闪烁着尖刻的讽刺。

转入下片,是"梦破东窗"后的沉重的慨叹。

"饮酣画鼓如雷,谁信被晨鸡轻唤回"——两位朋友正在举杯痛饮醉态醺然之际，耳边厢画鼓之声越来越响,恍似军中擂鼓出兵了。

"画鼓"回应上文的"共酒杯",又与此句"饮酺"相合。画鼓常是歌舞节目中的乐乐。白居易《柘枝妓》诗："平铺一合锦筵开,连击三声画鼓催。"李贺《感讽》诗："舞影逐空天,画鼓余清节。"张祜《感王将军柘枝妓没》诗："画鼓不闻招节拍,锦靴空想挫腰肢。"刘克庄本人也有"朱门画鼓舞宫靴"句,都可为证。但画鼓也用于军中。《东京梦华录·车驾宿大庆殿》："又置警场于宣德门外,谓之武严兵士,画鼓二百面,角称之"便是一例。

想不到,竟是雄鸡的啼声使梦中人产生的幻觉。他一下子就惊醒过来了。

在行文上,这是一种强烈的"反跌"。刚才还满怀高兴,不料一切都是空幻。现实局势的使人伤心失望,透过这"晨鸡唤回",就更进了一层。

"叹年光过尽,功名未立;书生老去,机会方来"——原来那不过是一场幻梦!如今的朝廷上,谁还想到恢复大业呢!不管是燕南剑客还是赵北奇才,他们都不可能取得建功立业的机会。不必说,方信孺早已埋骨地下;而自己一介书生, 难道真要等到须发尽白才有发挥才智的机会么?其实又何尝不是十分渺茫呵!

于是作者痛感当朝皇帝怯懦无能,平白错失了许多机会。他想到,假如执掌朝纲者是个刘邦式的人物,那么,像飞将军李广这样的雄才猛士,在战场上建立奇功,封侯万户,又算得什么呢!"如令子当高皇帝时,万户侯岂足道哉!"那是汉文帝对李广说的。汉文帝的时代,当然不同于南宋小朝廷。刘克庄引来这句话,明显是涉及了当朝皇帝,其用意当然是辛辣的。

结拍是："披衣起,但凄凉感旧,慷慨生哀。"他再也睡不着了,终于披衣起床,悲凉感慨地写下这首《沁园春》。

上片写的是梦中的豪情壮志,下片则是写醒来以后的苍凉悲慨。那意思仿佛是说,如今连高谈收复北方河山这事,也须在梦里才行了。多么令人丧气!

许多诗人词客,都曾写过述梦的作品,但梦的内容大不相同。晏几道的"梦入江南烟水路,行尽江南,不与离人遇",是借梦来表达思念离人;姜夔有"江上感梦而作",说的是"燕燕轻盈,莺莺娇软,分明又向华胥见"。这些都是限于个人的,当然也可以写。刘克庄这首词,却与辛弃疾在独宿博山王氏庵中所梦一样:"布被秋宵梦觉,眼前万里江山。"想到的是民族国家的恨事。辛、刘二人同样写梦,对于南宋投降屈辱政策也同样加以抨击,因为两人的志向是一样的。

贺新郎 (送陈真州子华)

刘克庄

北望神州路①,试平章这场公事,怎生分付②？记得太行山百万，曾入宗爷③驾驭。今把作④握蛇骑虎。君去京东⑤豪杰喜，想投戈下拜真吾父⑥。谈笑里，定齐鲁⑦。　　两河⑧萧瑟惟狐兔。问当年祖生⑨去后，有人来否？多少新亭挥泪客⑩，谁梦中原块土？算事业须由人做。应笑书生心胆怯，向车中闭置如新妇，空目送，塞鸿去。

辛弃疾六十六岁时，出任镇江知府，他登上京口的连沧观，写下一首《瑞鹧鸪》，开头说：

声名少日畏人知，老去行藏与愿违。山草旧曾呼远志，故人今又寄当归。

我每次读到"故人今又寄当归"这句的时候，总是禁不住想到辛弃疾青年时代那一班朋友，也就是他在天平军节度使耿京幕下认识的抗金起义军，像贾瑞、刘震、刘弁、孙肇这些将领。他们自从辛弃疾南归以后，在敌人占领地区怎样继续活动，同辛弃疾又有什么联系呢？我想，他们之间肯定是不会完全断绝联系的。尤其是辛弃疾非常重视谍报工作，认为"谍者，师之耳目也"。为了测绘一张方横一尺的敌军分布地图，他不惜花费四千缗。可以想见，为了便于取得敌人的情报，他不可能不同天平军旧部联络。因此，"故人今又寄当归"的故人，难道就是贾瑞、刘震等人么？为什么"今又寄当归"？难道他们又来劝辛弃疾重回北方，重新领导起义队伍么？

①神州路——神州原指中国，这里是指中国北方地区。
②平章——评论、议论。分付——交付，发落。
③宗爷——宗泽。《宋史·宗泽传》："泽威声日著，北方闻其名，常尊惮之，对南人言，必曰宗爷爷。"
④把作——当做。
⑤京东——宋时设立京东路，辖区包括今山东、河南东部及江苏北部。
⑥吾父——一种极尊敬的称呼。《宋史·岳飞传》载张用得岳飞招谕书时说："真吾父也。"于是投降。
⑦齐鲁——今山东省春秋时是齐鲁等国的辖地。
⑧两河——河北东路和河北西路，为黄河下流两岸地区。
⑨祖生——东晋人祖逖，曾统兵北伐，收复黄河以南地区。
⑩新亭挥泪客——详陈亮《念奴娇》词注。

因为没有什么材料可以证明,猜想也始终只是一种猜想罢了。

然而,不甘屈服于异族统治下的北方群众,尤其是山东、河北一带组织起来的抗金武装,他们一直坚持着战斗,火种始终不灭,却是肯定无疑的。

所以,当辛弃疾已经逝去,刘克庄的朋友陈子华到真州(今江苏仪征县)上任时,刘克庄送了他这首词,二话没说,只是鼓励陈子华同淮河以北的抗金群众武装取得联系,以便收复失地。这种见解,同辛弃疾正好一模一样,同时也反照出抗金火种直至南宋末年,仍旧在广大地区上闪烁。

南宋抗战派中,对于出兵中原,向来有两种主张。一种认为要先取关中和陇右,亦即今陕西中部和甘肃东南部,然后挥戈东指,直出函谷关。另一种则认为必须先收复山东、淮北,然后大军北向。当时大诗人陆游和大词人辛弃疾恰好分属两派。陆游是"会当金鼓从天下,却用关中作本根"的鼓吹者;辛弃疾却说:"不得山东,则河北不可取;不得河北,则中原不可复。"他看到山东、河北一带有民众武装基础,大军北上,可以立即起来响应,这是很有利的条件。从当时的实际情况出发,这个方案应该是切实可行的。可惜南宋朝廷并没有加以接受。

以上,就是这首词的写作背景。

词的上片,刘克庄首先回溯南宋初年的一段历史:

建炎元年,高宗赵构在应天府(今河南商邱县)登皇帝位,以老将宗泽为开封尹,兼任东京留守。那时,山东、河北人民不甘异族统治,纷纷起来反抗。其中最有名的一支人马是拥众七十万的王善,宗泽曾亲自上门劝他为国效力;

又有一支则是岳飞曾经隶属过的王彦的部队。王彦原是宋军中一员都统制,金兵南下后,他聚兵太行山,人人都在脸上刺着"赤心报国,誓杀金贼"八个字,因此被称为"八字军"。他们同其他民众武装都愿接受宗泽的节制,待机杀敌。不幸的是,建炎二年宗泽病死,接任的人叫杜充,他不但没有继承宗泽的遗志,反而忙于攻击友军,这便使山东、河北的民众武装陷于自生自灭之地。

以后的情况也不必多说,用刘克庄的一句话概括,那就是"今把作握蛇骑虎"——南宋朝廷除了偶然勉强笼络一下,表示一点同情之外,骨子还是把抗金民众武装看成手上拿的蛇和胯下骑的虎,甩掉又不是,用又不敢用,真是狼狈之状可掬。

如今刘克庄却一意鼓励陈子华加强同北方民众武装的联系,指出:"君去京东豪杰喜",进一步便可以"谈笑里,定齐鲁",为收复中原打下坚实基础了。

这样下笔,可说是建立了"堂堂之阵,正正之旗",紧紧掌握了群众的愿望,呼出了时代的强音。

下片,作者再以东晋祖逖的故事鼓励陈子华去做一番英雄事业。他问道:"两河萧瑟惟狐兔,问当年祖生去后,有人来否?"他又问道:"多少新亭挥泪客,谁梦中原块土?"严厉鞭挞了只求保住半壁江山的南宋群臣。进一步又指出:"算事业须由人做",希望陈子华看准时机,发挥才智,干出一番不朽的事业来。

老将宗泽临死,手指北方,大呼"渡河"。八十年后,辛弃疾到了最后一息,又是高呼"杀贼"数声,才闭上眼睛。现在,南宋朝廷已经到了山穷水尽的阶段,谁还喊出"渡河"的壮语呢?"应笑书生心胆怯……"两句,是自我嘲讽。作者认为,自己不过是个白面书生,谈不上到前线去杀敌。这一回为陈子华送行,就像曹景宗(南朝梁的大将)曾说过的:"闭置车中,如三日新妇,此邑邑使人气尽"(见《南史·曹景宗传》)。既然自己不能亲上前线,只能徒然目送老朋友慷慨北行罢了。句中的"塞鸿",指的便是陈子华。结末点出送行之意,但又包含许多感慨在内。

这首送行词,自然是伺张元干送胡铨那首《贺新郎》(见前)一条路子走出来的。气象和风格都十分接近。不过张词表现为悲愤,刘词则表现为沉痛而已。

刘克庄对词的写作,态度严肃,注重品格,那是南宋以来,从叶梦得开始,以后是陆游、辛弃疾、陈亮、刘过,最后是刘克庄、刘辰翁等人共同抱持的态度。从北宋的群芳竞发,收敛而为南宋的分道扬镳——或以词为斗争工具,或以词为消闲玩物。这也可以说是历史的筛子簸选的结果吧!

吴文英

(约1200—约1260)，字君特，号梦窗。四明人。景定时，曾客荣王邸，从吴潜等游。有《梦窗甲乙丙丁稿》。

莺啼序

吴文英

残寒正欺病酒，掩沈香绣户。燕来晚、飞入西城，似说春事迟暮。画船载、清明过却，晴烟冉冉吴宫①树。念羁情、游荡随风，化为轻絮。　　十载西湖，傍柳系马，趁娇尘软雾。溯红渐招入仙溪，锦儿偷寄幽素。倚银屏、春宽梦窄，断红湿、歌纨金缕。暝堤空，轻把斜阳，总还鸥鹭。　　幽兰渐老，杜若还生，水乡尚寄旅。别后访六桥无信，事往花萎，瘗玉埋香②，几番风雨？长波妒盼，遥山羞黛，渔灯分影春江宿，记当时、短楫桃根渡。青楼仿佛，临分败壁题诗，泪墨惨淡尘土。　　危亭望极，草色天涯，叹鬓

侵半苎③。暗点检、离痕欢唾，尚染鲛绡，
亸④凤迷归，破鸾⑤慵舞。殷勤待写，书中
长恨，蓝霞辽海沈过雁，谩相思、弹入哀
筝柱。伤心千里江南，怨曲重招，断
魂在否？

《莺啼序》共有二百四十字，是词里最长
的调子，填起来费劲，读起来又不像长篇古
诗那么容易上口，对它感兴趣的人实在不
多。不过也有人认为，填这个调子可以从难
中见巧，所以后世填者还不乏人。

吴文英这首《莺啼序》，是颇有一点名气
的，虽然那内容不外乎是男女之情。在这里拿
来谈谈，总算可以备此一格。

词分成四段。第一段从开头到"随风化
为轻絮"，先写自己在暮春中病酒。第二段由
"十载西湖"到"总还鸥鹭"，回叙过去的一段
欢情。第三段由"幽兰渐老"到"惨淡尘土"，叙述旧地重游，
才知所恋的人已经逝去。第四段是抒发痛悼之情。

我们且看作者怎样逐字逐句去铺叙。

开头"残寒"点出晚春时节，"病酒"点出自己眼下的景
况。第二句接着说下：就在那还有寒意的时候，自己害了酒
病，因病而怕冷，因此把门扇都关起来了。沈香是熏的香，
"户"又用"绣"来修饰，无非指所居华丽，同女子的香闺无
关。

①吴宫——南宋在杭州的宫苑。
②瘗玉埋香——玉和香都指美人。瘗(yì)，埋葬。
③苎——白色的苎麻。这里是比喻白头发。
④亸(duǒ)——下垂的样子。引申为不振作。
⑤破鸾——宋范泰《鸾鸟诗序》："昔罽宾王罝峻卯之山，获一鸾鸟。王甚爱之，欲其鸣而不致也。乃饰以金樊，饷以珍馐。对之愈戚，三年不鸣。其夫人曰：尝闻鸟见其类而后鸣，何不悬镜以映之？王从其言。鸾睹影悲鸣，哀响冲霄，一奋而绝。"词中以破鸾比喻自己孤独。

"燕来晚"三句,是说今年燕子来迟了些,它们直到如今才回到西城来,在人家梁上呢喃软语,仿佛向人诉说春天已经剩下不多了。这一韵进一步点出"西城",即杭州城近西湖的地方,也许便是作者如今的住处。

以上不过说了残春、酒病、燕来三件事,但用了二十四个字,宛转迤逦,纾徐不迫。可见长调的铺排方法。

"画船载"到"吴宫树",是作者忆想之词,是设想中的西湖景色。每年的清明佳节,西湖上总有许多大大小小的画船,载着各色各样的游人,高兴玩乐。如今清明已是过去,就像那些画船把清明也载走了似的。画船没有了,清明的热闹也没有了,剩下来什么呢?是那些悠悠忽忽的晴日云烟,以及宫苑一带披着浓阴的绿树。

由追想西湖景色又递入自己,轻轻便把西湖和自己那段经历虚笼一笔。"念羁情,游荡随风,化为轻絮",是说如今自己天涯羁旅的愁情,徘徊着,游荡着,给风一吹,仿佛已化成万千飞絮,漫天盖地,简直不知如何收拾了。这三句显然从贺铸的"试问闲愁都几许,一川烟草,满城风絮,梅子黄时雨"化来,意思也差不远。但贺词放在结尾,吴词放在开头,章法完全不同。

以上第一段先点时令、环境,再写出人的情绪,是为下文预作铺垫,积蓄势头。

写长文章的人,都是先拟好分段,哪些应在前,哪些应在中,哪些在后;哪些又是前之前,哪些又是后之后;其中又有后者或须提前,前者反而推后。手法很多。此词的铺叙手法,伸缩变化,也很值得我们寻味。

从"十载西湖"到"锦儿偷寄幽素",是作者追述已往的一段艳遇。他早年在杭州住了十年。这十年中,时时系马在柳阴底下,赶趁那湖上的美好风光。"娇尘软雾"是形容西湖的杨柳如烟,红紫飘尘,春色迷人。"溯红"句是说有一回恍如刘晨、阮肇进入天台那样,来到一个"仙境",给仙境中人招引进去。一个叫锦儿的侍婢,偷偷给他传递了"仙子"的情愫。这五句写他同那个女子相见的缘由。"仙溪",五代宋人词又作"桃源深洞"(见李存勖词)或"桃溪"(见周邦彦词)"桃源"(见秦观词),大抵都是指某种女子的所居,这些女子,或是娼妓,或是类似娼妓的人物,有时又只指偶然艳遇中碰到的人。刘义庆《幽明录》记刘晨、阮肇入天台山,偶出一大溪,溪边有二女子,姿质妙绝。也许便是"仙溪"二字的来源。"锦儿"此处是侍婢的通名。洪遂《侍儿小名录》就有钱塘妓女杨爱爱侍婢名锦儿的记载。"幽素"是幽隐的儿女私情。

　　下面是作者入"仙溪"的一段描写。"倚银屏、春宽梦窄,断红湿、歌纨金缕",上句写作者自己,下句写那女子。还记得当时自己倚着屏风,感到春色似海那样宽阔——爱情生活是美满的。可是又感到"梦窄"。"梦窄"等于梦短、缘短,他已知道这"梦境"不可能长久,而她呢,唱着"劝君莫惜金缕衣,劝君惜取少年时"的曲子,边唱边流下眼泪,把脸上的胭脂都打湿了。《金缕衣》是唐代曲子名。杜牧《杜秋娘诗》原注说:"劝君莫惜金缕衣……李锜长唱此辞。""歌纨"即歌扇,是歌唱者手持的。"断红"即脸上的艳色。见元稹《会真记》(原名《传奇》)。这两句写得很概括,情感也很深沉。"春宽梦窄"四字,炼得尤其警策。

　　"暝堤空,轻把斜阳,总还鸥鹭。"这三句再写两人在湖堤上相并谈心。因为两人的话很多,情意很厚,直到天色晚了,堤上游人散尽,他俩还不肯走,那淡淡的夕阳虽也很美,他俩却顾不得欣赏,都让给闲鸥野鹭去享受了。

以上是第二段。追述从前那段短暂而又意外的艳遇。笔墨既细腻,文字又概括;撷取人物形象很能传神,而描写环境气氛衬出人的情感,也有独到之处。

第三段从"幽兰渐老"开始,到"泪墨惨淡尘土"止。

"水乡尚寄旅",说他不久就离开杭州,到一个水乡,而且寄寓了一段较长时间。杭州虽也是水滨之地,亦可称为水乡。但在作者当时,杭州乃是临时首都,繁华无比,不能用"水乡"来指代。所以句中"水乡寄旅",是指另一个滨水地区。到底是什么地方,却已无考。"幽兰渐老"两句,指时序变迁,冬去春来,自己还没有机缘回杭州去。

"别后访六桥无信"到"几番风雨",写重返杭州,其人已逝。"六桥"是西湖外湖的映波、锁栏、望山、压堤、东浦、跨虹六桥,北宋时苏东坡建。这里用"六桥"指代杭州西湖。他再回杭州,到西湖旧地找她,她已经不在,访来问去,毫无信息。过去的爱情就像落花委地。原来她已埋骨在西湖边上,坟头的花草不知经历了几番风雨。

"长波妒盼,遥山羞黛,渔灯分影春江宿,记当时、短楫桃根渡。"这四句是作者知道她已去世后对旧事的回忆。他站在湖堤上,往事一幕一幕重演。她那秋水盈盈似的媚眼,曾经连湖水也逗起妒意;她那浅淡宛曲的蛾眉,连吴山也感到自愧不如。他又记起那一夜,在渔灯反照波光闪烁的江上,两人共乘一条小船,度过很有诗情画意的春夜。那情景,就同晋代王献之迎接桃叶、桃根姊妹俩差不多远。

这几句倒叙旧事,文字相当精练优美。王观有"水是眼波横,山是眉峰聚",写的也是女子的眉眼之美。吴文英更进一步,认为便是春水吴山也不如她眉眼那么富有魅力,只有妒羡和惭愧。意思就更醋足饱满。"渔灯分影"七字,情景并到,耐人寻味。都可见作者的功夫。"桃根渡"原为桃叶渡,在南京市秦淮、青溪合流处。此因平仄关系,略加改动。《隋书·五行志》:"陈时,江南盛歌王献之《桃叶词》云:桃叶复桃叶,渡江不用楫。但渡无所苦,我自迎接汝。"吴词是借用献之诗意,未必两人同到秦淮河上去。

"青楼仿佛"三句,写他又走到她从前住的地方。"青楼",通常有两种意思,一是指富贵人家的楼房,一是指歌伎居住的所在。"仿佛"是指旧事恍如在目。他记起了,那回分手时,他在壁上题了诗,以表惜别之情。如今,那和泪写下的墨迹,已淹没在厚厚的灰尘之中,留下了一片惨淡。

以上第三段,由女子之死写到自己重来时的"人面桃花"之感。

"危亭望极,草色天涯,叹鬓侵半苎。"他站在湖亭上极目远望("危",高的意思),青草一直伸展开去,似乎直到天边。那草色又使他回忆她衣衫上的颜色。猛然想起自己已是头发半白的人,心情的伤惨就更难以禁受。前人的词有"记得绿罗裙,处处怜芳草"句,这里似是暗用其意。

下面,"暗点检"到"破鸾慵舞",感情又进一步扩展。他私下细想,身上还藏着她送的手帕,那上面既有别时的泪迹,也有欢情的唾痕。然而自己既是"鬓侵半苎"的人,像是迷路失意的凤凰,又好比懒于再舞破镜的鸾鸟了。

"殷勤待写"到"弹入哀筝柱",写自己的哀情不知何处抒发。这几句意思是说,我本想写一封书信,抒发胸中蕴积的愁恨,可转念一想,在蔚蓝的天穹和辽阔的碧海之间,看不到一只能寄书的雁儿,我能寄到哪儿去呵——暗示人已逝去,寄书无由。即使把一片相思之情,谱入哀筝之中,也是徒然而已。句中那个"谩"字,与漫成、漫劳、漫向的漫相同。"蓝霞",即绿霞,此处指蓝天。吴文英喜用"蓝"字,如《声声慢》的"蓝云笼晓,玉树悬秋。"《浣溪沙》词的"灞桥舞色褪蓝裙。"都是。"辽海"是远海,与地名无关。"沈过雁",即鱼沉雁渺的沉。"筝柱"即筝上搁弦的桥状物。

结拍表示深沉的哀悼,并点出谱写这首长调的用意。"伤心千里江南,怨曲重招,断魂在否?"——纵目那遥遥千里的江南,尽是伤心之情,尽管我可以谱成一曲哀歌,像《楚辞·招魂》那样,招引她的灵魂;然而,她的灵魂在呢还是不在?要是在,又在什么地方呵?

这最后的痛惜,使人想起清代龚自珍哀悼一位女郎的诗:"冰雪无痕灵气杳,女仙不赋降坛诗。"她永远在这世界上消失了(见《己亥杂诗》第一九五首)。

以上第四段,表达自己痛悼之情。

二百四十字,写的就是这样一段恋情。虽然不能说怎么了不起,但可以肯定,它不是艰涩到不可理解,自然也不是"拆碎下来不成片段"(张炎对吴词的评语)。对词有较大兴趣,而又耐烦于细心寻绎的人,还是可以弄懂它的意思,乃至欣赏它那组织之细,词藻之美的。然而终究觉得可惜,词到南宋末叶,有些人便走入过分雕饰涂抹的道路,弄得本来易解的不易解,路子也越走越窄了。吴文英就是这一派的代表人物。

王沂孙

(约 1230—?)，字圣与，号碧山，又号中仙，会稽人。
有《碧山乐府》，又名《花外集》。

齐天乐（蝉）

王沂孙

一襟余恨宫魂断，年年翠阴庭树。乍咽
凉柯，还移暗叶，重把离愁深诉。西窗过
雨，怪瑶佩流空，玉筝调柱，镜暗妆残，
为谁娇鬓尚如许！　　铜仙铅泪似洗。
叹移盘去远，难贮零露。病翼惊秋，枯形
阅世，消得斜阳几度？余音更苦，甚独
抱清商，顿成凄楚？谩想薰风，柳丝千
万缕。

清人陈廷焯《白雨斋词话》最赏识王沂孙的词："王碧
山词，品最高，味最厚，意境最深，力量最重。感时伤世之
言，而出以缠绵忠爱，诗中之曹子建、杜子美也。词人有
此，庶几无憾。"又说："词味之厚，无过碧山。"甚至说："论
其词品，已臻绝顶，古今不可无一，不能有二。"未免称扬

过泰了。

王沂孙眼看宋室灭亡,连南宋君后的陵寝也遭到发掘[1]。民族耻辱萦绕心头,常借物寓情,发抒凄恻之感,这确是事实。他在南宋词坛中,也不失为一个名家。作品剪裁修洁,法度雍容,有婉约派的细腻,而避免末流的晦涩。自有一种幽柔怨抑之美。但到底是受到时代的局限,在蒙古贵族铁骑的声威之下,只能作寒蝉的哀鸣,以结束有宋一代的词坛了。

看作家的作品,不可不知作家所处的时代。因为作家虽然个性有种种不同,终究不能不受时代的特定环境给予本人的影响。王沂孙的咏物词,既不同于苏轼的咏杨花,也不同于史达祖的咏春雨,这是明显的。因为彼此所处时代有明显的差异。陈廷焯说:"《词选》云:'碧山咏物诸篇,并有君国之忧。'自是确论。读碧山词者,不得不兼时势言之,亦是定理。古人诗词,有不容穿凿者,有必须考镜者,明眼人自能辨之"(见《白雨斋词话》卷二),这话是正确的。

王沂孙这首《齐天乐》,借咏蝉为名,把对南宋朝廷的哀悼与个人身世的伤感打合成一片,写得哀恻凄怨,使人读了为之不欢。

蝉的典故本就和王室有关。据说齐国有个宫女,因受冤屈,非常怨恨,自杀死后化为鸣蝉。所以蝉又别名"齐女"。词的开头,"一襟余恨宫魂断",便是暗用这个典故。用"余恨""魂断",带出哀悼之意。

因为是咏蝉,如果仅仅只有第一句,别人就不知作者

[1]《彊村丛书·乐府补题》王树荣跋云:"《乐府补题》一卷,《知不足斋丛书》本,《四库提要》谓皆宋遗民词。荣前读周止庵《宋词选》,于唐玉潜《赋白莲》曰:'冰魂犹在,翠舆难驻。'曰:'珠房泪湿,明玑根远。'以为当为元僧杨连真伽发宋诸陵而作。又《赋蝉》曰:'佩玉流空,绡衣剪雾。'曰:'晚妆清镜里,犹记娇鬟'。疑亦指其事。今读此卷,依类求之,此意无不可通。殆即玉潜所谓'只有春风知此意,年年杜宇哭冬青'者也。"按,关于蒙古僧人发掘南宋帝后陵寝事,详见陶宗仪《南村辍耕录》卷四《发宋陵寝》条。

在说些什么了；所以又必须有第二句"年年翠阴庭树"，点出是蝉。这是必不可少的。

"乍咽"两句，写蝉声在树枝上忽起忽落，蝉影在密叶中乍隐乍现，妙得物情。"重把离愁深诉"，用一句拟人，把蝉的鸣声想象为诉说离别的愁情。这样就语带双关，使人联想到南宋灭亡的事实。蝉声仿佛是人在唱着伤离痛别的亡国哀歌。

"西窗"三句，是说一场秋雨过后，蝉声更为动听。它既像玉珮在天空中迸响，又像银筝在名手中弹奏。玉佩原是古代贵族的装饰品，把它悬在身上，行动时相触作响，很有节奏。"调柱"是调整筝的丝弦(柱是搁弦物)，这里径作弹奏解。句中用一"怪"字，表示对动人的蝉声的惊异。因为刚才还是"乍咽""还移"，声音很低沉，现在却忽然清亮高亢起来。

下面，"镜暗妆残"两句，又从蝉的形状着笔。据崔豹《古今注》，魏文帝宫人莫琼枝"制蝉鬓，缥缈如蝉翼"。卢照邻《长安古意》诗："片片行云着蝉鬓，纤纤初月上鸦黄。"蝉翼既可象征宫人的鬓发，所以作者在此问道：如今已到了"镜暗妆残"的时代，为什么你还梳裹着那么好看的鬓发呢？

上片分别描写蝉的鸣声，蝉的形状，并在其中暗寓了国亡家破的惨痛。清人端木埰分析说："'宫魂'字点出命意。'乍咽还移'，慨播迁也。'西窗'三句，伤敌骑暂退，燕安如故。'镜暗'二句，残破满眼，而修养饰貌，侧媚依然。衰世臣主，全无心肝，千古一辙也。"这却未免逐句比附，有些牵强了。我们只需知道作者在词中寄托了兴亡之感，就可以了。因为诗总是诗，历史总是历史，两者嵌合得一丝不走，不特下笔很难，而且实在也没有必要。

换头转从蝉的餐风饮露落笔。用"露"字引出"铜仙铅泪似洗"，暗指宋室沦亡，朝廷宝物尽被劫夺北运。据记载，汉代在长安建筑的金人承露盘，到魏明帝时，被拆毁运往洛阳。诗人李贺为此写了《金铜仙人辞汉歌》，其中有"空将汉月出宫门，忆君清泪如铅水"的话。作者因此说，既然承露盘如今已不在了，你这蝉又到哪儿去饮露呢？这就表达了遗民们惨淡的心情。

"病翼惊秋，枯形阅世，消得斜阳几度"。这三句写蝉，写人，可谓浑然莫辨。"病翼"指蝉翼，因为节届清秋，蝉已接近死亡时候，故说"病"，说"惊"，又说"枯形"。"消得"句是说，它还能有多少日子？作者借蝉的生态比喻自己，认为自己经历了这场亡国的惨变，加上既老且病，已经没有多少时日好活了。命意更为凄恻。

"余音更苦"三句，说蝉还未停止鸣叫，不过已成"余音"，使人听了更觉得凄楚。"甚"是疑问词，意思是你为什么还发出这种可怜的"余音"。唐人方干《旅次洋州寓居》诗有"蝉曳残声过别枝"句。又贾岛《病蝉》诗："折翼犹能薄，酸吟尚极清。"或是此词所本。"清商"是古乐府的一种。《词谱》在《清商怨》名下解释说："古乐府有《清商曲辞》，其音多哀怨，故取以为名。"这三句又同上文"乍咽凉柯"和"瑶佩""玉筝"相应，前面蝉声还抑扬可听，到此时就成为残余的哀音了。层次分明，而感情更为凄惨。暗示自己纵然用文学作品来抒发情怀，写得如此哀怨，但又能起什么作用？所谓"亡国之音哀以思"，作者也是自知的。

结拍"谩想薰风，柳丝千万缕。"是用逆笔反面取势。意思说，到了这个时候，徒然追忆南风吹拂着千万柳丝的那些好日子,那些好日子已经永远过去了。这样结束全文,是十分沉痛的。

通观全篇,借蝉作喻,确有皇室的影子在,也有遗民的影子在;当然作者自己的影子也在。全篇通过对蝉的声影的描述,流露了对家国沦亡的伤痛;而且焦点集中,倾向明显,绝无游移不定令人迷惑的游词。所以它是写得成功的。